Ao sul do corpo

FUNDAÇÃO EDITORA DA UNESP

Presidente do Conselho Curador
Mário Sérgio Vasconcelos

Diretor-Presidente
Jézio Hernani Bomfim Gutierre

Superintendente Administrativo e Financeiro
William de Souza Agostinho

Conselho Editorial Acadêmico
Danilo Rothberg
João Luís Cardoso Tápias Ceccantini
Luiz Fernando Ayerbe
Marcelo Takeshi Yamashita
Maria Cristina Pereira Lima
Milton Terumitsu Sogabe
Newton La Scala Júnior
Pedro Angelo Pagni
Renata Junqueira de Souza
Rosa Maria Feiteiro Cavalari

Editores-Adjuntos
Anderson Nobara
Leandro Rodrigues

Mary Del Priore

Ao sul do corpo

Condição feminina, maternidades e mentalidades no Brasil Colônia

2ª edição

editora
unesp

© 2008 Editora UNESP

Direitos de publicação reservados à:
Fundação Editora da UNESP (FEU)
Praça da Sé, 108
01001-900 – São Paulo – SP
Tel.: (0xx11) 3242-7171
Fax: (0xx11) 3242-7172
www.editoraunesp.com.br
feueditora.unesp.br

CIP – Brasil. Catalogação na fonte
Sindicato Nacional dos Editores de Livros, RJ

D375a

Del Priore, Mary, 1952-

Ao sul do corpo: condição feminina, maternidade e mentalidades no Brasil Colônia/Mary Del Priore. – São Paulo: Editora UNESP, 2009.

304p.: il.

Inclui bibliografia
ISBN 978-85-7139-949-5

1. Mulheres – Brasil – História. 2. Mulheres – Brasil – Condição social. 3. Papel sexual – Brasil – História. 4. Maternidade – Brasil – História. 5. Brasil – História – Período colonial, 1500-1822. I. Título.

09-3732.

CDU: 981.03
CDU: 94(81)"1500/1822"

Editora afiliada:

Asociación de Editoriales Universitarias de América Latina y el Caribe

Associação Brasileira de Editoras Universitárias

Sumário

Abreviaturas   9

Agradecimentos   11

Introdução   13

PRIMEIRA PARTE – MULHER E HISTÓRIA   19

1   A mulher na história da Colônia   21

A ferro e a fogo   23

O tempo das almas   25

O tempo do corpo   26

2   A mulher e o encontro dos tempos   31

A mulher sem qualidades   33

A casa e a rua   34

SEGUNDA PARTE – PRÁTICAS DA MATERNIDADE   37

1   Sensibilidades de ontem: a maternidade na Colônia   39

Mães que davam leite, mães que davam mel...   42

Mães e filhos: pontos e nós   50

2   Mulheres seduzidas e mães abandonadas   61

Cartografia da sedução   63

A perda da honra e a valorização da maternidade no casamento   66

3   As filhas da mãe   73

A construção do avesso da mãe   78

Árvores de maus frutos   87

TERCEIRA PARTE – PRÉDICAS SOBRE A MATERNIDADE   91

1   A fabricação da santa-mãezinha   93

A mulher errada   97

Abusos e culpas   103

2   O matrimônio como forma de adestramento   109

O amor demasiado e o amor domesticado   109

Carnes tristes, corpos frios   116

Uma topografia amorosa   120

Dos "pecados dos casados"   123

Água na fervura   129

O buraco da fechadura da história   131

3   Semeadura e procriação   135

O fabulário sobre o "sexo feminil"   139

Esterilidade: a natureza morta da mulher   144

Fecundas realidades   150

4   Luxúria ou melancolia: o mau uso do corpo feminino   153

Diabas, sereias e medusas   158

As melancólicas   162

A caixa de Pandora   167

QUARTA PARTE – O OLHAR DA MEDICINA   173

1   A madre e seus segredos   175

Partes pudendas, partes peludas, partes animais   175

Os males da madre   182

2   Sangrias, sangue secreto e sangue embranquecido   193

A madre enfeitiçadora   202

O leite e o aleitamento   208

3   Mentalidades e práticas em torno do parto   217

"Parir com dor"   217

Para diminuir a dor   231

Devoções e crenças   235

Pesadelos do útero   243

4   Do aborto   251

As representações sobre o aborto   251

As práticas abortivas   256

QUINTA PARTE – ATITUDES MATERNAS   263

1   Um convívio feito de piedade e devoção   265

Risos, palmadas e lágrimas   272

2   Filhos, espelho do corpo materno   275

Gestos maternos do dia a dia   278

Conclusão   283

Referências bibliográficas   287

Livros e artigos   293

Fontes manuscritas   300

Arquivo Nacional   301

Arquivo do Estado de São Paulo   301

Biblioteca Nacional do Rio de Janeiro   302

Biblioteca Nacional de Lisboa   302

Arquivo Nacional da Torre do Tombo   302

Abreviaturas

A. C. M. S. P. – Arquivo da Cúria Metropolitana de São Paulo
A. E. S. P. – Arquivo do Estado de São Paulo
A. N. – Arquivo Nacional
A. N. T. T. – Arquivo Nacional da Torre do Tombo
B. N. L. – Biblioteca Nacional de Lisboa
B. N. P. – Bibliothèque Nationale de Paris
B. N. R. J. – Biblioteca Nacional do Rio de Janeiro

Agradecimentos

Escrever um livro é uma tarefa dividida entre a paixão e a desordem, é provar o gosto simultâneo de dúvidas e certezas, é realizar a amplidão de uma tarefa que parece sempre inacabada. É também uma caminhada muito solitária cuja dureza só é minimizada pela presença de amigos com quem se contraem imensas dívidas de gratidão.

Agradeço a Fernando Londoño e a Renato Pinto Venâncio, pastores que, do início ao fim desta jornada, conduziram minhas inquietações entre os documentos, as fontes e as leituras. A Leila Mezan Algranti, que me ajudou a decidir um ponto de partida para este trabalho. Ao entusiasmo de Laura de Mello e Souza, que me trouxe ânimo e encorajamento. A Maria Helena Trigo e Lucila Brioschi, leitoras de alguns capítulos sobre os quais fizeram proveitosos comentários. A Fátima Neves e Lilian Siqueira, que pacientemente corrigiram, digitaram e ajudaram a conferir as referências deste trabalho. A Regina Clara Simões Lopes e Luciano Figueiredo, pelo constante estímulo e as longas conversas. Aos colegas do Cedhal e aos meus alunos, que tanto vêm colaborando para a minha formação intelectual.

Sou grata ao padre José Oscar Beozzo e a Jair Mongelli, ambos generosos colaboradores no Arquivo da Cúria Metropolitana; a Maria Itália Causin, do Instituto de Estudos Brasileiros; a Valéria Gauss, da Biblioteca Nacional do Rio de Janeiro, e a Margarida Marat Mendes, da Biblioteca Nacional de Lisboa, por sua igualmente atenciosa acolhida quando das minhas investidas entre as 'obras raras'; ao prof. Jean-Louis Flandrin, em cujos seminários adquiri ideias que iluminaram vários destes capítulos; e ao prof. B. Lahon-Cressai, que me ajudou a desbravar o Cabinet

Mary Del Priore

des Estampes na Bibliothèque Nationale de Paris. Agradeço ainda ao Conselho Nacional de Pesquisas (CNPq) e à Coordenação do Aperfeiçoamento de Pessoal de Nível Superior (Capes), que financiaram, respectivamente, minha pesquisa e uma viagem a Portugal.

Agradeço ainda aos profs. Miriam Moreira Leite, Fernando Antonio Novais, Hilário Franco Júnior e Ronaldo Vainfas, cujas valiosas arguições iluminaram este trabalho.

Tenho uma grande dívida para com a profa. Maria Luiza Marcílio, cuja envolvente afeição irrigou todo este trabalho, permitindo-lhe crescer com ampla liberdade. Sua bondosa orientação, associada à exigência intelectual, constituíram as bases sobre as quais pude desenvolver minha pesquisa.

A Hugo, Pedro, Paulo e Isabel fica consignada minha maior gratidão: sem seu carinho nem este tema seria pensável.

Encontrei as fontes utilizadas no capítulo 2 da segunda parte no Arquivo da Cúria Metropolitana de São Paulo, graças à colaboração e ao entusiasmo do historiador Jair Mongelli, responsável então pela catalogação de processos eclesiásticos. Com ele, dividi o prazer de desvendar inúmeros processos inéditos e para ele vão meus sinceros agradecimentos. Agradeço também a compreensão e a sensibilidade do diretor do Arquivo, cônego Assis Gandolfo, que me facultou, entre 1986 e 1987, o acesso a documentos não catalogados.

Agradeço também ao prof. Luís Mott as informações utilizadas nos capítulos 2, 3 e 4 da quarta parte.

Introdução

ste trabalho nasceu de uma profunda paixão por arquivos, documentos históricos e fontes impressas. O entusiasmo e a atividade devotados aos arquivos históricos, esta apaixonante espécie de reservatório sem fundo, permitiram-me ouvir claramente os sons vindos de um mundo desconhecido; vozes e ruídos de uma sociedade viva e agitada, aprisionada em papéis tão puídos e desgastados, que mais pareciam velhas rendas amarelas. Através deste livro, permiti-me assumir uma curiosidade infinita pelos fundos de arquivos, estes que, como diz Arlette Farge, parecem leitos marinhos, deixando entrever o solo pedregoso de realidades ignoradas e fascinantes quando se descobrem nas grandes marés equinociais.

As informações que amealhei em documentos manuscritos e fontes impressas permitiram reconstituir a trajetória de personagens e situações anônimas, e, junto a elas, o irrisório ou o trágico, o singular ou o coletivo, o marginal e o geral do período histórico que escolhi para estudar: o colonial.

Aliada à paixão por arquivos, havia, ainda, empurrando este trabalho, uma antiga teima de meus tempos de graduação em provar que existiam, sim, fontes para a história da mulher no período colonial. Achei que já era tempo de explodir as justificativas capengas que costumam acompanhar o fazer-a-história-da-condição--feminina em período tão remoto, que insistem apenas nos problemas e dificuldades que se têm pela frente para a realização de qualquer pesquisa.

As mulheres fazem parte dessa sociedade barulhenta que encontrei nos arquivos, e surgem na documentação sem qualquer neutralidade, exibindo plenamente as marcas de sua diferença sexual. Para capturá-las, integradas ao mundo que as envolvia, foi preciso estar atenta às suas práticas, aos discursos que se tinha sobre o seu gênero, às imagens que havia sobre a feminilidade, tentando em tudo perceber a relação entre os sexos, fazendo desta relação o interlocutor mais eloquente e o objeto histórico a ser investigado.

Auscultando as trajetórias femininas em documentos e fontes impressas entre os séculos XVI e XVIII, encontrei imagens recorrentemente associadas à dominação e à opressão sobre a mulher. Nelas, a mulher é vítima constante da dor, do sofrimento, da solidão, da humilhação e da exploração física, emocional e sexual; mas tateei igualmente a natureza de discretos poderes que reagiam e resistiam a essas situações pintadas nas imagens, poderes assegurados à mulher através de sua emancipação biológica, tanto quanto de sua emancipação à dominação masculina.

Sensibilizei-me ao descobrir, por trás da torrente de discursos normativos sobre o-que-a-mulher-deveria-ser, as populações femininas em sua revanche contra o que significara uma armadilha para assegurar a sua menoridade. No avesso do papel que lhes era delegado pelas instituições de poder masculino, a Igreja e o Estado, elas costuravam as características do seu gênero, amarrando práticas culturais e representações simbólicas em torno da maternidade, do parto, do corpo feminino e do cuidado com os filhos.

Mas, tanto meu objeto de estudo quanto minha paixão pelas fontes significaram, ao longo deste trabalho, ciladas e tentações. Ao perseguir os caminhos das populações femininas no fundo dos fundos arquivísticos, acabei por tropeçar numa documentação multiforme. Constatava assim que as fontes existiam, mas que estavam em migalhas e dispersas, dificultando-me perceber as transformações mais finas pelas quais passavam as mulheres. Não havia documentação suficiente para garimpar as realidades femininas num pequeno sítio previamente delimitado, e, por isso mesmo, a topografia do meu objeto parecia terrivelmente acidentada. Nela, era difícil distinguir, por exemplo, as mediações que transportavam o projeto normatizador metropolitano até as mulheres. O mapeamento de um imenso campo de fontes parecia, por outro lado, enfraquecer minhas argumentações, substituindo-as por um mosaico empírico sobre o qual os dados figuravam mal colocados. A especificidade das inúmeras fontes às quais recorri também me parecia um obstáculo. Os vários processos do Arquivo da Cúria Metropolitana de São Paulo – divórcio, crime, rompimento de esponsais – desnudavam um mundo parcial, desordenado no relato de fatos repertoriados por muitas testemunhas, cheio de eventos minúsculos onde os ódios, as incompatibilidades e as misérias humanas se imbricavam; um mundo onde os poderes informais relativos à cultura e à religião afloravam simultaneamente, revelando, no cotidiano impreciso da mulher, a sua capacidade de solidariedade e resistência.

Ao sul do corpo

Já os relatos e textos de teólogos, moralistas, confessores e médicos, afastados do que fosse acidental ou singular nas vidas femininas, investiam em engordar uma mentalidade coletiva que exprimisse uma profunda misoginia e um enorme desejo em normatizar a mulher. Ela significava uma ameaça... Estava sob suspeita todo o tempo. Nas entrelinhas de questões como 'o pecado' ou 'a doença', escritas por moralistas e doutores, o que se lia era: *cherchez la femme...!* Semelhantes discursos preocupados com a definição das fronteiras, então muito maleáveis entre o público e o privado, postulavam, sobretudo, o papel de cada um dos gêneros nesses espaços. Foi curioso perceber que o enorme interesse emprestado à domesticação da mulher revelava também o consenso masculino sobre o poder civilizador da maternidade.

A heterogeneidade das fontes parecia ameaçar esta obra com os riscos de deixar seu texto incoerente, sua forma caudalosa e seu conteúdo disléxico. Mas, ao interrogá-las em conjunto, e cotejar os queixumes e silêncios femininos com 'tudo' o que os homens haviam escrito sobre as mulheres, comecei a perceber o fio invisível que laceava as falas dos confessores, teólogos, médicos e moralistas. Reflexo do poder masculino onipresente na sociedade ocidental cristã, a fala desses autores, representantes de diferentes segmentos da sociedade colonial e metropolitana, tinha objetivos: delimitar o papel das mulheres, normatizar seus corpos e almas, esvaziá-las de qualquer saber ou poder ameaçador, domesticá-las dentro da família. Objetivos que se adequavam perfeitamente aos fundamentos da colonização do império colonial português.

Ora, se as prédicas de moralistas e de médicos definiam que os lugares possíveis para as mulheres eram dentro de casa, da maternidade e da família, as práticas femininas revelavam, por sua vez, que havia solo para a semeadura desses ideais. Os aspectos políticos, econômicos e ideológicos que envolveram a reprodução na Idade Moderna decalcavam-se sobre uma concepção social da maternidade, indicando que se, por um lado, a situação peculiar da Colônia permitiu que este discurso estivesse a serviço do processo de povoamento, por outro, as populações femininas aproveitaram para viver a maternidade como uma revanche contra uma sociedade androcêntrica e desigual nas relações entre os sexos.

Se a gravidez, o parto e os cuidados com os filhos magnificavam a mulher, incitando-a a recolher-se ao privatismo da casa e, por conseguinte, faziam-na sócia do processo de ordenamento da sociedade colonial, por trás da imagem de mãe ideal, as mulheres uniam-se aos seus filhos para resistir à solidão, à dor e, tantas vezes, ao abandono. Além do respaldo afetivo e material, a prole permitia à mulher exercer, dentro do seu lar, um poder e uma autoridade dos quais ela raramente dispunha no mais da vida social. Identificada com um papel que lhe era culturalmente atribuído, ela valorizava-se socialmente por uma prática doméstica, quando era marginalizada por qualquer atividade na esfera pública.

A comunhão entre o desejo institucional de domesticar a mulher no papel da mãe e o uso que as populações femininas fizeram desse projeto foram tão bem--sucedidos, que o estereótipo da santa-mãezinha provedora, piedosa, dedicada e assexuada se construiu no imaginário brasileiro no período colonial e não mais o abandonou. Quatrocentos anos depois do início do projeto de normatização, as santas-mãezinhas são personagens de novelas de televisão, são invocadas em para--choques de caminhão ("Mãe só tem uma", "Mãe é mãe"), fecundam o adagiário e as expressões cotidianas ("Nossa mãe!", "Mãe do céu"); políticos, em discursos, referem-se às suas mães como 'santas'. O Dia das Mães significa um imbatível estimulador de vendas para o comércio, e teses científicas sustentam que a sociedade brasileira considera a maternidade uma tarefa essencial. Nas regiões periféricas do Brasil, a compreensão do que seja uma das faces da maternidade para uma mulher humilde é quase a mesma que encontrei na documentação setecentista: "Eu tenho ao menos meus filhos para me amparar quando eu tiver [sic] doente, quando eu envelhecer" (apud Lucila Scavone, 1985, p.40). E nos centros urbanos, uma publicitária bem-sucedida é capaz de dizer a mesma coisa com outras palavras: "Filho seria um bom investimento porque me sustentaria na velhice".[1] Em Vitória, Espírito Santo, em maio de 1990, uma prisioneira da Casa de Detenção Feminina foi linchada por outras detentas por ter cometido infanticídio. Segundo uma delas, "o crime dela feriu nossa sensibilidade de mães".[2]

A maternidade extrapola, portanto, dados simplesmente biológicos; ela possui um intenso conteúdo sociológico, antropológico e uma visível presença na mentalidade histórica. Repositório de práticas exclusivamente femininas – pois ainda se dá à luz tal como se fazia no século XVII, e o útero segue sendo o critério principal de saúde para o corpo feminino –, a maternidade acabou preservando, até hoje, formas e técnicas específicas. Esse conjunto de saberes informais resistiu bravamente à vampirização do saber oficial e masculino sobre a reprodução e o parto, vincando a diferenciação sexual e incentivando tanto a emancipação biológica quanto aquela ideológica da mulher, ao longo da história.

Mais ainda... Tanto no passado, quanto no presente, a maternidade delimita um território onde mães e filhos se relacionam empiricamente, adaptando-se aos valores da sociedade em que estão inscritos. A construção da santa-mãezinha como um sólido valor ideológico fez-se no passado, apesar de se manter no presente, pois

---

1 *Folha de S.Paulo*, 13.5.1990, p.C5.
2 *Folha de S.Paulo*, 3.5.1990, p.A2.

Ao sul do corpo

foi exatamente no período colonial que a mulher teve ampla oportunidade de se realizar na maternidade. Mas quero sublinhar: à luz dos valores e dos papéis sociais que existiam então a escolher, a realização do gênero feminino residia apenas e exclusivamente na maternidade. A mãe era, nesse período, graças a diversas injunções históricas que abordo no presente trabalho, a única responsável pelo nascimento, sobrevivência, saúde e educação dos seus filhos, o que não ocorre mais em nossa sociedade contemporânea, em que tais tarefas são divididas com os pais, a professora e o médico, e as mulheres permitem-se exercer vários papéis sociais diferentes.

A preservação de práticas culturais e representações simbólicas femininas indica que a construção da santa-mãe como um arquétipo para melhor submeter a mulher à vida doméstica foi um fenômeno de longa respiração histórica. Foi, portanto, um fenômeno de longa duração na história de nossas mentalidades. Procurei entrar, e reconheço que o fiz de forma muito empírica, no domínio das atitudes coletivas diante da vida, do nascimento, do parto e do corpo feminino; mas é Michel Vovelle quem o pergunta: "Será isto um defeito?".

Na longa duração, mantive-me atenta ao jogo realizado entre as condições de existência das populações femininas e a maneira como reagiram ao moderno projeto normatizador. Estive, talvez, mais interessada em falar de como e por que esse projeto foi transmitido verticalmente do modelo cultural dominante às populações femininas, do que (*mea culpa*) desenvolver uma reflexão sobre os condicionamentos impostos pelo modo de produção que se desenvolvia na Colônia ou as hierarquias sociais e raciais que aqui se instalavam naquele momento.

Procurei, sim, captar o que Vovelle chamou de "dialética do tempo curto e do tempo longo", atenta ao que, no nível das mentalidades, trabalharia para a transmissão de atitudes ou de resistência às mudanças. O tempo longo foi marcado pelas reformas religiosas: o renascimento cultural na Europa e comercial da Metrópole, a instalação do Tribunal do Santo Ofício e da empresa ultramarina, a ocupação e a expansão das novas terras, acontecimentos que irrigaram a obra de teólogos, moralistas e doutores. O tempo curto foi ditado pela circulação de mercadorias, de homens e de animais que marcou o século XVIII na Colônia e que se somou à urbanização que se iniciava nesse mesmo período, fatores que ganham evidência como pano de fundo nos processos do Arquivo da Cúria Metropolitana de São Paulo, examinados para este trabalho. Penso, ainda, que uma interpretação do tempo curto pode ter ficado prejudicada pela regionalização documental.

O cotejamento entre ambos os tempos permitiu, contudo, relacionar transformações e atitudes. A valorização do casamento, a construção da santa-mãezinha, a maternidade como um espaço de revanche, a emergência do privatismo e a afirmação do papel social da mulher por intermédio de sua condição biológica são questões que puderam ser confrontadas com o desenvolvimento da situação socioeconômica de uma sociedade que valorizava um tipo de maternidade, identificando-a com fechamento. A dialética entre esses dois tempos permitiu enxergar de que forma o gênero feminino participou do processo de colonização, de que forma introjetou valores sobre casamento e maternidade, transcendendo uma natureza que é parte de sua herança social e metafísica, e, finalmente, de como domesticou quase todos os elementos que pudessem fazer da mulher uma ameaça à sociedade.

Sons vindos de um mundo desconhecido, encerrado nos arquivos, mostraram-se coerentes à luz de tempos históricos entrelaçados. Entre o tempo curto e o tempo longo, o caminho da pesquisa levou-me ao encontro de formas arquetípicas da cultura feminina, nas páginas de documentos e obras raras. Vi, assim, a história de santas, de mães, de sereias e putas, de pandoras e curandeiras. Histórias que colocam repetidamente a pergunta: quem somos nós?

Pergunta cuja resposta, espero, mais do que esclarecer a trajetória do corpo feminino no passado, venha a irrigar o tecido social no presente.

PRIMEIRA PARTE

Mulher e história

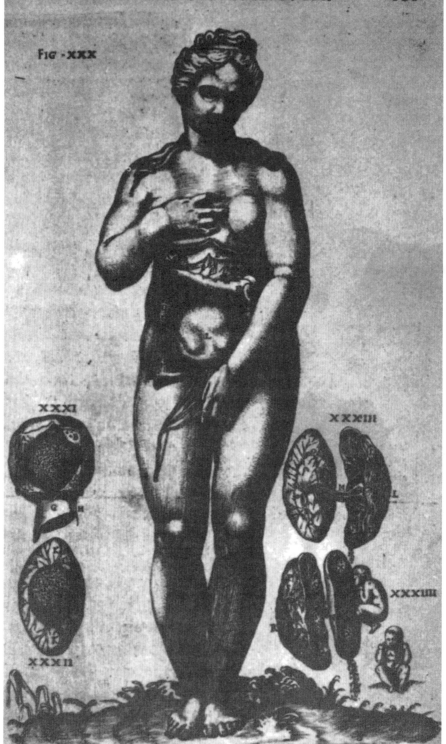

1

A mulher na história da Colônia

L'important serait d'établir une histoire des tensions entre les rôles masculins et féminins et faire de leurs conflits comme de leurs complementarités une articulation qui traverserait l'ensemble du récit historique. (Farge, 1984, p.18)

urante o período colonial uma série de múltiplos fatores cristalizou-se, conferindo à mulher uma situação específica na sociedade que então se formava. O rico período de entrecruzamento de etnias diversas, os diálogos entre visões de mundo diferentes, costumes, hábitos e crenças marcados pela alteridade fecundaram a condição feminina que então se organizava na Terra de Santa Cruz.

Da mulher indígena herdava-se, neste momento, o espólio de tradições que ela detinha na estrutura tribal.[1] A mulher branca contribuiu com modos de viver e morrer importados com a emigração de Portugal, modos estes, muitas vezes, também trazidos de outras terras, reelaborados na Metrópole e trasladados para o Brasil.[2] As sociedades africanas do tipo sudanês e banto, de onde saiu grande parte do tráfico negreiro, legaram à vida colonial comportamentos e mentalidades características do espaço que a mulher ocupava em seu interior.[3]

---

1 Ver Freyre, 1980, p.94. A mulher 'gentia' é considerada, por este autor, a base física da família brasileira. Ver ainda Beozzo, 1984, p.70-93.

2 Sobre a mulher branca ver Del Priore, 1988. Neste livro trabalhei exclusivamente com fontes do período colonial. Dias (1984, p.11) analisa a transição do século XVIII para o XIX e nela a condição de "sobrevivência de mulheres pobres, brancas, escravas e forras". Samara (1989) desenvolveu pesquisas sobre a mulher branca e a família. Leite organizou *A condição feminina no Rio de Janeiro do século XIX*, um índice de referências em livros de viajantes estrangeiros, e co-organizou *A mulher no Rio de Janeiro do século XIX*. Como se pode ver, a maioria das obras específicas sobre a condição feminina refere-se ao século XIX.

3 Sobre a mulher negra veja-se Figueiredo, 1990, e ainda Maria Lúcia de Barros Mott, 1988, cujo livro enfatiza o século XIX.

Além dessas heranças, quero sublinhar que a condição feminina fabricava-se, então, marcada pelo caráter exploratório da empresa portuguesa no Brasil, do século XVI ao XVIII. O modelo escravista de exportação vincava as relações de gênero. Além dele, a tradição androcêntrica da cultura ibérica e os objetivos da empreitada colonial estimulavam os homens – padres, governantes, cientistas – a estabelece-rem um papel identificado com o esforço de colonização para todas as mulheres indiscriminadamente.

Este papel deveria não só refletir a participação feminina na conquista ultramari-na, mas também a sua atividade na defesa do catolicismo contra a difusão da Reforma protestante. Mais ainda, deveria espelhar a presença feminina na consolidação de um projeto demográfico que preenchesse os vazios da terra recém-descoberta.

História de mulheres, esta é igualmente uma história de complementaridades,[4] na qual as mulheres revelam as estratégias informais com que participaram na empresa de colonização. Resistência ou renúncia, fervor e potência mediaram a relação das populações femininas com a Igreja ou com os desígnios do Estado português, explicitando-se em práticas sociais, discursos literários ou reproduções do seu universo.

É importante destacar que parte do contingente feminino – a quem tanto o Estado quanto a Igreja ultramarina se dirigiram, recomendando que se casasse e constituísse famílias – chegava aos homens pelo caminho da exploração ou da es-cravização, acentuando, assim, nas suas desigualdades, as relações de gênero. Tais diferenças foram importantes na constituição dos papéis femininos[5] e serviram para a fabricação de estereótipos bastante utilizados pela sociedade colonial e mais tarde incorporados pela historiografia.[6] As marcas desse penoso caminho feito de preconceitos e estigmas sociais tanto se refletiam nas relações entre os sexos, quanto acentuavam as diferenças entre as próprias mulheres. Ao estudar a condição femi-nina, não se pode ter a ingenuidade de crer numa solidariedade de gênero, acima de diferenças de raça, credo e segmento econômico, embora, por vezes – e a mater-nidade era um desses raros momentos –, laços de cumplicidade e comadrio mais parecessem um nó cego. Este trabalho vai mostrar que a maternidade se fazia nicho onde as diferentes vozes femininas dialogavam sobre a obra da vida: as condições

---

4 Sobre complementaridades sexuais, ver Pauline Schmith-Pantel, "La différence des sexes, histoire, anthropologie et cité grecque", [A diferença dos sexos, história, antropologia e cidade grega] em Perrot (1984) Ver ainda Dauphin et al., 1986, p.271-93, e Amussen, 1985, p.269-87.

5 Sobre a constituição de papéis femininos, ver Farge & Klapisc-Zuber, 1984, ou ainda Norton, 1989.

6 Ver, por exemplo, a caricatura feminina feita por Paulo Prado (1981) especialmente no capítulo intitulado "A luxúria" p.17-46.

Ao sul do corpo

de acolhimento ou recusa do recém-nascido, as relações do corpo com o cosmo e o tempo, o imaginário sobre o nascimento ou a concepção. Nesta fala de mulheres, que mais parece um deslizar de tons, o som mais forte exprimia, no entanto, a desforra que significava "ser mãe" num meio que lhes negava qualquer tipo de sociabilidade intersexual e que lhes impunha um violento processo normativo. O território do feminino, como aqui será visto, sempre esteve longe de ser um quadro de serenidade e mesmice, e mostrou-se ele também, ao longo do período colonial, borbulhante de conflitos, diferenças e complementaridades.[7]

Será, portanto, à luz deste múltiplo caráter colonial, feito de heranças interculturais, das marcas do escravismo e, sobretudo, do projeto normatizador da Metrópole, que irei abordar a condição feminina. Abordagem que representa o pano de fundo para a questão que de fato pretendo aprofundar: o longo processo de domesticação da mulher no sentido de tomá-la responsável pela casa, a família, o casamento e a procriação, na figura da 'santa-mãezinha'.

A ferro e a fogo

O processo de adestramento pelo qual passaram as mulheres coloniais foi acionado por meio de dois musculosos instrumentos de ação. O primeiro, um discurso sobre padrões ideais de comportamento, importado da Metrópole, teve nos moralistas, pregadores e confessores os seus mais eloquentes porta-vozes. Elementos para esse discurso normatizador já se encontravam impregnados na mentalidade popular portuguesa – e mesmo europeia –, como será mostrado, cabendo à Igreja metropolitana adaptar valores conhecidos das populações femininas, para um discurso com conteúdo e objetivo específicos. Tal discurso foi pulverizado sobre toda atividade religiosa exercida na Colônia, dando especial sabor normativo aos sermões dominicais, às palavras ditas pelo padre no confessionário, às regras das confrarias e irmandades, aos "causos" moralizantes, aos contos populares, aos critérios com que se julgavam os infratores das normas por intermédio da "murmuração" e da maledicência. A mentalidade colonial foi sendo assim lentamente penetrada e impregnada por esse tipo de discurso.

---

7 Algumas obras recentes deram ênfase à questão do conflito de papéis e de práticas femininas. Ver o segundo capítulo da obra de Vainfas (1988), intitulado "Mulheres degradadas, fornicação lícita" (p.60-8). Ver também a coletânea *História e sexualidade no Brasil,* organizada pelo mesmo autor; Bellini, 1988, e a coletânea *Mulheres, adúlteros e padres* organizada por Lima, 1987. A questão dos "conflitos e complementaridades" é abordada também em outros trabalhos internacionais sobre a condição feminina. Ver, por exemplo, Aizpuru (1987) ou ainda Gautier (1985).

Além de ser um eco das decisões tomadas pela Reforma católica depois do Concílio de Trento, esse discurso normatizador fora imposto às elites no Seiscentos português como reflexo de uma onda, ou melhor, de um processo civilizatório – como o chamou Elias (1973) –, que atingiu nesse mesmo período quase toda cristandade ocidental. Tal processo estendeu-se ao conjunto da sociedade lusa por canais mais ou menos semelhantes aos que foram utilizados no Brasil. A reorganização das funções do corpo, dos gestos e dos hábitos proposta nesse discurso deveria traduzir-se nas condutas individuais. Estas, por seu turno, deveriam refletir a pressão organizadora, e portanto moderna, dos jovens Estados burocráticos sobre toda a sociedade.

Lembra bem André Burguière (1986, p.152) que, nesse momento de mudanças que se refletem reciprocamente, acabou-se por separar as crianças por idade nas escolas, confinaram-se loucos e pobres e isolaram-se os desviantes da ordem. A espontaneidade dos atos começava a dobrar-se à regra, ao recalque, à interiorização da vida social. Emergia um claro paralelismo entre a privatização do eu e a apropriação privada dos meios de produção. Nascia uma nova ética sexual a bordo de uma nova sensibilidade, enquanto a sociedade ocidental reabsorvia os excessos de sua sexualidade num discurso interminável, que parecia enterrar as práticas sob uma montanha de comentários religiosos, jurídicos e médicos.

A interdependência estreita entre as estruturas sociais e aquelas sexuais e emocionais mostrava que os comportamentos femininos não podiam estar dissociados de uma estrutura global, montada sobre uma rede de tabus, interditos e autoconstrangimentos sem comparação com o que se vivera na Idade Média. Adestrar a mulher fazia parte do processo civilizatório, e, no Brasil, este adestramento fez-se a serviço do processo de colonização.

O outro instrumento utilizado para a domesticação da mulher foi o discurso normativo médico, ou "phísico", sobre o funcionamento do corpo feminino. Esse discurso dava caução ao religioso na medida em que asseverava cientificamente que a função natural da mulher era a procriação. Fora do manso território da maternidade, alastrava-se a melancolia, vicejava a luxúria, e por tudo isso a mulher estava condenada à exclusão.

Tais discursos, bem como a mentalidade que eles refletiam, foram de fundamental importância para domesticar as populações femininas; mas, como estas tiveram que se organizar para contemporizar as normas culturais impostas por ambos os discursos e os constrangimentos naturais em que viviam afogadas, refugiaram-se na realização da maternidade como uma forma de resistência ao controle masculino. A maternidade servia ainda para preservar as diferenças de gênero (é uma função biológica exclusivamente feminina), mantinha papéis ancilares tradicionalmente exercidos por mulheres (a parteira ou "comadre", por exemplo), e, finalmente, era um canal de adaptação às novas condições de vida que chegavam com a Era Moderna e o "novo mundo nos trópicos".

A exaltação da mãe sagrada ou profana, típica nesses tempos de reformas religiosas, serviu para a revanche da mulher contra uma sociedade androcêntrica e misógina. Entre virtualidades e armadilhas, a maternidade foi o refúgio onde as mulheres se defenderam da exploração doméstica e sexual, do abandono e da solidão[8] em que viveram nas duras condições materiais de vida dos tempos coloniais.

O tempo das almas

A Igreja nesse período, diz bem Beozzo (op. cit., p.70), era a instituição que detinha um quase monopólio ideológico e um efetivo monopólio religioso na organização da nova sociedade, a qual se pretendia ao mesmo tempo portuguesa e cristã. Ela regulamentava o cotidiano das pessoas pela orientação ética, pela catequese, pela educação, pelo ritmo semanal recortado pelo domingo e pelo calendário anual marcado pelo Advento, o Natal, a Quaresma, a Páscoa e pelo ciclo santoral dos diferentes apóstolos, confessores e, sobretudo, pelas festas de Nossa Senhora. A Igreja fazia-se presente ainda em momentos da vida como o batismo, a eucaristia, o casamento, a extrema-unção, os funerais, a penitência e os demais gestos que acompanhavam o dia a dia das pessoas: do nascimento à constituição da família, da reconciliação à morte, da reza doméstica às celebrações coletivas. E por último, mas não menos importante, a Igreja exercia severa vigilância doutrinal e de costumes pela confissão, pelo sermão e pelas devassas da Inquisição. Sua ação em relação à mulher fazia-se especialmente ativa no campo da organização familiar nas precárias condições da nascente sociedade colonial. Para tanto, ela desdobrava-se em iniciativas e medidas que asseguravam o estabelecimento da sociedade familiar nos moldes vigentes da tradição europeia.

Para a concretização de seu projeto, a Igreja lançou mão de outras armas, além do sistemático discurso normativo plantado no cotidiano religioso da Colônia, Por exemplo, impediu que a mulher tivesse outros papéis que não aquele determinado pela vida familiar, proibindo os conventos. Em carta régia de 2 de setembro de 1606,

---

8 Sobre a solidão em que viviam as mulheres na Colônia ver, por exemplo, Gilberto Freyre, op. cit., p.8, em que citando a mobilidade espacial do português, confere-lhe uma das características da colonização. O mesmo faz Prado Júnior (1977, p.71-84), no capítulo intitulado "Correntes de povoamento". "A mobilidade maior dos de São Paulo" foi tratada por Holanda (1986).

nega-se a licença pedida pela Câmara da Bahia para erigirem-se, naquela cidade e em Pernambuco, mosteiros de freiras "pelo muito que convém povoar aquele estado de gente principal e honrada" (apud. Beozzo, op.cit. p.84).

A Igreja apropriou-se também da mentalidade androcêntrica presente no caráter colonial e explorou as relações de dominação que presidiam o encontro de homem e mulher, incentivando a última a ser exemplarmente obediente e submissa. A relação de poder já implícita no escravismo reproduzia-se nas relações mais íntimas entre marido e mulher, condenando esta a ser uma escrava doméstica, cuja existência se justificasse em cuidar da casa, cozinhar, lavar a roupa, servir ao chefe da família com o seu sexo, dando-lhe filhos que assegurassem a sua descendência e servindo como modelo para a sociedade familiar com que sonhava a Igreja.

O tempo do corpo

A medicina aliou-se à Igreja na luta pela constituição de famílias sacramentadas, e o médico, tal como o padre, tinha acesso à intimidade das populações femininas. Enquanto o segundo cuidava das almas, o "doutor" ocupava-se dos corpos, sobretudo no momento de partos dificultosos e doenças graves. Ao penetrar o mundo fechado de pudores, mistérios e usos tradicionais dessa espécie de terra desconhecida que era o corpo feminino, o médico interrogava a sexualidade da mulher e era também por ela interrogado. Os ciclos menstruais, a gestação, os "males da madre" eram criteriosamente cadastrados para que se sublinhassem as diferenças sexuais. O saber médico insuflava aos percursos temporais femininos uma verdadeira dramaturgia, na qual desvios, doenças e acidentes vinham sancionar os defeitos, os excessos ou a normalidade de suas fisiologias.

No período colonial, a ciência médica estava contaminada pelo imaginário. Este, por sua vez, não se constituía tanto num falso saber, porém mais significava uma rede de ideias motrizes que orientava o médico e supria provisoriamente as lacunas dos seus conhecimentos. Os fisiologistas e médicos não estudavam apenas a anatomia e a patologia da mulher, mas tentavam entender a natureza feminina, isolando os fins para os quais ela teria sido criada ou aos quais ela obedeceria. Os documentos da medicina que então se praticava davam-se por objetivo sutil definir uma normalidade – conceito polimorfo, e ao mesmo tempo fisiológico e moral – que exprimisse o destino biológico da mulher.[9]

---

9 Utilizamos algumas ideias desenvolvidas por Paul Hoffmann em sua notável tese *La femme dans la pensée des Lumières* [A mulher no pensamento dos Iluministas], p.17-23.

Ao sul do corpo

O médico era, nesse período, simultaneamente um criador de conceitos e um descobridor de fatos. Todo conceito que elaborasse tinha, no entanto, uma função no interior de um dado sistema que transbordava do domínio propriamente médico. Por isso, ao estatuto biológico da mulher ele procurava associar outro, moral e metafísico.

Ora, tal preocupação em elaborar uma imagem regular da feminilidade adequava-se perfeitamente aos propósitos da Igreja. Na perspectiva sacramental e mística, a sexualidade encontrava sua única justificativa na procriação. E esta era o dever absoluto dos esposos. O uso dos corpos no casamento possuía uma perspectiva escatológica, pois somente nas penas da vida conjugal e no sofrimento e angústia do parto encontrava-se a redenção dos pecados e a via ressurreicionista; a procriação só tinha legitimidade na expectativa da multiplicação de criaturas prometidas à beatitude eterna. A sensualidade, abandonada às impulsões desregradas, rebaixava a alma dos homens ao nível dos animais, e por isto era fundamental evitar que a mulher, criada por Deus para cooperar no ato de criação, acabasse por tornar-se para o homem uma oportunidade de queda e perversão. Ela deveria apagar todas as marcas da carnalidade e animalidade do ato pela imediata concepção. Daí serem malditas as infecundas, as incapazes de revestir com a pureza da gravidez a dimensão do coito. Daí também a importância do casamento em dar uma ordem e uma regra para a natureza, *a priori* corrompida.

Cabia então à medicina dar caução à Igreja, a fim de disciplinar as mulheres para o ato da procriação. Apenas vazio de prazeres físicos o corpo feminino se mostraria dentro da normalidade pretendida pela medicina, e assim, oco, se revelaria eficiente, útil e fecundo. Apenas como mãe, a mulher revelaria um corpo e uma alma saudáveis, sendo sua missão atender ao projeto fisiológico-moral dos médicos e à perspectiva sacramental da Igreja.

As intenções da medicina lusa em conhecer o corpo feminino para melhor controlá-lo pouco mudaram com as descobertas de Antoine van Leeuwenhoek (1623-1723) e Rainier De Graaf (1641-1673). A descoberta de "ovos nos testículos femininos" empreendida por De Graaf, que estudou também os folículos que levam seu nome, e a observação do que os cientistas pensavam ser "vermes, insetos espermáticos, girinos ou peixinhos" – os espermatozoides –, realizada por Leeuwenhoek através do microscópio, pouco alteravam a noção quase religiosa de doutores lusos, fiéis à crença de que a procriação era assunto divino e, por isso mesmo, irretocável.[10]

---

10 Sobre os avanços da ciência médica e os estudos sobre a reprodução humana ver Pierre Darmon, *Le mythe de la procréation à l'âge baroque* [O mito da procriação na idade barroca], em especial o capítulo "Les révolutions oviste et animalculiste" [As revoluções], p.51-61.

Revolucionárias, essas descobertas realocavam o papel da mulher no que disses-se respeito à reprodução. De figurante, num processo onde parecia ser unicamente a guardiã passiva do feto, a quem seu ventre deveria suprir com comida e proteção, ela passava a protagonista; seu 'ovo' ou óvulo era fator essencial à procriação. Se este achado convulsionou sábios, médicos e filósofos no restante da Europa, no pachorrento Portugal a compreensão de uma fisiologia moral feminina não sofria qualquer retoque.

Outras razões influíam para que os conhecimentos dos doutores portugueses se tomassem mais opacos. A Inquisição farejava nas universidades boas presas para o seu fervor ortodoxo. Até o século XVI, o Humanismo irradiara-se até Portugal através dos contatos comerciais com as cidades-Estados da península italiana. Além dessas conexões, existiam laços comuns religiosos e culturais, a exemplo dos concílios ecumênicos e das peregrinações. Portugal sofria ainda grande influência das universidades de Bolonha, Siena e Florença, e grande parte de seus estudiosos intercambiavam conhecimentos também com a França, Inglaterra, Espanha e Países Baixos.

Em 1547, dom João III fundava o Colégio de Artes e Humanidades, que logo se destacou como uma escola ameaçadora da unidade da fé e também da política religiosa e cultural seguida pelo rei. Um grupo excelente de professores, entre eles alguns estrangeiros, como o escocês Guilherme Buchan, foram sumariamente detidos ou perseguidos. A escola, depois de ter passado por um processo de "limpeza", foi entregue aos jesuítas. O mesmo tipo de ameaça pairou sobre Coimbra, que tinha então um afamado curso de medicina, e por isso a universidade que pretendia deter o monopólio cultural do país não conseguia acompanhar a cultura humanista do seu tempo. Transformada em baluarte do escolasticismo e do pensamento medieval, haveria de reagir a toda e qualquer tendência moderna, impedindo-lhe a entrada.

Em 1576 a Universidade é colocada sob a jurisdição do tribunal régio, a Mesa de Consciência e Ordens, e, salvo algumas pequenas mudanças estatutárias, seu quadro permanece o mesmo até o século XVIII. Nos séculos XVI e XVII os jesuítas, a Inquisição e a Coroa lutaram fortemente unidos contra tudo o que consideravam heresia, fermento cultural a todo e qualquer desvio da política tridentina. Tal reação levou universidades e colégios a uma fase de quase estagnação, em que os alunos eram instruídos em metodologia escolástica e acabavam por cristalizar as glosas dos "antigos" e velhos mestres. O ensino oficial mostrava-se impermeável a qualquer progresso científico e avanço que se verificasse fora de Portugal, enquanto oferecia um simultâneo exemplo de dogmatismo e inutilidade.[11]

---

11 Ver Marques, 1974, especialmente o capítulo "Humanismo, Renascimento e Reforma" (p.270 ss).

Ao sul do corpo

Nessas bases é que argumentos sobre a fisiologia moral feminina se fabricavam na Metrópole e transferiam-se para a Colônia. Apoiada na alquimia medieval, na astrologia e no empirismo, conta Santos Filho (1977, p.66) que a literatura médica refletia uma enorme ingenuidade na apreciação dos temas abordados, além de transpirar o despreparo e a insuficiente formação escolar. A influência escolástica, que impregnava todos os conhecimentos, ajudava a sublinhar a menoridade feminina, aqui transformada em projeto de colonização.

2

A mulher e o encontro dos tempos

> Mais c'est peu de dire que les temps ce sont multipliés: ils se
> chevauchent. (Vovelle, 1978, p.77)

Filhas do seu tempo, as mulheres na Colônia inseriam-se num quadro mental e social que acompanhava, mesmo que à distância, as várias transformações produzidas no Velho Mundo. A sociedade colonial, malgrado as especificidades que vinha adquirindo, era tributária da longa respiração histórica e, portanto, herdeira de acontecimentos que a entrelaçavam à sua Metrópole e à Europa Ocidental.

A cristianização ocidental estava experimentando, em tempos da pré-Reforma, uma profunda mudança. Quando da realização do concílio de Trento, evidenciou-se a consciência da ignorância religiosa das populações, bem como o entorpecimento em que se enredavam as estruturas eclesiásticas. Diz Delumeau (1973, p.11-47) que as pessoas tinham então necessidade de uma doutrina clara e tranquilizadora e de uma teologia estruturada que só se poderia transmitir por um clero renovado, disciplinado e aplicado ao seu dever pastoral. A principal linha de ação da Igreja centrou-se na aplicação mais exata possível das decisões tomadas no concílio tridentino e na transferência de seu espírito para a vida cotidiana do orbe católico.

A inoculação desse objetivo no dia a dia das populações foi grandemente facilitada pela emergência da devoção pessoal. O hábito das demonstrações pessoais de fé, nascido da interiorização da vida social e familiar, assentava-se bem na imagem do fiel recolhido em oração solitária, diante do oratório doméstico. A devoção a Nossa Senhora e, portanto, o surto mariológico, estimulado por Louis-Marie Grignion de Monfort, que afirmava querer renovar o espírito do cristianismo "entre os cristãos", também foi útil ao plantio dos ideais tridentinos.

Ecos deste pietismo chegaram rapidamente ao Novo Mundo, onde a devoção pessoal aos santos da Igreja se fazia, em maiores cerimônias. Pilhérias, agrados, contatos físicos entre o fiel e a imagem, vestimentas, joias, fitas e oratórios especialmente enfeitados ou decorados para dar a impressão de 'casinha' atestavam a intimidade entre homens e santos.[1] "Dão-se-lhe atributos humanos de rei, de rainha, de pai, de mãe, de filho, de namorado. Liga-se cada um deles a uma fase da vida doméstica e divina", concorda Freyre (1980, p.275).

Além dessa piedade íntima, cordial quase prosaica, a mariologia difundira-se em todas as colônias, fazendo com que Maria fosse chamada em Macau de Estrela do Mar, no México de China Poblana, e fosse vista nos campos de batalha de Angola em aparições entre o humano e o milagroso (Boxer, 1977, p.131-3). Ambos instrumentos de devoção faziam circular, se bem que de forma matizada e popular, os princípios tridentinos. A eles somaram-se a prática do rosário diante do altar e o renascimento da teologia, com o aparecimento de inúmeros moralistas tanto na Metrópole quanto na Colônia. O interesse do público letrado por assuntos de religião aumentou consideravelmente, enquanto a imprensa agilizava a publicação de textos litúrgicos, estudos teológicos, meditações espirituais que tinham seus sucedâneos populares nos relatos da vida e nas narrativas de milagres. Sob a influência da *devotio moderna,* incrementavam-se as formas populares de piedade, como as *via-crucis,* as procissões, as representações da paixão de Cristo ou as peregrinações às imagens tidas por milagrosas, pois tais ambientes permitiam a circulação das ideias defendidas em Trento. Proliferavam as irmandades e confrarias, agentes de controle das normas reformistas, e divulgava-se o êxito de pregadores entusiasmados por questões como o pecado e o arrependimento. Um sentimento de amargo desgosto era incentivado em face dos interesses mundanos ou dos prazeres do corpo, e acabava por contagiar os textos de Teresa D'Ávila, Vicente de Paulo, João da Cruz. A Igreja exportava infalivelmente para fora de conventos e claustros a ideia de vergonha, escrúpulo, vício e danação. Era preciso que os homens admitissem as suas misérias.

Os porta-vozes de Deus esforçavam-se por constranger os fiéis a uma conversão mental e a conduzir sua atenção para a ideia de que a causa fundamental de todo o mal físico era de ordem moral. Se a vida cotidiana mostrava-se então plena de desgraças e ameaças físicas, isto deveria significar que o Diabo e seus agentes açodavam continuamente a espécie humana, causando-lhe todo tipo de iniquidade e malvadez. Ora, um dos agentes mais eficazes dessas forças infernais a ameaçar a paz terrena eram justamente as mulheres.

---

1 Com fina sensibilidade, Laura de Mello e Souza (1988) descreve, no capítulo "Dogmas e símbolos: incertezas e irreverências" (p.100-36), o universo informal de práticas que cercavam as imagens religiosas.

Ao sul do corpo

A mulher sem qualidades

Jean Delumeau, num trabalho brilhante e consagrado,[2] refez a trajetória da história da misoginia, que teve sua origem no passado mais remoto, entre todo tipo de cultura e organização social. Segundo ele, a veneração à mulher e o medo masculino contrabalançaram-se ao longo das transformações sofridas pelas diversas sociedades humanas. Neste quadro, a maternidade teria sempre significado um mistério profundo. O medo que a mulher inspiraria ao outro sexo viria deste mistério, fonte de terrores, tabus e mitos, e que fazia do corpo feminino "o santuário do estranho" e do singular. A mulher parecia-se com a ponta de um continente submerso do qual nada se sabia. Ao mesmo tempo capaz de atrair e seduzir os homens, ela os repelia através de seu ciclo menstrual, seus cheiros, secreções e sucos, as expulsões do parto. Semelhantes impurezas cercavam a mulher de interdições e ritos purificatórios.

Juíza da sexualidade masculina, a mulher era ainda estigmatizada com a pecha da insaciabilidade. Seu sexo assemelhava-se a uma voragem, um rodamoinho a sugar desejos e fraquezas masculinas. Unindo, portanto, o horrendo e o fascinante, a atitude ameaçadora da mulher obrigava o homem a adestrá-la. Seria impossível conviver impunemente com tanto perigo, com tal demônio em forma de gente.

Considerada também um "diabo doméstico", ela fora pintada na literatura da época clássica como um poço de vícios digno dos filhos das trevas: enganadora, melíflua, concupiscente, fétida, infecta, gastadora, desbocada, esta mulher sem qualidades foi cantada em prosa e verso no período sobre o qual discorre este trabalho.

Textos bíblicos e jurídicos davam caução à menoridade da mulher, e a Igreja valia-se da eloquência dos sermões – meios eficazes de cristianização – para difundir a ideia da mulher-sereia, da mulher-diaba, da mulher perigosa. A piedade mariológica, que tivera penetrante alcance na vida colonial, colaborava para esvaziar ainda mais qualquer conteúdo de sedução que se quisesse enxergar nas mulheres. O modelo de feminilidade que vicejava era ditado pela devoção a Nossa Senhora e correspondia a comportamentos ascéticos, castos, pudibundos e severos. Cultuava--se a virgindade, e o tratamento divino dispensado às "11 mil virgens" devia ser almejado por todas as mulheres.

Nesse mesmo período, além dos homens da Igreja, também os médicos endossavam a ideia da inferioridade estrutural da mulher. Herdeiros das concepções antigas e tradicionais, apoiavam-se em Quintiliano, Valério Máximo, Fulgêncio e Platão para

---

2 Ver Delumeau, 1973, especialmente o capítulo "Les agents de Satan: la femme." [Os agentes de satã: a mulher], p.398-449.

repetir que ela era possuidora de um temperamento comumente melancólico, era um ser débil, frágil, de natureza imbecil e enfermiça. Para os médicos, parecia difícil desfazer-se dos princípios aristotélicos que rezavam valer mais o calor do que o frio, mais o seco do que o úmido. Ora, Ambroise Paré, que influenciou várias gerações de médicos entre os séculos XVI e XVIII, afirmava que as mulheres tinham menos calor que os homens nas partes espermáticas, e que estas eram decididamente mais frias, moles e úmidas. Sua inferioridade física fora decretada por Deus, que assim as modelara com suas próprias mãos.

Mas o projeto para uma participação feminina na empresa ultramarina não aproveitou das mentalidades europeias apenas a ideia da demonização da mulher como agente de Satã, o crescimento da devoção marial e a piedade doméstica que as incitava a copiar as santas-virgens, ou o desprezo que lhes votavam os homens da ciência. Todo um comportamento relativo à vida privada[3] tinha-se instalado na Europa clássica, lá, empurrando as populações femininas para a interiorização de novos valores domésticos, a valorização da vida familiar e, no seio desta, dos filhos e das crianças. Havia, portanto, matrizes muito fortes de inspiração para que se pautasse a condição feminina através de regras e modelos: tentou-se apreender e adaptar à vida colonial essas mesmas normas, pois foi aí mesmo, no "trópico dos pecados",[4] na terra em que malgrado o nome – Santa Cruz –, morava o Diabo, é que tais regras tinham maior necessidade de serem aplicadas.

A casa e a rua[5]

O Renascimento legou à Europa clássica a noção de privacidade. O cerne desta noção era a vida familiar, era o viver "em casa".

Orest Ranum (1989, p.207-63), num trabalho de rara sensibilidade, explica que, se as famílias eram nucleares, extensas ou múltiplas, não importava; importava, sim, que um tipo de sentimento, até então pouco usual, empurrava os parentes à coabitação. Difundia-se então a mística da vida comum, enalteciam-se as origens comuns, generalizava-se o uso de tetos e mesas comuns. Partilhar espaços, gestos, tradições e sentimentos com os 'seus' constituía-se na tônica da vida privada.

A casa humilde ou o palácio modificavam seus espaços. É evidente que os

---

3 Estudos recentes sobre a vida privada vêm se avolumando; mas gostaríamos de citar dois, que consideramos clássicos: Ariès & Duby (org.), 1985, e Burguière, 1986.
4 Tomamos emprestada esta expressão ao já citado livro de Ronaldo Vainfas e o mesmo fazemos com a obra de Laura de Mello e Souza.
5 Parafraseando Roberto da Matta e seu trabalho do mesmo título.

Ao sul do corpo

segundos alteravam-se em maior proporção, mas ambos ganhavam proporcionalmente novos elementos: salas, corredores, quartos, capelas, peças, enfim, múltiplas e reservadas que visavam a dar aos moradores maior autonomia e conforto. O mobiliário da época e os utensílios domésticos refletiam essas modificações e sofisticavam-se.

O casal e a vida conjugal eram valorizados também pela repartição criteriosa de tarefas. Esta divisão de encargos no seio da vida doméstica e privada delimitava também os papéis sociais de gênero, e os moralistas do período são os primeiros a pleitear uma função para a mulher no interior da vida privada. Ela deveria fazer o trabalho de base de todo o edifício familiar: caber-lhe-ia educar cristãmente a prole, ensinar-lhe as primeiras letras e as primeiras atividades, cuidar de seu sustento e saúde física e espiritual, obedecer e ajudar ao marido... Enfim, ela seria responsabilizada pelo sucesso ou fracasso do processo civilizatório e da aplicação das normas tridentinas à sociedade familiar.

A reforma religiosa lançara as bases de um novo modo de gestão de afetos e de relações conjugais no interior da vida privada, onde o racional devia sobrepor-se ao pulsional. Os esforços convergentes, tanto da Igreja quanto do Estado moderno, para a normatização do corpo social passavam pela valorização do casal legalmente constituído e da repressão de toda atividade extraconjugal.

A partir de finais do século XVII, uma evolução não linear, feita de constrangimentos e rupturas, teria promovido a incubação de uma moral conjugal sóbria e vigilante, no que tocasse à vida familiar. Nesse longo processo, as fronteiras entre o domínio do público e aquele do privado ficaram mais nítidas, favorecendo a que os papéis desempenhados nestes diferentes territórios se tornassem mais visíveis. Ao confinar ou ceder às mulheres o espaço da casa, a Igreja apostava no sucesso do projeto tridentino, mas cedia-lhes também um espaço privilegiado para o comando de afetos, solidariedades, estratégias e poderes informais, que acabaram por interferir na realização desse mesmo projeto normativo.

Na Colônia, onde a história da vida familiar teve sua especificidade (Figueiredo, 1990) a ideia de privacidade poderia traduzir-se pela relação que as mulheres tinham com sua própria casa, com a religiosidade doméstica, com usos e costumes relativos ao seu próprio corpo, mas sobretudo com a relação que mantinham com sua prole.

A maternidade, espécie de coração a bater no centro da vida doméstica, era um nicho de apoio para as solidariedades femininas entre tantas adversidades da vida colonial; mas era também o foco de resistência contra as injunções do Estado moderno, da Igreja da Reforma, da ciência, dos homens, enfim... Apenas domesticando as mães que viviam concubinadas, amancebadas, amasiadas, prostituídas até então, poder-se-ia assegurar o estabelecimento de uma sociedade familiar nos moldes vigentes na tradição europeia.

É a Igreja quem primeiro traz e empurra este projeto goela abaixo das populações coloniais. Ela não tinha necessidade de ter controle direto da sociedade dominada para exercer essa transfusão de valores: bastava que estivesse presente, e pela sua proximidade, pela ameaça, ou pelo vigor do seu prestígio inoculava seus propósitos à vida comunitária. A ciência médica fez-lhe eco, aderindo ao projeto de criar um papel para as mulheres participarem, ou melhor, servirem à conquista ultramarina.

Ambas não percebem que a construção desta santa-mãezinha, tão cuidadosamente elaborada para se distinguirem as mulheres "certas" e normatizadas das "erradas", acaba por transformar-se numa fenomenal possibilidade de revanche. Não é à toa que, até bem recentemente, os homens da Terra de Santa Cruz – a que hoje se chama Brasil – entronizaram e reverenciaram no cerne de suas casas a santa-mãezinha. Figura poderosa tornada estereótipo, esta mulher – sendo branca, negra ou mulata, pobre ou rica – detém um enorme patrimônio de poderes informais. O seu avesso, a "mulher da rua", faz o contraponto necessário para lembrar que uma não existe sem a outra, e que, se por tanto tempo um certo processo de normatização conseguiu distingui-las nos menores detalhes, o ideal é que se reunissem os defeitos e qualidades de ambos os papéis num só.

SEGUNDA PARTE

Práticas da maternidade

1
Sensibilidades de ontem: a maternidade na Colônia

> E nem vos apercebeis que se ela tiver um filho, andando como sabeis, com o primeiro maltrapilho, o que receio para já, de vós se suspeitará que no filho parte haveis.[1]

*E*ra uma vez um tempo, na história do Brasil, em que os papéis femininos não estavam claramente definidos. A vida da maioria das populações femininas organizava-se, então, no atropelo da construção de um novo mundo. Povoar e organizar a produção, tornar eficiente a empresa mercantil eram os alvos de base do Estado ultramarino, alvos estes que embutiam projetos de normatização social para os distintos gêneros.

Prado Júnior (1977, p.71) ao descrever a tarefa fenomenal de povoamento da então Terra de Santa Cruz, passa uma expressiva imagem sobre o comportamento das marés humanas que se quebravam, ora mansas, ora violentas, nas praias e confins da nova terra. Uma primeira etapa da colonização, até o final do século XVII, correspondeu à ocupação do litoral do Amazonas (1616), até o rio da Prata (1680). Derramando-se pelo interior, os colonizadores penetraram os sertões do Nordeste e de São Paulo e tatearam o vale amazônico. O século XVIII inaugurou-se com uma revolução ocupacional provocada pelas lavras em Minas Gerais e, posteriormente, Goiás e Mato Grosso. Explica Prado Júnior que "durante toda a primeira metade do século em que sucedem as novas descobertas e também as explorações e tentativas malogradas, assistimos a deslocamentos bruscos e violentos que agitam e transformam a cada momento a estrutura demográfica da Colônia" (ibidem).

---

1 Pero da Ponte, "Cantiga d'escarneo e de mal dizer", em *Cantares dos trovadores galego-portugueses*, p.94.

Mary Del Priore

O que se assistiu nos três primeiros séculos foram fluxos e refluxos humanos, sobretudo masculinos, a desafiar a pressão organizadora e moderna do Estado português. Nesta convulsiva mobilidade, as condutas individuais em colônias, ao contrário de refletirem a noção de privacidade do eu, espelhavam a disponibilidade sexual contaminada pela exploração sexual contida no escravismo, o amolengamento moral, o desfibramento espiritual. Homens e mulheres bracejavam no que Prado Júnior chamou sisudamente de "falta de nexo moral" e "irregularidade de costumes" (ibidem, p.371).

Nem tanto assim... Havia, certamente, uma lógica própria desses tempos de povoamento nos tais comportamentos avessos aos ditames europocêntricos e tridentinos. Havia, portanto, um ruído, uma dissonância a intervir na sinfonia da civilização dos mores. Homens e mulheres de raças, credos e condições sociais diversas apenas tentavam adaptar suas sensibilidades, crenças e comportamentos às condições que se engendravam no cotidiano da Colônia, inaugurando uma prática criativa, de linhagem arcaica no Brasil: a do 'jeito'.

Só que essa adaptação, esse amoldamento, que inclusive passava pela centripetação de culturas diferenciadas, não correspondia ao projeto de exploração determinado pelo sistema colonial português. Este só vicejaria com maior eficiência mediante o adestramento social da população na Colônia, adestramento que deveria orientá-la para o trabalho organizado e produtivo.

A serviço do Estado, a Igreja metropolitana foi mentora desse projeto, podendo desenvolver também os compromissos reformistas estabelecidos no concílio de Trento. Assim sendo, adequar as necessidades de povoamento à devoção mariológica deve ter significado uma concreta hipótese de trabalho para a normatização das populações femininas. Confinada à casa, delimitada pela privacidade doméstica, a mulher no papel de santa-mãezinha poderia fazer todo o trabalho de base para o estabelecimento do edifício familiar, para a reprodução dos ideais tridentinos e para a procriação de brasileirinhos.

Além disso, vigiada pelos olhos atentos de tantas nossas senhoras e virgens queridas, a mulher teria na piedade marial uma fonte permanente de inspiração e de modelos de comportamento, e a devoção doméstica incentivaria ainda a que essas imagens, tratadas como entes queridos ou familiares, parecessem extremamente diligentes em relação a qualquer pecadilho acontecido dentro de casa.

Assim se daria o controle do invisível sobre o visível na vida cotidiana de tantas mulheres, cujos companheiros participavam, de forma ambulante, do processo de colonização e povoamento da Colônia. Sós, solitárias ou deixadas para trás, elas tinham que escolher entre tomar-se uma santa-mãezinha, integrando-se ao sistema, ou viver com o estigma da mulher 'sem qualidades', e, por isso, demonizada e excluída.

Ao sul do corpo

Pensar a história da maternidade na Colônia significa examinar a condição feminina à luz de relações familiares e conjugais, dos sentimentos ou da falta deles, de leis e normas, mentalidades e usos específicos da condição social e histórica do Brasil nos séculos XVII e XVIII. Significa também perguntar em que molduras tais maternidades eram vivenciadas: se naquelas das relações conjugais lícitas ou nas das consideradas ilícitas. Mas pensar a história das mães significa, sobretudo, perceber que o fenômeno biológico da maternidade, sua função social e psicoafetiva, vai transformar-se, ao longo deste período, num projeto de Estado moderno e principalmente da Igreja para disciplinar as mulheres da Colônia, fazendo-as partícipes da cristianização das Índias.

"Ser mãe" será gradualmente uma meta de contornos muito bem definidos. A família, ancilar unidade de produção e reprodução, deveria entretecer-se em torno da mãe supostamente exemplar, e esta, ao "instruir e educar os filhos cristãmente" e "cuidar com diligência das coisas da casa", como recomendava um pregador setecentista (Arceniaga, 1724, p.331), integrava a si mesma e os seus ao processo de formação do capitalismo na Idade Moderna. Sob as luzes do Antigo Sistema Colonial,[2] a vida feminina, recatada e voltada para o fogo doméstico e os filhos, fazia da santa-mãe um chamariz para que se canalizasse na esfera do lar a energia que fora dela pudesse confundir-se com desordem e contravenção, baralhando os pressupostos de ordem e trabalho implícitos no sistema.

A hipótese de que as mulheres da Colônia sofreram um processo de gradual adestramento para se encaixarem no papel de mães ideais retira-as da silenciosa paisagem de estereótipos femininos, recolocando-as como objetos históricos; apresentadas com recorrência pela bibliografia tradicional[3] como autossacrificadas, submissas sexual e materialmente e reclusas, as imagens da mulher de elite opõem-se à promiscuidade e à lascívia da mulher de classe subalterna, em geral negra, mulata ou índia, pivô da miscigenação que justificou por tanto tempo a falsa cordialidade entre colonizadores e colonizados.

No papel de mães, gestoras da vida privada, administradoras do cotidiano doméstico e da sobrevivência da sua prole, as mulheres exerciam poderes discretos e informais, pondo em xeque a ficção do poder masculino, bastante difundido na sociedade colonial. Enquanto mães ideais e em contato com os projetos epistolares nutridos pela Igreja, as mulheres, sem detê-lo diretamente, flutuaram no poder que emanava de tais imagens. A maternidade foi, assim, o espaço onde

---

2 Sobre o conceito utilizado neste trabalho para definir o sistema colonial, veja Novais, 1981.

3 Referência especial a Paulo Prado (1981) e Freyre (1980), cujas imagens femininas são pintadas com excessivo amolengamento, decorrente do que consideram uma extrema disponibilidade sexual.

mães e mulheres organizaram a sua revanche contra uma sociedade misógina. Foi o nicho onde se abrigaram contra a exploração doméstica e sexual, que se traduzia, no mais das vezes, em humilhações, abandono e violência. Com essas características, a maternidade apagava as diferenças raciais, culturais e econômicas mais candentes e prestava-se a ser o instrumento de integração do gênero feminino ao projeto colonial.

Cabe, todavia, perguntar que mulher é esta a quem será dada a empresa de "tornar-se mãe". Sim, pois a maternidade era vivida num caleidoscópio de situações que bem refletiam a especificidade do povoamento. Havia aquelas que tinham seus filhos sós, que eram celibatárias ou mães solteiras, e estas se diferenciavam das que mantinham suas ninhadas no aconchego de relações concubinárias, mesmo que duradouras ou passageiras, mas que contavam momentaneamente com a presença de um companheiro. Estas, por certo, diferiam das maternidades gestadas sob as bênçãos da Igreja e ao abrigo da legislação que regia o matrimônio tradicional. Entre mulheres brancas, índias, mulatas ou negras, livres ou escravas, pertencentes às elites ou às classes subalternas, as maternidades eram embaladas pelas diversas situações culturais e econômicas que medravam em colônias. As mulheres desempenhavam tarefas específicas com seus filhos, e suas condições de gestação e parto estiveram referidas ao seu espaço, nos diferentes estratos sociais, muito embora as práticas em torno da maternidade deixassem aflorar uma solidariedade de gênero raramente perceptível nas demais instâncias do cotidiano colonial.

Mães que davam leite, mães que davam mel...

Sabe-se hoje que o perfil do cenário familiar,[4] ao contrário do quadro ruidoso e sensual de *Casa-grande & senzala,* pintado por Gilberto Freyre, era prosaicamente nuclear, sobretudo, nas capitanias do sudeste da Colônia. Conhecem-se também algumas de suas características: muitos maridos ausentes, companheiros ambulantes, mulheres chefiando seus lares e crianças circulando entre outras casas e sendo criadas por comadres, vizinhas e familiares.

Aparentemente distantes das prédicas e da ação da Igreja, que queria implantar nas terras de Santa Cruz a regra do matrimônio, grande parte das mulheres pobres e empobrecidas vivia ao sabor de corriqueiras uniões consensuais. Alianças aparentemente saborosas, pois que ditadas por simpatias de corpo e alma, tais associações

---

4 Dentre os historiadores que se vêm destacando por seus estudos sobre a família no período colonial, destacam-se Marcílio (1986), Iraci Costa (1979), Figueiredo (1990) e Londoño (1999).

Ao sul do corpo

pareciam contrapor-se às insípidas uniões de elite, em grande parte contraídas no interesse de manter patrimônios, reforçar esferas de influência ou pela necessidade de garantir às filhas a proteção que pais desvalidos não podiam assegurar.[5]

Não só no Brasil, mas também no México colonial revelado por Aizpuru, a atitude de mães concubinadas pertencentes às classes subalternas não era de marginalização ou retraimento, mas elas viviam, sim, "com insuspeita liberdade, criando e educando seus filhos naturais e eventualmente contraindo matrimônio com quem haviam mantido 'amizade ilícita' durante vários anos, para legalizar a situação dos filhos e evitar-lhes danos" (Aizpuru, 1987, p.45). Igualmente nas Antilhas, sensivelmente analisadas por Gautier, os filhos ilegítimos de mães de classes subalternas não eram motivo de "vergonha", como desejava a Igreja, nem as impediam de casar (Gautier, 1985, p.68).

Desejosa, no entanto, de implantar no Brasil colonial o projeto de difusão da fé católica e das normas tridentinas por intermédio de famílias institucionalmente constituídas, a Igreja perseguia, de forma brilhante no discurso mas desastrada na prática, o que as *Constituições primeiras do arcebispado da Bahia* definiram em 1707 como "ilícita conversa o de homem com mulher por tempo considerável".[6] Este nebuloso critério teórico referia-se a adultérios, concubinatos, mancebias, amasiamentos e demais formas de convivência sexual e conjugal que não o sagrado matrimônio, e que, sabe-se hoje, eram bastante correntes.[7]

Bastardo de uma tradição medieval intitulada popularmente como "casamento por juras", o concubinato vivido por mulheres coloniais era relativamente tolerado pelo clero quando assim concebido: "ser marido e mulher é viver como marido e mulher partilhando da mesma casa, da mesma mesa e do mesmo leito" (Del Priore, 1988, p.31). Esta fórmula de casamento costumeiro era aceita na medida em que, teoricamente ou de fato, se projetava para o futuro o casamento sacramentado. Desculpa ou não para o controle da Igreja, a realidade é que inúmeros casais assim

---

5 Ver as seguintes dissertações de mestrado defendidas na Faculdade de Filosofia, Letras e Ciências Humanas da Universidade de São Paulo e que reforçam a noção de casamentos por interesse ou para assegurar proteção às filhas: Scott (1987), Bacellar (1987), Raquel R. Costa (1986) e Goldschmith (1987). Todos esses trabalhos permitem uma melhor compreensão sobre o papel do casamento entre as populações coloniais, bem como os desdobramentos desta instituição entre as famílias dos séculos XVIII e XIX.

6 *Constituições primeiras do arcebispado da Bahia, feitas e ordenadas pelo Ilustríssimo e Reverendíssimo senhor dom Sebastião Monteiro da Vide, arcebispo do dito arcebispado e do Conselho de Sua Majestade, propostas e aceitas em o Sínodo diocesano que o dito senhor celebrou em 12 de junho do ano de 1707,* título XXII, § 979.

7 Os trabalhos já citados de Figueiredo e Londoño confirmam fundamentalmente esta hipótese tomada como base para a pesquisa desenvolvida no presente trabalho.

Mary Del Priore

constituídos atravessavam toda uma vida sem a bênção dos padres, provendo-se de um território quente para a procriação dos filhos e recorrendo à Igreja unicamente por medo das penas do inferno ou daquelas pecuniárias previstas pelas leis de Trento.

Em Santo Amaro, São Paulo de 1786, fazendo jus a essa tradição, o vigário batizara a "Ana, filha de Gonçalves Morais e Francisca da Silva, solteiros [...] por ser a dita Francisca sua mulher de futuro pois estão próximos a se casar" (ibidem).

A presença de filhos como Ana ilustrava cenas costumeiras que incentivavam a Igreja a fabricar um projeto que trouxesse mães menos sagradas do que a Virgem Maria para dentro do casamento. Para tanto, era preciso acenar às mulheres com as vantagens da indissolubilidade do sacramento, benefício que poderia protegê--las dos abandonos bastante corriqueiros no quadro de povoamento da Colônia. Esta contrapartida não devia parecer negligenciável para as mulheres, quando se sabe que a ausência de um controle efetivo de natalidade impunha o estigma do alto risco para aquelas que concebiam. As dores físicas e apreensões das mães somavam-se aos fluxos, às febres, ao desconforto da gestação, ao esgotamento de partos ou abortos anteriores, à preocupação com crianças que seriam mais uma boca para alimentar e, não raro, ao descaso, ao descuido, senão ao desaparecimento do companheiro. A maternidade, para a grande maioria das mulheres que não estavam institucionalmente casadas, punha em xeque o uso mesmo que elas faziam de sua sexualidade. O corpo, que fora num dado momento instrumento de prazer e vida, podia tornar-se, num outro instante, ferramenta de luto, dor ou morte: das mães e de seus filhos.

Daí tomar pé, no terreno escorregadio e inseguro em que vivia grande parte das mulheres coloniais, a imposição de uma mentalidade que promovesse o desejo do matrimônio respeitável e sisudo, em detrimento dos prazeres auferidos nas ligações esporádicas. Tal uma fulgurante visão, o matrimônio seria apresentado pela Igreja como sinônimo de segurança e proteção, mas também como espaço no qual a prole validaria o bom uso do sacramento.

No casamento cristão, a mulher era magnificada e a criança, sacralizada, Revestidos de dignidade sacramental, os efeitos de ordem espiritual e civil do matrimônio resultavam na legitimação sistemática dos filhos das esposas, mesmo dos concebidos antes do casamento. Além da proteção à prole, o sacramento obrigava a coabitação e a indissolubilidade.[8] Tal dimensão do casamento representou, por certo, uma enorme dose de estabilidade para mulheres que bracejavam nas perigosas

---

8 Esta ideia, que pertence a tantos outros historiadores da família e do casamento, foi desenvolvida por Lebrun, 1975, p.12.

Ao sul do corpo

marés da sobrevivência, que tinham filhos considerados ilegítimos e que viam seus companheiros partirem, sistematicamente empurrados pelos vários momentos econômicos da colonização.

Vale sublinhar aqui que a noção histórica de segurança, tal como enunciou Lucien Fébvre, não é tão somente uma palavra de ressonância intelectual, mas sim "uma necessidade, um sentimento" (apud Fébvre, 1987, p.137) que atingiu as populações do passado. Por isso, apregoar o casamento como lugar precípuo e adequado para o desenvolvimento de um papel ideal para a mulher – o de mãe – aproximou a pregação normativa da Igreja de tantas mulheres que viviam fora dos padrões tridentinos. Ao transferir para a Colônia uma legislação civil e religiosa que só reconhecia o estatuto social da mulher casada e mãe, a Igreja apertava o cerco em torno de formas não sacramentadas de convívio.[9]

Mas o historiador precisa conhecer as fórmulas não oficiais de conjugalidade para compreender que necessidades igualavam as mulheres, ou que fraquezas tais ligações apresentavam, a ponto de a Igreja conseguir com tanto êxito a interiorização do adestramento feminino.

Entre as classes subalternas, as formas não sacramentadas de convívio conjugal não eram absolutamente empecilho para que as mulheres seguissem tendo filhos e tentassem criá-los. Em São Paulo, por exemplo, ao meado do século XVIII, o sargento-mor Francisco da Rocha Abreu, solteiro, "residente à rua da Quitanda", era processado no tribunal eclesiástico pela "continuação de execrandas culpas que cometeu com Clara, solteira, preta forra com quem está concubinado há mais de dez anos". Problema mais grave do que este de ter "estado e morado juntos com notório e público escândalo de toda esta cidade" era estar "vivendo e educando seus filhos como casados, em tanto que até todas as regras", acusava uma testemunha tagarela, "o apelidam marido da Mãe Clara, e por causa do conhecimento de tantas torpezas vieram corridos dos párocos de outra freguesia para esta cidade onde vivem fazendo gala de seus pecados".[10]

Concubinatos de longa data como o que abrigava Mãe Clara, pródigo em filhos e com notável capacidade de reduzir um sargento de milícias a simples "marido de Mãe Clara", caracterizavam grande parte de arranjos raramente desperdiçados por mulheres de classes subalternas, desejosas de um espaço para reprodução e para as solidariedades afetivas e materiais do difícil contexto de sobrevivência da maior parte das capitanias.

---

9 Sobre o estatuto social de mãe e mulher casada na legislação portuguesa, ver Andrade (1985, p.245 ss.) no pontual artigo intitulado "A mulher na legislação afonsina: o fuero Real".

10 A.C.M.S.P., processo não catalogado de Francisco Rocha Abreu.

Por sua assiduidade entre as fontes históricas é que a historiografia mais recente tem se debruçado sobre o concubinato, com a intenção de examinar-lhe as entranhas, as tipologias, as estruturas.[11] Rótulo generoso para formas de convivência sexual diversas, o concubinato, embora avesso do matrimônio sacramentado, era uma espécie de rascunho deste. O padrão estrutural de ambos era muito semelhante. Não à toa, Mãe Clara, nos braços de seu sargento-mor, educava os filhos "como se fossem casados". Ou Gonçalves e Francisca batizavam a filha Ana porque "iam casar-se".

Na realidade, a mobilidade espacial dos maridos ou companheiros, naqueles tempos de povoamento e instalação do sistema colonial, dera ao concubinato uma enorme semelhança com o casamento, na medida em que, na maior parte deles, os homens se encontravam distantes da família. Esse fenômeno produziu outro com igual consequência para as mulheres casadas ou não: viam-se todas como chefes de suas casas, famílias e fogos, como se dizia então.

Em Minas Gerais, no século XVIII, por exemplo, o predomínio de famílias matrifocais era impressionante. Girava em tomo dos 45% o número de mulheres à testa de suas casas, e destas, 83% nunca haviam se casado (Ramos, 1975, p.200). Em São Paulo, de acordo com o estudo clássico de Marcílio, o desequilíbrio entre os sexos provocado pelo deslocamento de homens em direção a regiões mais lucrativas deixara as mulheres como maioria nas cidades e vilas (Marcílio, 1974, p.157). Maioria esta que via seus parceiros partirem com os filhos nos braços e, ao recebê-los quando voltavam, tinham engrossado sua prole com filhos de outros eventuais companheiros. Ou ainda, que haviam aumentado a família, criando os filhos de seus companheiros com outras mulheres, que tinham sido deixadas para trás.

"Declaro que tenho um filho natural por nome Bernardo Bicudo e seus irmãos o tratam como irmão",[12] diz em 1648, em confissão, um pai moribundo, atestando a naturalidade com que conviviam filhos de mães diversas. Filhos bastardos cresciam sob o olhar diligente daquelas que eram suas mães. Ou não: "Declaro que houve uma filha sendo casado, de uma índia que está em casa de Maria Afonso, a qual peço a minha mulher a recolha em casa e trate como minha filha", pedia Manuel Sardinha em 1633 (idem, v.8, p.438). Sua mulher, Isabel Ribeiro, não apenas se ocupou da filha mestiça de seu marido como também ficou procuradora e curadora de um seu filho

---

11 Os melhores e mais atualizados trabalhos sobre o concubinato são os já citados, de autoria de Figueiredo e Londoño. Silva (1989, p.17-59) tem um precioso artigo ("A imagem da concubina no Brasil colonial: ilegitimidade e herança") que auxilia na tipologia das concubinárias, dividindo-as entre as que conseguiam ou não legitimar os filhos,.

12 *Inventários e testamentos*, v.15, p.28.

"natural, por nome Manuel, [...] ao qual se lhe dará o que lhe pertence" (ibidem). Joana de Castilho, ao fazer seu testamento em 1631, preocupava-se em esclarecer que a órfã, filha bastarda do dito seu filho Jorge Rodrigues, tinha nove almas que lhe ficaram de seu pai, as quais estavam em poder dela testadora e mandava às justiças de Sua Majestade não lhes tirassem e entregassem para seu casamento [...] e que outro lanço de casa deixava à dita sua neta, filha bastarda de seu filho Jorge Rodrigues, visto seu pai fazer as casas (ibidem, p.341).

Maria de Oliveira, por sua vez, em 1749, alforriava em seu leito de morte "uma mulatinha por nome Maria",[13] filha de seu marido, espelhamento tardio do mesmo gesto efetuado por Ana da Costa que em 1659 rogava ao seu testador: "Temos uma menina, neta nossa que criamos, por nome Maria, filha de nosso filho Tomé Fernandes, defunto, peço e mando fique sua mãe com a dita menina, isenta de servidão sem sujeição alguma.".[14]

Avós ou mães de oportunidade, mantenedoras dos frutos de outros amores de seus companheiros ou filhos, mostravam-se de grande generosidade e atestavam que a maternidade tinha uma função psicoafetiva mais forte do que aquela biológica:[15] "Deixo a Isabel Furtado, filha bastarda do meu marido, o meu vestido de tafetá dobre saio e saia, chapins e manto de seda que se lhe dará, e assim deixo uma cabaça de ouro minha e uns ramais de corais que se lhe darão", diz, em 1647, Maria Pompeu.[16]

A convivência de filhos legítimos e ilegítimos debaixo do mesmo teto e sob os olhos desta que é simultaneamente mãe e madrasta revela que existia uma variação nos graus de licitude entre as populações coloniais. A leitura de documentos como os testamentos e processos de divórcio impõe a evidência de certa despreocupação por parte de homens e mulheres envolvidos em "tratos ilícitos", que, ao contrário do que tanto desejava a Igreja, parecia pouco afetar-lhes a consciência. Tal como segredos de Polichinelo, os concubinatos eram censurados ou abençoados por um outro olhar: aquele dos vizinhos, compadres, parentes ou amigos.[17] A coletividade, sem dúvida, julgava o que era admissível, tolerável ou mesmo suportável quanto às contravenções sexuais e conjugais, independentemente de critérios religiosos,

---

13 A. C. M. S. P., processo não catalogado de testamento de Maria de Oliveira.

14 *Inventários e testamentos*, v.40, p.36.

15 Antonio Candido Mello e Souza (1951), em seu clássico artigo "A família brasileira", confirma que a função psicoafetiva, presente na circulação de filhos bastardos, se tornava um reforço social e político para a estabilidade da família brasileira.

16 *Inventários e testamentos*, v.15, p.8.

17 Sobre as relações que se estabeleciam entre a comunidade e as contravenções de seus membros, ver Desaive, 1987, p.119-25.

morais ou legais. Samara (1980, p.206) já demonstrou como, ainda no século XIX, tanto mulheres quanto homens incorporavam e admitiam os seus recíprocos filhos naturais ou bastardos no interior do núcleo cotidiano. Leite (1988, p.3) pinçou dos textos dos viajantes os relatos que escreviam as mulheres de elite rodeadas de "crianças de várias cores, filhos naturais do marido, de que acabavam se ocupando".

O hábito de encomendarem-se os filhos bastardos à piedade das legítimas esposas supõe a existência de uma sensibilidade para a infância e para a criança, bastante difundida no período colonial. Mas tal atitude ajuda principalmente a sublinhar a expectativa que se tinha de um determinado tipo de comportamento para as mulheres que ficavam como chefe de família, quando da partida dos companheiros, vitimados pelo que Boxer (1977, p.46) chamou de "paixão deambulatória".

A obrigação ou papel social dessas mulheres consistia em manter, zelar, cuidar e educar a prole diversa, acima mesmo da licitude de sua origem. A gestão e administração dessa microcomunidade familiar acabou por reforçar a matrifocalidade já latente na sincrética sociedade colonial, bem como destacou o poder informal da maternidade, pondo em xeque a falsa igualdade pretendida nos textos eclesiásticos, que ordenavam a submissão da mulher ao marido.

O ideal gradativamente semeado pela Igreja do Antigo Regime era o de que a boa-mãe-cuida-bem-de-seus-filhos. E não de todos os filhos. Não deviam nem podiam coexistir os filhos legítimos e seus simulacros. Se legítimas esposas aceitavam com naturalidade o cuidado com proles irregulares – como costumavam fazê-lo –, elas acabavam por esvaziar o sentido do sagrado matrimônio e, dentro dele, a valorização da procriação legal para a perpetuação da espécie.

Ao propor um arquétipo ideal para as mães, a Igreja pretendia pacificar e domesticar a poderosa gestora do lar matrifocal, lançando sobre a prole heterodoxa apenas um precário facho de luz. Pretendia também, segundo Goody (s.d., p.81), fazer do matrimônio o único instrumento de legitimação dos filhos, consolidando assim o triunfo do modelo eclesiástico e da moral cristã econômica de satisfações físicas. Ao aceitar ocuparem-se com esses frutos de outros ventres, as mães terminavam por aceitar outras formas de convívio sexual que a Igreja não admitia. Necessário era, então, combater o concubinato e dar um papel para as mulheres no interior do sagrado matrimônio, para diferenciá-las daquelas outras que ficariam estigmatizadas como "contumazes pecadoras" por continuarem a conceber fora das normas propostas pela Igreja.

Impor um papel que: distinguisse as mães que haviam tido seus filhos dentro do casamento era fundamental porque as diferenças e picuinhas do que era lícito ou ilícito para as comunidades deixavam nas sombras a grande maioria de concubinatos ou ligações consensuais que transcorriam sem alterar a ordem das coisas.

Ao sul do corpo

Se exemplares na aparência, como qualquer casamento de papel passado, os "ilícitos tratos" não interferiam na organização interna das comunidades que os absorviam. Se ruidosos e ruinosos, eram então levados ao conhecimento do tribunal episcopal, onde as queixas das testemunhas exigiam dos poderes constitucionais uma medida drástica. Semelhantes alianças tinham, pois, que romper com as regras do poder informal comunitário, para serem depois enquadradas nas leis da Igreja, e tal situação, relativamente opaca, dificultava a identificação de mulheres cujas práticas de maternidade eram comuns. Esse tipo de quadro permitiu à viúva Francisca Teles legitimar em 1817 "sua filha natural, por nome Maria Joaquina Xavier, a quem sempre conheceu por filha desde o seu nascimento e nesta qualidade a tem sempre tratado e educado em sua companhia".[18] O mesmo sentimento que tinha esta mãe por sua filha também se faz ouvir por Francisca da Silva e Sousa, que na mesma época legitimou "dois filhos havidos de coito punível e que os tem reconhecido por escritura pública de sua livre vontade e amor materno" (ibidem).

No interior dessas alianças condenadas pelo olhar institucional, exercia-se, malgrado os contratempos da pobreza, a mesma preocupação e responsabilidade materna com a educação e o amparo físico dos filhos, que muitos anos antes repercutiam nas famílias legítimas. Ao falecer, em 1648, Beatriz Moreira recomendava ao seu testador e à curadora de seus filhos, a viúva Bárbara Ribeiro, "os mandasse ensinar os machos a ler e escrever e contar, e as fêmeas a coser e a lavar e todos os bons costumes, apartando-os do mal e chegando-os para o bem".[19] Consagradas ou não pelo sacramento, as mães eram unânimes em querer "tratar e educar" os seus rebentos.

Resultado de diálogos conjugais avessos ou direitos, frutos de decisões ou de ocasiões, os filhos validavam o papel social da mulher enquanto mãe, reforçando-lhe o poder no interior deste espaço que era exclusivamente seu: o fogo doméstico. Nesse papel, e na ausência temporária ou definitiva do companheiro, ela tornava-se guardiã do lar. Para cumprir essa tarefa, contava com a solidariedade de outras mulheres que viviam como ela, mimetizando a maternidade num fio que costurava existências femininas variadas e que reforçava a solidariedade do gênero.

Domingas Antunes, por exemplo, recomendava, em 1642, que suas duas filhas e seus filhos fossem entregues "a sua mãe Maria Lemos para que os tenha e crie em seu poder enquanto for viva, porquanto sua avó que é, olhará por eles como seus netos que são". E explicava, confirmando a mobilidade e a ausência masculina: "Seu pai não poderá olhar por eles por ser homem que há de ser necessário andar

---

18 A. N., caixa 124, pacote 3. Indicação dada por Fernando Londoño.
19 *Inventários e testamentos*, v.37, p.31.

por fora" (ibidem, v.6, p.233). A rede de auxílio mútuo também revivia no pedido angustiado de Catarina Gonçalves, em 1636: "Peço pelo amor de Deus se entregue a minha filhinha Benta à minha irmã" (ibidem, v.10, p.407).

Mães de filhos legítimos ou não contavam com suas próprias mães, irmãs, comadres e amigas para criá-los, sublinhando a necessidade de sustento para as crianças e, mais além, suas expectativas de que alguém lhes desse "estado mais conveniente" ou, como invocava Ana Pedrosa em 1646, "amparo ocular" (ibidem, v.34, p.44). Amparo este embebido no olhar que cria para o historiador a imagem de um mundo feito de entrelaçamentos, afinidades e correspondências femininas na Colônia, sobretudo quando se tratava de maternidade. Cientes, portanto, de que a conjugalidade era vivida de forma específica e amalgamada às precárias formas de sobrevivência material, é preciso adentrar o universo doméstico e escrutar de que forma se davam as relações entre mães e filhos, que características tinham tais relações e, finalmente, que papel desempenhavam as mães biológicas e substitutas na sociedade colonial.

Mães e filhos: pontos e nós

Os autos-crimes e processos de divórcio encontrados nos arquivos eclesiásticos contam sobre as tramas cotidianas em que viviam as populações femininas no passado, tramas aliás que se apresentam em seu estado mais emaranhado. Nessa documentação, é possível ler a violência que explodia entre os cônjuges, e percebe-se como o mal-estar de suas crises tresandava e chocava-se com os interesses da comunidade. A comunidade, por sua vez, juíza implícita das querelas e narradora dos acontecimentos, revelava-se por meio dos testemunhos compilados nos processos.

O retrato de concubinatos ou 'tratos ilícitos' harmoniosos, vividos com civilidade conjugal, são, por sua vez, mais bem captados nos testamentos do mesmo período. Neles, os filhos emergem como etapas importantes do relacionamento do casal, marcos memoráveis da vida de suas mães ou frutos de bons momentos. Fotos da situação de suas mães, os filhos e o tratamento que lhes é dispensado na documentação ajudam a entender as características das práticas maternas.

A falecida Maria da Silva, por exemplo, tivera "por fragilidade da carne humana" três filhos com João Sampaio Peixoto, "a saber: Antônio, Manuel e Ana Maria de Jesus". Companheiro generoso quando Maria ainda vivia, ele lhe comprara "duas casas nesta rua do Rosário". Em 1791, agonizante, ele pede em seu leito de morte para que nelas se instalassem "seus três filhos, nas quais poderão viver todos em comum". Os cuidados deste pai com os filhos daquela que fora, aparentemente, um grande amor, não se limitaram a promover-lhes apenas um teto, mas também rendimentos. A filha, Ana Maria de Jesus, ele dizia ter casado com "Joaquim Barbosa de Araújo, a quem dei de dote quatrocentos mil-réis em dinheiro para casar com a dita minha filha, cuja quantia, por minha morte", ele ressalvava, "saía da minha terça por não prejudicar os meus legítimos herdeiros".[20]

Confissões como as de João ou aquelas apenas preocupadas com a possibilidade eminente de conhecer os calores do inferno acabavam por situar o destino dos filhos concubinários, permitindo avaliar a situação em que foram concebidos. Os cuidados dos companheiros em relação às suas parceiras variavam em intensidade e qualidade, mas, em regra, mantinham-se, revelando uma mentalidade de apreço pela mulher fecunda. No caso das maternidades de mulheres escravas eis o que se encontra: "Declaro", dizia Matias Lopes em 1651, "que tenho dois filhos bastardos e uns filhos havidos de negras sendo eu já casado, os quais não podem nem devem herdar nada em meus bens por não serem herdeiros, mas pelo amor de Deus", implorava ele, "deixem que deem a minha filha do dito bastardo Marcos quatro reses, e a filha de um dos bastardos que se chama Guiomar, sendo a sua filha viva ao tempo que tiver para se casar lhe deem quatro reses, a qual filha de Guiomar se chama Maria, e assim mais se darão a filha de outra bastarda, chamada Rufina, outras quatro reses ao tempo que também se casar.".[21]

Na mentalidade dos genitores, a preocupação em "dar estado" às filhas transcende a própria origem das filhas legítimas ou ilegítimas, igualando-as. "Declaro que tenho em minha casa uma mameluca por nome Inês", dizia, em 1655, João de Freitas, "a qual mando se lhe dê vinte mil-réis pela ajuda de seu casamento [...] e que tudo tocante à mameluca seja entregue a minha mãe Maria Pedrosa, a que deixo tutora e curadora de minha filha bastarda, e rogo trate de casar com toda brevidade." (ibidem, v.43, p.145).

Sobre sua neta, "a dita menina por nome Marta", filha de uma bastarda por nome Isabel, Francisco Rodrigues Barbeiro, em 1623, deixava "de esmola, dez cruzados", "chãos para uma casa" e um pedido a um amigo: "que quando vier tempo, tome a dita menina e a recolha em sua casa para que aí case, e isto peço pelo amor de Deus" (ibidem, v.6, p.165).

Ao premiar suas netas com um pecúlio que lhes permitia uma mínima condição de sobrevivência, esses homens estavam saldando dívidas com as diversas avós e demonstrando que uma certa sensibilidade *vis-à-vis* à genitora e às crianças vinha

---

20 A. E. S. P., *Inventários e testamentos*, ordem 602, lata 4.
21 *Inventários e testamentos*, v.25, p.78.

se instalando na Colônia. Fruto da devoção mariológica? Espelho do início de um sentimento de privacidade, de valorização da família e das raízes comuns? Do pouco que se sabe, é evidente a valorização da descendência e, portanto, da maternidade.

As mães escravas, na sua grande maioria amantes passageiras, não tinham seus nomes lembrados e, estando ausentes da documentação, não permitem que sondemos se foram lembradas em vida por seus senhores. Quanto a seus filhos, não se sabe tampouco se, em algum momento, foram recompensados ou, se concebidos sob coerção e violência, coube-lhes apenas o esquecimento por terem nascido escravos.

O que se pode supor é que tais maternidades se engendravam a contragosto, por apavorado constrangimento; mas é possível também que existissem certas retribuições por serviços sexuais. Os benefícios de tantos sacrifícios eram bem poucos. Mais além do sofrimento imposto pela condição mesma do escravismo, as gratificações simbólicas que uma mãe negra poderia auferir equivalem a um triste esgar: o *status* de ser concubina de um homem branco, os filhos de pele mais clara e, por fim, a possibilidade mais concreta de liberdade.[22] Mott cita o caso da escrava Maria do Egito, mulata de trinta anos, pertencente a Evaristo José Santana que assim respondeu ao libelo da devassa efetuada no sul da Bahia em 1813: "sob promessa de se libertar deixou-se levar de sua virgindade por amor único de gozar esse bem maior [...] a Liberdade". Passada a carta de alforria, seu senhor "a teve por barregã por mais de 14 anos" (Mott, 1988a, p.30).

Para cada concubina libertada (bem diz Gautier) várias mulheres eram violentadas (op. cit., p.151). A maternidade de escravas acentuava o caráter de exploração física que sofreram tais mulheres. Seu sexo era utilizado para o desfrute e o prazer, mas também para a reprodução, pois os filhos de escravas não deixavam de significar um investimento para os seus senhores. Ao queixar-se ao juiz ordinário em 1799, porque seu marido fugira com quatro escravos, Maria Leite de Almeida dá a medida do que a mãe escrava podia significar no contexto colonial. Depois de explicar que o cônjuge a ameaçara "com uma faca de ponta para me tirar a vida, por causa de andar concubinado com uma escrava de que já tem um filho", ela afirmava: "o excesso que faz o suplicado para lhe entregarem os escravos, dizendo que não tem quem o sirva quando nem ele nem seus progenitores nunca possuíram um escravo, e se lhe derem a mãe de seu filho, ficará tão satisfeito que nem se lembrará que é casado".[23] Estas eram as relações feitas de prazer e serviços e que, quem sabe, incluíam afeto por ocasião das gestações.

---

22 Arlette Gautier confirma a mesma situação para as Antilhas francesas, op. cit., p.184.
23 Ver A. E. S. P., Requerimentos n.92.3 – 45.A.

Ao sul do corpo

A partir do século XIX, mães negras foram alvo de uma política natalista à base de um discurso para fazê-las desejar a maternidade. J. M. Imbert, médico francês que escreve aos fazendeiros brasileiros sobre como tratar esses "indispensáveis ao trabalho da terra", sugeria um prêmio para aquelas que "levassem com felicidade a cabo sua gravidez",[24] repetindo as admoestações de Fénelon e Raynal, cujas diretrizes encontraram receptividade entre os *planteurs* antilhanos no século XVIII.

Nas ilhas de colonização francesa, fazendeiros impediam as suas negras grávidas de carregarem fardos e tratavam os recém-nascidos infectados pelas doenças venéreas de suas mães (Gautier, op. cit. p.127).

Filhos e netos bastardos e ilegítimos traziam ainda para dentro dos fogos todo um complexo universo de relações e sentimentos maternais. Madrastas ou mães substitutas compadeciam-se e cuidavam dos "filhinhos" de outros ventres, deixando entrever que o exercício da maternidade no período colonial se concretizava na prática de mulheres e crianças unirem-se por melhores condições materiais de vida. Foi movida por essa mentalidade que, em 1756, na vila de São Sebastião, São Paulo, Catarina Gonçalves de Oliveira defendera seu enteado. Ela conta ao longo de seu processo de divórcio "que, pretendendo o réu seu marido castigar a um filhinho natural que houve antes de casar, por ter então o vício de comer terra, [...] acudindo a autora ao dito menino" acabou levando "uma chicotada" endereçada à criança.[25]

As alianças materiais e afetivas ficam também claras no caso de Maria Leite da Silva, moradora em Itu, São Paulo, em 1767. Casada "há mais de 14 anos com um homem de vinho, [que] por tal sempre traz a suplicante em reconcentrado ódio com ameaças e promessas de matá-la", sofria quando, "por causa de seu vício, se tem feito revoltoso em casa espancando a família". Ela prosseguia: "Tiveram um filho por nome Manuel, de idade de 13 anos, o qual sempre vive com a autora sua mãe, e lhe dá a autora todo o necessário sustento e vestuário, e o réu nada lhe dá como se não fosse seu filho." Esta maternidade, vivida como um vínculo de sobrevivência para mãe e filho, desenvolvia-se contra um fundo de conflitos, violência e humilhações, pois "desde o tempo que a autora teve seu filho [...] se separou o réu da autora de cama e mesa, sem urgente causa, mandando fazer comer em panela à parte, sem que concorresse para a autora e seu filho, assim de sustento como de vestuário".[26]

---

24 *Manual do fazendeiro ou Tratado doméstico sobre as enfermidades dos negros,* p.254, e a análise da autora a respeito da gestação de mulheres escravas em 'A maternidade da mulher escrava'.
25 A.C.M.S.P., processo de divórcio, 1.15.16.
26 A.C.M.S.P., processo de divórcio, 2.15.28.

Solitárias e amalgamadas às suas proles, as mães resistiam à violência, mas, sobretudo, à solidão, este sério percalço inerente às migrações masculinas que aumentaram a partir do século XVIII em função da descoberta do ouro. Desamparadas ou "deixadas", vivendo da rotina do comércio de gêneros, da prestação de serviços, as mulheres tentavam romper as barreiras da pobreza e do isolamento, valendo-se para isso do círculo de comadres e vizinhas. Rosa Maria de Camargo, da freguesia de Santo Amaro, queixava-se em 1765 de que seu marido lhe causava

> a tal extremo de sevícias que até lhe falta com alimentos e duas vezes proibindo-lhe que o faça para comer, e outras saindo para fora de casa sem lhe deixar, e juntamente para uma menina sua filha, razão por que (sic) comovidos os vizinhos de sua compaixão a socorriam escondidos do réu, mandando-lhe repetidas ocasiões coisas que ela comesse ou de que fizesse.[27]

Angélica Maria da Assunção, em São Paulo, 1782, afirmava que seu marido "nunca lhe deu, nem à sua filha, uma vara de pano, que se não fosse à casa de Félix Viana, andava a suplicante e sua filha nua".[28] Vitoriana Monteiro, em 1789, denunciava as pancadas que recebia de seu marido Paulo Ferreira, um preto liberto, e que se estendiam aos "filhos ainda de menor".[29] Gertrudes Manuela da Assunção revoltava-se, em 1788, contra o cônjuge "que se acha com o contagioso mal-de--lázaro" e que insistia em dar aos seus filhos "comer mastigando de sua boca".[30]

Nesse quadro de solidão e abandono em que vivia grande parte das mulheres na Colônia, os filhos eram o que, muitas vezes, de mais valor sobrava para as mulheres que tentavam escapar de uniões incertas. Uma senhora da freguesia de Santo Amaro, São Paulo, fora depositada em casa de seus parentes "apenas com seu filho menor de ano e meio chamado Salvador, e unicamente com a roupa ordinária e caseira do corpo" (apud Raquel R. Costa, 1986, p.135).

A solidão habitava não apenas o interior de lares, mas também pairava como uma ameaça de maridos coléricos que, não satisfeitos em terem abandonado suas esposas, queriam interromper seus vínculos com a comunidade, e, para tanto, atacavam a sua reputação. Foi o caso sucedido em Guaratinguetá, 1775, em que Ana Maria da Assunção alegava sobre o marido, que embora sempre com ele tivesse feito

---

27 A.C.M.S.P., processo de divórcio, 54.15.62.
28 A.C.M.S.P., processo de divórcio, 35.15.458.
29 A. C. M. S. P., processo não catalogado de separação matrimonial de Paulo Ferreira e Vitoriana Monteiro, São Paulo, 1789.
30 A. C. M. S. P., processo não catalogado de desunião conjugal de João Francisco Chaves e Gertrudes Manuela de Assunção, São Paulo, 1788.

Ao sul do corpo

vida marital e dele tem três filhos e sempre o amou e serviu com afeto e obrigação, [...] o dito réu não só dá má vida e maltrata a dita autora, mas também a desacredita publicamente, dizendo que os filhos que dela tem não são seus filhos, culpando outras pessoas injustamente e sendo a autora honesta e grave e gente branca e incapaz de cometer semelhantes calúnias.[31]

As "semelhantes calúnias" indicam o alto índice de ilegitimidade encontrado entre mulheres de cor e evidentes nas listas de população e nos processos eclesiásticos. Invocados por Ana Maria da Anunciação, que se dizia "grave e honesta", portanto gente branca, os filhos de parceiros ocasionais estigmatizavam-se como coisa de gente-que-não-era-branca. E, portanto, nem grave nem honesta. Preconceitos sociais e raciais traçavam a geografia de limites entre maternidades de segmentos diversos, despertando um certo estranhamento no olhar de mulheres que viviam o mesmo processo biológico, mas avaliavam-se pelas práticas e pelo cenário em que suas maternidades eram vivenciadas.

Filhos ilegítimos podiam crescer e eventualmente tomar-se alvo do amor das legítimas esposas de seus pais, quando suas mães biológicas não se interpunham entre o casal legítimo. Caso contrário, o que se registrava era o ódio declarado à rival e a percepção dos filhos bastardos como um agravante da "má conduta" do marido. Queixas contra concubinas e suas proles ficavam ásperas nas vozes de mulheres abandonadas, como Gertrudes de Jesus, que contava viver com seu marido em Guaratinguetá, "onde vive separado da suplicante para andar com uma mulata por nome Maria de Tal, de quem tem filhos e com a dita anda amancebado e há muitos anos, zelando dela como se fosse sua mulher".[32]

Mulheres e mães vivendo em concubinatos estáveis não ficavam tão sós como muitas esposas abandonadas, merecendo na maioria das vezes diversas atenções por parte de companheiros. A forra "Maria de Tal", por exemplo, acabara instalada com seus filhos "em uma casa defronte a que mora o réu na dita vila", mandada construir, segundo a esposa queixosa, pelo próprio marido.

Se alguns concubinatos tinham o regalo de tetos, proventos e presentes, e as concubinas gozavam da possibilidade de ter assistência para enfrentar as dificuldades da maternidade, as esposas abandonadas com seus filhos ficavam à deriva de situações difíceis. A atitude desses pais e maridos fujões era, então, severamente criticada pela Igreja. O padre José Barbosa de Brito, vigário da vara da vila de Curitiba, então capitania de São Paulo, admoestava, severo, o comportamento de

---

31 A.C.M.S.P., processo de divórcio, 2.15.33.
32 A.C.M.S.P., processo de divórcio, 15.2.36.

Antônio Ferreira dos Santos que "sendo morador da dita vila, se ligou com uma mulata de nome Bárbara, também casada, que tirou de seu marido há dois anos mais ou menos, tendo-a de portas adentro". E o principal: "dando por esta causa a mais estranha vida a sua pobre mulher e o mais péssimo exemplo a duas filhas que tem, uma de cinco, outra de 12 anos" (apud Gaeta, 1983, p.105).

Algumas esposas tinham de seus companheiros as provas de cuidados, proteção e sentimentos, mas outras eram vítimas de violências e seus filhos tornavam-se atônitas testemunhas dos maus-tratos que lhes impingiam seus genitores. Gertrudes Maria do Nascimento, em São Paulo, 1790, queixava-se que "sem embargo do amor com que trata seu marido" este a perseguia "continuamente como se fora sua escrava e não sua companheira, dando-lhe pancadas e ameaçando-a com a morte, chegando a tal excesso que não obstante o andar muitas vezes prenha, de propósito lhe tem dado muitos coices no ventre a fim de ver se periga a vida da suplicante com o aborto".[33] Uma testemunha do seu processo de divórcio alegava ter visto "muitas e repetidas vezes [o marido] perseguindo-a com coices e pancadas com as mesmas botas que trazia calçadas, lançando-a da cama abaixo na ocasião de sua prenhas, deixando-a em um total desamparo [...], em companhia de seus desconsolados filhos".

Angélica Maria da Assunção, também em São Paulo no ano de 1782, fora espancada pelo marido

> com um pau, machucando-a pela barriga, estando a suplicante pejada, [...] e não satisfeito com este injusto procedimento a mandou depois de maltratada para o rio Tietê lavar roupa. No ano de 1783 a tratou o suplicado com tal crueldade, matando-a à fome, que era preciso a parteira que lhe assistia andar pelos sítios dos vizinhos pedindo farinha e toucinho, [...] e não só a matava de fome como a injuriava de palavras, [...] botava-a num catre sem enxergão tão-somente com umas folhas de bananeira, e passados oito dias [do parto] a mandou carregar sua filha nos seus braços até a cidade.[34]

Não se conhecem castigos que tenham sido impostos a maridos que agredissem suas esposas grávidas e nenhum registro desses fatos entre concubinadas que não poderiam recorrer à proteção da Igreja sem denunciar sua situação irregular. Mas as sevícias contra 'pejadas' constituíam um agravante inelutável nos processos de divórcio, pois contrariavam as leis do Código Filipino que determinavam a proteção da maternidade.[35] Proteção mais teórica do que prática, pois esse ventre

---

33 A.C.M.S.P., processo de divórcio, 3.15.45.
34 A.C.M.S.P., processo de divórcio, 35.15.458.
35 José Justino Andrada e Silva. *Coleção cronológica da legislação portuguesa*, v.1648-56, p.93.

santificado pelo discurso da Igreja do Antigo Regime como um milagroso depósito da espécie, antecipando-se às dores do parto, dobrou-se inúmeras vezes à violência de companheiros irracionais.

Nesse tempo, o que se pode observar com certeza é que pequena parcela das maternidades era vivida no cenário das relações lícitas, e estas, sem dúvida, pertenciam à elite da Colônia. A maioria das mulheres de classes subalternas dos centros urbanos, zonas de mineração, fronteira ou passagem tinham seus filhos no cenário de relações concubinárias e, portanto, perseguidas pela Igreja como pecaminosas. Legítimos e ilegítimos viviam como 'irmãos', à sombra das mães às quais se uniam, aliados contra as vicissitudes da realidade e de muitas violências de pais que, contaminados pelo modelo escravista, tratavam-nas 'como escravas'.

Ligados por cuidados e preocupações comuns, mães e filhos solidarizavam-se numa cadeia de rentabilidade doméstica voltada para a produção de gêneros comestíveis e para o comércio de retalhos. Essas cenas encheram, ainda no século XIX, as pranchas dos visitantes europeus que pintaram os modos e os mores das mulheres coloniais com seus filhos e 'crias' agarrados às pernas. As mulheres aliavam-se com sua prole para lutar contra a instabilidade econômica e social, e seus esforços para criá-la e mantê-la era recompensado pela vinculação dos filhos ao fogo matrifocal, dando-lhe a estabilidade necessária para manter-se na ausência de maridos e companheiros. Assim vivia no final do século XVIII Maria Ferreira da Assunção, jovem de trinta anos que se mantinha com o "trabalho de seus filhos, ambos oficiais de ferreiro".[36] O mesmo se dava com Damásia Maria de Jesus, cujos filhos eram "ambos sapateiros" (ibidem). A mulata Maria de Oliveira subsistia do jornal de um filho carpinteiro e do soldo de outro, "tambor de milícias; um com vinte e outro com dez anos" (ibidem). A preta Maria Monteiro, por sua vez, mantinha-se de "suas quitandas e do jornal dos filhos", um sapateiro e outro alfaiate (ibidem). Maria Francisca vivia de "suas costuras e da congrua de seu filho mínimo do coro da Sé" (ibidem).

As alianças estabeleciam-se entre mães e filhos de todas as idades e sustentavam os fogos onde estes viviam, e se não viviam, por trabalharem longe de casa, para eles voltavam para comer ou tratar doenças e feridas. Genitoras poderosas, donas de grandes fogos como Ana Maria da Conceição, acabavam por viver "do ganho do seu filho que é mestre carpinteiro e do soldo dos seus genros" (ibidem), num banquete de proventos. Mas havia aquelas que dependiam inteiramente dos seus: o mulato João afirmava em 1798 que "vive do ofício de sapateiro e com ele sustenta sua mãe" (ibidem).

---

36 A. E. S. P. *Mapa geral dos habitantes que existem no distrito da 1ª Companhia de Ordenanças desta cidade de São Paulo* (1798), ordem 666, lata 32.

Mães e filhos viviam, juntos, a lenta evolução do processo de colonização, e a vivência de suas maternidades era marcada pelo ir-e-vir de homens que obrigavam mulheres como Domingas Antunes a explicar a seu testador, e em última instância a seus filhos, "que seu pai não poderá olhar por eles por ser homem, que há de ser necessário andar por fora". O desabafo e o lamento dessas mulheres revelam o sentimento de solidão em que viviam, seu desgosto com estas partidas, mas também sua certeza de uma trama social que sustentava os núcleos femininos nas ausências, sobretudo em áreas agrícolas onde vicejavam fundas solidariedades comunitárias.

A violência do sistema colonial, impiedosa com os que não estivessem escorados no tripé *plantation*-escravismo-latifúndio, malbaratava as relações improvisadas, pois exigia dos homens a obrigatória migração que lhes permitisse sustentar-se. As mulheres resistiam à situação cercando-se de filhos e comadres, rearranjando sua situação com outros eventuais companheiros ou fazendo da maternidade um território de revanche, onde se abrigavam das exigências da sociedade androcêntrica. Elas traduziam seus afetos com os filhos nas preocupações que transbordam dos testamentos: dar-lhes "estado", ensinar-lhes "a ler, escrever e contar", ensinar-lhes "o coser e o lavar", como recomendava Beatriz Moreira, ou ainda administrar seus legados, como fez Isabel Ribeiro para seus legítimos e ilegítimos. Tais cuidados são indicativos de uma privacidade peculiar, pois que realizada entre mães e filhos. Privacidade que bem administrada conferia à mãe uma importância que a fazia alvo dos interesses da Igreja, para encaminhar, por intermédio dela e do ambiente que criava em tomo dos filhos, o projeto normatizador para a Colônia.

Instantâneos de amor materno ficaram bem nítidos no pedido de Catarina Gonçalves, que, confiando na trama social e humana que sustentava os fogos chefiados por mulheres, pedia a sua irmã para cuidar de sua "filhinha", ou naquele de Francisca Sousa, que reconhecia seus bastardos por uma questão de "amor materno". Na documentação consultada não houve mãe que na despedida do testamento não tivesse o coração pesado e palavras cheias de dor, temerosas do destino de seus filhos. Elas eram, sim, cientes do universo de violência e dificuldades que cercavam seus pequenos fogos, onde sua presença significava, enquanto vivas, as garantias mínimas de sobrevivência para a prole.

As especificidades da vida colonial reforçaram o papel da mulher como mantenedora, gestora e guardiã da casa e do destino dos seus.[37] A situação de destaque da mulher no quadro de relações concubinárias vinha, por outro lado, incentivar a Igreja a irradiar um discurso normatizador, cujo objetivo era valorizar o casamento e,

---

37 Tanto Ramos (op. cit.) quanto Figueiredo (op. cit.) e Marcílio (1974) reforçaram em suas pesquisas o papel feminino na chefia dos fogos no período colonial.

Ao sul do corpo

dentro dele, as funções da maternidade, a fim de converter as populações femininas a um modelo de comportamento que fosse útil ao projeto civilizatório e colonizador. Com dupla função, o mesmo discurso que servia para moldar e adestrar os corpos femininos para o casamento servia também para afirmar o poder da Igreja, instância de regras supremas a serem impostas de cima para baixo. A Igreja apropriou-se, assim, das circunstâncias de adaptação e quase *bricolage* entre o sistema econômico e o comportamento da sociedade, para distribuir modelos a serem imitados, impor atitudes mentais e sociais e assistir à emergência de uma onda que nasceu na Europa, com o que Muchembled (1988) denominou "o nascimento do homem moderno" e que veio quebrar-se mansamente nas praias da Colônia.

Ocorreu, então, lenta e sonolenta, mas inexorável, a tensão dinâmica entre as práticas ilícitas das mulheres e o desejo institucional de ordem para garantir a evolução do Antigo Sistema Colonial. As populações femininas começaram nestes tempos a interiorizar as vantagens concretas do matrimônio como um espaço de proteção contra a deriva em que viviam, selando assim o pacto com os ditames do concílio tridentino, para o qual a inseparabilidade valorizava a família legítima, esta espécie de fermento da cristandade.

No interior de seus fogos, as mulheres com suas proles, misturando legítimos com ilegítimos, escondiam-se no mais recôndito da vida privada. Os estudiosos da família em muito se debruçaram sobre o grupo familiar como uma totalidade, mas ainda não inquiriram as representações e práticas lentamente alteradas no que diz respeito à história das mães. Práticas essas aparentemente tão imóveis que permitiram a Allende descrever para o Chile contemporâneo o mesmo personagem que encontramos nos documentos coloniais:

> Era uma daquelas mulheres estoicas e práticas [...] que tem um filho de cada homem que passa por suas vidas e que além disso recolhe em seu lar as crianças que outras abandonam, os parentes mais pobres e qualquer pessoa que necessite de uma mãe, de uma irmã, uma tia, mulheres que são o pilar central de muitas vidas alheias, que criam seus filhos para os verem ir embora depois e que veem também seus homens partirem sem um queixume porque têm urgências maiores com que se ocupar. (Allende, 1988, p.464).

2
Mulheres seduzidas e mães abandonadas

> Car l'histoire de ces amours, joies et drames, gestes insignificants au regard de l' Histoire, écume dispersée des vies sons souvenirs, reste en grand part problématique. (Flandrin, 1975, p.19)

história da sedução e gravidez de mulheres sós e disponíveis, transformadas em mães solteiras, é um ponto importante para a compreensão da "construção da mãe". Essas mulheres, empurradas para o empobrecimento e a fragilidade social no quadro já adverso da economia de exportação, justificavam aos olhos da Igreja metropolitana a necessidade de implantar um processo de adestramento entre as populações femininas. Justificavam também a criação de um papel social para a mulher, identificado com o esforço de colonização.

A presença de tantos fogos com a chefia feminina e a consequente valorização da matrifocalidade explicam-se, em parte, quando reconstituídas as histórias de seduções físicas seguidas de abandono e de esquecimento. Os contratempos causados individualmente às mulheres engravidadas e, por extensão, às suas famílias, terminavam por prestigiar o sacramento do matrimônio, no seio do qual as mulheres se encontrariam, junto com seus filhos, protegidas do desamparo ou do desprezo a que estavam normalmente fadadas fora dele. Os dissabores, a humilhação provocada pela partida do companheiro, as angústias da gestação terminavam por constituir uma brecha através da qual a Igreja podia vender a ideia das vantagens do casamento.

A belíssima documentação sobre as maternidades irregulares traz ainda à tona a história das paixões humanas, do medo, da discórdia e do sofrimento, situando a maternidade no campo da história das mentalidades e dos sentimentos.

As queixas das mães solteiras retratam um itinerário de esperas e decepções que as levava ao tribunal do bispado para fazer uso de instrumento que, ao mesmo tempo que punia os pais de seus filhos, as ajudava a interiorizar as benesses do matrimônio. Trata-se da legislação sobre o estupro e o rapto:

> Porquanto o estupro se comete na defloração das mulheres donzelas, e o rapto se faz quando se roubam e tiram por força ou engano; um e outro são delitos gravíssimos, principalmente quando com aqueles que o cometem ficam as tais mulheres expostas a mais facilmente pecar e em perigo evidente para de todo se perderem.[1]

Resultado do sínodo pioneiro realizado por dom Sebastião Monteiro da Vide, quinto arcebispo da diocese da Bahia em 1707, as *Constituições primeiras* eram um mecanismo legal que buscava adaptar a legislação decorrente do concílio de Trento às peculiaridades da Colônia.

Num outro título, o 21º do livro V das mesmas *Constituições*, desenhava-se novo cenário para as concepções indesejadas, resultantes de relações sexuais pré-matrimoniais e comumente seguidas da fuga do noivo. Tratava-se dos desponsórios de futuro ou "o mesmo que promessa de futuro matrimônio", diz o documento. Com efeito, "para eles é necessário que tenham os prometentes, assim homens como mulheres, sete anos completos de idade. E declaramos que ainda que entre desponsais se siga cópula, depois dos desponsais não ficam por isso casados de presente, segundo a disposição do Sagrado Concilio Tridentino".[2] Atenta para as possíveis consequências que decorriam dos desponsórios, a Igreja admoestava: "Exortamos e mandamos aos esposos de futuro que antes de o serem recebidos em face da Igreja não coabitem com suas esposas, vivendo ou conversando sós em uma casa, nem tenham cópula ente si".[3]

Ambas estas leis recuperam as oportunidades nas quais se fabricava uma das mais prosaicas molduras para a maternidade ilegítima no período colonial. O queixume registrado nos processos de rompimentos de esponsais, sedução e defloramento, ao precisar os detalhes da intimidade física que deu lugar à gravidez indesejada, revela o que a história da maternidade teria de específico. Ou seja, desnudam-se as representações que às mulheres se faziam do casamento e revelavam-se as necessidades que tinham as mães solteiras em possuir um nicho acolhedor, onde pudessem viver com maiores recursos a gestação, o parto e a criação dos filhos. As reclamações das que tinham sido seduzidas e abandonadas mostram, finalmente, o solo fértil onde a ação da Igreja semeou o

---

1 *Constituições primeiras do arcebispado da Bahia, livro* V, título 21, § 976.
2 Idem, livro I, título 63, § 312.
3 Idem, livro I, título 62, § 262.

ideal normativo da procriação como uma exclusividade do casamento e como um dever da santa-mãezinha.

O exame dos processos eclesiásticos revela, por sua vez, a hábil apropriação que faziam as mães solteiras das leis da Igreja, exibindo assim o potencial de ação e resistência das mulheres a uma sociedade na qual a exploração sexual fazia-se sem maiores consequências para os homens. Cientes, portanto, pelos sermões de domingo, das visitas pastorais e da pregação no confessionário, do rigor com que o moralismo eclesiástico perseguia as infrações relativas ao uso da sexualidade, elas extraíam da mesma pregação moralista argumentos para condenar seus companheiros de "brincos e tratos ilícitos". Uma vez efetuados os passos da conduta amorosa, as mães solteiras invocavam, na medida de suas conveniências, valores como "virgindade roubada" ou "quebra de promessa de esponsais" para passar de um degrau ao outro: da sedução ao casamento.[4] A Igreja, então, recompensava as "arrependidas" com processos eficientes e rápidos que garantiam o seu objetivo institucional: difundir o casamento, dentro do qual se poderia "educar cristãmente os filhos", como desejava em 1794 o confessor padre Manuel de Arceniaga (idem, 1724, p.203).

Nos testemunhos dos processos não se discute se é verdadeira ou falsa a inocência com a qual a mulher cedia ao ato sexual, ou quão forte era a violência do homem para fazê-la ceder. Explicita-se, sim, a forma pela qual as mulheres esperavam criar seus filhos com a segurança mínima que só a inseparabilidade do casamento podia prometer. Para muitas mães solteiras, sem família nem companheiro, o filho deixava de representar o arrimo e a 'bênção', que é como eram vistos sobretudo nas regiões rurais, para significar mais uma 'boca para encher'.

Cartografia da sedução

Se os encontros nas redes, quintais, becos, roças, adros de igrejas e durante as festas religiosas que se realizavam periodicamente nas vilas coloniais parecem iludir o historiador com a impressão de promiscuidade das classes subalternas, a confissão da mãe solteira realça os signos do código de sedução ao qual ela teria respondido. Mais do que discutir, nesses processos, as práticas sexuais que as levavam à gravidez, recordam-se as cartas de amor, a frase apaixonada, a troca de presentes e "mimos" e

---

4 Ramos (1975) aponta para o fato de que os processos de esponsais mineiros para o mesmo período deixam entrever o pânico de mulheres enganadas e depois abandonadas. Grimmer (1983) demonstra comportamentos análogos entre as populações femininas francesas do Antigo Regime.

as eternas promessas de casamento: contas de um rosário cuja cruz é um filho que não se quer, e que explica tantos fogos com chefia feminina.

Em 1796, na cidade de São Paulo, Damiana Ribeiro "vivia com toda a honestidade". Mas Francisco Carneiro Lobo a incitara com "carinhos e afagos", aos quais seguiram-se "promessas de casamento: com que foi seduzida".[5] Na mesma São Paulo, em 1769, Ana de Ramos, que vivia "honesta e recolhidamente em casa de sua mãe", também fora seduzida por um sacristão da igreja matriz "com carícias de amor e promessa de casamento, e fiando-lhe a suplicante na sua promessa a levou de sua virgindade".[6]

Carinhos, afagos, "sinais amatórios", palavras de amor e promessas de casamento são alguns dos muitos signos do ritual da sedução encontrados nos relatos processuais. "Eu hei de casar com você", prometia um aparentemente apaixonado Boaventura Furtado, numa quarta-feira de cinzas de 1751. "Eu hei de casar com você", retrucava uma enamorada Maria.[7]

A presença de rituais e discursos amorosos nas práticas das populações femininas do passado refletia-se nas prédicas da Igreja, que tentava, por seu turno, corrigir e enquadrar as mulheres na via do casamento. Os manuais de confissão são um bom retrato do que se permitia e do que se proibia, e, cotejados com os processos eclesiásticos, deixam entrever o jogo de forças entre as prédicas e as práticas que se repetiam no mais da vida cotidiana. Perguntas do confessor sobre a existência de "retratos, prendas ou memórias de quem ama lascivamente" (Arceniaga, op. cit., p.331) ou sobre a prática de "recados", "palavras torpes" e "jogos de abraços desonestos" tinham suas respostas nos processos. Neles, fica-se sabendo que as mulheres recebiam corações de ouro, fitas achamalotadas, coifas de cabeça,[8] tecidos, utensílios, e, para as mais simples, até "laranjas e palmitos"[9] tinham o sentido de uma "dádiva amorosa". As promessas de casamento selavam-se por meio da correspondência enamorada, na qual os amantes se chamavam de "meu benzinho da minh'alma",[10] ou "meu coração", e prometiam "viver juntos e morrer juntos", assinando-se como o "amante firme".[11]

---

5 A. C. M. S. P., processo de divórcio, 2-15-48.

6 A. C. M. S. P., processo de divórcio, 2-15-31.

7 A. C. M. S. P., processo não catalogado de Boaventura Furtado e Maria, filha de Calixto Dias Barreto, 1751.

8 A. C. M. S. P., processo não catalogado de Maria Clara da Anunciação, onde se encontram várias indicações de presentes trocados com seu amante.

9 Apud Goldschmith, 1987, p.190. São aliás excelentes as indicações de fontes deste trabalho para todos aqueles que pesquisam a história da família, da mulher, da sexualidade.

10 A. C. M. S. P., processo de divórcio, 2-15-22.

11 A. C. M. S. P., processo não catalogado do tenente João de Barros Penteado.

Ao sul do corpo

A sedução da mãe solteira fabricava-se, portanto, com a palavra, o gesto e o escrito. Porém, ardilosas diante do tribunal eclesiástico, as mulheres engravidadas diziam-se "muito honradas e recolhidas", "bem procedidas", "sem nota alguma" ou, como se defendia em 1797 uma certa Caetana, "sempre viveu debaixo de boa situação com que seus pais doutrinaram a família".[12] Situando-se em outro patamar da escala social, havia aquelas que se diziam "órfãs", "pobres", "rústicas e miseráveis", provando que, se o casamento era então coisa de elite, a promessa de casamento circulava de alto a baixo na sociedade colonial. Tendo este referencial reconhecido pela comunidade, através do depoimento de testemunhas favoráveis às suas desditas, as mães solteiras isentavam-se do desejo investido no ato de sedução, só não se livrando das consequências: a gravidez e seu fruto. Em Nossa Senhora da Luz dos Pinhais de Curitiba, Ana Rodrigues de Andrade pedia, em 1775, a prisão de Miguel Antônio Teixeira, pois sob "promessa de casamento que lhe tinha feito, debaixo de cuja promessa a tinha desonestado e já tinha uma filha, se achava segunda vez prenha por ele".[13]

A sedução seguida de gravidez tornava-se mais problemática quando era resultado de "tratos ilícitos" de mulher solteira com homem casado. Em 1751 Joana, solteira, fora deflorada por João Bicudo, cunhado de seu pai, "homem casado e morador do dito bairro e freguesia de São Paulo de Atibaia, [...] a qual já pariu do dito denunciado". "Sempre o tal denunciado", dizia uma testemunha, "fazia assistência em casa de Domingos Dias e sempre tinha trato com a dita Joana". Uma vez terminado o tempo de "agrados e mimos", chegava o tempo do medo e do sofrimento:

> [...] e que no tempo em que sentiu a dita Joana solteira, prenhe, obrigou com ameaças a um João, solteiro, [...] que se deitasse na cama com a dita, o que ele fez com medo, e no mesmo tempo chamou a mãe da dita para que visse a sua filha com quem estava deitada. Tal fato era público e notório.[14]

Na mira do olhar dos membros das comunidades coloniais, os laços afetivos e sexuais entre homens e mulheres faziam-se e desfaziam-se. A vizinhança e o compadrio interpretavam e avaliavam tais relações segundo o que se 'via ou ouvia', interferindo no sentido de detectar os pais de crianças tidas por ilegítimas, em muitos casos de maternidade irregular.

---

12 A. E. S. P., requerimentos 92-3-33, São Sebastião, 1.12.1797. Campos (1986, p.113), em sua brilhante tese de doutoramento, confirma o grande número de seduzidas grávidas.
13 A. C. M. S. P., processo de divórcio, 2-15-34.
14 A. C. M. S. P., processo não catalogado de Joana Raposo e Joaquim Dias.

Por outro lado, a Igreja controlava o crime de estupro – rótulo pesado para inúmeras fórmulas de sedução e defloramento – cujas punições poupavam até mesmo as mulheres coniventes. A preocupação explícita nas *Constituições primeiras do arcebispado da Bahia* era de que "ficam tais mulheres expostas a mais facilmente pecar e em perigo evidente para de todo se perderem".[15] No avesso da preocupação moral com a pureza e o recato feminino, louvados por pregadores como Manuel Bernardes, Antônio das Chagas, Azeredo Coutinho e Miguel Bulhões e Sousa, crescia o temor do aumento de proles ilegítimas, perigosas porque miscigenadas.[16] Além de contrariar o ideal de "pureza de sangue",[17] tão caro à Igreja e aos colonizadores, os filhos concebidos fora do matrimônio comprometiam a ordem do Estado metropolitano, na medida em que o equilíbrio de sua dominação podia ser quebrado pelo incremento de "bastardos" e mestiços, colocados pelo próprio sistema nas fímbrias da marginalidade social.

As mulheres, no entanto, cediam e eram negligentes quanto à concepção, pois contavam com o cumprimento das "promessas de casamentos". Estas, uma vez não se realizando, impeliam-nas a buscar pela força, nos tribunais eclesiásticos, as soluções para uma vida familiar sacramentada, em detrimento de formas não convencionais de conjugalidade a que estariam normalmente condenadas como mães solteiras. As atas de batismo desse período não escondem os descaminhos de tantas maternidades:

> Aos seis dias do mês de janeiro de 1754, nesta Igreja de Nossa Senhora de Naiaré, batizei e pus os santos óleos a Domingos, inocente, filho natural de Narciso Rodrigues, natural de Taubaté, solteiro e andante no caminho dos Goiazes, e de Rita, administradora da capela do Senhor Bom Jesus desta freguesia, natural e moradora nela. (Apud Goldschmith, op. cit., p.274)

A perda da honra e a valorização da maternidade no casamento

Mulheres seduzidas e grávidas costumavam redarguir sobre a violência com que seus corpos haviam sido utilizados, contando ao tribunal eclesiástico histórias de traição e abandono, e, ao fazer eco às demandas da Igreja, conseguiam com maior

---

15 Op. cit., livro I, título 72, § 976.
16 Para situar o discurso desses pregadores sobre os papéis que deveriam exercer as mulheres com todo pudor e recato, ver Del Priore, 1989b.
17 Sobre a importância da pureza de sangue no período colonial, ver Carneiro, 1983.

Ao sul do corpo

facilidade a punição de suas desonras. Esses eram tempos em que, como vituperava o confessor Arceniaga,

> sempre que com violência ou engano se atrai uma donzela para o pecado, tem obrigação o estuprante de custear todos os gastos do parto, reparar todos os danos seguidos, e alimentar a prole à sua custa, até que o filho possa adquirir seu necessário sustento. Mas se a mãe consentir a cópula, fosse donzela ou fosse viúva, fosse solteira ou casada, deve esta alimentar os filhos os três primeiros anos, e depois fazê-lo o pai. (Idem, op. cit., p.452)

As preocupações eclesiásticas com o estupro traduziam as realidades das mães solteiras: a prole irregular, a ausência do companheiro, as adversidades da sobrevivência material. A Igreja, então, protegia a mulher incitando-a a redimir-se pelo exercício do papel de mãe em torno do filho ilegítimo. O destino das mães solteiras era marcado, aos olhos da Igreja, com o estigma da transgressão de regras permitidas apenas no interior do casamento. Mas, ao invés de abandoná-las à própria sorte, a Igreja oferecia às mães um conjunto de normas (como a ditada por Arceniaga), que beneficiavam sua condição desafortunada; principalmente se esta condição fora resultado de promessas de casamento ou de violências. Ajudando, por assim dizer, tais mulheres, a Igreja possivelmente as controlava melhor.

Em Guaratinguetá, em 1765, Antônio de Sousa Pires era acusado por Maria Domingues Vidigal, de quem já tinha uma filha, fruto de promessas esponsais: "[...] e que para esta se render às violências que o denunciado lhe fazia para a desonestar, fora preciso prometer casar com ela".[18] Em São Paulo, em 1780, João Teixeira era também acusado de ter cópula com a filha de sua concubina. "Só uma alma perdida o faria", defendia-se ele, "porque a dita Ana, além de ser uma criança, é impossibilitada pela idade para casar ou para atos tão feios." Ana, mais vítima de violências do que de sedução, teria apenas 12 anos, idade que as *Constituições primeiras* consideravam núbil. E os "atos tão feios" tiveram suas consequências, pois muitas testemunhas afirmam "tê-la conhecido pejada, e pariu".[19]

Apesar da filantrópica vigilância exercida pela Igreja, as consequências realmente graves da maternidade irregular eram de ordem socioeconômica e não moral. O pauperismo e dificuldades da vida material uniam até mulheres brancas pobres a escravos, confirmando a necessidade feminina de estabilidade e proteção. Maria Rodrigues, por exemplo, fora "desonestada" por Inácio Alvarez que "levara-a

---

18 A. C. M. S. P., processo não catalogado de Antônio de Sousa Pires.

19 A. C. M. S. P., processo não catalogado de José Teixeira. Sobre a questão de proibição do incesto, ver as acuradas descrições de Silva (1984, p.126), "Impedimentos e dispensas: a proibição do incesto".

de sua honra" e com quem vivia, tendo quatro filhos desta relação. Dizendo-se "branca, ainda que plebeia", Maria justificava-se frente ao tribunal eclesiástico que lhe inquiria sobre a sua ligação dizendo-se "muito pobre e órfã de pai, obrigada a cair naquela miséria com interesse de que o orador [o escravo Inácio] a mantesse, como o faz, e a seus filhos" (apud Goldschmith, op. cit., p.339).

A honra perdida não significava, todavia, que tudo estivesse destruído. A honra perdida exprimia (o que é bem diferente) que tudo podia justificar-se. As relações familiares e a vida concubinária que entrelaçavam mulheres e homens de raças diferentes, baseadas na necessidade de dividir tarefas de sobrevivência, explicam-se mais facilmente aos olhos das autoridades eclesiásticas pela propalada "perda da honra". A "perda da honra" servia também para justificar práticas sexuais prosaicamente exercidas, quando a gravidez não sensibilizava os pais putativos no sentido de unirem-se, oficialmente ou não, às suas namoradas, amásias ou concubinas grávidas.

Nas classes subalternas, onde o pauperismo empurrava as mães solteiras para as fronteiras da geografia familiar e social, o papel de pais violentos e mães determinadas criava, muitas vezes, condições para a realização da vida conjugal e maternidade de "filhas pejadas"; em Ubatuba, 1771, João de Oliveira

> conversava ilicitamente com Antônia Correia [quando] [...] chegou seu pai Martinho Coelho, e logo puxando por uma faca conduziu o réu para dentro de casa, onde, fechando as portas, ameaçava o réu com a mesma faca, que havia de casar com a autora sua filha [...] e que se não o fizesse o havia de matar. (Apud Campos, op. cit., p.327)

A "perda da honra" justificava, nesse plano, violências físicas e verbais, que traduziam a urgência de pais garantirem para suas filhas a mesma oportunidade de conjugalidade que buscava Maria Rodrigues ao casar-se com o escravo Inácio.

Gestos de força e constrangimento por parte de familiares e da vizinhança evitavam, muitas vezes, o que aconteceu

> a uma povoadora de Iguatemi, a qual escondeu de seu pai até que, não podendo mais sofrer as dores do parto nem retirar-se para parte alguma, pariu publicamente no meio e à vista do povo, acudindo-lhe somente de um lado a sua mãe e de outro uma bastarda que assistiu a hora do parto.[20]

---

20 Ibidem, p.325. Figueiredo (1987, p.11-34) comenta uma devassa realizada na segunda metade do século XVIII em que aparece uma acusação contra "uma mulher branca que asfixiara seu filho recém-nascido com anuência do companheiro" (p.16). Visières (1985) estuda os infanticídios cometidos na França setecentista em função da precária condição de vida das mães solteiras.

Ao sul do corpo

Gerados fora do matrimônio e, portanto, não fadados à glória de Deus e de sua Igreja – que via na reprodução biológica a multiplicação de fiéis – os filhos de mães solteiras eram tidos como "naturais" e reconhecidos como filhos "de pai incógnito". Alzira Campos avança a hipótese de que para a grande maioria dessas crianças o destino era o infanticídio ou o abandono.[21] E ela faz suas as palavras de Antônio Manuel Melo Castro e Mendonça, ao referir-se a eles como "inocentes cujo nascimento as circunstâncias de suas mães obriga a ocultar" (apud Campos, op. cit. p.327).

Na realidade, as práticas sociais em torno da maternidade irregular acabavam se tornando o lugar em função do qual toda uma teoria de condutas se elaborava. Mulheres de classes subalternas, "pejadas" ou não, presas ao trabalho físico nas lavouras, às atividades exigentes do pequeno comércio, à faina da jornada doméstica, às atividades "de ganho" e a serviços prestados a terceiros, rearranjavam seus dramas e misérias em torno de seus filhos. Uma vez que suas histórias pessoais de sedução, estupro ou rompimento de esponsais não encontravam eco diante do tribunal eclesiástico, elas tocavam suas vidas [...] Algumas casavam, levando consigo o fruto de outros amores que haviam antecedido o pedido de legítimo matrimônio. Nos autos de casamento do escravo Peliciano, por exemplo, lê-se que sua mãe, "quando se casou, [...] já estava pejada e o contraente é filho de seu pai incógnito" (apud Goldschmith, op. cit., p.272).

As que não se casavam, mas se mantinham "honestas", terminavam por reunir-se ao rol de viúvas e esposas abandonadas, cujo destino era o de criarem sós os seus filhos. Outras, para não interromper o cotidiano de trabalho e sobrevivência, distribuíam seus filhos entre parentes, amigas ou comadres para os criarem. O 'amor de criação' ou o simples interesse em ter mão de obra barata explica que outras mulheres, que não as mães, cuidassem de "filhos naturais". Para as mães solteiras e pobres, eles eram, certamente, uma boca a menos para alimentar.

Num processo paulista, envolvendo uma viúva pobre que engravidara, uma das testemunhas afirma "que se estava para pôr em casa dela uma criança que era sua filha".[22] Da mesma forma, Maria Cardoso Pimentel, num processo de 1751, relatava "ter criado em sua casa" a Inês, que "desde pequena, por lhe haver entregado sua mãe e pelo amor de criação, recolheram em sua casa".[23]

Infanticídio e abandono da mãe solteira, sim... Bem mostra Alzira Campos que, num processo de esponsais setecentista, "a moça abandonada pelo noivo parira e

---

21 Sobre as taxas de abandono no período colonial, ver Venâncio 1988.
22 A. C. M. S. P., processo não catalogado de Matias Madureira.
23 A. C. M. S. P., processo não catalogado de João Machado Leme e Maria Rosa Pimentel.

se não sabe o fim que deu ao filho" (idem, op. cit., p.325). E em São Paulo, 1748, uma testemunha alegava em uma causa-crime de honra e virgindade "que há mais de três anos foi público que a autora se desonestava, tanto assim que houve fama de que parira do sujeito de que cala a modéstia".[24] Enfim, o infanticídio, abandono ou circulação de crianças pequenas entre vizinhas e comadres à espera de dias melhores nas vidas de suas mães eram uma constante no cotidiano das mulheres da Colônia.

Já disse Renato Venâncio (1986b, p.109) que os atuais estudos sobre a maternidade irregular e a ilegitimidade estão revendo a falsa ideia de promiscuidade atribuída à massa de desclassificados e marginalizados do mundo colonial. Releituras dos procedimentos sociais permitem compreender como, no avesso das seduções, estupros e cópulas pré-conjugais, as mulheres iam além de simples transgressões mapeadas pela Igreja, que as queria castas ou casadas... Para lá das ditas infrações, elas construíam um complexo imaginário sobre o comportamento amoroso, uma representação ideal do casamento e um ritual de sedução que dividiam com eventuais companheiros. Nas falas femininas pode-se não captar com transparência tudo o que era vivido socialmente, mas percebe-se com nitidez o que está ausente. E o grande ausente na prática era, sem dúvida, o casamento tridentino que começava nessa época e tentar impor-se às ligações consensuais. A presença do casamento no imaginário das seduções já era um rascunho do diálogo que a Igreja iniciava com os seus fiéis, e que terminou em monólogo, pela imposição crescente do matrimônio no século XIX. Já no XVIII, o casamento era invocado com habilidade por mulheres que viam seus companheiros se afastarem, abandonando-lhes e roubando-lhes a oportunidade de possuir um nicho familiar, onde criar sua prole e dividir as tarefas de sobrevivência.

Nas respostas atiladas e negativas dos seus companheiros, verificam se as clivagens e diferenças de aspirações que tinham os gêneros no que diz respeito ao uso da sexualidade e aos conceitos de casamento. Reproduzindo o estereótipo do macho que usa-e-joga-fora, os homens espelhavam nas suas discussões com o juiz eclesiástico sua concepção de casamento como castigo e prisão. Para as mulheres, numa colônia onde havia grande parcela de homens vagos e errantes, o matrimônio era sinônimo de sonhada estabilidade ideal. Recupera-se, portanto, nesse carrossel de falas, a memória das tensões entre os papéis masculinos e femininos no passado. O esperto relacionamento das mulheres com o tribunal eclesiástico, temido instrumento de coerção no período, demonstra, por sua vez, a combinação de seu

---

24 A. C. M. S. P., processo não catalogado, João Bicudo e Joana, solteira.

Ao sul do corpo

trânsito nas instâncias superiores com os poderes e estratégias informais que detinham.[25] A participação das comunidades nas estórias das mães solteiras, ao revelar o controle que pesava sobre o comportamento de mulheres sós, revela também a rede de solidariedade que se estabelecia entre as mulheres e sua vizinhança. Trama e teia simultaneamente, essa solidariedade permitia detectar, pela acusação das testemunhas, os pais putativos que, em momento de ruptura, deixavam as mulheres grávidas para trás.[26]

Foi entre mulheres que dispunham informalmente de sua sexualidade, que viviam sós com seus filhos, mas que desejavam as garantias oferecidas pelo matrimônio, que a Igreja encontrou uma brecha para semear o adestramento das populações femininas. Foi possível a sua valorização sobretudo entre as mães solteiras que não haviam conhecido as benesses do casamento. Foi, como diz Jean-Louis Flandrin, nesta "espuma dispersa de vidas sem lembrança" que nasciam os alicerces para a construção da santa-mãezinha.

---

25 Raquel R. Costa(1986) avalia o comportamento ardiloso de homens e mulheres perante o tribunal eclesiástico.

26 Amussem Dawyer (s.d., p.269-87) reflete sobre o comportamento das comunidades no policiamento das infrações sexuais de seus membros. Ross & Rapp (1981) analisam, entre outras questões, as punições para os pais putativos nas comunidades do passado.

3

As filhas da mãe

> Mulheres são mediatrizes (meretrizes mediadoras) no Brasil. Ligam o interno (o ventre, a natureza, o quarto, as matérias-primas da vida: alimentos em estado bruto) com o externo; são a razão do desejo que movimenta tudo contra a lei e a ordem; pois é no pecado e na transgressão que concebemos a mudança e a transformação radical, e aqui está uma imagem de mulher. (Matta, 1985, p.108)

Se, ao longo do período colonial, os fogos com chefia feminina caracterizavam-se pela presença de mulheres sós, com seus "filhos e criações" como são descritos pela documentação,[1] esses mesmos fogos, quando recheados apenas por mães, filhas, sobrinhas e parentes em idades sexualmente ativa, contribuíam para a estigmatização da conduta inversa àquela desejada pelo modelo tridentino. Nascia, no cenário desses fogos, o arquétipo da mulher sem qualidades.

A constituição dos papéis femininos no período colonial passou, evidentemente, por essas famílias administradas por mulheres, nas quais elas usavam seus corpos como queriam, vivendo formas não sacramentadas de convívio sexual e delas tendo filhos. Suas práticas, consideradas pecaminosas pela Igreja, permitiam assim valorizar o projeto de construção de uma mulher ideal: mulher que deveria ser casada, mãe, afeita à domesticidade, à piedade religiosa, preocupada em consolidar a família.

A construção dessa Galateia dependia, no entanto, de uma comparação sistemática com aquelas que concebiam fora do matrimônio, que revezavam seus companheiros e que mais compareciam ao tribunal eclesiástico do que à igreja. Tais práticas, criadas pelas contingências do povoamento, deviam, no entender da

---

1 Referência às listas nominativas da capitania de São Paulo no Arquivo do Estado de São Paulo.

Igreja, ser substituídas por uma estratégia com a qual as mulheres participariam da empresa de colonização.

Do símbolo quase assexuado da maternidade, cuja moldura era o cuidado com os filhos, a obediência a Deus e ao marido, ao âmbito da mãe, que devia prover sua prole de sustento e de uma mínima formação fazendo-a aprender a ler e contar, deslocamo-nos para outra realidade: a da mãe com filhas sexualmente maduras, que as assistia no uso indiscriminado de seus corpos. Diversa da mãe que circulava no território de Tanatos, amparando as filhas no momento das primeiras regras, do parto ou da morte, zelando pelos netos, esta outra mãe transitava nas regiões de Eras, cúmplice dos "tratos ilícitos", da vida "devassa e desonesta" de suas meninas.

O mais grave aos olhos da Igreja é que tais mães contrariavam sua missão de preparar as filhas para o casamento, não se preocupando em "dar-lhes estado", mas incentivando, sim, o uso de sua sexualidade mais nociva: aquela que não visava à procriação dentro da família sacramentalmente constituída.

Eram inegavelmente mães solidárias com sua prole. Solidárias em ensinar-lhes as primeiras lições de sobrevivência, o preparo dos alimentos, a filatura do algodão, o plantio das roças sazonais de subsistência, mas também os primeiros cuidados com que Grimmer (1983, p.247-8) chamou para a França de "contracepção balbuciante". O uso de esponjas vaginais para evitar gravidez, sangrias no pé, bebidas abortivas, vomitórios e a introdução de agulhas e instrumentos pontudos no útero, método responsável pela redução de "crias" indesejadas, mas que acabava vitimando as próprias gestantes. Os netos que driblavam esses cuidados elas criavam ou faziam criar em casas de comadres e vizinhas, evitando-lhes o abandono condenado (como já mostrou Venâncio, 1988) nas comunidades do Antigo Regime.

Preocupada com a "educação dos sentidos" femininos,[2] a Igreja tornou-se, ao longo do período colonial, uma caçadora do pecado em sua forma mais obsedante. Além de perseguir a fornicação simples, fora das regras do jogo matrimonial, ela teria como alvo a alcovitice de tais práticas, alcovitice tolerada e muitas vezes patrocinada pelas próprias mães. O parágrafo 1.002 das *Constituições primeiras do arcebispado da Bahia*[3] visava à punição dos agentes de "tratos" tão condenados, que no caso das mães alcoviteiras punha em xeque todo o projeto edificante e moralizador que tinha a Igreja para este segmento feminino. A sacralização do papel social da mãe passava, portanto, pela construção do seu avesso: a mulher mundana, lasciva e luxuriosa, para quem a procriação não era dever, mas prazer. As mulheres que

---

2 Termo utilizado por Peter Gay em sua belíssima obra *A educação dos sentidos: a experiência burguesa da rainha Vitória a Freud.*

3 Livro V. título XXV.

Ao sul do corpo

viviam em ambiguidade desses dois papéis foram sistematicamente perseguidas, pois o uso autônomo da sexualidade feminina era interpretado como revolucionário e contrariava o desejo da Igreja e do Estado de colocar o corpo feminino a serviço da sociedade patriarcal e do projeto colonizador.

A tentativa por parte dos poderes institucionais de tolerar o sexo transgressor materializou-se na elaboração de um conceito moral sobre a mulher que transgredia – a puta, a manceba, a solteira – e na fabricação de uma mulher que tinha permissão institucional para transgredir: a prostituta. Mas houve um momento histórico em que putas, mancebas e prostitutas se confundiam no convívio das famílias que elas simultaneamente sustentavam, dando ao núcleo familiar e às relações entre mães e filhas um tom peculiar.

Tentar entender a amplitude da prostituição, segundo ensina Rossiaud (1986, p.199) equivale a defini-la em função de estruturas demográficas e matrimoniais, da normalidade e dos desvios sexuais, dos valores culturais e da mentalidade dos grupos que a toleram ou reprimem. Vale dizer que as mulheres venais no período colonial tinham estatuto específico. Referidas às enormes distâncias entre o discurso e as práticas da conjugalidade, articuladas com a sexualidade não domesticada e a penosa luta das autoridades civis e eclesiásticas para transformar o tálamo na única forma de sexo lícito, as mães e filhas venais foram sumamente úteis para a construção e valorização do seu oposto: a mãe sem mácula, identificada com a Virgem Maria, vampirizadora de qualquer tolerância em relação à sexualidade feminina.

Pacificadoras da violência sexual e do desejo em relação à virgindade das donzelas e à fidelidade das esposas, as mulheres venais eram, teoricamente, a salvaguarda do casamento moderno e casto, que tentava se impor, e o *sparring* dos poderes e autoridades institucionais, Mas, através de nossa documentação, revelam-se mais do que tudo mediatrizes: ligadas a passageiros ofícios de sobrevivência, errantes nos espaços físicos dentro das vilas e cidades, genitoras de dependentes e mantenedoras de fogos que não se poderiam jamais considerar ortodoxamente familiares, essas despossuídas eram senhoras de uma sexualidade relacional, de uma erótica que não estava associada à reprodução como desejava a Igreja, mas à interrupção do trabalho, às festas profanas e religiosas e aos caminhos do sertão.

O quadro em que tais mães e filhas passeavam suas misérias era aquele em que a Igreja considerava a prostituição um crime menor do que o adultério e o homossexualismo. Apesar da extrema desconfiança em relação às fraquezas e tentações da carne feminina, ela retomava os textos de são Tomás de Aquino e santo Agostinho, para justificar que a sociedade "carecia de bordéis, tanto quanto necessitava de cloacas". (Ibidem, p.98) O solo em que se desenvolveram tais asserções foi o da luta contra os heréticos e concubinários, bem como a compreensão de que o *ordo conjugatorum* não se podia implantar sem uma prostituição ordenada em função dos celibatários,

O monopólio de mulheres casadas, símbolo de poder econômico, pois que se casavam normalmente os que podiam sustentar mulher, e por consequência o poder sexual de homens casados engendrava o constrangimento e a revolta dos celibatários que deveriam "pacificar" seus ânimos com mulheres "fáceis". Definida a fornicação simples como um ato cometido com uma prostituta pública a ordem socioespiritual, longe de se enfraquecer, era reforçada por uma prática aparentemente desviante, mas que estava a seu serviço.[4]

No Portugal medieval "mulheres do segre, putas, mundanais, mundanas, públicas, mancebas e mancebas do mundo" foram denominadas as mulheres que faziam comércio de seu corpo. Elas distinguiam-se habitualmente em duas categorias: a das mancebas solteiras, que se encontravam publicamente na mancebia, e as putas caladas, estas em casa própria em qualquer outro ponto da cidade. Donas de costumes soltos e com vestuário característico ("véus bem açafroados" durante o reinado de dom Pedro) estavam frequentemente envolvidas em brigas e furtos. Por isso mesmo, a legislação metropolitana preocupava-se menos com a prostituição e mais com a ordem pública. Informa-nos Maria Angela Benante que o Livro de Direitos D'El-Rey tolerava melhor a prostituição do que comportamentos sexuais irregulares. Entre as leis extravagantes encontramos um exemplo do bem-estar social pelo qual deveria zelar a autoridade: "Hei por bem e mando que todo o homem que sem necessidade falar com mulher em alguma igreja, na porta ou no adro dela, assim homem como mulher, sejam castigados com todo o rigor em pena pecuniária, prisão e desterro" (apud Benante, 1985, p.226-8). Encontros fortuitos com finalidade irregular, que misturassem prostitutas e "desonestas", deviam ser evitados em lugar sagrado. O espaço de Deus não permitia a presença de elementos ligados à dissolução de costumes ou expressões de ligações extraconjugais.

Os tênues limites, que confundiam os comportamentos desviantes e a prostituição em Portugal, veremos também confundir as autoridades e a Igreja no Brasil colonial, envolvendo, para seu desconcerto, mães e filhas. Em seus estudos sobre Minas Gerais no século XVIII, Mello e Souza (1982) e Figueiredo (1984b) detectaram o grande número das chamadas "malprocedidas", bem como a leitura míope que delas fazia a Igreja através de devassas, que rotulavam de prostituição as formas não ortodoxas de relações extraconjugais encontradas nas camadas desfavorecidas. Prostitutas ou semiprostituídas, Laura de Mello e Souza encontrou-as casadas,

---

4 Ibidem, p.63. Sobre prostituição ver também Corbin (1982), brilhante ensaio sobre prostituição e controle moral na França do século XIX; e Perry [sd], p.138-58.

Ao sul do corpo

amasiadas, mães, assim como maridos e amantes prestando-se a conivências por pobreza ou velhice. Luciano Figueiredo encontrou senhores explorando escravas e mães explorando filhas. Fernando Londoño, ao examinar a visita pastoral que fez o padre Bruno de Pina à vila de São Luís do Paraguai em 1785, anotou cinco mulheres acusadas de "deixarem que suas filhas vivam desordenadas com amásios", que estas "vivam desonestamente" e que, "sabendo das más vidas" da prole, "não as reprimem" (Lodoño, 1989, p.23). Luís Mott, ao investigar com sua habitual sensibilidade a vida das paróquias do Sul da Bahia, através de uma devassa realizada em 1813, encontrou várias mães que permitiam a suas filhas "fazer mal de si", "fazer vida de meretriz", "ter vida dissoluta", tornando-se coniventes e "consentidoras" de tais "tratos ilícitos"(Mott, 1988a, p.10).

No avesso dessas práticas inaceitáveis para a Igreja, tais mulheres sustentavam, por sua vez, seus fogos, filhos, dependentes, agregados e amantes, sem qualquer constrangimento senão aquele dado pela pobreza. "Não há cousa como ser mulher--dama", gabava-se em Minas setecentista Vitoriana, "que sempre tem duas patacas na algibeira" (Souza, 1982, p.155). Lição que não deve ter escapado a Filipa, pretamina, "consentidora que sua filha parda e forra tivesse tratos ilícitos devido a sua extrema pobreza" (ibidem, p.153). O universo do meretrício, 'desenvoltura' ou desonestidade, onde circulavam mães e filhas, passava longe dos esforços metropolitanos de adestrar o aparecimento de mestiços, produto de uma miscigenação desorganizada pelas condições de vida na Colônia.[5] Aí, influíam a falta de mulheres brancas 'para casar', as dificuldades para o casamento e a ineficiência dos mecanismos de controle da própria Igreja.

Sua realidade era a pobreza e uma relação fantasmagórica com as leis de Deus ou de el-rei, tão eruditas como distantes do cotidiano da maior parte das populações coloniais. O viajante Theodor Lethold, em 1819, anotava:

> As meretrizes não são aqui privilegiadas como nas cidades da Alemanha, França e Inglaterra, porém as há em grande número brancas, pretas e de todas as categorias, isto é, fazendo-se pagar de um a 12 táleres espanhóis. De noite, entre oito e dez da noite, invadem elas as ruas vestidas de tafetá preto ou envoltas em mantos. (Apud Leite, 1984, p.115)

O olhar europocêntrico do viajante dividia as mulheres públicas em categorias, confundindo as mulheres pobres que saíam à noite com prostitutas, mas

---

5 Ver Figueiredo, 1985, p.110. Sobre a prostituição na história do Brasil, ver também Soares (1986, p.143-68) e Engel (1980).

não deixando de captar a especificidade da vida venal na Colônia: a ambivalência entre o enriquecimento e a simples necessidade de sobrevivência. A tônica desses dois níveis de prática prostitucional era dada pelo fato de que o meretrício estava articulado com uma moralidade popular em nada ainda referida às moralidades propostas pelas câmaras ou pela Igreja. Para esta última, todo comportamento desregrado por parte das mulheres confundia-as com prostitutas. Os fogos chefiados por mulheres eram vistos com desconfiança e considerados "imorais", e o "viver meretrizante" designava a vida fora dos padrões oficiais de muitas mulheres que não eram casadas.

Aos olhos da Igreja ainda era necessário condenar rigidamente a fornicação fora da união conjugal, para não esvaziar o sentido desta última. Ao contrário do que ocorreu em grande parte da Europa, onde a lenta erradicação do concubinato e o sucesso da Reforma católica liberaram os doutores para acharem a fornicação simples menos perigosa para os celibatários, na Colônia ela tomava proporções assustadoras na medida em que incentivava maternidades ilegítimas e mestiças, sinônimo de desordem e preocupação para os poderes institucionais. Faziam-se necessários a taxinomia dos delitos femininos, o controle do corpo da mulher e, finalmente, a construção de um modelo ideal que se contrapusesse à prática venal. Erigiu-se então um modelo infrator com o qual a Igreja ameaçava as populações femininas do passado, na forma de pastorais e pregações, como veremos adiante. Como se não bastasse, os calendários enriqueceram-se com a menção edificante de ex-prostitutas como santa Pelágia, santa Maria Egipcíaca e a prostituta de Deus, santa Maria Madalena, numa clara demonstração de que a salvação para as mulheres venais era possível (Rossiaud, op. cit., p.99).

Será dentro de tal exploração discursiva que assistiremos emergir, avesso à santa-mãezinha, o modelo infrator que associava mulheres lascivas, luxuriosas e desviantes à prostituição. Inicialmente difuso e generalizante para captar as muitas faces da realidade colonial, ele sofisticou-se ao longo dos séculos XVII e XVIII, para recortar cada vez melhor as desviantes. Neste recorte, mães alcoviteiras e filhas prostitutas foram sistematicamente perseguidas, numa forma de chamar a atenção para o que a Igreja recriminava como padrão de comportamento feminino.

A construção do avesso da mãe

Em 1747 é denunciada, ao tribunal episcopal da cidade de São Paulo, Apolônia, mulher solteira que, devendo viver como católica e não causar escândalos a seus próximos com o mau procedimento, ela faz tanto pelo contrário, assistindo a dois meses com a dita sua mãe e outras duas irmãs, vivendo todas escandalosamente e com o consentimento da mãe, [e] [...] por razões que entre elas houveram se apartou a denunciada de sua companhia para umas casas que alugou no campo onde assiste sem mudar de vida, porque atualmente está recolhendo em sua casa, de noite, a quem busca.[6]

Algumas características da sexualidade venal, confundida com o uso desviante do corpo, começavam a tomar forma através da documentação setecentista. A prostituição não era nomeada ou classificada, pois o texto diz apenas que a ré "anda recolhendo a quem busca". Na família não ortodoxa, organizada em fratria, a mãe era conivente no lenocínio da filha Apolônia e de suas irmãs; a ausência de homens como cabeça de fogo estava evidente, e a mobilidade espacial de Apolônia em direção ao campo faz ver que os espaços físicos ocupados por mulheres estavam referidos às suas atividades de sobrevivência, e não ao estereótipo explorado pela historiografia tradicional de que viviam fechadas. A tônica das relações familiares e sociais de mães e filhas envolvidas com a vida venal era dada pelas 'desavenças', brigas e rixas, desnudando um cotidiano que, bem longe de ser pacífico, se marcava com toda sorte de violências. Moradora de uma capitania em que o comércio e a consequente presença de viandantes, negociantes, camaradas, artesãos e tropeiros crescia consideravelmente a partir do governo de Morgado de Mateus, Apolônia e outras tantas mães e filhas tiveram no lento mas constante crescimento populacional – com taxas de celibatários em torno de 34,3% – a sua clientela potencial. (Marcílio, 1974, p.111). Nesse período em que as mulheres emergiam das camadas mais pobres da população, crescia também a produção açucareira nas vilas do interior, como Itu, Porto Feliz e Campinas. Os caminhos das mulheres venais cruzavam assim as rotas de açúcar, rumo ao porto de Santos, ou percorriam, junto com as caravanas de sal e animais, Mato Grosso, Goiás, Minas Gerais e Espírito Santo, obrigando os párocos a admoestarem os homens casados que viviam "ausentes de suas mulheres". Em Atibaia, em 1756, Joana Ribeiro respondia à seguinte acusação:

> Que sendo a ré católica cristã, e como tal obrigada a observar os mandamentos da lei de Deus, e fazê-lo juntamente observar a seus filhos para que não o ofendam, a ré faz tanto pelo contrário [...] que não somente se desonesta com uns e outros pública e escandalosamente, mas também serve de alcoviteira a sua filha solteira por nome Ana,

---

6 A. C. M. S. P., processo-crime não catalogado, Apolônia, filha de Maria Rodrigues Machado, São Paulo.

a qual em sua companhia entregando-a os que com ela querem se desonestar, não só em sua casa, mas também levando-a a outros quando para o mesmo efeito a convidam, fazendo-lhe companhia noites inteiras com geral e notório escândalo de todos os moradores daquela freguesia.[7]

Na fala acrimoniosa do promotor, lê-se a exigência do bom modelo materno, e, exigência seguinte, a de que tal modelo se reproduzisse de mãe para filha. A "observância" dos filhos era certamente uma forma de fazê-los interiorizar os valores tridentinos. A hábil Joana Ribeiro, traduzindo as exigências de Trento e das justiças, alegava em seu auto de defesa que "nunca alcovitou a dita sua filha para que esta se desonestasse com homem algum, antes sempre educou e deu boa doutrina", e revelava o que pareceu ao juiz uma boa razão para inocentá-la: as testemunhas teriam deposto contra a "verdade, sugeridas de Manuel Pereira, que a isso as induziu por ódio que tem da ré".

Tal sentimento inspirava-se no fato de a ré "tirar do poder do dito a uma filha que lá estava, a quem o dito Manuel Pereira não tratava como a ré queria". Observam-se neste processo mais alguns pontos imediatamente ligados ao cotidiano das populações e, sobretudo, aos fogos femininos com as características que ora examinamos. Por morar só com sua filha, ambas em idade sexualmente madura, Joana Ribeiro e Ana tornavam-se alvo fácil das autoridades que viam as fratrias femininas com olhos pouco condescendentes. Dias (1984, p.91 ss.) observa o mesmo comportamento tanto para mulheres quanto para autoridades no início do século XIX paulistano. As práticas sexuais fora do tálamo conjugal gozavam de enorme ambiguidade entre as comunidades do passado. Se realizadas "com escândalo", ferindo a estabilidade da vizinhança, elas eram então encaminhadas rapidamente às autoridades. Para a vizinhança, a ideia de contaminar-se com a venalidade era temida e comumente rechaçada. Espelhavam-se aí, por certo, os procedimentos institucionais, pois as próprias leis extravagantes só perseguiam as "mulheres solteiras que vivem pública e escandalosamente entre outra gente de bom viver", ameaçando-as com o despejo. Mas aquelas que não fossem "tão públicas e escandalosas e que tenham em seu viver mais resguardo",[8] dissimular-se-iam com elas.

Na ambivalência de suas existências, num fogo onde não havia presença masculina efetiva, mulheres sós ficavam à deriva dos humores comunitários. As acusações a suas vidas sexuais podiam variar de "tratos ilícitos" a concubinatos ou prostituição, por "ódio" ou outros tantos desamores. Mas, no âmbito da história dos sentimentos

---

7 A. C. M. S. P., processo-crime não catalogado, Joana Ribeiro, Atibaia.

8 *Coleção cronológica de leis extravagantes.* Coimbra, v.1, 1819, p.55.

Ao sul do corpo

que retrata o processo de Joana, o que chama atenção é a preocupação da mãe com uma filha que não recebia tratamento adequado. Criança que, como outras tantas provenientes de lares femininos, circulava entre vizinhos, amigos ou parentes à espera de dias melhores para sua mãe, esta "filha que lá estava", independentemente da situação de difícil sobrevivência do pequeno grupo familiar, foi tirada de onde se encontrava. Ao encarar o papel de boa mãe e somar às suas atitudes em relação à filha menor a desculpa de que "sempre foi muito temente a Deus [...] e às justiças eclesiásticas", Joana Ribeiro vestia com habilidade a pele de cordeiro e era absolvida de um crime tão ambivalente como suas práticas.

Em São Sebastião, em 1755, era também denunciada Maria Gomes Porciúncula, "mulher de decrépita idade e sumamente pobre", por consentir que sua filha por nome Rosa

> se desonestasse. Que devendo a ré dar boa educação à sua filha Rosa Gomes, a ré como seu irmão, dar-lhe bom exemplo, tanto não o fazem assim que consentem ande publicamente concubinada, servindo-lhe de capa às suas desenvolturas com notório escândalo de toda a gente da mesma vila.[9]

Os autos de defesa de Maria Gomes de Porciúncula revelam seu empenho em proteger a si mesma, mas também em salvaguardar a "fama" de sua filha. Ela argumentava que "mora na paragem denominada Maresia, distante da vila seis léguas de mar brabíssimo e perigoso". Viria, portanto, à vila "em ocasião de desobriga e raras vezes em alguma festa, e então assiste em casa de algum parente ou de aluguer". Mas ponderava:

> Com verdade se diga que ela, com sua filha, assistiram ou foram alguma vez à casa do chamado cúmplice, [o qual] é morador na vila donde vive de seu negócio e nunca dela sai mais do que [para] alguma cobrança ou negócio preciso, e nunca foi ao sítio da ré onde assiste a sua filha, [...] atentas as condições de longitude.

Apesar de considerada "decrépita", Maria mostrava-se bastante hábil para circunscrever as possíveis infrações de sua filha e alguns encontros fortuitos em dias de "festas ou desobriga" na vila, eximindo-se de uma acusação de concubinato qualificado pela coabitação. E ela ainda debita ao genro pusilânime e ausente a responsabilidade de zelar por sua filha, fazendo eco às exortações de um juiz que em

---

9 A. C. M. S. P., processo-crime não catalogado, Damaso O. Pereira e Maria da Porciúncula, São Sebastião.

1756 aconselhava um marido a "reger e aconselhar sua mulher, e ainda castigá-la moderadamente se merece" (apud Del Priore, 1986-1987, p.196).

Ao afirmar que "sendo a sua filha casada, como é com José Gomes, se [se] desonestasse ao dito seu marido, a quem está sujeita, pertencia a punição e não à ré". Maria demonstrava o quanto estava interiorizada a noção de que a mulher era um ser fraco, devendo ser "regida" pelo marido. Mas esclarece também que a regra era costumeiramente quebrada, pois, na prática de suas vidas, as mulheres se administravam sozinhas. A relação de submissão aos pais, igualmente invocada pela Igreja, também era constantemente rompida, pois Maria queixava-se de que, "porque suposto seja sua mãe, domínio nenhum tem ela [sobre sua filha], porque nunca as mães o tiveram inda antes de emancipados, muito menos depois da emancipação, a que a dita filha passou pelo matrimônio". Sua ética materna ainda a fez inocentar o filho, possível conivente no lenocínio da irmã, fato que esclarece um pouco mais a questão da circulação de crianças egressas de fogos com chefia feminina:

> O réu, [quando] da idade de nove ou dez anos mais ou menos, saiu de casa, da companhia e casa de sua mãe e irmã, e mais tornou ao sítio com elas, mas sim em casa de primo e nesta cidade, onde foi escrevente de cartório da Ouvidoria e que ultimamente foi promovido a ofício [de] escrivão da Câmara tabelião e órfão da Vila de São Sebastião.

Ela defendia, pois, sua filha das acusações de vida desonesta e apontava a trajetória do filho, que não via há muito, como exemplo de probidade, desnudando algumas questões influentes no relacionamento entre mães e filhos. Sua defesa encontrava eco no parecer das testemunhas arroladas na comunidade, e o promotor encerrou o caso anotando que "em tal caso mais se acreditam os que negam o crime do que os que o afirmam, portanto absolvo os réus de culpa".

Com menos trunfos para defender-se das desonestidades da filha, Teresa Leme fora acusada, por sua vez, em Araçariguama em 1755. Seu processo deixa clara a expectativa que tinha a Igreja de que as mães tivessem um papel moralizador com relação às suas proles, e também de como os comportamentos sexuais fora do casamento colaboravam para confundir com prostitutas as mulheres que dispunham informalmente de sua sexualidade. Diz seu processo:[10]

> Que sendo proibido por todos os direitos, principalmente canônico e Constituições, que pessoa alguma de qualquer qualidade que seja não dê consentimento a que em sua própria casa pequem homens com mulheres, muito mais sendo filhos ou parentes por

---

10 A. C. M. S. P., processo não catalogado, Teresa Leme, Araçariguama.

consanguinidade, a ré afastou-se pelo contrário contra a proibição [...] que a ré, sem temor de Deus nem das justiças, é useira e vezeira a ajuntar em sua própria casa, onde mora, mulheres-damas, recolhendo homens para com elas pecarem com escândalo de toda a vizinhança, e tanto e com tanta devassidão que, tendo em sua mesma casa sua sobrinha por nome Inácia, solteira, consente que esta ande amancebada com Gaspar de Brito há quatro anos sem evitar esta contínua ofensa a Deus, mas antes dando o consentimento e continuação da mesma ofensa.

O rigor da acusação ainda apontava

que é também certo ser a ré consentidora de semelhantes ofensas a Deus, que tendo uma sua filha casada consente também que esta também peque com uns e outros em sua casa, correndo com o marido da dita filha para não fazer vida com ela, o que é muito notório em toda a região.

A resposta em libelo por parte de Teresa Almeida Leme traduzia a difícil situação material de vida em que se encontravam tantas mulheres pobres, bem como a aura de ambiguidade moral que envolvia os fogos com chefia feminina.

Por estar estabelecida "na sobredita passagem, [...] situada na estrada e caminho dos viandantes que vão para as minas de Goiás e por esta vila de Itu, para efeito de vender seus mantimentos os mesmos viandantes e o mais necessário por não ter outro modo de vida mais acomodado, dando agasalho e pousada a todos os passageiros", Teresa devia estar à frente de um dos muitos ranchos construídos à beira das estradas quando da estruturação do sistema de comércio de produtos agrícolas ao longo do século XVIII, e que, segundo Petrone (1968), "serviam para abrigar pessoas e mercadorias e forneciam condições mais ou menos razoáveis para pernoitar".

Repetindo as estalagens portuguesas, lugares de prostituição ocasional e estrutura complementar de acolhimento a forasteiros, os ranchos ou "casinhas" constituíam-se num espaço alternativo à sexualidade matrimonial, que acompanhava os homens viajantes por roteiros de comércio e negócios, somando-se a outros aspectos de lazer como o jogo, a bebida, a música e o entretenimento fácil. Além de espaço de prazeres, eram sobretudo lugar de confraternização, ambiente masculino de pouso entre tantas viagens e tantos caminhos. Mais do que lugar de transgressão sexual, lugar de transgressões outras: tafularia, batuques e "galhofas". Neles, a mesa e a cama, mais do que referidas à comida e ao sono, referendavam o jogo e o sexo. Era o território onde as classes subalternas exercitavam sua sociabilidade, onde se encontravam companheiros de trabalho e de jornadas, trocavam informações sobre mercadorias, efetuavam compras e vendas. Num clima que as autoridades julgavam "de desordem", adquiriam-se os privilégios de masculinidade, outorgavam-se papéis sociais, e o rito de admissão à virilização, entre homens, se fazia pelo gozo da companhia de iguais.

As casinhas e ranchos de prostituição como o de Teresa Almeida Leme pontilhavam os caminhos para o interior da capitania de São Paulo e eram uma espécie de complemento da camaradagem masculina exercida, neste tempo, longe dos fogos familiares. Para Teresa, tratava-se de seu meio de vida e ganho com o qual sustentava familiares. Com habilidade defendia-se alegando

> que pela razão de estar em caminho de viandantes e tropeiros daquelas minas, necessariamente é de agasalhar a todo gênero de pessoa, assim homens e mulheres de propósito em sua morada e casas, assim de ofensa de Deus, mas sim agasalhar passageiros que por noite chegam para seguirem viagens outro dia, e por isso talvez tomaram ocasião as testemunhas de julgarem contra a ré.

Teresa, bem como outras mulheres que viviam em fratrias[11] eram comumente vítimas do olhar rigorista das testemunhas, pois, no seu trabalho de arrolar infrações para melhor combatê-las, a Igreja contava com o auxílio da vizinhança. Regulada por leis próprias, que passavam longe das pretensões institucionais, a vizinhança controlava desvios que diziam respeito ao seu equilíbrio e ordem interna. É, portanto, interessante observar como a Igreja se utilizava dos mecanismos de controle da vizinhança para aprimorar seus instrumentos de poder e de como, à sua revelia, a vizinhança, por sua vez, explorava tais instâncias de poder para ver resolvidos seus problemas internos, face aos quais a Igreja usava de mais eficiência.

Quando, no processo de Teresa, o "consentimento" do amancebamento de sua sobrinha Inácia, que desperta "o escândalo de toda a vizinhança", é explicado, ela redargue mostrando o quanto era comum a circulação geográfica das mulheres:

> Que a dita sua sobrinha nunca morou em companhia da ré, mas sempre morou em casa de Gaspar de Godói em a freguesia de Araçariguama, e depois que o sobredito Gaspar de Godói a botou fora de sua casa foi morar no sítio e casa de Inácio Manuel, seu primo, por ordem de seu vigário o padre Marcelo de Almeida Ramos, para este lhe buscar marido com quem casasse, onde ainda tem seus tratos.

---

11 Dias, op. cit., p.124. Esta historiadora é pioneira em dimensionar a questão das fratrias femininas.

Ao sul do corpo

A possível associação de Teresa com Inácia, mulher não mais virgem e em idade casadoira, ambas mulheres disponíveis no rancho de beira de estrada, foi suficiente para instigar contra elas as queixas da vizinhança. Mas é ao defender a filha e, simultaneamente, erigir-se em mãe rigorosa que Teresa Leme desnuda o quanto os papéis femininos já estavam recortados no período colonial, e o quanto as mulheres já se valiam da manipulação desses papéis para se situarem socialmente.[12] Aparentando indignação, ela afirma

> que nunca [...] consentiu as ocasiões pecaminosas de sua filha casada, porque suspeitando mal dela em várias ocasiões a corrigiu com rigor amarrando-a, e isto sendo já casada, e sendo assim não é verossímil consentisse em sua casa ofensas a Deus. Que depois deste tempo sua filha viveu fora da companhia da ré em cuja casa não ia se não em alguma ocasião de enfermidade e outras, às visitas de dois ou três dias.

Rigorosa, porém cuidadosa, posto que não desamparasse Maria quando de alguma doença ou dificuldade. Aos genros, mais uma vez, cabem as razões das eventuais fraquezas da filha, e, sobre o seu, Teresa acusa "não querer fazer vida com ela [sua filha] por ser homem vadio e vagabundo, sem agência de trabalhar para o sustento da casa, [...] querendo ter sua mulher em casa alheia, seu modo de sustentar sua mulher".

Teresa ecoa a crença difundida, como veremos mais adiante, de que as falhas femininas deviam ser debitadas aos maridos. Após uma saraivada de acusações às testemunhas, cujas queixas, no seu entender, decorriam de razões que variavam de "dor-de-cotovelo", "diligências [frustradas] para malinar da dita sua filha" até o desaparecimento "de galinhas no terreiro", ela é absolvida pelo tribunal episcopal.

Mas a trajetória da mãe e filha não termina aí. Em documentação do Arquivo do Estado de São Paulo encontrei um requerimento para relaxação da prisão "da prostituta Teresa Leme", ordenado pelo sargento-mor Manuel Fabiano, "por ter tido dívidas com a filha da dita, em vingança do que prendeu a mãe e para dar atenção à vontade de Bárbara, prostituta, sua concubina".[13] Mães e filhas como Teresa e Maria não foram poucas, e driblaram com habilidade os entraves para a sua sobrevivência. Entrelaçadas nos documentos e processo, deviam viver o cotidiano com igual dependência uma da outra.

Não muito longe de Sorocaba, em cuja cadeia vai parar Teresa leme, é presa em 1755, em Itu, Francisca Carijó. "Mulher muito pobre sem ter cousa alguma de

---

12 Raquel Costa (1986, p.397 ss.) confirma tais crenças e práticas.
13 A. E. S. P., Requerimentos, 92.3.14.

seu", ela foi "presa na enxovia de baixo ...e estava com uma saia de algodão e baeta verde escura, havia ela de idade cinquenta anos, tinha olhos pardos e não muito grandes e cabelo comprido e liso e cara algum tanto comprida e nariz grande". Longe de ser descrita pelo escrivão como uma casta madona, ela é acusada, sim, de "sem temor de Deus nem das Justiças, tendo em sua casa duas filhas suas, e sua filha por nome Francisca e outra por nome Rita, na mesma casa consente que estas com escândalo pequem com uns e ganham por suas torpezas, acompanhando a sua filha que vai fora da casa a seu mau-trato".[14] O lenocídio de suas filhas era resultante, sem dúvida, da pobreza e miséria sexual, numa forma de conivência ditada pela necessidade de sobrevivência, mas aponta também a inversão do papel protetor de mãe, substituindo-o por uma "mãe que explora a filha".

Francisca Carijó lava suas mãos, sublinhando algumas regras da vida cotidiana nesse período: o casamento liberava as filhas da responsabilidade materna, hábitos irregulares femininos eram resultantes da negligência do cônjuge. Diz ela sobre sua filha Francisca "que esta é casada, sujeita a seu marido e não mais à ré", e que ela prevaricava com um vizinho, quando o marido "estava na roça, sem que lhe ponha cobro a situação". E, sobre Rita, afirma "não pode ser consentidora da outra filha que tem, pois esta lhe dava à ré obediência e sempre anda vagabunda". Ao contrário dos casos antecedentes, em que mulheres venais que exploravam suas filhas mostraram-se aos juízes eclesiásticos como mães que *Malgré tout* educavam sua prole, Francisca mostrava-se alheia aos descaminhos de sua filha, e foi portanto condenada "em cinco cruzados ...e um ano de degredo para fora do bispado". A explicação é clara nos autos: "Que devendo como mãe proibir toda a ofensa a Deus", fazia o oposto, e, "alcoviteira de suas filhas, as consente pecar com uns e outros, comendo do que ganham por suas execrandas torpezas". É sem dúvida um caso de inversão completa dos valores que a Igreja buscava imprimir naquele momento.

Na ambiguidade dos papéis de lascívia e pobreza, que confundiam mulheres de vida sexual irregular e prostitutas, encontra-se também Joana Pedrosa, mulata forra casa, moradora de Mogi das Cruzes, em 1754:

> A dita denunciada não faz vida com seu marido, [pois] há muitos anos este a desamparou. ... Que a dita tem por ofício andar buscando homens passageiros por todas as vendas tanto que sabe estar nelas, e ainda com os mais que se acham na terra, a qual é acostumada a desenquietá-los para com eles ofender a Deus, tendo em casa uma filha da

---

14 A.C.M.S.P., processo não catalogado, Francisca Carijó, Itu.

Ao sul do corpo

qual ela serve de alcoviteira, ...levando também à sua casa não só homens, mas algumas mulheres de mau viver.[15]

O ofício de mãe e filha era ditado pela pobreza, pela falta de ocupação e pelo abandono do cônjuge. Mas o escrivão, nada sensibilizado com a realidade dessas mulheres, investia na mesma tecla: mulheres desviantes vivem para desenquietar homens e "com eles ofender a Deus". É como se a Igreja viesse sublinhar apenas uma das faces do poliedro em que se constituía o cotidiano colonial.

A mobilidade das mulheres que viviam em fratrias evidenciava-se no processo da mesma Joana Pedrosa, que viera "de fora para esta vila, bem castigada da vila de Taubaté ...por causa das umas que tinha com outra mulata. ...Foi explusa da casa onde morava na rua da Palha, por queixa que delas fizeram seus vizinhos." As brigas, que tantas vezes quebravam a solidariedade dos fogos femininos, engordadas pelas queixas e coação da vizinhança, eram motivo bastante para expulsar as desviantes e obrigá-las a procurar outros espaços.

Árvores de maus frutos

A peculiaridade desse grupo familiar de mãe e filha era a presença de um membro da terceira geração, pois "andam criando uma mulatinha de peito com o título de enjeitada, porém ouviu ele testemunha dizer que a dita criança é neta da denunciada". A chegada de uma criança, resultado de contatos sexuais fora do casamento, era sempre vista com complexidade, e tudo indica que frente à comunidade se camuflava sua presença com a desculpa do enjeitamento.[16] O desprezo às demandas da Igreja na figura do pároco, que a havia "várias vezes admoestado para que se emende de seu mau viver", ao que ela lhe respondeu "que se não dava em cousa alguma", valeu-lhe a prisão.

Numa outra face das relações em que se engajavam mulheres fora do uso ortodoxo de sua sexualidade, vamos assistir ainda a mães e filhas dividindo um mesmo companheiro. Resultado das circunstâncias de extrema miséria sexual, ignorância e, sobretudo, violência dos homens contra as mulheres, não poucas mães viram suas filhas violentadas por seus pais ou padrastos. Em São Paulo, em 1751, foi processado Guilherme Borges, qual estava

---

15 A.C.M.S.P., processo não catalogado, Joana Pedrosa, Mogi das Cruzes.

16 Ver Venâncio, 1988, p.85, onde o autor lembra que o abandono de crianças e até mesmo o infanticídio abriam possibilidade para mães pobres "sem dependentes" contraírem matrimônio.

concubinado com Vitorina, solteira, sua enteada, pelo que sendo repreendido pelo seu reverendo pároco a mandou para a vila de Jundiaí e a depois mandou vir e a tem em casa tratando-a como concubina, e não só com ela desonesta mas também com Josefa, filha da dita Vitorina e do denunciado, de sorte que já desta tem um filho, como tudo é público escandaloso e por esta razão dá má vida a sua mulher.[17]

Fernando Londoño (1989, p.23) encontrou na devassa realizada em Cuiabá, no século XVIII, Lourenço Ferreira, que é acusado porque "cometera incesto com sua filha Francisca, que uma criança que expuseram em casa da dita era da tal Francisca e do tal Lourenço". Confirma-se o hábito de "exporem-se" seus próprios filhos à soleira da própria casa, numa tentativa de disfarçar as práticas condenadas pela Igreja, e, no caso do incesto, rigorosamente condenadas pela própria comunidade. Flandrin (1988, p.331) lembra que, no caso da França do Antigo Regime, mães solteiras preferiam ter filhos dentro do legítimo casamento, e a ilegitimidade era um retrato frio das dificuldades que tinham tais mulheres para casar com homens com os quais tinham relações sexuais. Luciano Figueiredo, em suas minuciosas incursões pelas devassas realizadas em Minas, encontrou

> João da Costa Caldas, solteiro, morador na Pariguipeva, [que] anda há tempos amance-bado com Vitória, preta, a qual tem em sua companhia e dele pariu, e outrossim também teve trato ilícito com uma mulata filha desta chamada Florência, a qual pariu, [...] e ele testemunha via as ditas, a negra e a mulata, com as crianças aos peitos tidas e havidas por filhos do dito João Caldas. (Figueiredo, 1990, p.112)

Como se vê, no caso de mães e filhas venais, a liberdade dos afetos, a necessidade de sobrevivência, a ressaca dos excessos acabavam por enferrujar os mecanismos de avaliação da Igreja. Ignorância e pobreza justificavam a prevaricação, quando paga e quando exercida para sobreviver. Quitadas algumas multas e distribuídos alguns perdões eclesiásticos, mães como Apolônia, Joana Ribeiro, Maria da Porciúncula e Teresa Leme viam-se dentro de uma relação superficial entre a prostituição e a Igreja. Para essas mães, um discurso protetor e a demonstração de cuidados na "educação" das filhas amenizavam o julgamento de alcovitice e lenocínio, pelos quais eram condenadas na comunidade onde viviam.

Ausente da maioria dos manuais de confissão correntes no período colonial, a prostituição era menos atacada pela Igreja do que a avareza; no entanto, mantinham--se as preocupações eclesiásticas com relação a métodos contraceptivos, os abortos e

---

17 A. C. M. S. P., processo-crime não catalogado, Guilherme Borges e Vitorina.

Ao sul do corpo

outras situações práticas que envolviam o dia a dia dessas mulheres e que analisarei mais adiante. A Igreja conservava também a preocupação epistolar sobre a concupiscência, num discurso vago e geral que, por atacar todos os pecados da carne, esvaziava a especificidade de cada falha. Não podemos negar que o território da mulher venal, oposto ao da mãe, é limítrofe a essas questões. Alzira Campos (1986, p.421) também captou que "através de sermões, persuasões e penas variadas, as autoridades civis e eclesiásticas da modernidade travaram uma longa luta para que a sociedade aceitasse o único arquétipo permitido de sexualidade: o do tálamo".

E por trás do discurso em favor do casamento construía-se lentamente, e à custa de mulheres venais, uma fala acrimoniosa contra a mulher "solteira", esta que, segundo Ronaldo Vainfas (1988, p.60 ss.), atenuava o pecado da fornicação na sociedade colonial, e que em nosso entender buscava valorizar a mulher casada e, por conseguinte, a genitora. Era fundamental a presença de filhos legítimos, pois mulheres sem filhos podiam facilmente confundir-se com venais, e tal asserção já estava embutida na mentalidade colonial. Não à toa, Joaquim Antônio de Oliveira, em Sorocaba, no segundo quartel do século XVIII, pleiteava o divórcio de uma união sem filhos, acusando sua esposa de "ser mulher vagabunda" que "indecorosamente, como parece desejar fazer", apresentava "desejos de prostituir-se".[18] A vida venal aparecia para mulheres casadas como o avesso de suas existências comportadas, e não poucas, como Ana Francisca de Andrade, queixavam-se de que seus maridos não queriam coabitar com elas por serem mulheres honestas e "ser mais do seu agrado a libertinagem das mulheres prostitutas".[19]

Asserções como esta mostram como o solo já estava preparado para a semeadura da Igreja contra as mulheres fora do casamento e, sobretudo, da sexualidade útil. Mulheres deviam viver recolhidas em casa para evitar as admoestações do confessor Azpicuelta Navarro, que imprecava contra "as que se punham às janelas para ser vista de quem sabiam ser amadas carnalmente" (Navarro, 1570, p.129). Cabia às mães evitarem que suas filhas se confundissem com mulheres venais: "Sofrerei filha gulosa e muito feia, mas não janeleira", dizia um ditado de 1780.[20]

Os controvertidos fogos femininos, onde as condições materiais de vida fabricavam mulheres dispostas a sobreviver com o ganho dos seus corpos, tinham característica inerente ao sistema: diante das dificuldades de sobrevivência, mulheres juntavam-se a companheiros, e na ausência destes às filhas, parentes e amigas em fratrias. Aí "o amor não estava sempre ausente", como lembra Ariès (1978, p.10)

---

18 A. E. S. P., Requerimentos, 92-3-45C.
19 A. C. M. S. P., processo de divórcio, 3-15-40.
20 F.R.I.L.E.I., *Adágios e provérbios, rifões e anexins da língua portuguesa*, p.225.

para situações semelhantes na Europa, e este sentimento refletia-se na defesa que faziam as mães das filhas acusadas de prostituição, bem como sua confissão de visitas e do conhecimento do paradeiro dessas filhas e filhos, além do cuidado em fazê-los "criar" em casas onde teriam melhores condições de sobrevivência. O sentimento pautava também a ajuda mútua no cotidiano e na prática comum de um ofício. Assim, os "buracos na carapaça" que envolvia os "fogos femininos" nos permitem ler, como sugeriu Shorter (1977, p.12) a circulação do que se passava no interior desses fogos. Vale ainda lembrar que a valorização das mulheres casadas passava pela existência das "mais fáceis", que não apenas ajudavam a reconhecer a boa esposa e mãe, mas também o lar contra a rua, contra a estrada e o caminho... Importante é também destacar o papel da alcovitice no universo feminino, este fenômeno perseguido porque impregnava de profunda solidariedade as mulheres. Mães exploravam as filhas – no caso das venais –, mas também as protegiam, bem como protegiam os amores das que viviam longe dos maridos.

O "fazer mal uso de si", como bem ensinou Fernando Torres Londoño (1989, p.22), consistia num desafio à sexualidade que desejava erigir a Igreja, sexualidade esta a serviço do casamento, da satisfação dos maridos, da presença da prole, e que devia ser consolidada pela autoridade da família. Daí a perseguição da mulher infratora fazer-se pela ereção de um modelo de mãe casta, que ensinasse desde o berço os primeiros passos em direção aos princípios morais ou mais ortodoxos. A Igreja desejava acima de tudo que essas noções nascessem em casa...

TERCEIRA PARTE

Prédicas sobre a maternidade

1

A fabricação da santa-mãezinha

> Vós Eva, com dores parireis os vossos filhos e estareis sujeita a vosso marido; este é o fruto que colhestes do vosso pecado, do qual se não arrependerdes ireis ambos arder no fogo com o diabo, cuja vontade antes quisestes fazer que a minha. (Nantes, 1636, p.56)

*N*em maternidades ideais, nem a Terra de Santa Cruz o paraíso terreal; o que se assistiu, ao longo dos primeiros séculos de colonização, foi a obstinada imposição, por parte da Igreja, da instituição do matrimônio, através do adestramento crescente de tantas mulheres na figura da mãe. Mãe esta que não devia colocar seu ventre a serviço de muitos homens, nem confundir a prole legítima com os bastardos de seu marido; devia, sim, conformar-se com o desejo que tinham a Igreja e o Estado para o seu corpo, fugindo da tradição de amasiamento legada pelas relações entre brancos e índias, bem como da tradição do concubinato, trazida pelos portugueses e amplamente difundida entre as classes subalternas.

O combate às ligações consensuais denominadas na época "tratos ilícitos" passava pela estigmatização crescente das "solteiras de vida dissoluta"[1] das "contumazes pecadoras" e das "mal procedidas", todas essas mulheres companheiras de ligações não sacramentadas e fora, portanto, do projeto normatizador da Igreja e do Estado. A "observância dos filhos" e a preocupação em dar-lhes "estado", embora objetivo da maior parte das genitoras, constitui-se no padrão de comportamento da boa-e-santa-mãe que começava a ser sublinhado pela Igreja neste momento.

O importante então era minimizar a personalidade dos desvios, atropelando-os por um código de punições e simultâneos perdões – via de regra pecuniários.

---

1 Sobre a conceituação de "mulher solteira" no período colonial, ver Silva, 1984, especialmente os capítulos V e VII; e Vainfas, 1988, especialmente os capítulos II e IV da 2ª parte.

Mary Del Priore

O importante era caricaturar as práticas transgressivas e comuns das mulheres de classes subalternas, até transformá-las num excesso – daí o estigma da puta para mulheres não enquadradas. O importante era combater os excessos femininos, pintados caricaturalmente nos sermões e nas pastorais, ao invés de inteirar-se das práticas ou do que elas significavam como esforço de adaptação ao Novo Mundo. Importante, ainda, para a Igreja, era esgarçar as teias de solidariedade que uniam por essas práticas perseguidas mães e filhas, comadres, alcoviteiras e parentas em torno de um saber sobre o corpo feminino que a Igreja não possuía, e que, portanto, impugnava. Importante, finalmente, era fazer da mãe um exemplo, e da maternidade uma tarefa, um projeto árduo que, como que prolongando as dores do parto por uma vida inteira, elevasse e notabilizasse a mulher numa espécie de *via-crucis* doméstica, Apenas este calvário poderia enquadrá-la no projeto colonizador.

A polimorfia de práticas, contra a qual se bateu o projeto normatizador da Igreja, era resultado de um intenso sincretismo sexual, social e religioso que impregnava e dava especificidade ao cotidiano colonial. Como consequência desses entrelaçamentos étnicos e culturais, o papel da mulher ganhava importância como elemento sintetizador de velhas tradições, mas também destacava-se como provedor de soluções para problemas que surgiam no dia a dia das comunidades. As populações femininas impregnaram a Igreja do mesmo sincretismo existencial que marcava suas vidas, fazendo com que religião e sociedade se identificassem.

Ensopada por uma devoção feita de gestos e palavras, a vida social e familiar das mulheres traduzia as aspirações do catolicismo tradicional, mas amalgamava também tratos e vivências pouco ortodoxas, que se valiam do que Londoño (1988, p.42) chamou de "recursos de compensação que equilibravam a contabilidade da salvação". Às missas, rezas e promessas somavam-se as

> procissões, novenas e festas, dominadas pelo culto externo, pela pompa das cerimônias, pela retórica dos sermões, e tais gestos deram um caráter vivencial à religião mais do que à liturgia final, à qual se assistia como a um espetáculo em língua que não se entendia e na qual se executavam atos cujo significado se desconhecia, mas cujo mistério se respeitava.[2]

Tal tipo de religiosidade permeava os "tratos" perseguidos, e absolvia-os na mentalidade popular por intermédio de práticas religiosas que funcionavam num sistema de trocas simbólicas: vivia-se amasiada, concubinada, adúltera, tinham-se filhos de pais diversos, mas rezavam-se as ave-marias e venerava-se o oratório doméstico.

---

2 Wernet, 1987, p.26. A conceituação utilizada de catolicismo também é deste autor, op. cit., p.24.

Ao sul do corpo

Nesse painel de religiosidades inexatas do ponto de vista da ortodoxia clerical, as mães solteiras, concubinadas, abandonadas ou prostituídas passeavam suas misérias lado a lado de mães casadas, viúvas, e juntas utilizavam-se do mesmo catolicismo tradicional para encomendarem-se na hora dos partos e para pedirem por seus filhos adoentados. Recorriam às novenas, aos 'salves' e benditos, à imagem do santo de proteção pessoal ou familiar. E no interior de semelhantes vivências religiosas (Souza, 1988, p.88) específicas é que a Igreja ia lentamente tentando impor um padrão, um papel social para a mulher, para a mãe.

Adestrá-la significava adestrar toda a sua descendência, mas também retirar das práticas tradicionais, experimentadas por tais mulheres, elementos para a construção de um modelo ideal. Fazia-se necessário encontrar brechas nas práticas correntes para transformá-las a partir de um critério que fizesse sentido para as mulheres.

A Igreja sabia que a mãe representava o elo de transmissão de normas e valores ancestrais, e que o isolamento da faina doméstica permitia a gestação de elementos culturais peculiares. Introduzir no mais recôndito do lar, do fogo doméstico, o modelo da boa-e-santa-mãe tinha por objetivo valorizar o matrimônio, e a Igreja acenava com a ideia reconfortante de estabilidade conjugal, respaldada na legislação eclesiástica para incentivar mancebas, concubinadas e amasiadas a perseguirem a aliança sacramentada. Casá-las e dar-lhes garantias institucionais para proteger seu casamento fazia de cada mulher uma potencial santa-mãe que poderia azeitar a correia de transmissão desses princípios à sua descendência.

Mas o que se assistiu no período colonial foi uma interpenetração de influências. Por seu lado, a Igreja se empenhava numa ação moralizante, que desde o concílio de Trento tinha como alvo o combate das sexualidades alternativas, do concubinato, das religiosidades desviantes e simultânea valorização do casamento e da austeridade familiar.[3] De outro lado, mulheres com práticas sociais e sexuais diversas compartiam um mesmo olhar sobre a Igreja, assim como os mesmos gestos de piedade tradicional que as igualava nas suas diferenças de cor e condição social. Sobre elas, a Igreja despejou habilmente uma torrente de normas, cujo objetivo era adestrar uma sociedade pulverizada, amolengada e mal-ossificada. A imposição, ao mesmo tempo, de novas regras tentava minar o catolicismo popular, permitindo a uma determinada Igreja impor-se como poder identificado com o Estado moderno, seu sistema de exploração econômica e de dominação ideológica. Mas da taça de nobres ensinamentos tridentinos nem todas as mulheres beberam da mesma maneira ou com a mesma sede.

---

3 Ver em Vainfas, 1988, as conclusões da tese para um painel abrangente sobre essa questão.

Preocupação internacional, o ordenamento moral das populações foi acompanhado de uma centralização do poder político na Europa e nas colônias, e a Igreja católica, regenerada pelo concílio de Trento, desenvolvia uma pastoral de culpabilização dos fiéis.[4] E mais: além de dividi-los entre bons e maus, tentava impor, como bem lembra Robert Muchembled (1988, p.141), a cidade de Deus sobre a terra em todos os atos da vida cotidiana. O esforço da instalação dessa "civilização de mores"[5] fazia-se pelo empenho na moralização do indivíduo e gerou a construção de um outro diferente – e porque diferente, perigoso. Além da construção desse avesso tenebroso, porque correspondia aos comportamentos ilícitos, o disciplinamento servira para a construção de normas e punições, mas, igualmente, para a formação de mecanismos de consentimento e recalque das infrações cometidas (Muchembled, op. cit., p.154). Lembra ainda Muchembled que a imposição de uma nova ordem moral levou a reações contrastadas. Os diferentes grupos sociais aos quais ela se impôs não a assimilavam de uma mesma maneira. Todos desenvolveram formas de resistência individuais, traduzidas por duplos padrões morais de comportamento, antes de mergulhar mais claramente na culpabilização produtora de autorrecalques (ibidem, p.142). A recorrência desses duplos padrões de comportamento como mecanismo de resistência à adaptação ao projeto adestrador foi uma constante entre nossas mulheres, explícitos que estão na documentação dos séculos XVII e XVIII.

Comportamentos derivados dessa dupla moral, fruto do projeto de normatização que então se instalava, já haviam despertado a atenção das autoridades civis. Nos primeiros anos formativos da Colônia, vê-se a necessidade de adaptar princípios legais e imperativos econômicos a interesses particulares, incompreensíveis para os representantes do poder metropolitano. Os planos de desenvolvimento e de expansão evangélica esboroavam-se, portanto, diante das escusas possibilidades materiais e das debilidades humanas. Em 1766, Morgado de Mateus percebia que a peculiar situação econômica da capitania de São Paulo era, em muito, o suporte para desvios de toda ordem, e queixava-se, amargo, de que a dispersão populacional incentivada pelo recrutamento e pela estagnação material tinha desastroso resultado sobre os habitantes. Os "sítios volantes", nos quais estava instalada a maioria da população, dispersava, mais do que "as gentes", os mores; tal forma de morar e viver, segundo o governador geral,

> não permitia a devida civilidade nem a necessária doutrina espiritual de que procede que esquecidos os homens das obrigações com que nasceram, seguem a desordem natural

---

4 Sobre esta questão, ver Delumeau, 1983.
5 Expressão tomada à obra brilhante de Elias, 1973.

de seu costume, uns adormecendo-se nos vícios, outros cometendo execrandos delitos de que todos os dias se ouvem tristes notícias.[6]

A admoestação generalizada, tomando como infratores homens e mulheres, ressaltava a importância do matrimônio como fator de saneamento econômico e social.

A dupla moral, forma de resistência e adaptação ao Novo Mundo, obrigava, ainda no final do século XVIII, Melo Castro e Mendonça a enfatizar que "todos os meios próprios para facilitar os casamentos também o serão para promover o povoamento" (Mendonça, 1961, v.15, p.98). O povoamento, desejado e instado pelas autoridades civis, significava reprodução ordenada:

> O homem deixado a si mesmo infelizmente abusa de sua razão, aplicando-se em dono próprio e da sua espécie, o que só deverá contribuir para a propagação ou aumento dela, Daí a necessidade de dar regras e prescrever um sistema adequado a perceber estes fins. (Ibidem, p.93-4)

Se o discurso do Estado português preocupava-se com os vazios demográficos, a dispersão populacional e o relaxamento de costumes, a Igreja recortava com destreza, no universo das infrações recorrentes em colônias, aquelas cometidas por mulheres, dando início à construção da boa-e-santa-mãe. Ao enumerar os defeitos e denegrir comportamentos considerados inadequados, ela deixava aflorar o único aceitável, louvável e útil: o da santa-mãezinha. Portanto, em vez de apenas louvar as benesses do matrimônio, a Igreja atacava especificamente a mulher não enquadrada. Sua luta contra o concubinato teve como alvo preferido a mulher solteira, a amancebada e a adúltera, recorrendo a uma tradição misógina que desde o Eclesiastes e os textos patrológicos confundiam mulher e pecado.

A mulher errada

Em São Paulo, 1719, dom José de Barros Alarcão, ao condenar "gravíssimos danos [...] cuja continuação pecaminosa, mais tarde ou mais cedo, enfada e aborrece", debitava-os a "concubinas de tão baixa e inferior condição que mais parece artificiosa invenção do demônio" (Mendonça, 1961, v.15, p.98). Semelhante mulher, não sendo casada, embora "muito útil para as iguarias de que só gosta o concubinário

---

6 *Documentos interessantes para a história e costumes de São Paulo*, v.23, p.253.

e para o governo de sua casa, não seja fácil achar outra [...] com igual préstimo, há de ser obrigado a lançá-la fora".

Em 1732 é a vez de dom Alexandre Marques avisar às mulheres que "estivessem ausentes de seus consortes" que não fossem à Igreja e nem circulassem nas ruas "sem lhe mostrarem licenças deles ou de sua Ilma".[7] Esse bispo visitador não apenas chamava atenção das mulheres que viviam sós, como pedia cuidados em relação aos casais que chegavam às vilas do interior e "vinham de novo a esta freguesia sem lhe constar primeiro de sua postura e estado", se seriam "censurados, ou são pessoas de boa ou má vida". Para pessoas de vida duvidosa, a Igreja reservava sermões exemplares, espécie de modelo a seguir, norma de comportamento ou de virtude, os quais, remanescentes da retórica antiga e da apologética cristã, funcionavam como fenômenos culturais de massa. Nesta linha pregava Ângelo Sequeira, em 1754, denunciando "como nesta Corte, no ano de 1748, se achou na freguesia de São Paulo aquele desgraçado compadre abraçado com a comadre, e ambos mortos e denegridos, sepultados no Inferno" (Sequeira, 1974, p.105).

O adestramento de mulheres no interior do casamento fazia-se não apenas pela pregação sistemática em favor do matrimônio e contra os 'ilícitos tratos', mas também pela exigência de uma certa compostura, de uma atitude que tinha de vigorar no mais da vida social, Elas deviam – como indica uma pastoral de dom Antônio de Toledo Lara, em 1773 – manter-se longe dos homens que se "punham de propósito nos adros e portas das igrejas com intento de requestar as pessoas do sexo feminino".[8] Proibia esse mesmo comissário que à igreja fosse "nenhuma mulher de saia tão alta que se lhes aparecessem os artelhos dos pés, à maneira de degraus de sepulcro, aparecendo a mais interior, nova moda que com escândalo de toda a modéstia e honestidade tem introduzido o Demônio".

A fim de corresponder ao padrão paulino – caladas e sofridas – era preciso que nenhuma aparência sensualizada confundisse a mulher normatizada com a outra, luxuriosa, e porque luxuriosa, tentadora e perigosa. A conjunção entre a mulher bela e desobediente aos ditames da Igreja alimentava o mito da dissimuladora, encarnada na vida prática por aquela que não havia contraído aliança sacramentada.

As irmandades paulistas refletiam os objetivos da Igreja ao incluir entre seus compromissos um capítulo pedindo para que se investigasse "com cuidado [...] de que modo vivem as irmãs", e se seriam "honestas".[9] Um pouco mais adiante, em

---

7 A. C. M. S. P., Pastorais, 2-3-26.
8 A. C. M. S. P., Pastorais, 2-3-26.
9 A. C. M. S. P., Livro de Compromisso da Irmandade de Nossa Senhora do Rosário dos Homens Pretos, 1-3-8, cap. 24.

Ao sul do corpo

1798, o bispo Azeredo Coutinho, sob os fumos da Ilustração, traçava com maior clareza o rascunho da situação que a Igreja antevia para as mulheres:

> Aqueles que não conhecem o grande influxo que as mulheres têm no bem ou no mal das sociedades, parece até que nem querem que elas tenham alguma educação; mas isto é um engano, é um erro que traz o princípio da ignorância. As mulheres ainda que se não destinam para fazer a guerra, nem para ocupar o ministério das coisas sagradas, não têm contudo ocupações menos importantes ao público. Elas têm uma casa que governar; marido que fazer feliz e filhos que educar na virtude; os homens que têm toda a autoridade no Público não podem por si mesmos estabelecer nas suas famílias algum bem efetivo se as mulheres não os ajudam a executar; nem jamais poderão eles esperar vida tranquila em suas casas, se a estreita sociedade do matrimônio se tomar amargura; elas, pelos deveres que lhes são próprios, fazem o fundamento da humana sociedade e são metade do gênero humano igualmente destinadas para a vida eterna e temporal, e por isso dignas do igual cuidado de uma sã instrução em que muito se interessa o bem público.[10]

A preocupação do bispo ecoava falas bem anteriores nascidas do Humanismo. Tomás Morus, Erasmo de Rotterdam e Juan Luis Vives concordavam que a boa educação de uma mulher se justificava na boa educação dos filhos. Apenas entendiam como 'educação' traços como a castidade, a obediência, a docilidade, a piedade religiosa e o cuidado com livros perigosos, sobretudo romances. As galas, os enfeites, a chamada "mulheril vaidade" corriam o risco de confundir a bem-casada com a que fazia comércio dos seus atributos físicos. A remissão da mulher estava, pois, na maternidade, e tal noção, embutida no rigor contrarreformista, é que se tentou fazer cruzar o Atlântico, acentuando o ideal materno como o único exemplo de educação e de difusão de bons costumes.

O confessionário era outro meio de controle eficaz dos comportamentos femininos. Instrumento de controle de intenções, como bem lembra Lana Gama Lima (1986, p.79), era também uma forma de inculcar modelos de comportamento por intermédio dos representantes do clero e dos símbolos da fé. Desde Bernardo de Nantes – que, em 1636, perguntava às mulheres indígenas "Deixaste o amor a vosso marido? Haveis feito adultério com outro?"(Nantes, op. cit., p.140) – até Manuel de Arceniaga, em 1794, a preocupação era a de burilar modelos de comportamento e também "se deixar o exame das mulheres sobre o que mais em que podem pecar para não abrir os olhos aos que os tem fechados". Em seu *Método práctico de hacer fructuosamente confesión general*, Arceniaga admoestava:

---

10 Coutinho, 1978, p.2 (os grifos são da autora).

as mulheres profanas que se apresentam nas ruas, nos passeios com trajes demasiadamente supérfluos e mesmo indecentes, e desonestos. Se uma mulher bem-parecida incita muitas vezes chamas impuras no coração de quem a olha, que acontecerá quando se as veem com todo o adorno e compostura que foi inventada pela vaidade e a desordem de suas cabeças?

A Igreja também aproveitava o papel do homem no interior do matrimônio para aguçar seu controle sobre as mulheres, e sugeria que "deve o marido como cabeça que é da mulher, cuidar que esta cumpra os encargos da profissão cristã; que guarde promessa feita a Deus no batismo, de renunciar às pompas do mundo"(ibidem, p.310).

A retórica da Igreja não exprimia tão somente um profundo desagrado em relação às práticas femininas; exprimia também um arcaico sentimento de misoginia. A difusão de uma ideologia repressiva, repleta de fobias que se divulgava graças à imprensa, somada à atuação das reformas religiosas e do concílio de Trento, desejosa de mais austeridade de costumes, fez do século XVII a Idade de Ouro da execração eclesiástica contra o sexo feminino. Falas como a do padre Antônio da Silva, em 1763, sublinhavam a culpabilização das mulheres e os mecanismos de repressão que se lhes tentava impor:

> A mulher nunca olha senão para seu gosto e para o seu apetite, não repara nas obrigações que tem, não considera que lhe pode vir; se Eva reparara no preceito que Deus lhe tinha posto, considerara na pena que incorria havia de zombar da serpente, porém como o Demônio lhe conheceu a condição logo venceu. Notável é na verdade a fragilidade deste gênero para conseguir o que deseja, em nada repara, tudo atropela, tudo facilita, nem os preceitos o obrigam, nem os temores o acovardam, nem as sinetas o persuadem [...]. O certo é que vivemos muito enganados; todos dissemos que as mulheres são muito coitadas, são muito medrosas; não há no mundo quem tenha menos medo para o mal do que as mulheres. (Silva, 1675, p.14-5)

A mulher, assim diabolizada, confundia-se com o mal, o pecado e a traição, tudo aquilo enfim que ameaçava os homens ou o projeto normatizador da Igreja e do Estado modernos:

> É tão forçoso pelas traças da mulher o engano, que até o Demônio se vale delas para o que quer fazer; não é mais sábio para maquinar intenções do que a mulher advertida para fingir indústrias; o que não confia de si, só fia da mulher o Demônio, tudo isto é verdade que no paraíso sucedeu e ainda hoje no mundo se lamenta. (Ibidem, p.39)

Ao sul do corpo

E para concluir: "como o intento do Demônio é fazer na terra todo o mal que pode, por isto conserva as mulheres, porque elas são de todo o mal o instrumento"(ibidem, p.45).

Não apenas a Igreja estava interessada em adestrar a mulher, mas seus esforços iam ao encontro das perspectivas da sociedade androcêntrica que herdamos de ultramar. A mentalidade de controlar a mulher pela força e pela violência, como pelo exercício do *pater-famílias,* começava então a ser substituída por formas mais sutis de dominação. Os homens de letras do período colonial foram os emissores de um discurso crítico sobre os destemperos femininos, cuja intenção era valorizar as ditas honestas, obedientes e recolhidas. As admoestações, aparentemente dirigidas a um público misto, terminavam por circunscrever no mau exemplo exclusivamente a mulher.

Nuno Marques Pereira (1652-1731), por exemplo, depois de criticar o pecado que se consumava pelo olhar ("tenha os olhos cautos e faça concerto com eles de não olhar o que não é *lícito* desejar") (Pereira, 1752, p.209) advertia o ouvir: "E que vós direis de ouvir músicas profanas? Músicas profanas e palavras desonestas são a mesma cousa". E narra um exemplo:

> E foi o caso que estando uma noite na cidade da Bahia ouvi ir cantando pela rua uma voz, e tanto que punha fim a copla, dizia, como que por apoio à cantiga, Oh Diabo! E fazendo eu reparo em palavra tão indecente de se proferir me disseram que não havia negra, nem mulata, nem mulher-dama que não o cantasse por ser moda nova que se usava. (Ibidem, p.40)

Ecoando os princípios das reformas religiosas, misto de realismo e situações alegóricas, as parábolas barrocas do *Peregrino* contavam, entre outros, o "lastimoso caso de certo eclesiástico desta América" que, ao assistir a uma festa, de um balcão, com sua concubina, morrem ambos pela explosão inesperada de barris de pólvora. Não só as concubinadas são tragicamente punidas nos seus contos moralistas, mas também, e sobretudo, as adúlteras: "Havia uma mulher casada que tinha o marido fora de casa, e na confiança de que não viria tão depressa recolheu nela a um homem com quem tinha amizade ilícita. A este tempo lhe bateu o marido à porta", e não lhe restou alternativa que pular pela janela do alto sobrado em que morava, caindo "de sorte que logo ali ficou morta" (ibidem, p.102).

As parábolas desta espécie de catequese popular, que se fazia através de causos exemplares, e a difundida noção de fragilidade feminina prestavam-se ao entretecer de imagens sobre o pecado, o mal e o Demônio, que tornavam a mulher alvo de maior discriminação. Infrações femininas, portanto, deviam ser combatidas como na "antiga Saxônia", recomendava o mesmo Marques Pereira:

Um, era obrigar a adúltera e enforcar-se por suas próprias mãos e debaixo lhe punham fogo, e sob as cinzas da miserável enforcavam também o adúltero. Outro, era levar a adúltera a açoitar pelas ruas, aldeias e lugares circunvizinhos, e os verdugos eram todos mulheres que se quisessem mostrar honradas e zelosas, e as quais saindo, umas de uma parte e outras de outra, a iam açoitando com varas e retalhando-lhe o vestido até a cintura, e assim a maltratavam e deixavam morta. (Ibidem, p.299)

Para evitar toda sorte de tentações e "desordens, a mulher estaria obrigada a obedecer seu marido por preceito divino", e acrescentava que no direito civil se achava escrito que "nem os cabelos da cabeça pode cortar sem licença e autoridade do marido"(ibidem p.150).

Como se não bastassem a obediência e a observância ao marido, outros conselhos se seguiam no sentido de domesticar a potencial pecadora:

Fujam de todo o trato de conversações de homens e de lhes aparecer, ainda que sejam parentes. [...] De ter trato ou familiaridade com pessoas eclesiásticas, porque suposto sejam comparados com anjos tem sucedido, muitas vezes, pelo caminho da virtude, entrarem na estrada da maldade [...]. De nenhum modo aceitem dádivas, sem causa muito urgente, de homem nenhum. [...] Também devem ser muito honestas no vestir, porque as galas desonestas estão indicando corpo lascivo. E por isso se diz: Não há coisa que menos cheire do que corpo muito vestido. (Ibidem, p.299)

Além de submeter-se às regras morais, deviam as mulheres deixar-se aprisionar em uma carapaça de aparências, na qual o vestir, o olhar, o recender seriam indicativos de bom ou de mau comportamento.

As histórias do *Peregrino* estariam em perfeita sintonia com as realidades coloniais, se não fossem os catastróficos finais que ele arranjava para as suas protagonistas. Adultérios e amasiamentos preparavam, via de regra, um abandono de lar ou uma fuga com resultados bem diversos, nos processos eclesiásticos, daqueles pintados na pregação moralizante. Vimos como, na capitania de São Paulo, mulheres como Maria Godói e Ana Correia optavam por outros companheiros que não o cônjuge, a despeito da pressão que este fizesse. No requerimento de Bento de Santa Cruz, ele confessava sua impotência diante do *affair* amoroso de sua mulher, Leonor Caetano de Andrade, malgrado procurar, "como à sua honra competia, todos os meios de atalhar a comunicação e entrada de um sujeito em sua casa, tendo notícia que as doces e amorosas admoestações de um marido em nada aproveitavam".[11]

---

11 A. E. S. P., Requerimentos, 92-3-34.

Ao sul do corpo

Tais práticas femininas por certo confirmavam as necessidades de pregação moralista, só que, nessa prédica, os finais razoavelmente arranjados pelos amantes eram substituídos por castigos divinos, penas terrestres e uma brutal culpabilidade, que devia ser tão difundida quanto a própria narrativa do erro. O sentimento de culpa devia, pois, amalgamar-se à imagem da infração. Ainda segundo disparava o *Peregrino,*

> houve muitas que, pela grande dor e penitência que de seus pecados fizeram, foram perdoadas. A Madalena, cheia de vícios contra a castidade e com nome de pecadora pública, teve dor de seus pecados, foi perdoada e tão grande santa. [...] Santa Maria Egipcíaca também foi perdoada pela penitência que fez no deserto. Além de muitas outras pecadoras de cujos exemplos de penitência, estão os livros cheios. (Pereira, op. cit., p.199)

O céu estava então aberto a todas as mancebas, adúlteras, prostitutas e concubinadas que se dispusessem, pela penitência e pelo casamento, a domesticarem-se.

Padecimentos ideais, no entender do *Peregrino,* capazes de amenizar a existência pecaminosa das mulheres, eram aqueles de santa Sidentina, que sofrera 38 anos "gravíssimas enfermidades, com grandes dores, sem poder dormir, comer, nem levantar-se, nem virar-se, e era pobre e só e desamparada; e das entranhas lhe caíam tantos e tão terríveis bichos que não se podia ver sem espanto, e tudo parecia regalos do céu" (ibidem, p.328).

No momento em que se impõe uma pedagogia do medo à cristandade ocidental, e que os piores pecados são cometidos com e através do corpo, fazia-se necessário desfigurar a carne até a repugnância, para só então absolvê-la de seus excessos.

Abusos e culpas

Se pregadores e moralistas na Colônia agitavam-se em torno de uma potencial Galateia, que deveria nascer em forma de mãe perfeita e esposa ideal, é preciso lembrar que não estavam sozinhos nem isolados nessa empreitada. A Europa do Antigo Regime havia sido inundada por uma onda que, como bem demonstrou Pierre Darmon (1983, p.36), procurava intimidar a mulher a recolher-se no interior da vida doméstica para ser mais bem controlada. Na Metrópole, o desejo de amestrar a mulher aparecia sob a forma de opúsculos que circulavam nas feiras públicas e nos salões letrados em favor, por exemplo, "da reformação dos abusos das mulheres".[12] Comparando a antiga Roma à Lisboa "da moda", o autor anônimo

---

12 B. N. L., *Nova Pragmática Opia, Reservados* 1351, cat. 27.

se dava ao trabalho de arrolar 84 "culpas" para as mulheres, denunciando o total imobilismo que se esperava dos gestos, sentimentos e práticas femininas. A cada "culpa" arrolada correspondia uma 'condenação', e o que se percebe mais além da taxinomia de hábitos proibidos é a descrição dos cenários, circunstâncias e companhias em que as mulheres viviam as suas transgressões. No capítulo intitulado "Do abuso que praticam as mães com as filhas" encontram-se culpas como "deixá-las ir às visitas sem a sua companhia; permitir-lhes confianças com homens a título de parentes; levá-las à comédia; gabar homem de discreto, gentil ou rico na sua presença; consentir-lhe a lição de livros amatórios como novelas", até uma esdrúxula culpa de "consentir-lhes que pessoalmente deem esmolas a mendigos". No "estado de solteira", vedado lhes era "empenhar algum santo, para que alguém lhes queira fazer bem; fazer romaria sem mais devoção que o fim de casar", ou numa caricatura de solteirona empedernida, "ser velha, trajar como moça e negar a idade".

As culpas formam uma espécie de roteiro do dia a dia das mulheres jovens e velhas, casadas ou não; ficam aí registrados seus hábitos, crenças, interesses e representações. Ficar à janela, cantar músicas populares, comentar sobre seus pretendentes, as vivências femininas são motivo de chacota ou reclamação. No terceiro capítulo, dedicado às casadas, o inventário de culpas é longo e só perde para aquele que maldiz "as mulheres em comum". Nele percebem-se claramente as demandas que visam a isolar a mulher no interior da vida doméstica, onde a prole e o trabalho dela decorrente fossem a razão mesma de se existir um 'estado de casada'.

"Ir a banhos e fazer muitos remédios para ter filhos", bem como "criar os filhos por amas", era culpa das mais perseguidas. A procriação devia ser coisa natural, posto que se considerava a mulher naturalmente mãe, sendo o assunto portanto interditado a quem quer que não pertencesse à órbita familiar. Condenava-se o "querer senhorear o marido", o "gabar algum homem" diante dele, o "ter amizade ou trato com mulheres de má reputação", o "deixar o governo da casa para ir a divertimentos vãos". Todas as culpas são úteis no sentido de erigir o marido como único elo com o mundo exterior, e de que a ele se preste obediência e subordinação a fim de evitar os tropeços pelos quais passavam as concubinas e mancebas coloniais. Não sabemos o quão longe estariam as mulheres na Colônia das ditas culpas das "mulheres em comum", quando o que se proibiam eram vaidades femininas que por certo cruzaram o oceano. Admoestações por

> estar à janela cheia de bisuntos, levantar os fatos quando não há lamas, levantar a voz entoando falsete, por ostentar melindre; tingir o sobrolho com certo ingrediente e fazer o mesmo à cara com tintas brancas e vermelhas, trazer boas meias e fingir um descuido para as mostrar, rir de manso por esconder a podridão ou falta de dentes e comer mal para vertir bem.

Ao sul do corpo

estavam, em outras palavras, na fala de pregadores coloniais como dom Antonio de Toledo,[13] que proibia às mulheres mostrarem a ponta dos pés nas igrejas, ou do confessor Manuel de Arceniaga que vituperava contra os "adornos provocativos da mulher bem-parecida" (op. cit., p.612), a quem se juntava o padre Azpicuelta Navarro para queixar-se das "janeleiras" (Navarro, 1570, p.53).

Um outro opúsculo sobre a "Devoção das mulheres da moda na Igreja e o modo com que nunca ouvem missa"[14] revela também a emigração de práticas da sociabilidade feminina então bem difundidas, assim *como* o desejo da sociedade androcêntrica de corrigi-las pela ironia. A crítica aos hábitos das mulheres e a afirmação de um modelo ideal para estes seres inadequados andavam juntas além-mar e aqui... A mãe, retratada como tagarela e desmiolada, chama a filha: "Vamos menina, veste-se depressa que estão tocando a missa das Almas em Santa Julia, [...] vamos aviando enquanto teu pai está em casa, que fique com o menino [...]". E ao marido: "Adeus Bernardo, tem cuidado no menino não chore; se chorar ali fica um ovo e então faze-lhe com açúcar para ir chuchando [...]". Rápido *flash* de um mundo às avessas, a mulher subvertia a natureza da autoridade e rejeitava o simbolismo sexual que a manteria presa à casa, ao fogão e ao berço.[15] A igreja e a missa são o pretexto para minar o peso das tarefas domésticas, mas reforçam aos olhares masculinos o estereótipo das "mulheres que vão à igreja e nunca ouvem missa". O encontro com as amigas durante o ofício, apesar da descrição trocista do autor, revela o espaço de confidências e queixas em que se constituía a igreja, permitindo que as mulheres cerrassem laços de comadrio e solidariedade, nesta que era uma das oportunidades raras da vida social:

> Mãe: lá ficou ele agora em casa com o pequeno. Olhe, senhora, não sei que lhe diga! O gênio é cada vez maior; custa-me a levá-lo que só Deus sabe; e o mais é aquele negro vício do jogo, que isto é causa de nunca em casa haver quietação. Uma noite destas veio ele (Pelo sinal da Santa Cruz). Menina benze-te que lá virou o Evangelho (para a filha), Mas como ia contando, uma noite destas veio ele, minha rica mana, tão arrenegado! Ele não tinha me deixado ficar dinheiro para a ceia, se não quando Deus nos quer ajudar, minha senhora, que lhe desse eu de cear alguma coisa: veja agora, minha vida, uma mulher que está ganhando pelo ponto de sua agulha para vestir.

---

13 A.C.M.S.P., Pastoral, 10-2-18.
14 B.N.L., Reservados 1351.cat.22.
15 Ver, sobre a subversão feminina, Davis (1979, p.210-50), "La chevauchée des femmes" [A cavalgada das mulheres].

No Brasil, a igreja também se constituía no espaço por excelência onde a sociabilidade feminina tinha vazão. As queixas de maridos ociosos, beberrões, negligentes deviam pontuar os sermões solitários e isolados, enquanto abaixo do púlpito a bulha das tagarelas era motivo para dom Miguel Dias Ferreira reclamar em São Paulo, "principalmente às mulheres que são no vício de falarem em voz alta na igreja as mais culpadas", recomendando ele "a quietação e o silêncio com que devem estar no templo de Deus e, principalmente, à missa".[16] Por seu turno, frei Francisco Xavier, além de reprimir o "excesso [...] destes altos ecos", impunha condenações pecuniárias às faladeiras, multando em oitenta reis a mulatas, negras e brancas.[17]

Amigas e comadres, mas sobretudo mães e filhas, nas igrejas ou praticando 'abusos e culpas', são uma coisa só: mulheres. Suas conivências e práticas transgressivas, retratadas em opúsculos portugueses, repetiam-se cá na Colônia; mas também prédicas idealizadas sobre o comportamento da mulher cruzavam o Atlântico e vinham embebedar o discurso de moralistas coloniais. Apesar da dependência a outras culturas europeias, sobretudo a partir do século XVII, quando Portugal passa à categoria de nação periférica no Velho Continente, a produção de falas misóginas sobre a mulher não se altera, ecoando atemporalmente a misoginia ranzinza de um abade Drouet de Maupertuis. Desnudando, então, uma aversão e um desprezo que não tinham mais fronteiras – nem geográficas, nem sociais – o olhar abespinhado sobre as mulheres tornava-se mais crítico ao se defrontar com contingentes femininos de múltipla origem racial e escassamente submetidos às noções morais cristãs. Terra de mancebas, concubinas e prostitutas, de mães solteiras e mulheres sós inspirava os pregadores a verem em cada mulher uma Eva, em cada árvore uma serpente:

> Eva tanto que ouviu a serpente lhe louvara a natureza, lhe engrandecera a liberdade, lhe dissera que não havia de morrer, que havia de ser como Deus, elevada em desvanecimentos, considerando-se já uma divindade, lança mão ao pomo [...]. Esta foi a terceira ignorância do primeiro homem; se ele conhecera em Eva a condição de mulheres, não havia de seguir o seu conselho. Nenhum conselho deram as mulheres que não fosse para ruínas. (Padre Antônio Silva, op. cit., p.16)

Trocas especulares entre Metrópole e Colônia para forjar um papel ideal para as mulheres aparecem dos catecismos jesuíticos aos textos nascidos da Ilustração portuguesa. O brasileiro Feliciano Joaquim de Sousa Nunes, em seus *Discursos*

---

16 A.C.M.S.P., Pastoral, 2-2-27.
17 A.C.M.S.P., Pastoral, 10-2-18.

políticos morais, de 1758, reverberava as mesmas teimosas críticas sobre a mulher, as quais dom Francisco Manuel de Melo havia escrito cem anos antes na sua *Carta de guia de casados.* "Na verdade, as qualidades exigidas para a boa esposa – virtude, honestidade, honra e discrição – se confundem com a noção de recato, referindo-se a uma postura de negação diante da sexualidade", diz Lana Gama Lima.[18] Mas também de negação da identidade.

A essas mulheres, portanto, era necessário lembrar culpas produtoras de autorrecalques, incentivar a interiorização de seus papéis e a digestão de suas obrigações: "A senhora prudente deve ter sempre presente as suas obrigações e dispor-se a cumprir com elas em serviço de Deus, e agradar o seu marido, o qual há de contentar, obedecer e comprazer em tudo o que não for contrário ao que manda Nosso Senhor". O marido tornava-se uma espécie de porta-voz das demandas de adestramento propostas pela Igreja, além de ser motivo de um sutil processo de culpabilização, pois em torno dele se montava uma estratégia de gratidão escravizante: "As senhoras casadas devem, quando virem os seus maridos aflitos, servi-los e consolá-los com maior cuidado, trabalhando em seu remédio e consolo, mostrando-se agradecidas ao muito que eles trabalham para sustentá-las".[19]

Arceniaga, por seu turno, sublinhava esta que foi a pedra de toque para a domesticação da mulher:

> A mulher deve estar sujeita a seu marido, deve reverenciar-lhe, querer-lhe e obsequiar-lhe, [...] não deve fazer coisa alguma sem seu conselho. Seu principal cuidado deve ser instruir e educar a seus filhos cristãmente, cuidar com diligência das coisas de casa, não sair dela sem necessidade e sem permissão de seu marido, cujo amor deve ser superior a todos, depois de Deus. (Arceniaga, op. cit., p.203).

A fabricação da 'santa' foi resultado da percepção que tiveram a Igreja e o Estado modernos da influência salutar ou perniciosa da mulher na família e na sociedade. Fénelon, em 1687, atribuía a má educação dos homens e suas desordens ao exemplo que teriam recebido em casa. Não poderia haver boa educação se as mulheres, e sobretudo as mães, não se educassem. O seu papel jamais poderia ser negligenciado.

O isolamento desta mulher, desta mãe e desta que deveria tornar-se 'santa' no interior do lar engendrou mecanismos de resistência a tal situação, mas também

---

18 Ver "A boa esposa a mulher entendida", p.23, em Lima (1987, p.11-31).

19 B. N. L., "Instruções às senhoras casadas para viverem em paz e quietação com seus maridos", Reservados 4290 P.

uma certa confusão de papéis. Fazer filhos, tê-los e criá-los tornou-se um poder. Mas a maternidade e a feminilidade acabaram por sofrer um processo de imantação. A mãe passou a ser uma auxiliar do sacerdote e uma representante da legislação. Devota, obediente, dessexualizada e destituída de paixões, faz-nos pensar em quantas mulheres teriam de fato se sentido mulher, sob essa norma.

A fabricação de imagem de uma mulher ideal, sonhada e desejada, acabou por sobrepor-se a histórias de vidas femininas complexas, confusas, perpassadas de paixões e preconceitos. Importante é que um rótulo moral mascarava desigualdades raciais, sociais e econômicas, e a implantação do projeto de mãe ideal fazia-se a serviço de um padrão cultural que procurava integrar todas as mulheres às necessidades específicas de modernas instituições de poder, como o Estado e a Igreja.

Malgrado uma linhagem de antigas produções literárias em favor de um papel para a mulher no interior do matrimônio, tal como a *Perfeita casada* de João de Barros (1583), o *Espelho dos casados* de Diogo de Paiva Andrade (1630), ou a *Carta de guia de casados* do já mencionado Francisco Manoel de Melo serão, efetivamente, os séculos XVII e XVIII os momentos de conclusão de um projeto normativo para a mulher. A "santa-mãezinha" surgia então para transmitir às suas filhas, que por sua vez transmitiriam às próximas gerações, que o casamento devia ser uma falsa relação igualitária, no interior da qual a vida era resignação e constrangimento, e cujo equilíbrio repousava na dominação do homem e na submissão livremente consentida da mulher.

2

O matrimônio como forma de adestramento

> Inventam ações para dar a conhecer uns e outros o depravado dos
> seus afetos; gastam horas sem admitir mais pensamentos, que de
> torpíssimas desonestidades ali começam a acender-se fogos que
> duram, muitas vezes, todo o tempo da vida.[1]

O amor demasiado e o amor domesticado

Com penosa lentidão, nos séculos XVI, XVII e XVIII o casamento erigia-se na Colônia por razões de Estado, pela necessidade de povoamento das capitanias e por questões de segurança e controle social. Na forma como fora imposto às populações, fazia lembrar a ética loquaz da Reforma católica, cujo discurso fomentava a incubação de uma moral conjugal sóbria e vigilante.

Sermões e pastorais exaltando o sacramento do matrimônio serviam tanto para justificar a instalação de um aparelho burocrático e afirmar o poder da Igreja no Novo Mundo, quanto para difundir as benesses dessa falsa relação igualitária, no interior da qual o equilíbrio residia na dominação masculina e na consentida submissão feminina.

No jogo entre as realidades ultramarinas e os desejos da Igreja, a mulher, no papel de santa-mãezinha, ganhava gradativamente a função de agente dos projetos do Estado e da Igreja dentro da família e do fogo doméstico. Daí sua força e a ambiguidade de sua condição. Imersa numa situação específica, decorrente do processo de colonização, a mulher como mantenedora, guardiã e gestora da maioria dos lares acabava por responsabilizar-se pela interiorização dos valores tridentinos. Se

---

1 Frei Manuel de Deus, *Católico no templo, exemplar e devoto*, p.78.

demandas da Igreja havia, no sentido de valorizar a família e o casamento, é preciso sublinhar que tais demandas atendiam às necessidades das mulheres no seu singular cotidiano. À frente de seus fogos, a grande maioria de mulheres que vivia em "tratos ilícitos", com filhos e companheiros ausentes, tornara-se o solo fecundo onde a ideia da estabilidade proposta pelo casamento podia florescer.

Mas a interiorização do matrimônio entre essas mulheres não se fez sem acompanhar-se de um procedimento específico. Era preciso portar-se como casada. Tais procedimentos refletiam também sentimentos que deviam ser inoculados, e foi assim que, no interior do casamento cristão, o papel que antes era puramente fisiológico e psicológico começava a ser esmerilhado. "Ser mãe" passou a significar "ser casada", "ser boa esposa", "humilde, obediente e devotada". A transformação da mulher que vivia em "tratos ilícitos" em "mãe ideal" fazia-se por um eficaz adestramento digerido no cotidiano e consolidado no correr do tempo. Mas, além de tentar inocular os comportamentos, os gestos, as aparências externas que ajudavam a fabricar "as santas", seria necessário interiorizar os afetos correspondentes a tais posturas. Específicos, quase únicos, seriam, portanto, os sentimentos vivenciados por tais "santas" em relação aos seus maridos e por tais "mães" em relação aos seus filhos, como mostrado adiante.

O processo de desbastamento da identidade feminina, identidade que antes se apresentava numa gama múltipla de funções – era-se simultaneamente a mãe dos filhos ilegítimos do seu marido, a companheira de um bígamo, a manceba do padre, a concubina de um primo casado –, passava a introjetar-se apenas nas relações conjugais. E o discurso sobre o amor conjugal tornou-se, assim, um dos instrumentos de ação da Igreja para a normatização das populações femininas.

Vale a pena observar que, ao contrário do que aconteceu na França ou na Inglaterra, onde a história dos sentimentos se fez com exuberância e esteve, a partir da segunda metade do século XVIII, articulada com a emergência do amor romântico e da família burguesa,[2] na Colônia os sentimentos pareciam ligados a sociabilidades tradicionais, Nossas referências amorosas não figuravam saídas de um quadro de William Hogarth, onde casais enlaçados contemplam ternamente os filhos brincando em frente à lareira; aqui, os sentimentos[3] como que exsudavam da comunidade: as casas eram invadidas pelo olhar dos vizinhos, a fala das comadres, os gritos das crianças que circulavam entre os fogos. Os sentimentos afloravam

---

2 Sobre o assunto família e emergência de sentimentos em relação à mesma, existem alguns estudos clássicos que precisam ser visitados: Flandrin, 1988; Ariès, 1978; Shorter, 1977; Lebrun, 1975; Jacques Solé, 1976; Macfarlane,1990.

3 Sobre os sentimentos, ver também Shorter, 1974, p.1.034-57.

Ao sul do corpo

diretamente de experiências concretas, como a solidão em que ficavam as mulheres quando da ausência de seus companheiros, a solidariedade na divisão das tarefas de trabalho ou o desejo sexual sem pudores. Não eram, pois, matizados por referências eruditas, embora a poesia do período mencione "ternas pombas" que se catam e beijam, ou "olhos que o amor acende duma suave chama".[4]

Enquanto o moralista Menuret de Chambord escrevia em 1780 que *"les femmes [...] font consister tout leur bonheur à donner des soins à leurs enfants ou à cherir leurs maris"*, revelando que na França o processo de construção de maternidades ideais se havia realizado atrelado à erupção do amor romântico, na Colônia, uma carta de um oficial do reino, escrita em Salvador em 1750, tentava provar que nem só por dotes e interesses se casavam as pessoas.[5] Exceção à regra entre as classes dominantes, essa petição encaminhada ao rei confirma a tradição de casamentos de razão, vazios de sentimento, incentivando que se buscasse fora do lar uma forma de amor erotizado: "apaixonado".

É de se supor que, entre as classes subalternas, o exercício da livre escolha do cônjuge, movido por interesses outros que não as alianças político-econômicas, deixasse aflorar, de maneira mais espontânea, os sentimentos, Nos concubinatos tão disseminados, nas mancebias e amasiamentos encontravam-se gestos amorosos e expressões de afeto bastante discretos no mais do cotidiano colonial. Foi sem dúvida Alzira Campos que, com pioneira sensibilidade, debruçou-se sobre a questão do amor nos casamentos paulistas do século XVIII. Ao detectar dois arquétipos nos comportamentos afetivos de outrora, Campos sublinhou procedimentos que, antes de serem emocionais, eram também sociais e culturais. O amor dentro do casamento deveria ser casto e continente, enquanto fora dos laços matrimoniais o amor era paixão (Campos, 1986). Lembra muito bem Jack Goody ([s.d], p.207) que o amor não estava obrigatoriamente ausente dos casamentos (sobretudo dos "arranjados"), e presente fora deles; estava, sim, submetido a constrangimentos estruturais, como as proibições e tabus oficiais da Igreja, hipótese que, aliás, endosso para a Colônia. Tomado no sentido moderno da expressão, afirma o historiador, o amor florescia então quando os interesses paternos declinavam diante das afinidades dos interessados.

A documentação analisada por Alzira Campos revela que as mulheres mais estimavam do que amavam seus maridos, e que o faziam num padrão de comportamento feminino que costumava repetir-se nos processos por ela esmiuçados. A esposa devia amar o companheiro "como fazem as boas, virtuosas e bem-procedidas

---

4 Ver respectivamente as poesias de Domingos Calda Barbosa (1783-1800) e de Alexandre de Gusmão (1695-1753), em Sérgio Buarque de Holanda, 1979, p.129-34.

5 Russel-Wood, [s.d.], p.13. Também as teses de Bacellar, 1987, e Scott, 1987.

mulheres desta qualidade" (Campos, 1986 , p.292). Ao manter o amor fora da relação conjugal, tais esposas estariam sublinhando a superioridade do casamento de razão sobre o de coração, ecoando assim uma tradição portuguesa que interpretava o casamento como uma tarefa a ser suportada: "casar soa bem e sabe mal", "casa de pombos, casa de tombos", avisavam os ditados populares.[6]

Entre as elites, aponta Flandrin (1982, p.9), o risco do casamento por amor era o de subverter a função desta mesma instituição, desestabilizando a transmissão de patrimônio, a garantia de alianças e, na Colônia, certamente, interferindo no domínio que a elite branca e metropolitana procurava ter sobre os pobres e gente de cor.

Uma crescente maré de catecismos, diretórios confessionais e prontuários morais vindos da Metrópole tentava regular cuidadosamente a vida conjugal através da obediência, paciência e fidelidade, pois que o sexo era considerado um audacioso pecado contra a vontade divina: "O marido é a cabeça da mulher, e os membros devem acomodar o mal da cabeça, se o há" (apud Silva, 1984, p.150). Extensão orgânica da vontade masculina, da razão do esposo, cabia à mulher acudir-lhe os males, os desmandos e os desvarios, quando havia. Entre os membros e a cabeça, e mediados pela obediência, os sentimentos que homem e mulher se dedicavam eram certamente desiguais. "A mulher deve amar seu marido com respeito, e o marido deve amá-la com ternura". Por quê? "Porque o sexo pede [...]" (ibidem). A mulher seria, portanto, provedora e recebedora de um amor que não inspirasse senão a ordem e o equilíbrio familiar.

Nesse período, é importante destacar que o amor não sublinhava especificamente o papel da mulher no interior das relações conjugais, mas o tipo de amor que se apregoava como ideal tomava-se modelo para as mulheres que se pressupunham casadas e que desejavam destacar-se do cotidiano comunitário, onde se moviam amancebadas e concubinadas. Uma sutil separação fazia-se entre aquelas capazes de vivenciar o "bem-querer amistoso" e aquelas submissas "às más paixões", em que os corações naufragavam. O estilo da relação afetiva ou amorosa devia permitir localizar no tecido social o padrão feminino do qual ele emanava. "O amor [conjugal] extingue todas as paixões malignas que são quem perturba o nosso descanso", admoestava em 1783 frei Antônio de Pádua (1783, p.19). As paixões malignas, oposto do afeto conjugal, distantes sentimentos da paisagem de calmaria e bonança que devia ser o amor domesticado, faziam, por sua vez, o padre Antônio das Chagas vituperar:

---

6 Ver, por exemplo, os ditados sobre o casamento em Antônio Delicado, *Adágios portugueses reduzidos a lugares-comuns.*

Ao sul do corpo

As nossas paixões e afeições são em nossas almas como no mar os ventos; e enquanto sopram os ventos anda o mar revolto e é tempestade tudo; se o vento se modera e acaba, o mar fica sereno e pacífico e deleitoso. Assim quando no mar de nossas almas sopram os ventos de nossas paixões e apetites, ó quanta confusão sentimos! Quanta desordem vemos! Tudo são ondas, ímpetos, borrascas e tempestades [...] (Chagas, 1687, p.13)

O amor conjugal inseria-se na escala da ordem e da aplicação; a paixão, naquela da desordem e do perigo. O bom amor era recompensado com a paz divina; a paixão, com a morte. Mas o ideal de castidade e paciência embutia-se no "amor conjugal: [...] um fogo aceso pela providência divina para apagar os incêndios de todo o amor ilícito e profano (Bluteau, 1712, p.345). O conceito deste amor que deveria ser vivido pelas 'casadas' trazia enrustido uma pontual denúncia contra os afetos excessivos; ele se constituiria no avesso do "amor ilícito, lascivo e profano" [...] (ibidem). Este que era o maior tirano das virtudes; os ditames da razão na sua escola são heresias, e os seus primeiros suspiros são do juízo os últimos alentos.

Na visão da Igreja, não era por amor que os cônjuges deviam unir-se, mas sim por dever: para pagar o débito conjugal, procriar e finalmente lutar contra a tentação do adultério. O sentimento de dever e disciplina reproduzia a perspectiva de um adestramento feminino no que dissesse respeito a práticas e afetos no interior do matrimônio; mas também fora dele. Era a identificação mesma que faziam as mulheres em relação a tais exigências, que as distinguiam como 'santas' ou devassas. A opção que a Igreja oferecia era "arder no fogo aceso pela providência divina" ou naufragar nos mares das paixões ilícitas. Essa manobra não foi, contudo, inocente. Desde que o concílio de Trento liberara, pelo menos teoricamente, a mulher da tirania do direito romano, uma vez que a monogamia fora definitivamente estabelecida, a indissolubilidade proclamada, os maridos interditados de repudiarem suas mulheres, a liberdade de consentimento mútuo tornara-se uma exigência e relaxaram-se os casamentos forçados, a mulher carecia de ser reinscrita num sistema de hierarquia e obediência. Se diante de Deus os esposos recendiam a igualdade, nas práticas conjugais mecanismos de rejeição à ideia de indissolubilidade começavam a azeitar-se. A igualdade dos cônjuges tinha de traduzir-se num amestramento radical da esposa e também uma caricatura inflexível da mulher "solteira", daquela que vivia em relações consensuais não sacramentadas, das ditas "largadas"... As não casadas, para distinguirem-se das casadas, eram facilmente confundidas com as desfrutáveis e as prostitutas.

Para disciplinar a mulher no interior do casamento e dar ao sacramento a dimensão de organização social que desejavam o Estado e a Igreja, invocam-se antigas implicâncias, extraídas das Escrituras ou de autores patrológicos. Um deles, Yves de Chartres, justificava a dominação masculina nas relações conjugais por causa da intemperança e lascívia das mulheres: de vez que "Adão fora induzido em tentação por Eva, e não Eva por Adão, é justo pois que o homem assuma o governo da mulher" (apud Darmon, 1983, p.120). Vieira propunha um sucedâneo para ser aplicado na Colônia, esvaziando assim qualquer possibilidade de iniciativa feminina que pudesse quebrar a falsa igualdade matrimonial: "Em Adão e Eva se vive a diferença que há entre o entendimento do homem e o da mulher, porque Eva foi enganada, Adão não. Ensine logo Adão, ensine o homem; Eva e a mulher não ensine" (apud Cantel, 1965, p.61).

Da pregação eclesiástica a opúsculos populares, o que se percebe é o caráter androcêntrico da sociedade europeia transplantando-se para a Colônia, trazendo em seu bojo a mentalidade de uma desigualdade dogmática entre os sexos, espécie de antídoto contra a possibilidade de insurreição feminina no interior do casamento. Um certo *Guia de casados, espelho da vida, ditames da prudência, instrução proveitosa para todos os que tomam o pesado jugo da vida matrimonial*[7] prevenia:

> que os homens amem suas esposas é tão justo como recomendado, mas que o exímio afeto com que as tratam se transforme em dano dos mesmos que as amam é intolerável. É a mulher o centro dos apetites, desejosa de muitas cousas, diz Catulo, e se o homem convier com seus desejos facilmente cairá nos maiores precipícios. É o homem que deve mandar, a mulher somente criada para obedecer, mas como seja em todos natural a repugnância da sujeição, todo o seu empenho é serem no mando iguais, quando não podem aspirar a superiores.

No mesmo tom, um prontuário de teologia moral procurava dar legitimidade espiritual à subordinação da mulher, asseverando que pecavam aquelas que se "levantavam" contra os seus maridos. E emendava: "O marido peca não refreando a insolência e demasia pecaminosa da mulher" (apud Silva, 1984, p.159). O que é inicialmente uma rejeição masculina, a questão da indissolubilidade do casamento aparece reaproveitada pela Igreja no sentido de galvanizar o papel da mulher no interior do lar e do matrimônio. Num processo de divórcio de 1756, encontra-se o que seria extrato desses vários discursos de dominação da mulher. Um juiz advertia a ré: "Fazendo a mulher o contrário de amar e respeitar o marido, é permitido a este reger e aconselhar sua mulher e ainda castigá-la moderadamente se merece".[8]

---

7 B. N. L., Reservados 4919/8.
8 A. C, M, S, P., processo de divórcio, 1-15-32.

Ao sul do corpo

A necessidade de recato e obediência para demonstrar que os apetites femininos podiam ser dominados devia ser imposta mesmo à força. Se o controle e o castigo não fossem humanos, ministrados pelo marido ou pelo confessor, eles viriam do Esposo Divino, como faziam crer as palavras do pregador frei Manuel Bernardes:

> ó almas adúlteras e miseravelmente enganadas pelo deleite torpe e lucro vil das criaturas, [...] adverti que vosso Esposo é zeloso e sabeis que vos não há de perdoar naquele dia; se vos não atreveis a beber as águas amargosíssimas da sua maldição, antecipai-vos a pedir-lhe perdão! (Bernardes, 1731, p.197).

Diante do Esposo Divino, tão violento e vingativo como qualquer marido terreno, não restava outra alternativa à mulher que não

> estar sujeita a seu marido, [...] reverenciar-lhe, querer-lhe e obsequiar-lhe, [...] inclinar--se ao séquito da virtude e com seu exemplo e paciência ganhá-lo para Deus; [...] não deve fazer coisa de importância sem seu conselho; [...] deve abster-se de pompas e gastos supérfluos e usar de vestido honesto conforme o seu estado e condição de cristã (Arceniaga, 1724, p.331).

Os afetos conjugais entreteciam-se num misto de dependência e sujeição, e o resultado desses nós cegos, dados com tanta precisão, era o modelo da santa-mãe, cujo "principal cuidado deve ser instruir e educar os filhos cristãmente, cuidar com diligência das coisas de casa, não sair dela sem necessidade nem sem permissão de seus maridos, cujo amor deve ser superior a todos, depois de Deus" (ibidem). A escala amorosa, com uma hierarquia para amores divinos e terrenos, acabava de justificar uma vida de confinamento e recato que atendia ao interesse de ambos: Igreja e maridos propriamente ditos. Daí os encômios e panegíricos às mulheres recolhidas, assim como as caricaturas daquelas que preferiam ir às ruas, à igreja, aos banhos ou à ópera.

O recolhimento à casa era sinônimo de uma esposa casta e prudente, e tal recolhimento não se prestava apenas como moldura para seu comportamento pudibundo; devia, sim, servir para tornar mais musculosas as carnes amolengadas da continência. No panfletário *Armas da castidade,* o padre Manuel Bernardes sugeria às mulheres casadas que se abstivessem do "toro conjugal a breves intervalos com mútuo consentimento", a fim de "poder levar a ausência do marido [...] sem perigo ou tentação" (apud Silva, 1984, p.193).

Afetos desregrados da alma ou do corpo mereciam ser banidos mediante um pedagógico treinamento, tornando o matrimônio inteiramente asséptico. Essas ideias, como já demonstrei em outros exemplos, não eram exclusividade da Igreja, mas circulavam também na literatura e nos manuais de casamento, que, não contentes em projetar modelos ideais para uma vida conjugal, colocavam tais modelos a serviço da Igreja e do Estado, dando assim dimensão moderna à ética do casamento:

> Parece que os perfeitos casados não poderão nunca ser viciosos; porque ninguém deve negar que todo o pecado é corrompedor de boas tenções e os casados, por muito que se amem e se conformem, se por outra parte são pecadores, não podem ter a sua tenção regulada pelas leis divinas; porque se a tiverem [...] assim corrupta e depravada, logo ficam muito arriscados ou a perder o amor que se tem em todas as ocasiões que se oferecem, ou a se amar com tanta desordem, que não reparem a ofender o mesmo Senhor, por se fazer um ao outro, quaisquer vontades desordenadas. (Andrade, 1630, p.440)

As ameaças sobre a perda do amor são débeis, se comparadas ao receio que se tinha "das fervanças da carne". No fundo, o discurso contra o amor era um discurso de temor pelo extravasamento do amor em paixão, em sensualidade, encontrado mais frequentemente em relações não tão comprometidas com manuais ou confessores. É Diogo de Paiva Andrade quem explicava:

> Mas posto que o muito amor é tão necessário, e a falta dele tão arriscada entre os casados, convém contudo que não seja ele com tanto excesso que exceda as leis de Deus e as da razão; [...] sem ter a operação certa nem vontade própria, se qualquer deles se deixar levar de alguma paixão mal ordenada, logo outro se levantará da mesma, e de mútuo consentimento virão a dar algum pecado ou desconcerto àqueles mesmos corações. (Ibidem)

Carnes tristes, corpos frios

O casamento, como mecanismo de ordenamento social, e a família, como palco para uma revolução silenciosa de comportamentos, fechavam-se em torno da mulher, impondo-lhe apenas e lentamente o papel de mãe devotada e recolhida. Cortavam-se-lhe todas as possibilidades de insurreição, e um discurso renitente sobre o caráter hipócrita da mulher procurava dar conta das insubordinadas, logo tachadas de devassas.

"Considerai os estragos que tem feito no mundo o pecado da desonestidade e achareis que as mulheres foram a origem", gemia Vieira, enquanto seu contemporâneo, Diogo de Paiva de Andrade, aproveitava o mote para reforçar o papel do

Ao sul do corpo

homem dentro do lar, fortalecendo o controle sobre esta que, desde Eva, estaria votada ao descrédito: "Nunca convém a um homem prudente dar à sua mulher liberdades demasiadas, [...] quer dizer, se ela se desonestar por demasiada largueza de seu marido, não merece ela o castigo, senão ele".[9]

As liberdades mencionadas poderiam acender a lascívia feminina, tida por insaciável, como lembra Jean Delumeau.[10] Um deslizar de tons remonta a discussão sobre o uso da sexualidade feminina a João de Barros, o qual anunciava em 1540 que "até por outra razão a continência das mulheres vem por culpa de seus maridos, e isto quando eles são viciosos, como há muitos que se queimam". Em seu entender, a luxúria das mulheres tinha que ser contida através do uso do "bragueiro de ferro, como se faz à Veneza, ou como se faz nas Índias e algumas partes sujeitas a el-rei, [...] a moça [quando] de dois anos, a cosem de tal forma que se junta a solda de tal maneira que não pode violar senão com boa navalha que o pai, a tempo de casar, mete na mão do marido".[11]

A censura ao amor considerado profano fazia-se no interior do casamento pela condenação de um mundo impudico, fora do fogo doméstico, e pela celebração, quase levada ao paroxismo, da esposa casta, como resumia Francisco Manuel de Melo:

> Provemos a ver se será possível dar alguma regra ao amor; ao amor que sói ser a principal causa de fazer os casados malcasados, muitas vezes porque falta, e outras porque sobeja. Ama-se a mulher de tal sorte que se não perca por ela seu marido. Aquele amor cego fique para as demais; e para as mulheres o amor com vista.[12]

O estatuto do amor conjugal pressupunha a desvalorização do corpo para a valorização do espírito, num discurso em que o monstruoso se revestia de atributos celestes: "Porque assim como um corpo sem alma não tem que ser mais do que manjar dos animais, ou bichos da terra, assim um casamento sem amor não serve mais que de entrarem por ele todos os encargos, trabalhos e vícios a que estão sujeitos os malcasados" (Andrade, op. cit., p.23).

Amor, para sê-lo, devia despojar-se de anseios, pois "sem amor não há paz gostosa nem conformidade bem lograda. Onde ele falta, logo a vontade se descaminha

---

9   Ibidem, p.120. O castigo ao marido que não usasse com eficiência de seu poder no interior do casamento aparece também nos contos e fábulas do século XVI, nos quais a mulher transgressora se transforma numa bruxa ou ogra. Ver Davis, 1979.

10 Delumeau, 1978, onde o autor magnificamente estudou o papel da mulher considerada agente de Satã durante o Renascimento.

11 B. N. L., João de Barros, *Espelho dos casados,* Reservados 264 V, p.26.

12 *Carta de guia de casados para que pelo caminho da prudência* se *acerta com a casa do descanso, p.41.*

para seguir os vãos efeitos de qualquer amor ou apetite"(ibidem). Amor, para sê-lo, devia também refletir o controle masculino e o consequente recolhimento feminino, pois riscos e perigos assombravam-no, e assim

> logo a firmeza corre perigo de se arruinar nas ocasiões de alguma afeição desordenada; [...] fica pendendo só dos fios do primor que às vezes são muito delgados; logo se murcham os contentamentos porque só com a água do amor verdadeiro se regam, florescem e frutificam; e sem ela escassamente reverdecem quando a tempestade de algum desgosto lhe faz secar toda a verdura. (Ibidem, p.30)

Ora feroz, ora sutil, a repressão que atingia quase todas as possibilidades de rebeldia feminina escondia uma realidade explorada na Europa do Antigo Regime em gravuras e contos populares: o horror à dominação da mulher no quadro do casamento. Pranchas em que as esposas apareciam estampadas, vestindo calças do marido, segurando suas armas ou batendo-lhe com instrumentos de uso diário (a vassoura é frequente) revelam o pânico que exigia medidas drásticas e habilidosas por parte dos homens. Ideal era, portanto, endossar o discurso da Igreja e dos manuais de casamento sobre as práticas conjugais, modelando as vontades femininas e fazendo-as interiorizarem as suas pulsões.

Em outras tantas gravuras, as representações femininas mais comuns são aquelas da "mulher perigosa", ameaçadora por sua sexualidade, por sua associação com a natureza, como veremos num próximo capítulo, e por sua já comentada propensão para o mal. Seu corpo representava um instrumento de pecado, e o medo que inspirava tinha a ver com o temor da condenação divina, mas também com o contato com as forças obscuras que ele representava:[13]

> Quem ama sua mulher por ser formosa, cedo se lhe converterá o amor em ódio; e muitas vezes não será necessário perder-se a formosura para perder-se também o amor, porque como o que se emprega nas perfeições e partes do corpo não é verdadeiro amor, senão apetite, e a nossa natureza é sempre inclinada a variedades, em muito não durará, [...] e logo a natureza muda os desejos, a vontade, os efeitos, e o amor fica fingido e o casamento desordenado. (Andrade, op. cit., p.60)

Comparado por Odon, abade de Cluny no século X, a um "saco de bosta" (apud Delumeau, 1978, p.409) o corpo feminino oito séculos mais tarde não inspirava melhores visões, pois como disparava o padre Manuel Bernardes em 1706,

---

13 Ver Mathews-Grieco, 1980, p.137.

Ao sul do corpo

sua primeira origem foi barro, ou lodo, e o mais autorizado nome que lhe podemos dar é o de terra; [...] o mesmo corpo, se consideras a sua origem mais próxima, foi um pouco de sangue supérfluo e imundo; [...] esta é a ilustre genealogia da carne que depois quer que o espírito a sirva como escravo e lhe conceda quanto pode; mas que se a condene ao fogo eterno. (Bernardes, op. cit., p.257)

O enfeamento do corpo profano estava articulado à teoria punitiva do uso deste mesmo corpo. Os vícios e as "fervanças da carne" tinham como palco de expressão "o barro, o lodo e o sangue imundo", onde tudo era feio porque era pecado.

Num pontual artigo, Ângela Mendes de Almeida (1989, p.191-207) acrescenta que os manuais portugueses de casamento deixam clara a visão que se tinha de que a mulher era um veículo de perdição da saúde e da alma de seus cônjuges. E mais, chama atenção para as virtualidades e desdobramentos de cada um dos autores sobre os problemas do matrimônio. João de Barros, o pioneiro, ainda estava longe de perceber a influência do concílio de Trento nos comportamentos afetivos e sexuais; Paiva Andrade, por sua vez, mantinha um cerrado ataque à questão do adultério, e finalmente Francisco Manuel de Melo revelava em sua prosa a valorização do pai de família, proprietário e senhor de sua esposa.

Mostra-se, nessas travessias discursivas, uma mentalidade que, ao longo dos tempos, fabricava um papel para a mulher dentro do casamento; no século XVI, ainda informe, no XVII, tendo arestas aparadas, e no início do XVIII, perfeitamente delineado e sobreposto à emergência de fenômenos como a privacidade e a família burguesa.

O discurso amoroso sobre as relações conjugais passava a ser então específico, procurando dar conta dos sentimentos exclusivos que inspiravam a esposa:

Donde infiro que o amor que se produz no trato, familiaridade e fé dos casados, para ser seguro e excelente em nada depende do outro amor que se produziu do desejo, do apetite e da desordem dos que se amaram antes desconcertadamente; a que, não sem erro, chamamos amores que a muitos mais empeceram que aproveitaram. (Melo, 1651, p.430)

O sentimento devia ser nitidamente objeto de uma "educação dos sentidos", mas isto sobretudo para as mulheres. Seus casamentos iam progressivamente esvaziando-se de apetites, a vida familiar devia transcorrer numa nebulosa de sensações domésticas; o amor ao marido misturando-se à elevação do espírito, à devoção e à piedade, sentimentos que se enovelavam em torno da mulher, provendo-lhe uma moldura silenciosa e acolchoada de "santidade".

A santa-mãezinha começava, pois, por inscrever-se nesse padrão de sentimentos ascéticos e espiritualizados. Envolvida numa categoria de amor que não era material nem físico, votada às orações, aos cuidados com os filhos e o lar, a mulher começava a abandonar a relação com seu corpo erotizado e prazeroso. Daí o atrativo de imagens barrocas, onde o corpo era visto como um composto de barro e sangue, e também de decomposição: "Porém como o mundo, a maneira do corpo (que é também mundo em opinião e em jugo) com a maior idade envelheça, caduque e vá caindo em novas corrupções e delírios" (idem, 1724, p.3).

Carnes tristes... Carnes pálidas e frias estas das quais se falava entre os séculos XVII e XVIII, bem distantes dos corpos exuberantes, descritos nos *fablieux* franceses da Idade Média, cujas necessidades tinham que ser supridas a não importasse que preço.[14] Impunha-se uma dicotomia sexual onde apenas o homem fosse ativo; a mulher seguia passiva, dando continuidade e coerência à obediência e sujeição a que era obrigada no mais da vida doméstica. Objeto de consumo quando utilizado para a procriação, o corpo feminino era também objeto de consumpção, porque afastado de mínimos prazeres sexuais. O desejo sexual erigia-se como um apanágio exclusivo dos homens, atributo, aliás, confirmado pelo grande número de emissores de um discurso sobre o corpo da mulher, não havendo lugar para falas femininas sobre a sua própria sexualidade. Não à toa, dona Joana da Gama ponderava, por trás dos muros do convento onde estava encerrada, que "são as mulheres inclinadas a virtudes que por as seguirem sofrem penosas sujeições, [...] e as extremidades de suas muitas virtudes não são divulgadas porque, elas, por as sustentarem estão encerradas" (Gama, 1872, p.76).

O esforço de adestramento dos afetos, dos amores e da sexualidade feminina afinava-se com os objetivos do Estado moderno e da Igreja em tornar a relação entre os sexos mais próxima do ideal da sociedade, diminuindo as infrações que o pudessem perturbar. A fabricação do amor conjugal e do adestramento feminino espelhavam ações no sentido de impor uma divisão sexual de papéis, reflexo de uma nova ideologia e cosmologia social na época moderna".[15]

Uma topografia amorosa

Neste diálogo com múltiplas vozes – as de pregadores, moralistas e teólogos – é que uma reflexão sobre o "amor demasiado" se faz necessária. Sabemos que o casamento se instalava no Brasil entre os séculos XVI e XVIII com penosa lentidão,

---

14 Ver Lorin, 1984, p.433-55, 1984.

15 Sobre a divisão de papéis na sociedade do Antigo Regime, ver o excelente artigo de Amussen (1985, p.269-87) "Féminin/masculin: la femme dans l'Époque Moderne" [Feminino/masculino: a mulher na Época Moderna].

Ao sul do corpo

e que o fazia atrasado por inúmeras armadilhas e dificuldades. A distância entre as prédicas e as práticas que diziam respeito ao sacramento é consensualmente uma das razões apontadas, entre outras, por historiadores que se debruçaram em particular sobre este assunto.[16] Alzira Campos, ao detectar um arquétipo afetivo para as relações fora do casamento, ilumina essa densa distância, revelando que na Colônia se amava de outros amores que não o "bem-querer amistoso". Amava-se do "amor demasiado". E os amantes deste tipo de amor não se encontravam nas páginas dos manuais de casamento, mas os escutaremos nos processos de divórcio, naqueles de concubinato, movidos quando da visita pastoral de um bispo, e nos testamentos.[17]

Laura de Mello e Souza revelou-os nos processos do Santo Ofício da Inquisição, acusados de preparar filtros, poções e unguentos que facilitassem as relações amorosas (Souza, 1988, p.227-42): João, eu te encanto e reencanto com o lenho da vera cruz, e com os anjos filósofos que são 36 e com o mouro encantador que tu te não apartes de mim, e me digas quanto souberes e me dês quanto tiveres, e me ames mais que todas as mulheres, rezava uma certa Antônia Fernandes, quando da primeira visitação à Bahia no século XVI. (Ibidem, p.232) As orações de Maria Joana, paranaense, pediam, além do amor, a estabilidade de um casamento:

> Almas, almas, as do mar, as da terra, três enforcadas, três arrastadas, três mortas a ferro por amor, todas nove vos ajuntareis e no coração de fulana entrareis, e tal abalo lhes dareis por amor de fulano, e que ela não possa parar, nem sossegar, sem que o sim do casamento lhe queira dar. (Ibidem)

Na São Paulo do século XVIII, por exemplo, o que se ouve dessas falas amorosas é o eco de um sentimento que tem mais a ver com uma opção feita entre dois amantes do que com o amor-paixão. Em 1796, Ana Francisca de Paula queixava-se ao juiz eclesiástico que seu marido não a tratava

> como companheira, [e que vivia] com uma mulher parda, de nome Escolástica, com quem trata amizade ilícita; [...] que o réu, para melhor a seu gosto viver com aquela concubina que tinha de portas adentro à vista da autora, botou e lançou a sua mulher para fora de casa, dizendo clara e publicamente que queria ficar com aquela sua dita concubina, por ser esta que mais lhe agradasse e melhor servia, em desprezo de sua mulher.[18]

---

16 Referência especial aos trabalhos de Silva e Campos, embora outros autores posteriormente tenham ressaltado essa mesma característica na sociedade colonial (Raquel Costa, Londoño e Figueiredo). Del Priore (1988) faz questão de sublinhar tal constatação.

17 Ver Campos, 1988, p.1-84. Agradeço esta indicação ao colega Carlos de Almeida Prado Bacellar.

18 A. C. M. S. P., processo de divórcio, 3-15-50.

Mary Del Priore

O mesmo tom queixoso encontramos no processo de divórcio de Isabel Maria Pais de Barros, ao afirmar sobre o seu marido que este,

> além de andar concubinado há muitos anos com uma índia casada chamada Felícia, com a qual já em solteiro tinha comunicação ilícita, e na mesma continua depois de casado com a suplicante, chegando a tal excesso a desordenada e cega paixão do suplicado que oito meses, contra a vontade da suplicante, conservou a índia de portas adentro, para em liberdade coabitar com ela.[19]

Era o ano de 1788. Já em 1784, João Gomes Sardinha explicava que "faltando a felicidade do matrimônio", metera sua concubina portas adentro de sua casa.[20]

O amor que se desejava em casa deslocava-se para a rua, para a outra. Os processos eclesiásticos revelam a dor, a raiva e a frustração da mulher casada, para quem o "bem--querer amistoso" não fora suficiente para prender o marido. A expulsão da esposa de casa, as "prendas" e presentes oferecidos às concubinas explicavam muito claramente a expressão "falta de felicidade no matrimônio", de que se utilizou um dos réus.

Cintilações deste que era considerado "amor demasiado" não eram privilégio da capitania de São Paulo. Em Cuiabá, 1785, o visitador cônego Bruno de Pina ouvia uma denúncia sobre Leonardo Soares de Sousa, por ter de portas adentro na sua fazenda uma negra solteira chamada Rosa, que fora sua escrava e que "ele mesmo alforriou", com a qual vivia concubinado em público escândalo "há mais de oito anos"; o fazendeiro João Francisco, testemunha, escutara-o dizer "que a queria muito" (apud Londoño, 1989, p.17).

A visita pastoral descobrira também as manifestações de afeto que envolviam Valentim Martines da Cruz, branco, solteiro, e sua escrava Joaquina, com a qual vivia em seu engenho rodeado de filhos. Uma testemunha de sua própria casa o denunciou por ter visto "a afabilidade com que trata a mesma escrava" (ibidem, p.25). Na Bahia, em 1818, uma outra visita pastoral registrava as preferências do coronel Hilário Pereira, preto, de Valença, que deixara a "companhia de sua mulher e vive na roça amancebado com Francisca, crioula, forra, viúva, e quando sua legítima mulher o procura ele lhe dá pancadas, até que ela se retira, ficando ele com sua concubina" (apud Mott, 1988a, p.19). O mesmo com João Francisco de Santarém, que, "por causa de sua concubina, trata mal da mulher" (ibidem, p.33).

As cristalinas expressões deste "amor demasiado", deste sentimento que exprimia uma opção pela "outra" em detrimento da esposa, acabaram por estigmatizar

---

19 A.C. M. S. P., processo de divórcio, 53-15-678.
20 A.C. M. S. P., processo de divórcio, 3-15-42.

Ao sul do corpo

paradoxalmente os seus alvos: as mancebas, as amásias e concubinas. O "amor demasiado" inscrevia-se num território onde a espontaneidade das escolhas ditadas pelo coração e o erotismo, distante das prescrições tridentinas, cruzavam-se frontalmente com as instabilidades materiais de vida e o movimento migratório de companheiros. As "prendas" e "palavras amatórias" não garantiam a estabilidade propugnada pelo sacramento do matrimônio e invocada, num fluxo febril, por meio das orações "pra pegar homem" e fixar amantes. O "amor demasiado", portanto, não atendia necessariamente às demandas das populações femininas.

Ronaldo Vainfas (1998, p.93) acertou ao explicar a valorização do casamento em colônias como um sintoma de respeitabilidade, de ascensão social e, sublinharíamos, de segurança. Essas mulheres "que não tinham marido" (ibidem, p.87) viviam à deriva, nos limites da desclassificação social, almejando "uma vida minimamente alicerçada segundo os costumes sociais e a ética oficial" (ibidem). Segalen lembra bem que na sociedade tradicional a mulher não tem estatuto fora do casamento. Ele é a única instituição que lhe permite realizar-se enquanto ser social (Segalen, 1980, p.136).

Nessa perspectiva, a análise sobre a distância entre as práticas e a prédica permite-nos compreender a função do discurso sobre o "amor demasiado". Ele é certamente um mecanismo de normatização das mulheres casadas, efetivando-lhes um papel, tornando-as cúmplices dos projetos da Igreja e do Estado, fazendo-as agentes de ambos, no interior de sua casa e família. Mas ele é mais; o discurso sobre o "amor demasiado" exclui, qualifica e reverbera as mulheres que não têm a aparente respeitabilidade e segurança oferecidas pelo casamento e que se movem no terreno dos "ilícitos tratos". E para estas, colocadas pelo sistema colonial nas fímbrias da marginalidade, a promessa matrimonial de reverência e consideração tornam o casamento absolutamente sedutor. Ele lhes promete uma situação de maior estabilidade; ele premia com o estatuto de que fala Segalen.

Tornar-se uma santa esposa e mãe permitiria o respeito, a mobilidade social e a segurança tão almejadas pelas populações femininas não enquadradas nos ditames tridentinos. Mas significaria, em contrapartida, domesticar o "amor demasiado", transfigurando-o num comedido "bem-querer amistoso", sentimento pertinente à pressão organizadora da Igreja e do Estado, que deveria refletir-se na racionalização das condutas individuais.

Dos "pecados dos casados"

Se o amor conjugal, provedor de segurança e respeitabilidade, transformando-se em sutil instrumento de domesticação acabou por consagrar a obediência e o recato das esposas como odores de santidade, o que não pensar da sexualidade conjugal, como um outro mecanismo de coerção feminina?[21]

Patrulheira de corpos e almas, a Igreja tentara, desde os primeiros escritos de Paulo, coadunar o aparentemente incompatível domínio da sexualidade terrena com a salvação eterna. Três elementos – continência, casamento e fornicação – deviam arranjar-se dentro de um sistema binário, cujos elementos eram o bem e o mal. Virgindade e continência seriam preferíveis à sexualidade conjugal, que por sua vez seria melhor do que a incontinência. A sexualidade conjugal, segundo o mesmo apóstolo Paulo, abriria uma terceira via adaptada às realidades sociais: aquela do "menos mal", entre o melhor e o pior (Derouet-Besson, 1981, p.922-43). Com esta solução, a Igreja criava um tipo de sexualidade útil, lícita e protegida, evitando condenar ao pecado mortal e suas ardidas sequelas a maioria dos casados que tivessem desejos carnais.

Tal como o amor conjugal, que se inseria numa hierarquia de sentimentos, louvando primeiro o amor de Deus, depois o do marido e condenando as más paixões, o pragmatismo episcopal instituíra também uma hierarquia sexual. Do lado de Deus, bem próximos, encontravam-se aqueles que haviam abandonado o sexo e escolhido a continência; um pouco mais afastados, os laicos casados, respeitadores do bom casamento. Do lado de Satã, o mundo da luxúria, povoado por seres parecidos com animais, tamanho o seu desgoverno. Resume com clareza Marie-Claude Derouet-Besson (ibidem, p.929), ao dizer que a ordem social era, para a Igreja, instrumento de salvação do homem. O resto era o Demônio, a desordem e a danação. Como salvar a alma tendo que viver com um corpo inchado de prazeres e ávido de desejos? Como imitar o mais casto dos animais, segundo Pedro Damiano o elefante, que, pudicamente, virava-se de costas durante o ato sexual?

O casamento seria, portanto, o remédio que Deus dera aos homens para que estes se preservassem da impudicícia, e, junto com ele, uma bula em forma de casuística, ensinando como usá-lo. Toda a atividade sexual extraconjugal e com outro fim que não a procriação era condenada. Manobras contraceptivas ou abortivas não eram admitidas. Instituía-se a noção de *debitum* conjugal, uma dívida ou um dever que esposos deveriam pagar-se quando sexualmente requisitados. Associava-se o prazer exclusivamente à ejaculação, e por isso era "permitido" aos maridos prolongarem o coito com carícias, recorrendo até a masturbação da parceira, a fim de que ela "emitisse a semente", justificando a finalidade do ato sexual:

---

21 Sobre o conceito de sexualidade utilizado neste trabalho, ver Ross & Rapp, 1981, p.51-72).

acreditava-se que, embora a semente feminina não fosse necessária à concepção dos filhos, ela ajudava bastante e os fazia mais bonitos. Jean-Louis Flandrin (1982, p.125) acrescenta que, ao ser definido como uma conduta racional e regulada em oposição ao comércio apaixonado dos amantes, o comércio conjugal só era lícito em tempos e locais oportunos. Consideravam impróprios os dias de jejum e festas religiosas, o tempo da menstruação e da quarentena após o parto, os períodos de gravidez e amamentação. Sobre o papel da mulher durante o coito, fazia-se eco aos conselhos de Aristóteles: que nenhuma esposa quisesse o lugar de amante do seu marido. Abrigada do afeto deste e na condição exclusiva de esposa, ela estaria bem mais honrada e seguramente resguardada (Lebrun, 1975, p.88).

Lana Gama Lima, num pioneiro estudo sobre a confissão no Brasil colonial, demonstrou o seu papel como mecanismo de controle eclesiástico sobre a sexualidade e o consequente afunilamento que sofreram as práticas sexuais permitidas. O sexo lícito, exclusividade dos *coniugatis,* buscava reduzir cada vez mais o sentido da sexualidade, direcionando-a para a procriação (Lima, 1986, p.68). Ao valorizar a procriação, a Igreja mais uma vez consagrava a maternidade como função nobre, cabendo à mulher, pela gestação dos filhos, limpar a sujeira do coito, transformando assim uma pulsão biológica num ato da vontade divina. A mãe, no terreno da sexualidade, inscrevia-se na hierarquia das boas condutas individuais, que conduziam das mazelas terrenas à Jerusalém celeste.

O bombardeio de ideias sobre o que deveria ser a sexualidade lícita para mulheres honradas e recolhidas, porque casadas, tinha lugar no confessionário. Obrigatoriamente confessadas à luz do dia, em lugar visível, conforme determinavam as *Constituições primeiras do arcebispado da Bahia,* evitando os "lugares secretos da Igreja" e as possíveis intimidades com padres "desonestos", as mulheres tinham ainda que manter os olhos baixos e uma aparência contrita.[22] Os confessores recomendavam que não misturassem "histórias; nem largas arengas que molestam", (apud Lima, 1986, p.70), que se evitasse a "superfluidade de palavras", "sem estar buscando rodeios ou desculpas". Assim cabisbaixas, as mulheres deviam ouvir os pregadores resmungarem que

> A luxúria é vício da lama que a inclina a querer deleite desordenado de cópula carnal. [...] E como todo o deleite que nasce da cópula carnal ou dos seus aparelhos é desordenado (exceto o da cópula matrimonial), portanto todo o querer, o desejo ou gozo do deleite de cópula é pecado a que o vício da luxúria inclina. (Navarro, 1570, p.78)

---

22 Sobre a confissão, ver Delumeau, 1990.

Com passividade, elas escutavam as admoestações sobre os terríveis riscos que corriam em conviver com sentimentos não domesticados, pois "em cada espécie há muita variedade de pecar, [...] pecados que mudam de espécie, e dentro, nos da mesma espécie, inventa a malícia tantas troças de os fazer mais graves"(Chagas, 1687, p.434). O confessor Azpicuelta Navarro aconselhava-as que o amor casto e honesto era uma virtude, "contanto que se faça de tal maneira, lugar e tempo que não se ponha em perigo conceber algum mau propósito de obra ou deleitação luxuriosa" (Navarro, op. cit., p.80), ao passo que padre Antônio das Chagas sublinhava que o estar perto da Igreja e da confissão era uma forma de dirimir pecados (Chagas, 1687, p.250).

Inicialmente abrangente, o discurso que sepultava o pecado da luxúria nos sexto e nono mandamentos acabava por circunscrever as práticas sexuais numa estreita fôrma . Sobre o sexto mandamento, explicava Chagas que

> se nos proíbe toda a desonestidade luxuriosa por obra e palavra, conosco ou com outrem; e no nono, por desejo consentido da vontade, [...] principalmente nos seguintes: [...] se pecou por obra ou desejo com pessoa solteira, com casada, com eclesiástica e religiosa; com parenta por consanguinidade ou afinidade; a saber, pais, irmão, primos ou cunhados e sogros; com padrinhos ou afilhados de batismo ou da confirmação que é crisma, ou com o confessor, com pretexto da confissão. (Ibidem, p.260)

Uma vez circunscritos os parceiros, não sobrando que o marido, a Igreja modelava as normas a serem seguidas por castas esposas e mães.

Sobre a validade da cópula como a essência mesma do casamento, o confessor Cristóvão de Aguirre tartamudeava uma resposta ambígua, mais incitando à continência dentro do casamento. Que a cópula se pode considerar em duas maneiras: a primeira, *in radice, ratione contractus simpliciter;* a segunda, *in effectu de fidei contrahentum.* Se se toma do primeiro modo, é necessária, porque o que quer o matrimônio também quer o que lhes está anexo. Mas o que quer a causa virtualmente quer o efeito que dela procede. Porém se a considerarmos do segundo modo, na intenção dos contraentes, não é necessária (Aguirre, 1681, p.85).

E a cópula conjugal era certamente menos pecaminosa, segundo o mesmo confessor, que a "fornicação apetecida *ob delectationem",* por "não ser tão grave como o que tem mau fim" (ibidem p.183). Com ou sem deleite, o coito era assunto de mulheres casadas e tinha por fim a procriação; mas, uma vez que toda regra tem exceção, admoestavam-se as adúlteras quanto ao comportamento que deveriam ter. Não se esperava que "publicassem" seus adultérios, se "de outro modo podiam remediar o prejuízo a seus filhos [...] do dano que poderiam receber pela parte que dos bens de seu pai levasse o filho adulterino".[23] Apesar dos arranjos que eventualmente apagassem a publicidade do pecado, os quais demonstram que o peso dos filhos era maior do que o do adultério, os manuais de confissão estudados por Flandrin (1983, p.129) impunham às adúlteras penas de sete anos de jejum, com a interdição sumária das atividades sexuais.

A hostilidade da Igreja ao comércio sexual transparecia também na perseguição aos chamados "tocamentos torpes", que pudessem levar ao gozo sem finalidade de procriação. Gestos miúdos de afeto, como o beijo, eram controlados por sua "deleitação natural e sensitiva", sendo considerado "pecado grave, porque a tal deleitação do homem e mulher é tão dissonante, indecente e perigosa que traz consigo outra, libidinosa, ou perigo próximo dela" (Lagarra, 1740, p.240). Além dos ósculos deleitosos, as "boas e honradas esposas" deviam estar em guarda contra os "tratos venéreos, tatos sensuais e carnais", driblando a sutileza das menores expressões de interesse sexual que não as conduzissem ao coito ordenado "para a geração". Como explicava frei Francisco Larraga

> os venéreos são os que se fazem em partes pudentes ou em outras com comoção dos espíritos que levam à geração; os sensuais ou carnais, são os que se fazem não em partes venéreas, mas em outras, sem comoção dos espíritos que servem à geração, porém com alguma deleitação que seja princípio da dita comoção; os sensitivos são os que nem se fazem em partes pudentes, mas em outra parte sem comoção, mas só com o gosto que resulta do tato material, assim como resultaria de tocar uma coisa suave, como um tafetá ou veludo, [...] e assim serão pecados graves apertar a mão de uma mulher, beliscá-la, pisar-lhe o pé etc. (Ibidem, p.239)

A despeito do poderoso poder de fogo das admoestações eclesiásticas no sentido de esvaziar a sensualidade de certos gestos e práticas afetivo-sexuais, alguns manuais de confissão espelhavam o ponto de vista do teólogo Tomás Sanches, que na virada dos séculos XVI e XVII fazia soprar novos ventos sobre o discurso da sexualidade conjugal. Ele julgava o prazer pelo prazer totalmente condenável. Mas o prazer que levasse à procriação, fim último do ato sexual, era permitido, se não contrariando jamais as virtudes procriativas (apud Flandrin, 1982, p.122). Assim, encontramos na obra de Manuel de Arceniaga o diálogo seguinte:

---

23 B. N. L., Azpicuelta Navarro, *Tratado de murmuración y alabanza* [Tratado de falatório e elogio], Reservados 4787.

Penitente: Acuso-me que com minha mulher tenho tido várias vezes tato, ósculos, amplexos, palavras torpes com perigo de poluição.

Confessor: E estes tatos eram em ordem da cópula?

Penitente: Não, padre, porque era em ocasião que não podia ter [cópula], porque havia gente adiante.

Confessor: Cometeu Vossa Mercê pecado de escândalo mais ou menos grave [...] pela ocasião que deu aos presentes de ruína espiritual. [...] Também é certo que quando há perigo de poluição, peca-se mortalmente nestas ocasiões referidas; mas se não há, e *se ordenam à cópula* não será pecado algum. (Arceniaga, op. cit., p.446, com grifos da autora).

A erotização do coito articulava-se diretamente com a função procriativa. A maternidade mais uma vez retirava das práticas perseguidas pela Igreja o conteúdo sujo e nefando. O que era proibido e mal passava a ser lícito e bem, se em "ordem da geração" (ibidem, p.250). Prenunciava-se, nessas funções de limpeza dos atos, o papel da mãe como regeneradora de símbolos e geradora de vidas, mas também de excretora do que em definitivo não contribuísse para a procriação.

A união conjugal devia portanto efetuar-se segundo a posição dita "natural", que consistia na esposa deitada de costas, seu marido cavalgando-a. Outras posições consideradas antinaturais eram chamadas de *retro* ou *more canino,* que imitavam o ajuntamento dos animais, bem como a posição *mulier supra virum* era tida por contrária à natureza dos dois sexos, por ser a mulher "por natureza" passiva e o homem ativo. Fora porque as mulheres, nesta posição e transportadas de loucura, abusaram dos homens, que Deus ordenara o Dilúvio, justificava um teólogo (Flandrin, 1982, p.126). No manual de Arceniaga, o confitente revelava ter tido cópula com a esposa no vaso póstero, tendo tido o cuidado de ejacular no "vaso ordinário". Pecava assim mesmo, redarguia o sisudo confessor, pois ambos cometiam sodomia incompleta. O confitente prosseguia, revelando as sinuosas técnicas de controle malthusiano que vigoravam entre os casais do Antigo Regime, ao comentar que "várias vezes prestando o ofício, retraía-se, impedindo a geração" por não querer "carregar-se de filhos". Ao seu lamento e ao desvelamento de um meio contraceptivo – o coito interrompido –, o confitente tinha como resposta a reprimenda do confessor:

Pois saiba Vossa Mercê que peca mortalmente cada vez que fizer isto; e se sua mulher consentiu nisto, fez o mesmo e é ré do mesmo pecado e não pode em consciência pagar o débito, quando sabe que Vossa Mercê não há de usar do matrimônio senão deste modo. (Arceniaga, op. cit., p.446)

A cópula com a mulher menstruada era interditada por ter dito "santo Tomás [...] que nas leis de Moisés se proibia este acesso pela imundície e pelo dano que frequentemente se seguia à prole, [pois] ... deste conúbio nasce a prole leprosa" (ibidem, p.447). O mesmo para a cópula com mulher "embaraçada", considerado pecado venial, mas tornado mortal quando o coito podia provocar o aborto ou "a sufocação da prole". Flandrin revela que tais interditos fundamentavam-se nos tabus que cercavam a impureza da mulher durante as regras, o parto e a amamentação. O que vale ressaltar, ainda segundo este historiador, é que a partir do século XVI os teólogos passaram a insistir na importância da continência durante o aleitamento, numa sensível mudança de atitude em relação à criança recém-nascida, que ora passava a ser valorizada (Flandrin, 1982, p.126).

Quanto à questão do débito conjugal a ser pago ao marido, era preciso atentar às circunstâncias, para que ele não se convertesse em pecado. Proibido era efetuá-lo diante de "gente ou sem causa urgentíssima em lugar sagrado, ou se temesse grave dano de si mesmo ou na prole, pagando o débito".

Segundo Maria Beatriz Nizza da Silva (1984, p.161), certas doenças como o morbo gálico e a lepra dispensavam o cônjuge, mas nem sempre problemas físicos eram aceitos como razão para esquivar-se do ato, que acima de tudo era um dever na família moderna: "Não está obrigada a mulher a pagar o débito quando está com febre; está porém obrigada a pagá-lo, quando se acha com dor de cabeça ou de dentes". Também com relação ao pagamento do débito, a Igreja procurava manter a imagem de recato e pudicícia das mulheres casadas, quando de suas demandas ao marido. Por intermédio de sinais emitidos supostamente com pejo e discrição, o homem "conhece ou conjetura que o deseja e que por vergonha dissimula, por serem as mulheres mais vergonhosas que os homens", revelava o *Tratado de confissón* (apud Lima, 1986, p.80).

Água na fervura

Recolhidas à domesticidade, encolhidas em sentimentos mais piedosos do que amorosos, mergulhadas numa sexualidade fria e adormecida, as mulheres faziam bonito como "vergonhosas". A pudicícia funcionava como sinônimo de prudência e resguardo, mas também de obediência, honradez e de segurança dada pelo casamento. E a sexualidade "vergonhosa", tal como a mulher recatada, devia circunscrever-se à casa, ao lar, à família, abandonando a rua, a praça, as atividades fora do fogo doméstico. De olhos baixos e contrita, como quem vai à confissão, assim também a esposa devia entregar-se ao pagamento do débito, provando que a sexualidade fora normatizada no interior do casamento e que as práticas despudoradas que tinham como testemunhas os vizinhos, os criados e as crianças eram apanágio da "mulher da rua". Em casa, o sexo era aquele "das boas, virtuosas e bem-procedidas esposas", asseverando a ordem e o equilíbrio familiar, e revelando, finalmente, que as práticas sexuais serviam também para a fabricação de um ideal feminino.

A imposição da sexualidade doméstica passou pela execração da que era pública: "E eu advirto que peca mortalmente se usar do matrimônio em lugar onde se possa ver ou perceber seus filhos, seus domésticos ou outros, porque se dá escândalo grave", pregava Arceniaga (op. cit., p.430). No manual de confissão de Cristóvão de Aguirre, o confitente perguntava "se a cópula tida entre os casados na igreja tinha especial malícia de sacrilégio", ao que o confessor respondia: "Cometem sacrilégio, ainda que se faça ocultamente, se não é que estes tais estivessem por muito tempo, como por seis dias ou mais e *time atur effusio seminis*; então não haverá sacrilégio" (op. cit., p.31). Lembra muito bem Flandrin que a perseguição mais sistemática dos ajuntamentos em lugares públicos ou sagrados tem relação com o surgimento de uma nova noção de pudor, mas também com um sentido mais vivo da sacralidade dos espaços eclesiásticos, num momento em que as festas religiosas tomavam feições cada vez mais profanas.

Além do cerceamento das práticas sexuais dentro do casamento, a Igreja reduzia ao mínimo o lazer erótico e qualquer situação de prazer. O *Tratado de murmuración y alabanza* [Tratado de falatório e elogio] dizia ser "muito sujo e perigoso o passatempo de porem-se as mulheres a ver nadar os homens, [...] e mui dignos de repressão os que sendo de um sexo se põem a ver os do outro e quando se banham, quando se desnudam ou quando dormem." (Navarro, op. cit., p.231). Um livro sobre casos de consciência prevenia àqueles que, com "deleição amorosa [...] ensinavam dançar, abraçavam, [...] deixavam-se levar por outra pelas mãos, ou por ver lavarem as moças no rio, ou por ver os pés e pernas, peitos, cinturas, calças e outras coisas semelhantes, pecaram muitas vezes; [...] seria bom apartar-se de tudo isto".

Importante era acautelar-se também contra os que, "usando ofício de caridade para curar mulheres em lugares secretos, pecaram muitas vezes ao menos com deleitação amorosa e danadas vontades".[24] Lana Gama Lima ressalta em seu artigo a enorme sensibilidade dos confessores para a compreensão 'psicológica' da sexualidade, atentos que estavam para o papel das fantasias e da imaginação. Não por acaso perguntavam sobre "atos torpes", que apareciam em sonhos (Lima, 1986, p.84), se deitavam "a dormir com desejos", se os confitentes tinham "polução em

---

24 B. N, L., manuscrito, Reservados 2291.

Ao sul do corpo

sonhos" (Fonseca, 1687, p.83). Deste mal, Ângelo Sequeira apressava-se a explicar a origem, as razões e os lenitivos:

> Procedem as poluções da fantasia que é potência interior que conserva as espécies que entraram pelos sentidos externos. As quais espécies, estando na fantasia, chamam-se fantasmas, sem os quais não pode o nosso entendimento entender. Esta fantasia obra mais fortemente em sonhos, porque na vigília obramos principalmente pela razão. E por isso, quando em sonhos aprendemos com a fantasia alguma forma deleitável e pulcra, subitamente se inquietam os espíritos genitais e correm logo as partes inferiores. [...] Correndo pois estas faíscas ou espíritos aos lombos, onde está o lugar do humor seminal, acendem fogo naquelas partes, e este calor (diz Aristóteles) que é a causa da comoção dos espíritos venéreos donde procede o fluxo do humor seminal. Quando a polução não tem mais causa que a fantasia, não é pecado nenhum. (Sequeira, 1754, p.360-2)

Sequeira sugeria ainda um "remédio infalível" para pessoas que padeciam de "sonhos desonestos", revelando assim a intenção da Igreja em controlar até os mais mínimos atos subjetivos. O pecador ou pecadora deveria cingir "a cintura e cada um dos pulsos com o santíssimo rosário bento, [...] e com viva fé nos seus poderes, dizer: malditos demônios, em virtude dos santíssimos nomes e corações de Jesus e Maria [...] mando que vos afasteis de mim e cesse toda a vexação nesta noite e neste dia seguinte"(ibidem, p.165), visualizando a cama como uma sepultura na qual poderia estar metido "no dia de amanhã"(ibidem, p.164).

Para os corpos rebeldes, imunes à proteção de orações e exorcismos, mais afeitos às "fervanças da carne", o mesmo pregador recomendava novenas a santa Comba, protetora portuguesa da castidade, reforçada por uma peregrinação à ermida onde estaria enterrada (ibidem, p.210). Uma última recomendação dizia respeito à preservação do leito conjugal, protegido de demônios ou de espíritos humorais através da oração *Liberatur a Diabolo!*. Uma fórmula medieval citada por Jacques Le Goff é mais explícita no sentido de recomendar aos esposos que estes "não mergulhem na luxuriosa busca do prazer e que se armem de honesta continência" (Le Goff, 1964, p.58).

O buraco da fechadura da história

O lento processo de adestramento da sexualidade feminina que acompanhou a instalação do casamento tridentino na Colônia exprimia-se culturalmente através de vários interlocutores. O discurso normativo da Igreja foi um dos mais vigorosos, sem contar que os fatos e a prática da sexualidade não falavam por si, e haviam que se expressar por intermédio de definições sociais, símbolos e explicações que emergiam deste mundo no qual se tinham constituído. A comunidade colonial foi também interlocutora desse processo e, mais além de constituir-se no espaço da escolha dos parceiros e dos hábitos sexuais, firmava-se como um espaço de saber sobre a sexualidade. Tanto as fórmulas contraceptivas e abortivas quanto a circulação de notícias sobre "os pecados dos casados" ou os insucessos matrimoniais faziam parte do seu dia a dia; repercutiam nas falas das testemunhas e réus que compareciam diante do tribunal eclesiástico e que nos legaram com seus processos de divórcio algumas informações sobre como eram vivenciados os "pecados dos casados".

Em 1751, Inácia Maria Botelho parecia sensível ao discurso da Igreja sobre a castidade, pois se negava a pagar o débito conjugal ao seu marido. Alegando ter feito votos quando morava com sua mãe "Mariana do Rosário, no recolhimento de Santa Teresa na cidade de São Paulo; aí, com o exemplo das irmãs recolhidas, foi estimulando as virtudes, particularmente a da castidade, fazendo propósito de a guardar e de que se não havia de casar". Sobre o seu dever conjugal, contava o marido, Antônio Francisco de Oliveira, que "na primeira noite em que se acharam na cama [...] lhe rogara a autora que a deixasse casta daquela execução por alguns dias, que ela tinha feito voto de castidade".[25] Por outras razões, recusava-se também Margarida Francisca de Oliveira, por seu marido achar-se contaminado com a "contagiosa moléstia da morfeia", retirando-se a dita esposa para a casa de sua mãe.[26] Queixando-se que "não havia união comum e recíproca entre os consoantes", Escolástica Silva Bueno, em 1795, alegava que,

> sendo antes de casar muito sadia e robusta, poucos tempos depois que casou com o réu principiou a padecer moléstias adquiridas pelo réu que lhas comunicou, vivendo oprimida e inabilitada de sarar, [e] [...] que o réu, com as moléstias morbosas que adquiriu pelos seus vícios, comunicou à autora e a impossibilitou totalmente de poder continuar a vida marital.[27]

Ana Luísa Meneses acusava o cônjuge de "pitar tabaco de fumo", que lhe conferia um "terrível hálito que se faz insuportável a quem dele participa",[28] enquanto Maria Leite Conceição reclamava dos "pés e pernas inchadas" do seu, "dos quais

---

25 A. C. M. S. P., processo de divórcio, 3-21-65, apud Campos, op. cit., p.318.
26 A. C. M. S. P., processo de divórcio, 2-5-34, apud Campos, op. cit., p.400.
27 A. C:M, S. P., processo de divórcio, 3-15-47.
28 A. C. M. S. P., processo de divórcio, 3-22-12, apud Campos, op. cit., p.400-1.

Ao sul do corpo

exalava um mau cheiro insuportável",[29] mostrando que o embate conjugal não passava longe de alguns critérios de sensibilidade feminina.

Casos de desajustes conjugais devido à pouca idade da esposa não são raros, e revelam os riscos por que passavam as mulheres que concebiam ainda adolescentes. Alzira Lobo Campos cita o caso de uma menina que, casada aos 12 anos, manifestara repugnância à consumação do matrimônio. Seu marido, em respeito às lágrimas e queixumes, resolvera deixar passar o tempo para não violentá-la (ibidem). Escolástica Garcia, outra jovem casada aos nove anos, declarava em seu processo de divórcio que nunca houvera "cópula ou ajuntamento algum" entre ela e seu marido, pelos maus-tratos e sevícias com que sempre tivera de conviver. E esclarecia ao juiz episcopal que "ela autora casou contra a sua vontade, e só por favor à vontade a seus parentes e temor a eles; que não estava em tempo de casar e ter coabitação com varão por ser de muito menor idade, assim de tão tenra idade casou" (ibidem).

Os casos de casamentos contraídos por interesse, ou em tenra idade, somados a outros em que as idiossincrasias da mulher se desvelam em relação ao marido, mostram que para muitas esposas "honestas e recatadas" as relações eram breves, privadas de calor ou de refinamento. Cada vez mais se evidenciava o elo entre a sexualidade conjugal e os mecanismos de reprodução. Maria Jacinta Vieira, por exemplo, bem ilustra a valorização da sexualidade normatizada quando, recusando-se a copular com seu marido "como animal", alegava que não mais poderia viver com ele, uma vez que suas "honestas recusas" eram correspondidas com maus-tratos (ibidem). Bem longe já se estava dos excessos eróticos cometidos pelas sodomitas, estudados por Ronaldo Vainfas, quando das primeiras visitações do Santo Ofício à Colônia. Na Bahia do século XVI, Inês Posadas não parecia então muito preocupada em ter sido denunciada pelo fato de seu amante, durante o coito, retirar o membro de sua vagina para sujar-lhe a boca. Tampouco Maria Machado, prostituta, "useira em praticar sodomias" (Vainfas, 1988, p.270-1).

As práticas de amantes e prostitutas ajudavam a recortar a utilidade dessa sexualidade que devia ser conjugal e, por isso mesmo, insípida, breve e voltada à procriação. Tais comportamentos ilustravam um consenso do Antigo Regime, verbalizado por Montaigne. A esposa devia ignorar as febres perversas do jogo erótico.

O que restava às mulheres casadas, senão exercer o seu papel honrado, recolhido e devoto até o fim, devendo escolher, portanto, a sexualidade utilitária da procriação em detrimento daquela recreativa? O que lhes sobrava, senão tentar

---

29 A. C. M. S. P., processo de divórcio, 2-63-15, apud Campos, op. cit., p.399.

Mary Del Priore

capitalizar o seu papel de mãe, reforçando poderes no interior da casa e da família? Parideiras, estando a serviço do Estado moderno em tempos em que o celibato era visto com suspeita frente a problemas demográficos e econômicos, fortaleciam-se dentro de suas comunidades. Valorizavam-se também frente à Igreja ao perseguirem o exemplo mariológico e ao repudiarem o celibato, que por sua sexualidade errante ameaçava o próprio casamento.[30] Tal como Edward Shorter (1977, p.95-6) percebeu nas sociedades tradicionais do Antigo Regime, as mulheres casadas na Colônia tinham funções muito bem definidas não só no seio de suas comunidades, mas também dentro de seus casamentos. Os casados desenvolviam tarefas específicas criteriosamente julgadas pela vizinhança e pela parentela, encarregadas ambas de ajuizarem sobre seus sucessos e fracassos. Possuíam também papéis a desempenhar frente ao outro sexo: os maridos deviam mostrar-se dominadores, voluntariosos no exercício da vontade patriarcal, insensíveis e egoístas. As mulheres apresentavam-se como fiéis, submissas, recolhidas e sobretudo fecundas. Tinham que produzir tantos filhos quanto as regras da comunidade exigiam e também satisfazer a seus parceiros. Sua tarefa mais importante era a procriação, sendo sua sexualidade recreativa gradativamente abandonada.

Shorter comprova que os camponeses e pequeno-burgueses tratavam suas mulheres como máquinas de fazer filhos ao mecanizar as relações sexuais, despindo-as de expressões de afeto. Nos exemplos que encontramos, a situação não é muito diversa, evidenciando-se na forma indiferente com que maridos infectavam suas mulheres com doenças venéreas. A atmosfera de reciprocidade, característica dos casamentos de inclinação, encontra-se ausente nos matrimônios de esposas tão meninas, sendo o débito conjugal um apanágio dos homens. Isto, sobretudo porque a valorização da genitora deve ter colocado uma distância enorme entre a sexualidade feminina voltada para a procriação e aquela outra recreativa. As múltiplas gestações a que estavam condenadas mulheres carentes de contraceptivos eficientes com certeza afastavam-nas da relação sexual e de qualquer possibilidade de erotizá-la. Os riscos de sobrevivência, os partos malfeitos, os mínimos recursos sanitários da época colaboravam para fazer da gravidez um fantasma muito mais aterrorizador do que a fala da Igreja sobre a luxúria.

---

30 Sobre a castidade e a continência feminina, ver em Farge & Klapisc-Zuber (1984) o artigo de Farge: "Le temps fragile de la solitude des femmes à travers des discours médical du XVIIIè siecle" [A hora frágil da solidão das mulheres através do discurso médico do século XVIII].

3

Semeadura e procriação

> Bem quisera eu que meu pai ou minha mãe, ou na verdade ambos, já que estavam igualmente obrigados a tanto, tivessem posto mais atenção no que faziam quando me geraram [...] – que não só a produção de um Ser racional estava em causa, como também, possivelmente a boa formação e temperatura de seu corpo, talvez do seu gênio e da própria disposição de seu espírito. [...] Tivessem eles ponderado e devidamente considerado tudo isto, nesta conformidade procedendo, estou verdadeiramente persuadido de que eu teria feito, no mundo, outra figura bem diferente. (Sterne, 1984, p.47)

As falas reveladoras sobre a transformação da mulher em mãe ideal não reverberavam apenas de manuais de confissão e de uma casuística sobre a importância da sexualidade conjugal domesticada. A perseguição ao prazer como objetivo único e não como consequência do ato sexual não se fazia sozinha, de cima para baixo, na sociedade. A procriação como dever conjugal e solitária justificativa para o coito não se impunha ainda às comunidades do Antigo Regime ou na Colônia, sem esbarrar em práticas cotidianas ou mesclar-se à mentalidade que se tinha neste período sobre a importância da fecundidade.

Atentas a hábitos contraceptivos, esterilizantes ou procriativos, as comunidades tradicionais, conquanto bombardeadas pelas imposições do concílio de Trento, não perdiam de vista seus próprios critérios de reprodução. Uma grande família seria sempre sinônimo de solidariedade e perpetuação. O reflexo da importância da procriação era coletivo e existia no âmbito dos diferentes grupos. De grandes famílias dependiam imperativos econômicos, a manutenção de níveis alimentares, a guarda de territórios e a defesa de interesses coletivos.

O "crescei e multiplicai-vos" ecoava sistematicamente nas necessidades básicas das populações do passado. Essa demografia pródiga em filhos, escorada na crença católica de que Deus os ajudaria a criar, pois eles são "a riqueza dos pobres", era contrabalançada por uma alta mortalidade infantil.[1] A obrigação do dever conjugal equilibrada pela onipresença da morte de recém-nascidos e parturientes gerava o que Jean-Claude Bologne (1988, p.89) chamou de "família em migalhas". Em colônias, tais realidades eram especialmente agravadas pela migração interna de maridos e companheiros de ligações consensuais, sobretudo em capitanias em que o sistema de produção não era essencialmente agrícola. Os filhos sobreviventes tornavam-se assim o arrimo de mães solitárias ou abandonadas.

Representações da preocupação real com a capacidade de gerar estavam disseminadas tanto em textos teológicos e na literatura quanto em pioneiras teses de medicina, que se perguntavam em 1554 "se o sono favorecia a concepção de filhos do sexo masculino"; mais para a frente, em 1648, se as mulheres belas eram mais fecundas e, no século XVIII, "se o feto era produto da semente de dois sexos" (Darmon, 1981, p.6). Na França, em 1655, *La Calipédie*, da autoria de Claude Quillet, extraída da obra do espanhol Juan Horte, circulava na elite como uma espécie de bíblia dos bons procriadores. Em 1745, Michel Procope Couteau inspirava-se num médico árabe do século IX para escrever uma *Arte de fazer filhos* com regras para a escolha dos sexos, enquanto manuais anônimos para se ter "belas crianças" mereciam inúmeras reedições, menos exclusivas, vendidas em feiras públicas.

Entranhado na mentalidade moderna, o mito da procriação revelava a dicotomia em que a sociedade inseria a mulher. A lógica implacável dos sistemas binários como o católico-cristão, construído sobre o equilíbrio de contrários – o alto e o baixo, a luz e as trevas, o céu e o inferno, o *ardo* e o *confusio* –, opunha a mãe à prostituta ou à devassa. Uma fazia tudo para conceber; a outra tudo fazia para jamais engravidar e, assim, nunca perder os atrativos que a tornavam sedutora. Concepção e esterilidade inscreviam-se portanto no discurso sobre a procriação e, dentro deste, no papel que as mulheres teriam: a mãe condenada a gerar, a dobrar-se ao peso dos trabalhos para a criação dos filhos, excluída de qualquer rotina de prazer erótico; a prostituta estéril à força de abortivos, condenada a não ter prole, amalgamada a uma concepção que condenava a esterilidade a ser vivida como uma tara, uma anormalidade, uma maldição.[2]

---

1 Sobre a mortalidade infantil no período colonial ver Marcílio, 1974, p.154-80.

2 Segundo Michele Laget, a ausência de filhos era considerada uma maldição (La femme et le pouvoir de réproduire [A mulher e o poder de reproduzir], In: Laget, 1982, p.24-56). Não que as prostitutas coloniais não os tivessem; seus fogos, estudados por Maria Luiza Marcílio nas listas nominativas de habitantes referentes à capitania de São Paulo, acusavam a presença de filhos. (Ver também o capítulo "As filhas da mãe"). Mas, via de regra, tratavam-se de crianças que não permaneciam com suas mães, pela razão mesma do trabalho que estas desempenhavam.

Ao sul do corpo

Porém Maria e Eva constituíam faces de uma mesma moeda. Sedutora, a mulher é simultaneamente prolífica. Perversa, ela também concebe, faz amadurecer o fruto em seu ventre e dá à luz entre sofrimentos. A mulher que é perdição e pecado é também gravidez. E, na gravidez e nas estruturas mentais que cercavam a gestação, a mulher passava a ser mito de riqueza, de abundância e de poder. A abundância da vida manifestada nos frutos da natureza, na reprodução cíclica e em riquezas gratuitas traduzia-se na multiplicação de filhos. A procriação permitia à mulher igualar-se à mãe-terra, tornando-a fonte e berço para uma linhagem. Mais além, a maternidade autorizava-lhe a romper com a dependência hierárquica do homem, uma vez que ele estava excluído do processo de gestação. Este privilégio, portador de misérias e de poder, exercia-se, no passado, imerso em mistérios e tabus que o tornavam ainda mais fascinante.

No processo de domesticação da mulher no interior do casamento, os aspectos mágicos da procriação e da gravidez foram lentamente esvaziados pelo saber médico. O fantástico poder de gerar e gestar uma vida lhe foi cobrado com tantas gestações, que ela estava perto de tornar-se uma vítima de partos malfeitos, doenças e infecções.

Vítima física e social da maternidade, a mulher passava a ser sutilmente enquadrada num discurso laudatório, cuja finalidade era fazê-la curvar-se em torno dos filhos, esquecida do poder que significava engendrá-los e olvidada das possibilidades de solidariedade que poderia encontrar entre outras mães ou entre seus próprios filhos.

A literatura encomiástica de Antônio de Sousa Macedo, por exemplo, louvava, em 1631, uma certa Maria Lopez, da Vila da Ponte de Barca, que tivera 120 filhos e netos, "oitenta dos quais", segundo o mesmo autor, davam incomparável exemplo de piedade por "comungar todos os dias".[3] Se o número de filhos não fosse bastante para impressionar os leitores sobre os níveis de fecundidade das portuguesas, não faltavam exemplos sobre gestações espantosas: "Maria Marcela [...] parira juntos sete filhos varões, todos chegaram a ser clérigos e ter benefícios, os quais foram esculpidos na sepultura da mãe" (ibidem).

A cultura popular, através de seus canais tradicionais de informação – a praça, as fontes, a procissão –, reforçava o sistema de informações sobre o mito da procriação.[4] A *História da donzela Teodora,* episódio sobre uma jovem adivinha que se tornou princesa,[5] esclarecia às mulheres do povo que "Jesus Cristo com a Virgem Santa Maria sua mãe" fora convidado às bodas de Caná "por nos mostrar

---

3 B. N. L., Antônio de Sousa Macedo, *Flores de Espanha, excelências de Portugal,* Reservados 3071 V.

4 Sobre a relação entre a cultura popular e os textos eruditos ver Davis, "L'imprimé et le peuple" [O impresso e o povo] (In: Davis, 1979, p.508).

5 Luís da Câmara Cascudo (1986, p.290-1) encontrou similares para o Brasil contemporâneo.

Mary Del Priore

o bem que é o casamento [e] [...] pelo fruto que dele vem, que são os filhos bons". Recomendável, portanto, que a mulher eleita para um casamento fosse "de idade para haver filhos, que por isto a ordenou Deus" (Lisbonense, 1783, p.39). A essas maternidades imbuídas de maravilhoso, ou àquelas recomendadas na fala popular, somavam-se as maternidades protegidas pela lei:

> Posto que as mulheres tenham muitos privilégios em direito, as prenhas principalmente têm muito mais prerrogativas e benefícios porque não podem ser metidas a tormentos, não se pode executar nelas penas de morte enquanto estiverem prenhas. [...] E ainda depois de parirem, se não achar ama que possa criar a criança, pagando-a das despesas públicas, não se fará na mulher prenhe execução de morte, porque tanto é mais importe a República conservar o parto depois de nascido, do que importa estando no ventre.[6]

Proteção à mãe em primeiro lugar, pois a mulher infratora, uma vez tendo ama de leite para atender a seu filho, sofria os castigos costumeiros por crimes cometidos. A legislação portuguesa do século XVII traz alguns exemplos de provimentos oferecidos às amas de leite de "enjeitados", abandonados ou crianças que por razões jurídicas eram afastadas de suas mães.[7]

Os filhos, como bom fim da procriação, eram também glorificados nos manuais de casamento. Diogo de Paiva Andrade (1630, p.67) deixava transparecer no seu *Casamento perfeito* uma mentalidade que interpretava no bom filho o resultado das práticas virtuosas do casamento. Embora não responsabilizassem diretamente a mulher pelo insucesso da gestação, é sabido que nesse período se atribuía aos "coitos desordenados" e às "mulheres lascivas" a concepção de monstros. Flandrin (1973, p.154) e Gélis (1984, p.362) estudaram essa mentalidade que jogava a malformação de uma criança ao nascer a pecados cometidos por seus pais durante o comércio conjugal.[8] Daí, certamente, Diogo de Paiva Andrade (op. cit, p.446) considerar os filhos "a cousa de maior gosto para os casados", avaliando-os como "penhores mais agradáveis e deleitosos, quanto for mais intenso e afervorado o amor que têm os que o gerarão". O amor conjugal dos "perfeitos casados" traria embutido, com "grande vantagem e consolação, o gosto dos filhos". E a prole

---

6 B. N. L., Rui Gonçalves. *Dos privilégios e prerrogativas que o gênero feminino tem por direito comum e ordenação do Reino, mais que o gênero masculino*, Reservados 283 V.

7 Um exemplo é o fato dos maridos das amas de enjeitados estarem dispensados do serviço militar. José Justino de Andrada e Silva (1854-1859, v.1. p.648-58).

8 Jean-Louis Flandrin (1973, p.154) e Jacques Gélis 'Dans le projet de Dieu, les monstres' [No plano de Deus, os monstros]. In: Gélis, 1984, p.362.

resultante deste amor casto e piedoso haveria de ser "virtuosa e obediente". Esses "doces bens" procediam dos filhos desejados e legítimos, não dos "bastardos", que eram, segundo aquele autor, "imperfeições da cristandade, como os aleijados da Natureza".

Associada à lenta difusão do casamento em colônias, a procriação erigia-se como dever para a boa casada. Uma obrigação que a catapultava automaticamente para o papel de mãe. Ao casar-se e cumprir com sua obrigação reprodutiva, a mulher via esvanecer-se qualquer outra identidade que não fosse aquela dada pelo cuidado com os filhos. "E sendo assim", explicava Nuno Marques Pereira, (1752, p.215) "lícita causa é que depois de casado qualquer homem use de propagação, que é o principal fim para que tomou aquele estado sem a mínima sombra de pecado."

O fundamental no processo reprodutivo era que ele se fizesse sem mácula de pecado algum, cabendo à mulher, pela gestação, dar provas de que se estava dignamente casado: "Quando eles forem reverenciadores de Deus e guardadores da lei cristã, e se amarem um ao outro com amor honesto e se ajuntarem com só desejo e propósito de gerar filhos, [...] e os que se ajuntam com desejo de ter filhos, mais do que satisfazer o seu deleite, alcançam a bênção do Senhor", perorava frei Luís de Granada (1789).

No cerne do casamento na Idade Moderna aninhava-se a concepção cada vez mais corrente de que o sexo era imperativo divino, quer para a propagação da espécie, como desejava santo Agostinho, quer para combater a concupiscência, como desejava o apóstolo Paulo.

O fabulário sobre o "sexo feminil"

A medicina, nesse mesmo período, ecoava as diretrizes da Igreja no sentido de adequar o uso da sexualidade ao casamento. Inúmeras prescrições afloravam nos textos dos ditos "médicos letrados", ou de paramédicos, cujas observações, bracejavam em obscurantismo e retrocesso. Os jesuítas haviam garantido o decreto papal de 1163, que proibia toda e qualquer cirurgia por sua criminosa efusão de sangue, incentivando em seu lugar técnicas de sangria e purgas, e com estas uma legião de espertos barbeiros, boticários e charlatães, espécie de pá de cal sobre os estudos de Mauriceau, La Motte e Heister no resto da Europa.[9]

---

9 Sobre a medicina na Europa e no Brasil do Antigo Regime, ver Lycurgo dos Santos Filho (1977a e 1977b).

Num clima de crenças e superstições extremamente arraigadas no que dizia respeito ao uso e aos cuidados com o corpo, proliferava um saber que se valia de analogias, esconjuros e benzeduras, drogas e elixires afamados, e, sobretudo, de um óbvio desconhecimento da matéria médica. Nessa linha de restrições e de crenças sobre a utilização adequada da sexualidade, João Rodrigues, o famoso Zacuto Lusitano, afirmava em sua valorizada *Centuria medicalis* que os apetites sexuais alterados provocavam defeitos aos filhos, relatando, compenetrado, o caso da gravidez de uma mulher solteira, fecundada por outra casada em função do tribadismo a que ambas se dedicavam (apud Magalhães, 1922, p.24). Francisco Morato Roma alertava que a "continuação demasiada do coito dissipa o calor natural, refrigera o corpo, diminui as forças, acumula cruezas, enfraquece os sentidos, tira a memória e enfraquece o entendimento, pelo que deve muito a temperança" (Roma, 1753, p.19). Os tormentos e maleficências físicas que procuravam atrelar a procriação a uma boa moral tinham que ser controlados com 'antídotos' para impedir os danos relatados.

Propunham-se "remédios amargosos", de "sabor ignoto", recomendados para dobrar os desejos da carne, transformados por sua ministração sistemática em "gostosa e dulcíssima confeição cordial com que se cura o corpo, e forma o espírito" (Bernardo Pereira, [s.d], p.252). Para o "amor insano", que atacava indiscriminadamente homens e mulheres prejudicando o nobre fim da procriação, João Curvo Semedo recomendava o "cozimento de uma erva conhecida como morvão", de sabor insuportável, que devia ser mascada, juntamente com aplicações de "tintura de antimônio" nas partes sexuais. Já para o "apetite depravado" – uma variação das paixões humanas – a sugestão era "vinho de romãs azedas" (Semedo, 1720, p.33-7). Santos de Torres publicava em 1756 um *Prontuário farmaco cirúrgico*, dedicado a Nossa Senhora, "com uma metódica direção para se curar radicalmente os afetos venéreos" (Torres, 1756, p.20), enquanto Francisco da Fonseca Henriques sugeria que a melhor cura para tais achaques seria andar com os "pés descalços, [...] pois dos dedos polegares nascem os incitamentos libidinosos" (Henriques, 1731a, p.17). Não sem razão, dizia o autor, são Francisco havia proibido os sapatos aos seus religiosos.

Alvo indireto dessas falas masculinas, o corpo feminino sofria um esvaziamento gradativo de erotismo, não lhe restando senão o cenário ideal para a procriação e, por isso mesmo, submeter-se às regras da correta utilização do sexo. O ocultamento da mulher como protagonista de tal adestramento proposto pela Igreja e mediado pela medicina só se desvelava quando, na mentalidade binária do período, se utilizava a prostituta ou a devassa como exemplo de mau uso da sexualidade feminina.

Ao sul do corpo

A retórica em favor da moderação de costumes trazia no seu avesso a condenação daquela que se excusava à maternidade porque infernalmente lasciva:

> Certo homem, indigno deste nome, amava uma mulher-dama com tão excessivo e desordenado afeto, que fiado na idade de mancebo e na valentia das forças, pretendeu apagar o ardente mongibelo em que se abrasavam aqueles dois vesúvios de luxúria, e para conseguir tão bárbaro intento soltou as rédeas aos atos torpes da lascívia, de tal sorte que caiu em um copiosíssimo fluxo de sangue pela via da urina, [...] ficou sem fala e quase morto, como tem sucedido a muitos que, estando no mesmo ato, perderam de repente a vida. (Semedo, 1707, p.408)

Mas nesta "mulher-dama" que se mostra um "vesúvio de luxúria" e o oposto da santa-mãe, cujo corpo é regulado, o homem não encontrará mais que uma "fonte impura e infeccionada" com "o Proteu das moléstias": "a céltica ou a venérea" (Franco, 1823, p.334). A oposição entre uma sexualidade má e outra boa acabava por polarizar os papéis femininos e as práticas deles decorrentes. Mulheres casadas, com extensa prole, tendo passado pelas dificuldades da gestação e do parto, dificilmente teriam interesse em "soltar as rédeas da lascívia" pelos riscos de incorrerem em nova gravidez.

Os ataques ao coito desordenado, associando Igreja e medicina, acabaram também por estigmatizar as mães que davam à luz crianças mutiladas, disformes, tortas ou corcundas, com a pecha de sua tentativa de passarem do bom coito para aquele que era a prática da mulher-dama. O controle percuciente e moderno da sexualidade feminina fazia-se, portanto, associando a lubricidade à prole monstruosa. Essa ética da procriação, como bem resumiu Darmon (op. cit., p.127), acabou dando ao laço carnal uma dimensão espiritual à qual ninguém podia transigir sem ofender a Deus.

O mesmo olhar misógino, que louvava a procriação feminina para melhor controlá-la, debruçava-se com indisfarçável superioridade para examinar suas entranhas. O milagre e o mistério da procriação, instrumento de alavancagem do capital materno, tinham só em parte a responsabilidade da mulher, segundo os médicos do período colonial.

Antes de Aristóteles ter seus conhecimentos divulgados, o senso comum atribuía ao homem o poder fecundante, tendo a mulher apenas a atribuição de ser fértil como a terra. Nas *Eumênides,* Ésquilo anunciava que mulheres não geravam filhos, apenas alimentavam os frutos nelas semeados. Aristóteles, por sua vez, dava caução científica a teorias misóginas que se mantiveram intocadas até o final do século XVIII. Em seu sistema, o homem era tido como "causa eficiente" da vida e do movimento, tendo por atributo insuflar uma alma à matéria bruta fornecida pela mãe. Poussain de la Barre, no século XVII, reverberando a misoginia latente nesse período, anunciava que tais causas eficientes derivavam de qualidades masculinas, "o calor, a secura e a força"; sendo a mulher apenas causa passiva, suas qualidades eram flácidas e ela só precisava de 'humores' que a sustentassem durante a gestação e o aleitamento.

Era nesse clima de desprezo às mulheres que Francisco da Fonseca Henriques questionava a sensualidade feminina, perguntando-se: "Por que causa entre os animais só as mulheres, no tempo de gestação, apetecem e admitem congresso?" (Henriques, 1731a, p.65-6). E, em sua resposta, tateava razões psicológicas para o procedimento da mulher: "Depois que o concebeu a mulher, está saciado o apetite sensível e natural da propagação da natureza, mas não está pacato o apetite inteligível superior para deixar de apetecer o que pelas espécies sensíveis lhe representar a fantasia". Tais 'fantasias' descoladas da necessidade de procriação pareciam-lhe suspeitamente perigosas, pois "ainda que o feto tomara em se nutrir todas as relíquias do sangue, nem por isto havia de privar as partes da mãe do seu gênio e do seu uso".

Essas fantasias, aflorando do úbere materno, sendo destiladas de um corpo e de uma sensualidade mal conhecida, diziam ao médico do poder anestésico e mundificador do sexo, porquanto, segundo o mesmo autor, este era usado para "modificar as calamidades e misérias humanas". Mas por que não seriam as mulheres capazes de procriar, cabendo-lhes apenas a tarefa de carregar e fazer amadurecer o fruto, numa analogia corrente com a natureza? Invocando Aristóteles, Henriques dizia que elas não tinham "matéria seminal prolificativa" e tão-somente concorriam para a geração com o "sangue mênstruo" que alimentava a criança. "A mulher é um animal imperfeito e passivo, sem princípio e vigor eficiente, razão por que os bárbaros lhe chamam animal acessório", resumia.

Comparadas a meninos impúberes, as mulheres não excretavam sêmen, o que era confirmado por 'observações'. Uma vez assegurado que elas eram incapazes de conceber "sem voluptuosidade" – "pois não há nelas ejaculações seminais que são voluptuosas" –, tranquilizavam-se os ânimos masculinos ante o perigo dessas mães conceberem "sem acesso viril, pois se acha nelas o outro princípio da geração que é o sangue mênstruo". A proeminência masculina no momento da geração era sempre sublinhada, cabendo à mulher uma participação menor, salvo quando concebia monstros, e era por isso culpabilizada. Tal asserção tinha a origem de sua linhagem em Hipócrates e Galeno e influenciara toda a medicina da Época Moderna: "O sexo feminil concorre para a geração do homem com matéria fecunda, eficiente e prolificativa, ainda que menos cálida e menos espirituosa que a matéria seminal viril". Mesmo modesta, esta participação tinha que se cumprir sob pena de malbaratar e corromper a saúde mesma da mulher. Não tentar a procriação e não fazê-lo dentro de normas rigidamente impostas pela Igreja e a medicina implicava danos físicos. Isto porque

> a matéria que no sexo feminil faz os congressos voluptuosos não é matéria seminal como a do outro sexo, senão que é uma matéria que se acha nos orifícios do meato urinário e nas porosidades da vagina, [...] a qual matéria é dotada de qualidades voluptuosas *para o fim da propagação*, e é a que excita os estímulos libidinosos e que faz as poluções voluptuosas, e aquela por *cuja retenção padece muitas vezes este sexo achaques que com excreção dela se cura.* (Ibidem, p.18. Os grifos são da autora)

Esta fala de Henriques exala a mentalidade típica na Idade Moderna de associarem-se distúrbios mentais à sexualidade. A melancolia e, posteriormente, a histeria serão interpretadas como resultado de uma voluptuosidade mal digerida e constituirão uma espécie de continente gelado, para onde o senso comum expulsava aquelas que, não sendo prostitutas, não haviam empregado seus corpos na meta ideal de procriação. Não sendo portadora, portanto, de matéria seminal 'superior' e produtora de "ossos, cartilagens, ligamentos, fibras, membranas, nervos e tendões" como o homem, a mãe apenas carregava "o ovo com que o sexo fêmeo concorre para a propagação, assim como sucede com os ovíparos" (ibidem, p.8). Nesta lógica, Voltaire não estaria ironizando ao comentar: "a mulher não é que uma galinha branca na Europa e preta na África". Foi preciso aguardar-se a evolução dos trabalhos de Prévost e Dumas e Karl Ernst von Baer, no século XIX, para compreender a diferença entre o ovo e o óvulo.

A crença no ovismo feminino era tão arraigada que, ainda em 1796, Jacó de Castro Sarmento dizia-se testemunha ocular de um "estupendo e admirável coito entre um coelho e uma galinha", para concluir triunfante que os "frangões [...] de pele coberta de uma lã uniforme e branca como a do coelho" eram o resultado e a prova de que as mães tinham parte inelutável na geração: "pois que o gerado da cópula de um coelho e uma galinha é um frango".[10]

O mesmo raciocínio sobre as galinhas servia, por analogia, às mulheres. A transmissão de caracteres matemos embutia, na aparentemente minúscula contribuição da mulher, mais uma responsabilidade. De suas qualidades ou defeitos, os filhos traziam uma marca. A noção popular de que "a boa árvore dava bons frutos", ou vice-versa, refletia-se de forma erudita nas palavras do moralista Oliva Sabugo

---

10 *Relação feita por Jacó de Castro Sarmento como testemunha ocular de ter havido cópula um coelho com uma galinha,* B, N. R. J., manuscrito 13-12-10, p.170.

(1734, p.224), ao recomendar "verá o homem quanto vai na companheira que toma por mulher para a perfeição dos filhos". Embora soubesse que cada cônjuge "há de pôr a metade", melhor seria prevenir do que remediar. A importância dada à escolha da boa procriadora fundamentava-se na crença de que um útero em bom funcionamento era sinônimo de uma esposa digna e virtuosa, genitora de uma prole cheia de qualidades.

Na Colônia, Francisco de Melo Franco (1823, p.11) ao descrever a mulher votada para a maternidade, dizia serem seus "ossos mais pequenos e mais redondos, a carne é mais mole e contém mais líquidos, seu tecido celular mais esponjoso e cheio de gordura"; e tais sinais físicos não eram vãos. Eles denotavam "sentimentos em geral [...] mais suaves e ternos; suas ideias mais finas, seu tato mais delicado e toda sua configuração exprime ternura e amor". O útero, *locus* sagrado da procriação, era uma "máquina" capaz de "modificar as afecções morais"; por sua influência e quando ativo "vêm a ternura e o carinho materno".

A procriação, portanto, tinha função paradigmática na constituição de papéis femininos, tanto em colônias quanto na Metrópole. Por negar-se a evitar a procriação, a prostituta erigia-se como o avesso da mãe. Não conseguindo um companheiro que lhe gerasse um filho, a mulher só, afogada nos "humores de sua madre", como mostrado adiante, estava condenada à doença e à melancolia.

A genitora, por sua vez, não se consagrava impunemente. Ela tinha sua sexualidade controlada e seu fruto era a prova material das intenções que tivera ao procriar. Seu útero, parte mais íntima do corpo, embora território estranho aos olhos da medicina, era testemunho, por um bom ou mau funcionamento, de suas características morais. A transmissão de qualidades elevadas à prole apresentava-se como sua obrigação. O controle moral da procriação, em suma, contribuía para submeter a mulher no interior do matrimônio, impor-lhe padrões de conduta social, classificá-la como boa ou má, pulverizando suas características de gênero. A construção da mãe passava, assim, pelo esvaziamento de uma feminilidade conhecida apenas entre as mulheres e por sua substituição por outra, feita à luz do interesse da moral cristã no Ocidente moderno.

Esterilidade: a natureza morta da mulher

A presença da impureza moral ou física no quadro da vida conjugal erigia-se então como termômetro para a procriação, fazendo da esterilidade feminina um estigma. Os "desordenamentos" tanto podiam atrasar quanto impedir uma gravidez, e estavam associados pelos tratadistas a um castigo de Deus às mulheres lascivas.

Em nome da sacralidade e dos fins do matrimônio, a impotência de ambos os sexos constituía-se, aos olhos da Igreja, em "impedimento dirimente", levando à anulação do mesmo.[11] Nicolas Venette, autor do importante *La génération de l'homme ou Tableau de l'amour conjugal,* obra de 1696, repetia os antigos afirmando que as mulheres eram mais responsáveis pela esterilidade do que os homens. Sua opinião encontrava respaldo em presunções populares, correntes nos séculos XVI e XVII, de que as mulheres muito bonitas eram impotentes por um castigo de Deus, irado com suas vaidades. E as feias também o eram, num castigo divino, por sua inveja das bonitas (apud Darmon, 1981, p.27).

É, sem dúvida, na preocupação que se tinha com a esterilidade e na ênfase dada pelas comunidades do Antigo Regime à questão da procriação que vamos encontrar os critérios de reprodução utilizados entre as classes populares e as elites. Outrora, espaço onde se amalgamavam crenças em malefícios, influências cosmológicas e magia, as práticas contra a esterilidade revelavam a resistência das populações à eliminação de práticas primitivas de concepção. Sua defesa testemunhava a solidez de crenças e de uma mentalidade havia séculos enraizada. Ainda que mediada pelos "doutores", a fala sobre a impotência esclarece que a eficácia de rituais de combate à esterilidade tinha sua fonte num saber popular e tradicional. Bernardo Pereira, por exemplo, ao explicar a "frigidez", incorporava elementos mágicos e teológicos à sua "observação científica":

> A impotência geralmente falando, ou é para não poder gerar, que é a que se dá nas pessoas estéreis e infecundas; ou é para não poder coabitar, que é a que se acha nos estatutos canônicos, chamam frios. Esta segunda, ou é perpétua, que não se pode remediar nem por indústrias da medicina nem por benefícios de remédios eclesiásticos, ou é temporal, que deixa por tempo determinado; esta se subdivide mais em impotência absoluta, que é a que se dá em um homem para todas as mulheres, ou nestas para todos os homens; e em respectiva que é a que se dá com respeito a um homem ou mulher determinada; e esta finalmente ou provém de causa natural somente, ou de malefício. (Pereira, op. cit., p.232)

O grande número de mezinhas receitadas aos "ligados" ou aos impotentes "por malefício" sublinhava a concepção mágica que se tinha nesse período sobre a procriação. O comer "pegas assadas e cozidas" e a erva "hiperição" aplicada aos rins ajudava.

---

11 *Constituições primeiras do arcebispado da Bahia,* livro primeiro, título LXVII. Ver também o clássico de Pierre Darmon (1988).

Ir urinar num cemitério pela argola da campa de uma sepultura, [...] urinar pelo anel da esposada antes, e depois do ajuntamento, ou pelo nó de uma ripa, ou tábua cortada. [...] Da água que cair da boca de qualquer cavalo que beber em corrente apanhada, logo escrevem alguns, [há] grande virtude. [...] Tomar erva de carrapatos ou figueira do inferno e metida em uma panela nova se lhe lance em cima urina do doente e depois de cozida se enterre em parte, ou lugar fora do caminho, porque o feitor do malefício sentirá grandes dores, e estimulado disto desfará o malefício. (Ibidem, p.234)

Tal como na França estudada por Pierre Darmon, na Colônia, vivia-se na crença de poderes demoníacos sobre o corpo e a sexualidade, rastreados, aliás, por todos os manuais inquisitoriais de demonologia, os quais exigiam medidas combativas contra a esterilidade. Além de buscar a neutralização do mal, tais receitas, quando não eram eficientes, serviam como desculpa para esposos interessados em reverter o quadro de indissolubilidade matrimonial alegarem o não cumprimento do débito conjugal. Para os menos impressionáveis, recomendava-se que

os ligados, abstendo-se do congresso alguns dias, recorressem a Deus Nosso Senhor com deprecações para que por seu Filho Unigênito, Nosso Senhor Jesus Cristo fosse servido destruir as obras do Demônio; [...] que se inquirissem e resolvessem os cantos, cama, casa e couceiros das portas, e achando-se alguns instrumentos, se queimassem e mudassem ao menos o leito e cama, [...] e que se purgassem com os remédios adequados ao humor em que residia o venéfico [...] bebendo-se em cima um pouco de vinho generoso, e passada hora coabitassem, com os quais remédios se reduziriam ao estado antigo e cessará o venéfico. (Ibidem, p.235)

Para aqueles que quisessem tão-somente conjurar o malefício, vivendo em "amor pacífico", recomendava-se ao marido "trazer consigo o coração da gralha macho, e à mulher o da gralha fêmea" (ibidem). E, finalmente, para aqueles que quisessem testar suas sinceras afinidades, uma fórmula que conciliava aos que "se tratam com amizade recíproca, e aos que se aborrecem, aumenta a inimizade"; "os pós das andorinhas vivas em uma panela a torrar no forno dadas a beber em vinho".

Encorajadas ou condenadas pela medicina, essas práticas tinham em comum o fato de realçar partes do corpo, cujas conotações sexuais eram valorizadas por registros simbólicos. O mesmo Bernardo Pereira sugeria aos *ligados*

lavar as partes pudendas [...] com cozimento da semente, flor e erva chamada vulgarmente pombinha, defumando depois com dente de defunto lançado em tijolo feito em brasa,

Ao sul do corpo

maciando-o quando em quando de aguardente, e depois de limpo o suor untar com assa-fétida, embrulhando as partes [sexuais] em panos quentes defumados no mesmo.

Aconselhava também defumadores à base de "pós das rasuras dos sinos raspados onde dá o badalo", tomados com "pós de genital de touro".

As unções com "fel de corvo" ou de cão, os untos de "pardal e enxudia de cegonha" e os banhos íntimos com açafrão, noz-moscada, carne de vitela, leite e vinho eram de uso recorrente. Inspirado em Garcia de Orta, que destacara os resultados da assa-fétida "para levantar o membro"(Orta, 1895, p.75), Curvo Semedo (1707, p.495) recomendava um óleo em que se "tivessem infundido cinquenta formigas que têm asas", e Oliva Sabugo pedia atenção para "manjares que comem marido e mulher, [...] porque a fôrma sempre retém alguma coisa da matéria". Desaconselhados eram os "maus mantimentos, nem coisas fleumáticas, nem melancólicas, ao tempo que há aptidão na mulher para emprenhar, para que a semente seja de boa matéria" (Sabugo, op. cit., p.224). Entre os casados "frios e velhos", havia esperança para os que untassem "levemente o membro, e principalmente a fava, com uma migalha de algália, [...] porque acodem tantos espíritos a ela e a engrossam de sorte que alguma vez não pode sair do vaso" (Semedo, 1720, p.148).

A necessidade mística de progenitura atingia em cheio as mulheres. Comparadas a terras estéreis, humilhadas pelos companheiros e pela comunidade, associadas a mulas – animais que, estéreis geneticamente, eram conduzidos pelos padres, estes estéreis (pelo menos teoricamente) por vocação –, a esterilidade feminina era vivida como uma tara ou um contrassenso. Ao inverter o ciclo das gerações, interrompendo as linhagens, contrariando os ciclos agrícolas e a natureza, à qual seu ciclo vital deveria comparar-se, a mulher estéril parecia ter o corpo "entupido", fechado e prisioneiro de forças estranhas.

Além dos recursos devocionais a santa Ana e santa Comba, era preciso quebrar o obstáculo que obstruía a passagem da preciosa semente que poderia fecundá-la. As explicações médicas para os descaminhos fisiológicos do corpo feminino faziam-se impregnadas de magia. As exigências do moderno casamento cristão, bem como as condições para sua dissolução, não pareciam, porém, penetrar as teorias sobre a infecundidade feminina. As dificuldades para reunir numa classificação os vários males "da madre", as anomalias de órgãos que não podiam ser examinados porque internos, e o mito da passividade feminina na procriação contribuíam para que o corpo feminino fosse encarado como uma "coisa obscura".[12]

---

12 Feliz expressão tomada ao título do trabalho de Ligia Bellini (1988).

Possuidora de "faculdades adormecidas", a madre devia despertar pela ação de piolhos ou percevejos "metidos no orifício do cano [...] para que com as mordeduras e movimentos que fazem excitem a faculdade expelente adormecida". Sua desobstrução se faria

metendo-lhe na boca [...] uma pequena castanha-da-índia, furando-a e atando-a bem com fio de retrós e deixando-a estar quatro ou seis horas, porque não só provoca bem a conjunção, mas alimpa a madre de todos os maus humores que são quase sempre a causa de muitas mulheres não conceberem. (Semedo, 1720, p.177)

As analogias com animais de grande fertilidade faziam sugerir receitas à base de "sal fixo de ratos e caldo de galo velho", por conceberem estes roedores "de uma só vez [...] cinco ou seis ratinhos". Beber "pelo tempo de três meses água cozida com uma mão cheia de sálvias machucadas" era indicação do "virtuoso" padre Jerônimo Lobo, religioso da Companhia de Jesus, que assim aprendera no Japão. Feijão-fradinho tomado em jejum misturado à água ou ingerir óleo de copaúba, como sugeria João Ferreira da Rosa em Pernambuco, no século XVII, "alimpava o útero de sordícies" que atrasavam a concepção.[13] Guilherme Piso (1948, p.123), por sua vez, lembrava que do óleo em que se assavam "aqueles vermes que vivem nas palmeiras" deviam fazer-se emplastros colocados sobre o umbigo: "tem-se visto não vulgares efeitos destes e semelhantes remédios, e mulheres consideradas estéreis vieram a recobrar a vitalidade para si e para a geração".

Os ditos "achaques diabólicos contra a lei divina" atingiam também as mulheres estéreis, aconselhadas a pendurar "artemísia à entrada da porta" (Moura, 1936, p.541), ou dissolver o malefício passando "esterco" da pessoa amada no "sapato direito"; a primeira que sentisse o fedor dissolveria o encantamento.

"Inimigo da saúde e salvação das criaturas" (Pereira, op. cit., p.8), "invejoso da paz e sossego que logram na terra os que bem vivem". O Demônio, que obstaculizava a procriação, tinha que ser rechaçado com defumações "das partes vergonhosas com os dentes de uma caveira"(Semedo, 1707, p.566-7). Sua ação sobre a 'coisa obscura' era imensa, posto que a mulher era uma sua agente, como o demonstrou com brilhantismo Jean Delumeau (1978).

As histórias sobre esterilizações maléficas eram várias: "Se achou uma mulher nobre que estava tabida e consunta, a qual era fabricada de cera com um orifício em que estava engastada e metida a figura de um coração, e na parte posterior escrito o nome da mulher"(Pereira, op. cit., p.29). Outra vomitara

---

13 *Tratado único da constituição pestilencial de Pernambuco*, 1649, apud Gilberto Osório de Andrade, 1956, p.281.

uns poucos cabelos enlaçados, um molho que rosetas, [...] agulhas e uma massa do tamanho de um ovo, do qual saiu multidão de formiguinhas que exalavam fedor tão horrendo que nenhum dos circundantes o podia tolerar. Com segundo vômito expulsou um animal como um punho negro, capiloso, com cauda grande e modo de rato, que depois de andar pela casa com muita presteza, morreu. (ibidem p.30)

Para fugir ao estigma da esterilidade, elas ainda untavam seus genitais com "esterco de raposa"(ibidem p.231) e "sebo de vaca", portavam amuletos feitos com "genital de lobo", dentes de "mínimos" de sete anos, pedras de "águia", além de rezar a santo Hilário, conhecido por seu "remédio para os casados terem filhos [...] e afugentar o Demônio"(Sequeira, 1754, p.263).

Mas até que ponto essa obsessão procriativa, fecunda em causos milagrosos e receitas mágicas, estaria articulada com os pressupostos normativos impostos pela Igreja? Em que medida a mulher era efetivamente dona de seu corpo, controlando nele o excesso ou o desejo de filhos? O critério da grande prole parece-me razoável se visto à luz da necessidade que tinham essas mães de dividir as tarefas de sobrevivência. Numa colônia onde o sistema econômico espicaçava as uniões informais afastando companheiros, a segurança oferecida por um grande número de filhos parece óbvia, sobretudo se levado em conta o alto índice de mortalidade infantil. Exemplos como o de Maria Lopez, genitora de "120 filhos e netos", é mais expressivo do respaldo que as mães prolíficas encontravam na sua descendência do que exatamente um modelo de devoção cristã.

A grande prole e o poder de gerá-la associavam-se, por seu turno, a práticas de fecundidade cujos restos ou amostras encontramos nas receitas mágico-medicinais inventariadas e "traduzidas" pelos doutores da época. Mulheres e doutores, por sua vez movimentavam-se ao longo do Antigo Regime num mesmo continente. Aqueles, drenando lentamente conhecimentos que se originaram num espaço especificamente feminino: o da cozinha, o do quintal, o da horta, onde, entre ervas, frutos e animais domésticos, as mulheres praticavam corriqueiramente um saber sobre as doenças, as feridas, as dores e a procriação. Reunidas empiricamente pelos doutores, tais receitas perdiam sua especificidade, mas não deixavam de ser praticadas. Grande parte dessas fórmulas caseiras eram realizadas por comadres e parteiras, excluindo a intervenção do médico, que só se tornará decisiva no século XIX, com o avanço da obstetrícia.[14]

O que ocorre muito claramente é que, sem ajudar a ter uma compreensão mais científica do corpo feminino e dos mecanismos de procriação, a medicina se aliara à mentalidade que elegera a mulher como algo satânico e, por isso mesmo,

---

14 Veja-se, sobre o desaparecimento das parteiras e o desenvolvimento da ciência obstétrica, o clássico de Jacques Gélis (1981).

misterioso, fazendo do seu corpo um altar para práticas mágicas e incompreensíveis. Sua capacidade de fecundação era medida pelos ciclos cósmicos e a presença de um aparelho, "a madre", absolutamente imprevisível: ora adormecida, ora ativa como um vulcão. Esfomeada, capaz de produzir anjos quando bem utilizada, ou demônios e monstros quando a serviço do prazer. Dessa forma, tratadistas e médicos acabavam por dar caução à misoginia presente no projeto de colonização, cristalizando o papel feminino da boa mãe dentro de uma concepção moral para a procriação.

Fecundas realidades

A observação de testamentos do período colonial revela maternidades fecundas. Na São Paulo de 1705, por exemplo, Messia da Cunha despedia-se de oito filhos, "seis fêmeas e dois machos",[15] enquanto Isabel Cabral deixava, ao morrer, dez.[16] Ana de Oliveira legava bens em 1794 a oito filhos,[17] e a maioria das mulheres, ao encomendar suas almas "por a morte não dar mais lugar", referiam-se a mais de dois herdeiros. Tantos filhos certamente não apareciam nas listas nominativas pela alta taxa de mortalidade infantil, mas também, como já demonstrei, pelo hábito de fazer circular na casa de parentes e compadres os filhos menores.

No litoral paulista, ao final do século XVIII, Maria Alvarez de Moura, casada com um roceiro pescador aos 15 anos, dera-lhe, até os quarenta, 17 filhos (apud Marcílio, 1986, p.144-5). Maria Costa, tal como sua antecessora, também casada muito jovem, aos 13 anos, até a data de seu falecimento, aos vinte anos, tivera três filhos. Malgrado sua existência miserável e a ausência de um companheiro oficial, Bárbara Maria da Silva, morta aos 39 anos, deu à luz sete filhos entre 1792 e 1803. Ana de Sousa, por sua vez, retratava em sua alta taxa de fecundidade o drama de maternidade que não vingavam. Dos oito filhos que teve, sete morreram.

O pioneiro e ainda hoje insubstituível estudo de Maria Luiza Marcílio recupera uma São Paulo setecentista que assistia ao deslocamento sistemático de seus homens, adultos e solteiros, empurrados para fora da capitania pelas oportunidades de melhor sobrevivência em Minas Gerais, no litoral e ao sul. A cidade, então, caracterizada por uma enorme população de bastardos e ilegítimos, era um reflexo de maternidades engendradas longe das admoestações clericais em prol do casamento. A lista nominativa do bairro do Pari, em 1765, chega a mencioná-lo por sua peculiar

---

15 *Inventários e testamentos*, v.25, p.202.
16 A. E. S. P., ordem 570, lata 13.
17 A. E. S. P., ordem 604, lata 6.

Ao sul do corpo

constituição: "quase todo gente bastarda" (idem, 1974, p.111). Segundo Marcílio, a proporção de mulheres solteiras era muito mais elevada do que a de homens, e o resultado das pesquisas demográficas apresenta uma sociedade com índice de fecundidade elevado. No entanto, esses resultados, ela diz, devem ser matizados pela alta mortalidade infantil e juvenil que roubava forte proporção de filhos. As maternidades constituíam-se, portanto, à luz do sistema colonial, que obrigava a partida dos companheiros e deixava a mulher, sobretudo a pobre, disponível para gestar filhos ilegítimos.

O caso de Inês Machado, parda, solteira, com vinte anos, ilustra bem a situação de outras tantas mulheres. "É pobre", menciona a lista nominativa, e no ano anterior (1800) fora registrada em companhia de sua avó, Catarina Machado; "e ao presente ano vive em sua casa com seus dois filhos Manuel e Rosa, os quais vieram da vila de Parati, onde residiam, para sua companhia" (apud Marcílio, 1986, p.77). O padrão de mães solteiras jovens e pobres aparece com recorrência, e anuncia existências como as das solteiras Ana Sousa e Bárbara Maria: miseráveis, sem companheiros e carregadas de filhos que, se sobreviviam, as ajudavam a viver; se pereciam, matavam-nas mais rápido pela total indigência em que ficavam.

Russel-Wood ([s.d.], p.1-34) confirma em seus trabalhos a presença de um grande número de filhos cujas vidas eram ceifadas em tenra idade. Isabel Gomes da Costa, falecida em 1628, deixava dez filhos em idades que variavam de um a 23 anos. Maria Rodrigues, grávida ao morrer, abandonava 12 crianças entre um e dez anos. O mesmo autor sublinha que essa elevada fecundidade justificava-se sobretudo nas áreas agrícolas, onde o desaparecimento do provedor era comum, e informa que a média de crianças por fogo, na São Paulo do século XVII, era de 5,14. Maria Luiza Marcílio demonstra que a fecundidade se concentrava nas idades maternas de 15-19 e 25-29 anos, começando a infletir daí para a frente. Caberia descobrir se haveria nesse declínio o reflexo de algum dispositivo de controle malthusiano: abortivos? Coito interrompido ou infanticídio?

Em Minas Gerais do século XVIII, Donald Ramos reconheceu o mesmo quadro em que se fabricavam mães solteiras. Havia em Vila Rica um índice de 45% de fogos com chefia feminina, dos quais 83,1% abrigavam mulheres não casadas. Suas atividades constituíam-se em trabalhos domésticos, prestação de serviços e comércio. Os primeiros filhos chegavam quando tais mulheres tinham em torno de 23 anos e havia uma presença de 1,33 crianças por domicílio nos fogos matrifocais (Ramos, 1975, p.207). Números tão baixos em circunstâncias de mulheres tão disponíveis levam a pensar numa forte circulação de crianças ou num eficiente controle de natalidade. Diz Ramos com grande sensibilidade que o controle de recursos na mão da mãe lhe reforçava o poder natural, já bastante inchado pela responsabilidade que tinha de educar e estabilizar a família na ausência do pai. As deserções masculinas intencionais ou aleatórias acabavam por amalgamar a mãe à sua prole, conferindo a esta um *status* que a mulher estéril não possuía.

No entanto, a história do adestramento feminino no interior da ética procriativa e do casamento foi também o percurso da vitimização da mulher. Submetida a um controle sexual permanente por parte da Igreja e da medicina, havia ainda que enfrentar os rígidos códigos sociais que incentivavam a fecundidade e reprimiam a esterilidade. Empurradas por tal ética, desprovidas de contraceptivos eficientes, crentes no lema de que "os filhos eram a riqueza do pobre", as mulheres curvavam-se aos deveres sexuais e eram vítimas de partos e gestações muitas vezes fatais.

Vítimas também se tornavam dos cuidados com os filhos, da luta pela sobrevivência de seus núcleos familiares e de todo o esforço físico e material que faziam para mantê-los. Vítimas eram, finalmente, de seus corpos, este território quase desconhecido, provedor de doenças, achaques e defeitos com os quais a medicina não sabia lidar a não ser por fórmulas mágicas. Houve que se esperar a descoberta de métodos eficientes de contracepção para que a mulher emergisse inteira em seu papel de mãe, substituindo o dever da procriação pelo desejo sincero de ter filhos. Mas, enquanto os métodos contraceptivos não se vulgarizaram, a mulher fez da maternidade um território de revanche contra o sofrimento físico e material, tanto quanto um espaço de poder e adaptação aos ritmos da colonização.

4
Luxúria ou melancolia: o mau uso do corpo feminino

> Aqui ela era verdadeiramente meretriz; obedecia ao seu temperamento de mulher ardente, vivia mais refinada e mais selvagem, mais execrável e mais extravagante [...] com seu encanto de flor venérea brotada em canteiros sacrílegos, cultivada em estufas ímpias. (Huysmans, 1987, p.89)

longa duração arrastou além do período moderno as mentalidades que viam na mulher lasciva um perigo do qual se devia fugir; uma enleadora Salomé a pedir cabeças masculinas. O pecado da luxúria sempre foi representado por uma mulher, com a sutil diferença de que no Antigo Regime ela não possuía as cores iridescentes com que Huysmans a vestiu em sua escritura *art nouveau*.[1]

Durante o Antigo Regime descreviam-na como um instrumento insidioso de envenenamento do corpo social. Mediadora de desejos inconfessáveis, a luxúria era considerada um descaminho fisiológico, e, como tal, útil para a domesticação da sexualidade feminina, uma vez que suas características serviam para culpabilizar as mulheres que se deixassem levar por seus artifícios.

Pintada com cores extravagantes pela Igreja, a luxúria constituiu-se num recurso perverso para a valorização da fecundidade legítima, ao mesmo tempo que alimentava a função paradigmática dos papéis femininos que então se constituíam. A mulher luxuriosa, sem qualidades e devassa, opunha-se à santa-mãezinha. E, por extensão, opunha a rua à casa, o "trato ilícito" e a paixão ao casamento, o prazer físico ao dever conjugal.

Não se prestando à maternidade dentro do sagrado matrimônio, a mulher lasciva deixava de ser agente do Estado e da Igreja no interior do lar. Ela deixava de lubrificar

---

1 Para melhor entender a trajetória do arquétipo da mulher sedutora, fascinante, venenosa, ver o excelente estudo de Pierre Saint-Amand (1987), que trata dessas figuras arcaicas de comportamento sedutor no romance do século XVIII.

sua descendência com os santos óleos das normas tridentinas, não lhe cabendo outro papel que o de agente de Satã. A sua sedução mefistofélica servia para que se erigisse um modelo infrator e culpável, dentro do qual se enquadrasse a mulher avessa a servir ao povoamento colonial. Estigmatizada pela teórica incapacidade de conceber, em função do excesso de sexo ao qual ela se dedicava, a luxuriosa adequou-se para rotular prostitutas, mães alcoviteiras, mancebas e concubinas. O discurso amplo, que ora diagnosticava a luxúria como pecado, ora como doença, vitimizava com enormes efeitos aquelas que não se submetiam à dimensão exorcizante dada pela procriação legítima.

Reverso da esposa digna e da mãe piedosa – imagens por meio das quais a Igreja tentava impor padrões de comportamento –, a mulher em forma de luxúria era pecado, era mal e, sobretudo nesses tempos, era doença: "Que febre mais ardente que a da luxúria, [...] que lepra mais imunda e antiga que a dos vícios sensuais e envelhecidos?", tonitruava Manuel Bernardes, inaugurando no século XVII uma nosologia da alma, na qual "sezões, males, feridas e membros apodrecidos" indicavam contaminação por luxúria (Bernardes, 1731, p.189). A eficiência desse discurso na classificação de mulheres infratoras foi tão grande que, ainda no século XIX, ele repercutia nos textos de medicina examinados com extrema sensibilidade por Magali Engel (1980). Memórias e teses redigidas entre 1840 e 1890 e apresentadas à Faculdade de Medicina do Rio de Janeiro, tendo por objeto de estudo a prostituição, repetiam sobre a mulher não domesticada as mesmas palavras do pregador seiscentista. Ela era um "cancro", uma "chaga", uma "úlcera" ou uma "gangrena" (ibidem, p.74).

Já presente na Divina comédia como uma lontra sinuosa que barrava o acesso dos piedosos à graça divina, ou tantas vezes representada nos capitéis medievais como uma cabra, a luxúria relacionava o pecado feminino com simbolismos zoomórficos que sublinhavam sua animalidade.[2] Media-se a queda da mulher pecadora por sua representação em quadros notáveis como o Jardim das delícias, de Bosch, ou a gravura de Brueghel, o Velho, que a imaginou em outro horto, o Jardim do amor; onde, como fêmea ávida, abandonava-se a um monstro com cabeça de peixe.

Segundo alguns moralistas e teólogos, a luxúria provocava a infelicidade, sendo por tal razão muito mais detestável do que o homicídio ou o roubo. E explicavam: a infelicidade atinge a muitos mais do que os demais crimes, cujos alvos são restritos. Os lascivos, causadores de tamanho sofrimento, pagavam por seus erros ardendo atrás de um muro de fogo no purgatório dantesco. E entre eles havia, obviamente,

---

2 Sobre a representação da mulher pecadora no imaginário europeu da Idade Moderna, ver Jean Delumeau (1983).

Ao sul do corpo

mais mulheres do que homens, pois o sexo feminino se inclinava, segundo a Igreja, "naturalmente" ao pecado. Benedicti, em 1584, explicava com precisão que tal fato se dava por trazerem as mulheres em seu nome, "MVLIER", os estigmas dos sentidos sensuais (ibidem, p.422): "M de mulher má e de mal de todos os males" e "L de luxúria das luxúrias".

O pessimismo agostiniano, com todo seu enfado e horror à carne, atingindo sua mais forte radicalidade no século XVII, impregnou o mundo moderno, tanto na Metrópole quanto na Colônia, de um olhar fulminante sobre a luxúria. A despeito das contribuições de uma teologia moral que se tornava mais sensível à existência do prazer e da contracepção nas relações conjugais, e de renovadores estudos sobre a patrística, a Idade Moderna destacou-se por uma peroração delirante contra a mulher não enquadrada no casamento.

Por ser a luxúria personificada numa mulher, e por serem as mulheres as vítimas mais frequentes, o discurso sobre o corpo lascivo divulgava a preocupação da Igreja com o pecado, mas, sobretudo, revelava o empenho institucional em atacar a sexualidade feminina não normatizada. Se no Antigo Regime burilava-se com a paciência dos ourives um papel para a mulher, fazia-se também necessário, e com igual rigor, exilar para um território de exclusão as que não correspondessem aos encargos de tal papel. Não é à toa que a luxúria seria comparada à lepra, que obrigava a expulsão da comunidade, ou às febres, cujas alucinações deviam ser ignoradas. Silêncio e distância seria o preço cobrado às mulheres lascivas.

Uma vez desusada a medieval morfologia animal, a luxúria travestiu-se nos tempos modernos em doença, como resultante do interesse que o humanismo havia despertado pela ciência médica. Nessa esteira, Rafael Bluteau conceituava, em seu *Vocabulário português e latino,* "as paixões" – este sintoma por excelência da luxúria – como um "movimento do apetite sensitivo ocasionado da imaginação de um bem ou de um mal, aparente ou verdadeiro, que perturba o estado interior e exterior do homem e lhe tira a sua tranquilidade". Tais paixões variavam entre "irascíveis" e "concupiscíveis", inclinando as do segundo tipo a "gostos ilícitos". Os "gostos ilícitos", já o sabemos, contrariavam o projeto da Igreja para restringir a sexualidade ao interior do tálamo. Mediada no mais das vezes pelo confessionário, a fala contra a luxúria estava incumbida de afastar mães e esposas impiedosas dos "ósculos deleitosos" e dos "tocamentos torpes", cujas lembranças pudessem anestesiá-las da aridez de suas tarefas domésticas,

Os laços estabelecidos entre a Igreja e a medicina para louvar a procriação dentro do matrimônio e condenar os amores insanos estreitavam-se quando ambas as instituições confundiam as lascivas com "vesúvios de luxúria" e mulheres-damas. Ambas também confinavam os sentimentos amorosos a jardins bruegghelianos,

Mary Del Priore

onde as paixões e a sensualidade eram a imagem especular da "mulher perigosa", ameaçadora por sua sexualidade sem controle. Melhor seria "adoecer" esta mulher insubordinada, para examinar e eventualmente punir com o isolamento os seus males. Um exemplo, como o narrado por Antônio das Chagas em 1683, dá a medida dessa moderna nosologia:

> Viu José que uma senhora estava doente da pestilência febre do amor lascivo, e como o mesmo santo em outra parte lhe chama febris nostra libido est, e como é peste contagiosa, largou a capa em que a afetada pôs as mãos quando dela lhe pegou e fugiu do contágio a toda a pressa como dizendo: esta capa em que uma mulher amante pegou é a prenda com que tratou de prender-me e há de ser a memória do torpe amor que me teve, e como esta lembrança é uma contínua tentação que me há de fazer guerra, em que eu como frágil posso cair, quero largar tal prenda, quero fugir de tal memória como de um demônio do inferno, e por isso largou a capa, sacudiu de si a prenda e memória do pecado, e deixando as prisões que o prendiam quis antes fugir despido do que ficar-lhe a ocasião de sua ruína, e ainda que fugiu sem capa, nem por isto fugiu despido, porque ia coberto melhor com a gala da castidade. (Chagas, 1736, p.241)

A doença contagiosa, a "pestilência" e a febre transmissíveis eram as características de um metabolismo venal e perigoso que fazia vítimas entre as hostes masculinas, das quais José era certamente uma exceção. Mas ela atacava sobretudo as próprias mulheres, contaminava todas aquelas que não se tivessem voltado para a vida doméstica e familiar, tornando-se por suas características naturais alvos fáceis para as paixões. Segundo frei Antônio de Pádua (1783, p.38), "muito apegadas a seus sentidos, elas têm de ordinário um espírito de imaginação mais vivo que extenso e nada há que as faça desconfiar de seus pensamentos". A condição mesma da "mulher solteira" ou "mal-maridada", como dizia Gil Vicente,[3] era o desgoverno dos sentidos e da imaginação. Sujeitas a ilusões[4] e a paixões, tais mulheres, por estarem fora dos padrões correntes de comportamento, prenunciavam a morbidade. Na Idade Moderna as desregradas, além de pecadoras, eram estigmatizadas como doentes. A preocupação crescente com os estragos provocados pela luxúria, de par com a progressiva misoginia que se instaurara, levou ao mapeamento de excessos e perversões cometidos por mulheres lascivas. Tal fato não estava isolado do grande esforço tridentino em favor da conversão do matrimônio em instituição, bem como

---

3 Tudo indica ser este termo comum no vocabulário do período em questão. Ver, por exemplo, as citações encontradas em *A farsa de Inês Pereira*, de Gil Vicente (1982).
4 Ver os casos de "ilusas e iludentes" estudados em Claire Guilhem, 1979.

do projeto de domesticação da célula familiar e do combate à decadência de *mores* que atingia milhares de indivíduos que vivam à revelia da Igreja.

Um opúsculo português, escrito em 1794, mostra que, ao final do século XVIII, a ideia do amor como enfermidade se consolidara, e a Igreja oferecia-se como "médico da alma", cabendo-lhe, portanto, o diagnóstico, o controle e a erradicação desse tipo de achaque. Intitulada *Medicina teológica*,[5] a obra convocava os "senhores confessores" a "proceder com seus penitentes" na emenda de alguns pecados essenciais. Apresentada como um "delírio melancólico, furioso e lascivo de que as donzelas, as mulheres solteiras e viúvas e ainda mesmo as casadas são infeccionadas em consequência de uma paixão amorosa, excessiva e carnal" (ibidem, p.53), a luxúria corporificava uma moléstia-vício, além de facilitar uma taxiologia que dividia as mulheres entre sadias e malsãs.

Mas a fusão entre pecadoras e doentes, ou melhor, a aparência que deveriam ter essas infectadas colaborava também para sua identificação e posterior exclusão. Apartadas de um mundo de luz, eram mergulhadas num mundo de sombras onde os primeiros sinais da infecção se mostravam:

> Perdem a princípio a vontade de comer e dormir, nada gastam de suas ocupações ordinárias; fiar, coser, bordar, tudo é para elas um tormento insofrível; buscam o desafogo na janela para verem e serem vistas dos passageiros; mas nesta estação a melancolia se pinta com sombras sobre a sua face e depois degenera num furor amoroso de que elas não se podem deter e as faz entregar a toda sorte de indecências, tanto em seus atos, como em suas palavras.

A preocupação do autor é também de alertar as mulheres casadas no sentido de usarem adequada e economicamente a sua sexualidade, evitando as "exaurições do matrimônio", para não se encontrarem misturadas a tais "ninfômanas". Considerando as paixões do corpo e da alma como "estados aleatórios", necessário era indicar remédios "refrescantes e adoçantes" como as "sangrias, sanguessugas, purgativos, antiflogísticos, banhos frios, leite misturado com chás de golfãos e emulsão de quatro sementes frias".

O médico "teológico" prescrevia ainda "bebidas acidulantes como as laranjas agras, limões e vinagres", com o objetivo de eliminar pelo sabor desagradável e acre a lembrança de deleites viciosos. Cabia-lhes ainda debelar o mal que resistisse a

---

5 B. N. L., Francisco de Melo Franco, *Medicina teológica ou Súplica humilde a todos os senhores confessores e doutores sobre o modo de proceder com seus penitentes na emenda dos pecados, principalmente da lascívia, cólera e bebedice*, Reservados, mss. 6118.

essa parafernália curativa pela ridicularização "exagerada" do objeto que suscitasse a paixão doentia. Seu diagnóstico, no caso das solteiras, donzelas e viúvas, explicava que o "estado inflamatório" decorria de um acúmulo de "muitos sucos, e, por consequência, maior abundância de fluido prolífico vem este a ficar em orgasmo e turgência, [...] incitando as membranas desta parte em todos os nervos".

A condenada "agitação de humores" revelava o desagrado e a rejeição por mulheres cujo corpo não estivesse a serviço da procriação. Exclusivamente pelo pagamento ordenado do débito conjugal e pela consequente prole, estas estariam imunizadas deste mal que era "febre, peste, lepra".

Alguns remédios menos complicados eram sugeridos por médicos da alma, mais ingênuos. Para Ângelo Sequeira (1754, p.131), por exemplo, os "estímulos da carne" podiam ser facilmente reprimidos quando se repetisse, por várias vezes, a seguinte invocação: "Ó morte! ó juízo! ó Inferno! ó Paraíso!". Mas era também o mesmo pregador que, inspirando-se nos aforismos de Hipócrates, admoestava "que se a enfermidade" fosse "crescendo" seriam necessários medicamentos "mais violentos". "Passarão a ferro, e, se não melhorarem, lhes aplique fogo, e quando este lhe não sarar, fiquem certos que é incurável a doença" (idem, 1758, p.11).

Diabas, sereias e medusas

O discurso contra a luxúria permitiu à Igreja evacuar toda a hostilidade aos descasados e alimentar a pudicícia no interior do casamento pela oposição de condutas lícitas, exigidas aos cônjuges, às condutas consideradas desonestas e habituais entre os solteiros. Para os médicos da alma, mediadores da vontade divina no que dizia respeito ao uso do prazer, não era difícil extrair do cotidiano imagens que ilustrassem a espectralidade do vício como uma grave doença. Junto às descrições terríveis sobre o inferno e aos sucedâneos portugueses da iconografia de Bosch e Brueghel, flagelos, epidemias e desnutrição permitiam uma inspiração permanente para travestir a luxúria de mulher e pestilência. O discurso sobre a infelicidade e a pedagogia do medo,[6] irrigando a Europa do final do Renascimento, acabou também por ecoar nos textos portugueses que emigraram para a Colônia.

O padre Alexandre Périer, por exemplo, escrevendo aos "missionários e aos pregadores desenganados", retratava com minúcias o "tormento dos luxuriosos" e o fazia acompanhar por uma gravura, na qual corpos nus e dilacerados eram devorados por

---

6 Sobre a extensão da pedagogia do medo que varreu a Europa, ver Jean Delumeau & Yves Lequin (orgs.), 1987.

serpentes gigantescas.[7] A ênfase na continência e o apelo à moderação de costumes, teclas havia muito marteladas pela Igreja, tiveram no século XVIII grandes intérpretes. E o discurso normativo, cujo alvo, via de regra, eram mulheres de costumes "soltos", teve em frei Luís de Granada, por exemplo, um eloquente porta-voz. "A luxúria", explicava ele, "é o apetite desordenado de sujos e desonestos deleites, do qual vício nascem todas estas pestes da alma" (Granada, 1789, p.203). Espécie de poço sem fundo, a luxúria estava claramente personificada numa mulher:

> Considera que quanto mais entregares teu corpo a deleites e teus pensamentos ocupares neles, tanto menos te fartarás e satisfarás. Porque este tal deleite não causa fartura, senão fome; porque o amor da mulher ao homem nunca se perde, antes apagado, se torna a acender.

As consequências desse mal eram inúmeras, e todas inelutáveis e sem cura. Ele enfraquecia "os ânimos varonis, [...] apeava a formosura, criava enfermidades abomináveis, trazia a velhice mais temporã e fazia mais curta a vida, e além disso escurecia e apagava a luz do entendimento" (ibidem, p.208). Inocentes vítimas diante da "mulher perigosa", os homens, no entender dos moralistas da Igreja, tinham seus males agravados, pois o "estômago e os membros vergonhosos são vizinhos e companheiros, e uns aos outros ajudam e conformam nos vícios". O melhor a fazer para "domar a força dos apetites carnais", que despertavam as fêmeas lascivas, seria portanto procurarem as "santas e honestas" e concentrarem-se em como seria "depois de morto aquilo que agora tanto ama vivo" (ibidem, p.203).

Tais "médicos da alma", treinados para "curar as paixões humanas, reformar o mundo e extinguir nele as origens de todos os pecados" (Franco, 1794) que residiam na luxúria, repetiam-se. Tal como Luís de Granada, Manuel Bernardes medicalizava, com típico pessimismo paulino, as enfermidades derivadas da luxúria, alegando a dissipação das forças, o embotamento do "engenho', a cegueira do juízo, o debilitamento da vista. "Enfim, na luxúria há vinho; quero dizer efeitos semelhantes aos do vinho, quando é muito [...] deixando só vontade de rir, folgar, dormir e tornar a beber" (Bernardes, 1699, p.163).

Mãe da anarquia e da desordem, a luxúria revolucionava a norma tridentina e invertia as regras estabelecidas pela Igreja para o uso do corpo e dos sentimentos. Para a maior parte dos moralistas e "médicos da alma', ela não se contentava em perturbar o espírito e condenar o corpo a uma doença incurável; ela interferia numa

---

7 *Desengano dos pecadores, necessário a todo o gênero de pessoas, utilíssimo aos missionários e aos pregadores desenganados que só desejam a salvação das almas.*

concepção do universo sócio-religioso, obrigando a elaboração de um discurso radical, no qual a peste, a insanidade e a morte se tornavam sinônimos sobretudo para aquelas que viviam alheias às prescrições do casamento. O casamento, sim, seria em última instância o santo remédio para evitar a devassidão. No abrigo deste sacramento, as mulheres não sofreriam com o acúmulo de "sucos e líquidos prolíficos". Os calores e apetites regulados pelo débito conjugal e pela procriação as livrariam da "pestilência do amor lascivo", na qual se contaminara a mulher de quem fugia José. As "santas e honestas" viam-se livres das torturas morais e espirituais somadas às tributações físicas provocadas pela luxúria. O percurso da fala, que dividia as mulheres entre puras e infectas, terminava por enclausurá-las em territórios previamente balizados, elegendo na mulher sem apetites nem calores a ideal.

> Afora estes três estados (religioso, celibatário, casado), haveis de saber que tudo o mais que se chama homem e mulher solteiros são gente mundana que vivem cheios de vícios sem temor de Deus nem receio de perder a alma, e por isso semelhantes a jumentos, como diz David; porque a luxúria é um apetite desordenado de deleites sensuais, e os que se entregam a ele nunca se fartam destes, mais se engolfam nele, piores do que brutos, e nada tratam do bem da alma, sentindo e obedecendo ao Demônio, mestre da maldade, o qual depois de os enlodar em todos os vícios e tropeços lhes priva as almas de todo o sustento espiritual e lhes mata também os corpos, e assim os leva ao Inferno, onde vão queimar para sempre. (Pereira, 1752, p.221)

A longa arenga foi redigida por Nuno Marques Pereira, numa mostra clara de que as preocupações dos "médicos da alma" haviam cruzado o Atlântico na direção das colônias. Se muitas vezes a luz da doutrina religiosa parecia insuficiente para a persuasão dos fiéis, o trânsito das admoestações normativas fazia-se graças aos "casos exemplares". Mecanismo de discurso persuasivo largamente utilizado na Colônia, o exemplo unia o milagroso, o maravilhoso e o sobrenatural, adequando-se às mentalidades sedentas de *mirabilias* e horror. Cabia, pois, ao exemplo fazer a ponte entre a doutrina e a massa de fiéis, e moralistas como Marques Pereira foram extremamente habilidosos na sua utilização.

Mais do que imigrada a doutrina, tudo indica que o combate à personificação da luxúria já se instalava nas práticas. A grande maioria dos processos de divórcio menciona as "boas e virtuosas mulheres de boa qualidade"[8] ou a "matrona grave e honesta" em oposição à gente de "baixa esfera e de vida licenciosa e depravada".

---

8 A. C. M. S. P., processo de divórcio, 3-15-41 e 4-15-56. A tese já mencionada de Raquel Costa (1986) traz vários exemplos.

Ao sul do corpo

As "solteiras do mundo", vítimas ou metáfora para o desregramento, viviam no avesso destas que alegavam "honra, recato e honestidade", como faziam as "boas e virtuosas mulheres". As "santas e honestas" distinguiam-se daquelas que eram "públicas amancebadas", marcadas pela "negra honrinha", ou das "donzelas embiocadas, maltrajadas e malcomidas", descritas pelo poeta colonial Gregório de Matos.[9] Ausente explícita da documentação histórica em que os protagonistas são mais eloquentes, a luxúria, como personificação de um mal e de uma doença, sobrevivia aninhada no preconceito contra a solteira, a viúva, a donzela, variando entre estas o grau de caricatura. As primeiras eram malvistas porque lascivas, e a última porque melancólica.

Numa colônia onde os casamentos misturavam-se a concubinatos e amancebamentos, a rejeição a celibatários que viviam fora de ligações institucionais ou consensuais era frequente. A queixa do capitão-general Sousa Botelho Mourão ecoava a mentalidade de rejeição a um grupo que era sempre visto como perigoso: "elas ficavam solteiras aos milhares, [...] homens vivem ao seu alvedrio e dissolutos".[10]

A desigualdade dogmática imposta pela Igreja entre o homem e a mulher casados estendeu-se às mulheres, que se dividiam entre certas e erradas. Assim, tanto as casadas quanto as solidamente concubinadas confinavam-se mais à família e à casa, para diferenciarem-se da outra, solteira e mundana, que 'usasse mal de si'. O discurso sobre o perigo e os pecados das luxuriosas permitiu um melhor confinamento da mulher enquadrada e um maior isolamento daquela desregrada, valorizando o papel do casamento como mediador entre umas e outras. Não por acaso as amancebadas alegavam aos juízes eclesiásticos que "viviam como casadas". O que fazia então a Igreja era incentivar o pudor feminino como forma de racionalizar e combater a luxúria, exaltando a pudibunda e a casta em detrimento da depravada.

Ao final do século XVIII, tanto Rousseau quanto Restif de la Bretonne divulgavam que a "vergonha" era uma qualidade inerente à mulher, desnudando a misoginia moderna que pretendia encerrar as mulheres numa armadura de pudor (apud Bologne, 1986, p.12-3). Acreditava-se, então, que as mulheres que se afogavam boiavam sempre com a face voltada para a água, para "naturalmente" ocultarem seu sexo de olhares indiscretos. Bem longe se estava dos estatutos eclesiais de Belluno, redigidos no século XV, que denunciavam serem as mulheres sexualmente mais vorazes do que os homens e desejosas de intercursos sexuais mais ardentes, dos quais,

---

9 *Poemas escolhidos.* Ver às p.89-90, as décimas intituladas "Fingindo o poeta que acode pelas honras da cidade, entra a fazer justiça em seus moradores, signalando-lhes os vícios em que alguns deles se depravam.

10 A. E. S. P., *Documentos interessantes para a história e costumes de São Paulo,* Correspondência do capitão-general Luís Antônio S. B. Mourão, 1766-8, p.380.

aliás, segundo o documento, extraíam mais prazer do que os parceiros.[11] A Igreja obrigava-se portanto a empreender uma estrita supervisão dos comportamentos sexuais femininos, inaugurando um fechamento normativo sobre as mulheres, que na Europa do Antigo Regime culminou no paternalismo misógino de Rousseau e Pierre Roussel, entre outros.

No mesmo período, a medicina propagava que o homem não tinha necessidade do coito para conservação da saúde, mas que a mulher privada de companhia expunha-se a graves problemas. Viúvas, freiras e solteiras seriam as vítimas dos "furores da madre", espécie de vingança do organismo feminino contra seu abandono. Tanto na Metrópole portuguesa quando no Brasil, as mentalidades institucionais acompanharam o enclausuramento da mulher, e, como resultado da dicotomia que se estabelecia entre luxuriosas e pudicas, havia quem sugerisse o exemplo daquelas que haviam sido "insignes em todo o gênero de virtude". A saber: "santa Eufêmia, santa Marula, santa Olaia, santa Engrácia, santa Eiria, santa Comba" (Anjos, 1626, p.506), num gênero de pietismo doméstico que servia para inspirar comportamentos num mundo regido por analogias e contrastes. "As mulheres", ameaçava frei Luís dos Anjos, "são muito aptas com a graça de Deus para a "virtude, se não rompem as leis do Bom que Deus lhes deu, [...] se não põem freios aos seus apetites são mais desenfreadas que os piores do mundo".

Os "médicos da alma", cumprindo os desígnios da teologia, moral, trabalharam ao longo de Idade Moderna para a compreensão da luxúria como um mal feminino e para a exclusão da luxuriosa como uma portadora de enfermidade letal e contagiosa; no avesso desse projeto, alimentavam a valorização do casamento e do pudor, e recortavam com esmero os papéis femininos. O apetite das paixões, invocado pelos teólogos nessa trajetória, preparava, por sua vez, a leitura que fazia a medicina sobre a mulher desregrada, descasada e só. Entre devassa e santa, ela não teria grande escolha.

As melancólicas

Os laços solidamente estabelecidos entre Igreja e medicina para louvar a importância da procriação e condenar o "demasiado apego aos sentidos" em muito serviram para dicotomizar as mulheres. "Santas" e "licenciosas" eram identificadas, no Antigo Regime, a partir de um critério pontual: o do bom funcionamento da

---

11 Vejam-se estas e outras informações obtidas através da excepcional obra de James A. Brundage (1987, p.492 ss.).

madre. Erigido como altar da procriação, o útero em funcionamento apontava a mulher normatizada. Aquele que não trabalhasse, assinalava a desregrada.

"Não há madre como a que pare", registrava um adágio recolhido por Antônio Delicado em 1651 (p.93), sublinhando a mentalidade que via nas evidências da fecundidade o caráter da 'boa mulher'. Mais do que à concepção propriamente dita, a mulher fértil estava referida a inúmeras qualidades de ordem moral, que deviam somar-se àquelas físicas, igualmente importantes para as comunidades nas quais a capacidade de trabalho valorizava a companheira.

A maternidade, portanto, e nela a mãe, era enaltecida em detrimento da mulher que, não podendo conceber, se tornava doente de paixões ou melancólica. A melancolia, por sua vez, era considerada por alguns tratadistas da época como uma alucinação sem febre, acompanhada de medo e tristeza. Galeno teria associado tais sentimentos à cor negra do humor melancólico, obscurecido pelos vapores que exalavam do sangue menstrual, causador de horríveis e espantosas alucinações, "Todas estas paixões têm tão grande poder no corpo humano", ameaçava Francisco da Fonseca Henriques (1731a, p.504), "que não só causam gravíssimos males, mas também mortes". Bernardo Pereira, por sua vez, explicava que

> por isto chamam a melancolia banho do Demônio, e por muitas razões. Pela rebeldia, renitência e erradicação de tal humor que por frio e seco é inobediente aos remédios e constitui doenças crônicas e dioturnas (sic); [...] se encobre aqui astúcia e maldade do Demônio e seus sequazes, e se ocultam as qualidades maléficas com os sinais e sintomas que se equivocam com os originados de causa natural, e nestes termos o doente, o médico e assistentes ficam duvidosos". (Pereira, s.d., p.9)

Enfermidade feminina por excelência, a melancolia diabolizava o corpo da mulher infecunda, invertendo o significado do altar sagrado da procriação. Mal físico e moral, fruto de paixões da alma ou do mau uso do corpo, obrigava então a medicina a buscar explicações e antídotos com os quais se pudesse combatê-la. Em 1631, o francês M. Férrand (1623) diagnosticava uma enfermidade que em muito devia às prescrições da Igreja sobre o uso dos prazeres. Apresentando o casamento como alternativa para o "amor impudico", Férrand explicava que este era como um castelo com degraus escorregadios: quanto mais alto se julgava subir, mais baixo se descia. A fraude, a desconfiança, o tormento e a incerteza eram seus engenheiros e sentinelas.

O português Pereira, em 1734, não se afastava muito de tais asserções, alegando que "versado em farmácia do céu, aquele fogo ou aquela febre ardentíssima que introduz na alma infernais incêndios somente se apaga e se modera com o uso da oração e da penitência, com a lembrança e consideração do Inferno, com a meditação da glória e o patrocínio da Virgem Santíssima". O risco que se corria por não aplicar tais remédios era a degeneração de "terribilíssimos sintomas e pela maior parte imedicáveis, pois passa a delírio que descompõe a honestidade dos costumes e a contágio que infecciona a pureza dos afetos" (Pereira, op. cit., p.10-1).

Doença de "gente moça que há chegado à puberdade" e principalmente de "celibatários em geral", de acordo com o médico brasileiro Francisco de Melo Franco, (1794, p.57) a melancolia era facilmente diagnosticada por sábios e doutores entre o sexo feminino, Dele, diziam, os "sintomas são notáveis", evidentes, posto que os achaques daquele sexo "são em maior número e de mais notáveis dificuldades".

Tido por essencialmente uterinos, os males femininos exsudavam da zona genital uma tradição já registrada nos livros do corpo hipocrático, mantendo-se presentes até nos textos de Michelet, redigidos no século XIX: "Ela sofre do órgão do amor e da maternidade. Todas as suas doenças são direta ou indiretamente ressonâncias da matriz", escrevia o historiador francês. O critério do útero regulador da saúde mental e física irradiara-se na Europa do Antigo Regime e, portanto, na Metrópole portuguesa, difundindo uma mentalidade na qual a mulher era física e mentalmente inferior ao homem. Essa natureza própria e ordenada pela genitália reverberava os problemas da alma feminina, fazendo da mulher um monstro ou uma criança incontrolável.[12] Vítima da melancolia, seu corpo abria-se para males maiores como a histeria, o furor da madre, a ninfomania:

> Porque como procedem do útero, e este, como animal errabundo segundo lhe chama Galeno, tem simpatia e comunicação com todas as partes do corpo, não há alguma que seja livre de seus insultos, especialmente se o sangue mensal não depura bem todos os meses ou se infecciona com humores cachochéricos ou putredinosos de que abunda o útero; ou se suprime a evacuação ou se a retarda, donde nascem contínuos acidentes e muito mais notáveis. (Pereira, op. cit., p.9)

A enferma, nesses casos, revelava sintomas tão inusitados que faziam "parecer a muitos professores doutos que estão oprimidas de algum espírito mau, porque nelas se experimentam vozes e sibilos horrendos e infernais".

O desconhecimento anatômico, a ignorância fisiológica, as fantasias sobre o corpo feminino permitiam que a ciência médica construísse ao longo da modernidade um saber masculino e um discurso de desconfiança sobre este objeto. A misoginia do período empurrava as mulheres para um território onde o controle

---

12 Sobre este assunto, ver os comentários de Michele Laget, 1982, p.27.

Ao sul do corpo

do médico, do pai e do marido seria inelutável; aquele da maternidade. A concepção e a gravidez apareciam aí como remédio para todos os achaques femininos, e o homem ganhava assim um lugar essencial na saúde da mulher, uma vez que dele dependia a procriação.

Reconheciam-se três valores no ato sexual, conta-nos Jean-Claude Bologne (1988, p.256): um físico, pois ele eliminava as superfluidades da digestão; um moral, pois que acalmava e alegrava a alma, subtraindo a cólera e as preocupações, curava a melancolia, ajudava e abria o apetite. E, finalmente, o valor terapêutico, pois que ele evitava que os vapores do útero subissem ao cérebro. A medicina no século XVIII comprazia-se ainda em enxergar nos males físicos o sinal ou a sanção imediata de uma transgressão na conduta sexual, estigmatizando por isso as mulheres que não dessem bom fim – os filhos – à sua atividade sexual. Os riscos físicos e morais, portanto, cercavam a mulher no interior da maternidade e do casamento, poupando-a, por exemplo, da "sufocação da madre":

> Chamamos sufocação da madre quando dela se levantam fumos para as partes superiores, os quais com sua frieza e má qualidade ofendem o cérebro, coração, fígado e cepto transverso, trazendo-os a si, sem se mover de seu lugar pela grande comunicação que têm com todas as partes do corpo; [...] a causa principal de tão grandes acidentes é a supressão dos moses nas donzelas e a mudança de estado nas viúvas. Além do que há outros humores viciosos que detidos no útero apodrecem, adquirindo má qualidade. (Ferreira, 1757, p.298)

A história do conceito – e não a realidade nosológica – do chamado "mal histérico" ou "sufocação da madre" começou na célebre passagem do *Timeu,* na qual Platão comparava a matriz a um ser vivo, um animal irrequieto. Já na alta Idade Média, reelaborado pelo corpo hipocrático, divulgava-se o conceito de um *mulierum affectibus,* sublinhando os movimentos da madre que, ao entrar "em simpatia" com as partes superiores do corpo, bloqueavam a garganta, provocando a "sufocação" e perturbações sensoriais. Desde os médicos medievais, a sufocação da madre era, sem contestação, uma enfermidade decorrente da continência e, portanto, da rejeição ao casamento e à procriação. O *Viaticum,* redigido em 1551 por Constantino o Africano, afirmava que do esperma acumulado e não transformado em matéria prolífica nascia uma fumaça que subia ao diafragma, intervindo a sufocação (apud Jacqmart & Thomasset, 1985, p.238 ss.). A medicina sublinhava então, como bem lembram Danielle Jacqmart e Claude Thomasset (op. cit., p.239), o perigo que representava o entrave a uma função natural. O *Canon* de Avicena procurava, outrossim, dar conta de toda a etiologia dos males decorrentes da ausência de procriação, num ensaio de síntese dos dados hipocráticos e galênicos tão difundidos na Europa dos séculos XV e XVI.

Uma forma "orgânica" da enfermidade devia-se à subida da matriz sob o efeito de emergência da matéria menstrual reclusa. Outra forma era dita "material", pois a matéria se propagava através de membranas, vasos e nervos, evitando o movimento uterino. O sangue retido era considerado sumamente perigoso, de vez que provocava a loucura. Sendo portador de quatro humores, continha o risco permanente da melancolia sobrepor-se aos demais, e sua propagação em direção ao cérebro levaria a um fatal problema de razão. A forma "espermática" era, contudo, considerada a mais perniciosa. Ela suscitava espasmos tão severos que podiam levar da síncope à morte aparente, fazendo-se preceder de forte angústia.

Avicena distinguia ainda as diferentes fases do mal: dificuldade para respirar, dor de cabeça e angústia eram os sintomas iniciais. Seguiam-se sonolências, rubor, confusão mental, ranger de dentes e contrações convulsivas. O estado de crise era diagnosticado quando havia síncope, perda de voz, elevação das pernas ao busto e suor sobre o corpo.

Malgrado a etiologia da melancolia estar completa, havia ainda nos séculos XVII e XVIII uma tendência para confundir seus sinais. Férrand, por exemplo, identificava como *"mélancolie érotique"* as síncopes, opressões, sufocações, epilepsias, raivas, furor uterino, satiríase e "outros" (Férrand, 1623, p.9). Bernardo Pereira, que costumava atribuir a melancolia a "venefícios", afirmava que os achaques "histéricos, gálicos, escorbúticos e mesentéricos" teriam a mesma origem: os temidos "feitiços" (op. cit., index).

Ilse Veith[13] mostrou a transição sofrida na Idade Moderna da explicação galênica, que associava sintomas melancólicos à abstinência sexual, em uma interpretação teológica, seguindo uma mudança radical nas mentalidades, A espiritualidade agostiniana, que via na sexualidade a forma por excelência do pecado, impedia que se pensasse qualquer ligação de causa e efeito entre a castidade e tal signo patológico. O caráter espetacular da sintomatologia da melancolia devia, ademais, favorecer a interferência de forças ocultas. Uma doutrina teológica que atingia em cheio a mulher, cobrindo-a de suspeição, predispunha-se a ver nela objeto de manobras do Demônio. João Curvo Semedo, por sua vez, antecipava Michelet, afirmando que seria enfadonho listar todas as doenças "que as mulheres padecem por causa da madre" sendo ela a autora de "infinitas calamidades" (Semedo, 1707, p.27).

Semedo a denominava então "madre assanhada ou furiosa" (ibidem, p.75-105). Férrand reconhecia-a por uma dor que atingia as mulheres, "proveniente de um

---

13 *Histoire de l'hystérie, apud* Danielle Jacqmart & Claude Thomasset, op. cit., p.11.

desejo insaciável de Vênus que elas indicam levando as mãos às ditas partes, tendo perdido toda a vergonha". Os olhos ficavam fundos e modificavam-se as cores do rosto; sobrevinha uma vontade de "falar e ouvir coisas venéreas", e grandes suspiros que resultavam das "grandes imaginações" (Férrand, op. cit., p.75-105). Brás Luís de Abreu (1726, p.736) comparava o mal, que considerava um vício, a uma mosca: "quanto mais expulso, mais intrometido, [...] ele faz que a saúde se prostre, que os achaques se levantem, que a vida se destrua, que a mocidade se enfraqueça, que a velhice se acelere".

O casamento era sempre recomendado como o melhor remédio para a sufocação crônica; em caso de impossibilidade deste, alguns médicos sugeriam a masturbação, pois, segundo Avicena, apenas as sensações do coito providenciavam alívio. O médico Arnaud de Villeneuve recomendava às viúvas e religiosas fricções e aplicações à base de substâncias calmantes, enquanto Jacques Despars era um dos raros a colocar claramente o problema religioso, afirmando que só estaria escusada do pecado contra a natureza a mulher que se poluísse para impedir sua própria morte. Alberto o Grande enumerava então as diferenças entre a *manus polluens* e a *manus medicans,* explicando que a segunda tinha a intenção de curar.

A caixa de Pandora

Se os malefícios e encantamentos contra a fecundidade e a concepção atingiam indistintamente homens e mulheres, o mal histérico e a melancolia foram inteiramente racionalizados pelos médicos: a natureza feminina bastava para explicar, diziam Jacqmart e Thomasset (op. cit., p.241-2), pois o apetite sexual demasiado e a imperfeição de suas substâncias eram considerados suficientemente degenerativos. Não é de estranhar que a tese de Galeno sobre a histeria masculina não se tenha desenvolvido no mesmo período em que melancólicas e histéricas eram mapeadas e perseguidas por um saber masculino, auxiliar de uma nova ordem em gestação, na qual os excessos físicos e amorosos nunca foram bem-vindos.

"Histérico", elucidava Rafael Bluteau (op. cit., p.90) "é a palavra de médico [...] que vale o mesmo que as extremidades das vísceras ou entranhas", lembrando que a histeria guardara o nome grego do útero *(hyster)*. "Acidente, sintoma ou afeto histérico nas mulheres é sufocação da madre, [e] [...] com este sintoma se tem visto mulheres dias inteiros até que já se tratava de as enterrar".

A crença na eficácia mortal da melancolia, seguida de "furores da madre", obrigava os médicos a pintarem o desenlace do mal com tintas terríveis, acentuando o caráter "incontrolável" da doença e os riscos inelutáveis que acometiam aquelas que sofriam com "vapores". João Curvo Semedo recomendava enfaticamente que não se enterrassem mulheres atingidas por "acidentes uterinos" antes de esgotarem-se "quarenta e duas horas" (Semedo, 1707), pois umas havia cujos "acidentes sufocativos" tinham sido tão 'apertados' "que não se distinguiam das que verdadeiramente estavam mortas". Conta o mesmo que "abrindo-se uma sepultura para enterrar a um defunto acharam na escada do cemitério o cadáver de uma mulher, donde conheceram que fora sepultada intempestivamente, porque ainda que tinha sinais de morta, na realidade estava viva, pois subiu a escada" (ibidem).

Se a herança do passado ainda é forte no século XVIII, misturando os métodos praticados por autoridades religiosas e laicas para a imposição de um modelo de comportamento sexual, acentua-se porém durante o Antigo Regime a ideia de que o corpo "histérico" era denotativo de desordem moral. O medo de ofender a Deus ao pecar por lascívia e luxúria vai gradativamente cedendo espaço aos diagnósticos de enfermidade, decadência física e morte. As desregradas e melancólicas passavam a inspirar não apenas a necessidade drástica de punição, mas também o desejo de cura.

Estudos sobre os fumos que se elevavam da madre tanto contribuíam para a exclusão da mulher não enquadrada na maternidade, quanto permitiam que o olhar do médico tivesse papel preponderante para neutralizar efeitos físicos e amorosos incompatíveis com a nova ordem da modernidade. Assim sendo, a domesticação da mulher passara inelutavelmente pela maternidade dentro do casamento normatizado. Fora dele, ela era tida como um ser disposto a provar todas as irregularidades decorrentes de fluxos internos não organizados para a procriação. Ela precisava igualmente resguardar-se das paixões, causadoras, por seu turno, de outros distúrbios. A mulher melancólica era considerada prisioneira de uma relação recíproca entre "paixões" e corpo. A paixão debitava-se a uma anarquia do espírito que a mulher só fazia agravar, por seu caráter inconstante. A apaixonada era fatalmente doente.

A mulher, em tal sistema de pensamento, aparece como um ser simplificado, votado às finalidades do casamento sem paixão e com filhos. Qualquer papel desempenhado fora desse território significava contrariar, lutar contra, ou mesmo sufocar a natureza feminina.

A peculiaridade da medicina lusitana, muito influente nas práticas que se tinha sobre o corpo feminino em colônias, é que ela estava submersa em obscurantismo e superstição. Na mesma época em que Bienville publicou o clássico *Nymphomanie ou Traité de la furer utérine* (apud Darmon, 1993, p.165), Semedo balbuciava explicações ancilares para o mesmo problema: "Havemos pois de entender que os assaltos uterinos que nem com o uso do matrimônio se vencem, nem com a cópia das purgações mensais se tiram, nem com os remédios mais decantados se tomam, padecem indubitavelmente de alguma qualidade oculta e imperceptível ao nosso juízo" (Semedo, 1707, p.205).

Enquanto na França a repressão à mulher não adestrada racionalizava-se, e a "antissocial" substituía lentamente a devassa dos séculos XVI e XVII, no século XVIII português o prolífico dr. Manuel Joaquim de Souza Ferraz, num dos seus muitos textos publicados pela Academia de Ciências de Lisboa, procurava comparar que males físicos, via de regra, derivavam de "forças ocultas".[14] O "desvario", a "perfeita harmonia do sensório" podiam ser alterados por perturbações de um "estímulo físico represado no estômago". A contribuição lusa aos estudos sobre a melancolia, tão em voga no período, sobejavam em imaginação ao confirmar "a simpatia do estômago com a cabeça":

> Uma mulher de 42 anos, robusta e de bom temperamento, tendo sido conduzida por outras que se diziam amigas a uma merenda fora da cidade, estas depois de a terem regalado com alguns guisados e licores espirituosos a ponto de a embriagarem, lhe fizeram comer insensivelmente uns bolos doces dentro dos quais tinham maliciosamente semeado pedaços de cabelos grossos e entortilhados no intento de a enfeitiçarem; voltando ela muito satisfeita, não sentiu incômodo algum nas 24 horas seguintes, exceto a inapetência de comer; passado este intervalo, começou a queixar-se de náusea e opressão no estômago, ao que brevemente sucedeu a alienação do espírito e demência com perda de todo o conhecimento, até de seu marido.

Depois de dois dias insone, sem comer nem beber e revezando-se entre o estado de total letargia e "furor maníaco, querendo sair para fora" de casa, Ferraz acudia-lhe com um vomitório capaz de expulsar o "mau alimento" e suas funestas consequências – "um bolo de cabelos duros e entortilhados do tamanho de uma castanha". Depois de tê-la feito recuperar "como milagre" o seu "antigo juízo", o médico alinhavava seu parecer, concluindo que na Colônia a melancolia certamente teria um sabor mágico: "Eis aqui como esta mulher foi enfeitiçada e como no Brasil os negros enfeitiçam, servindo-se de meios semelhantes e de alguns venenos que unicamente atacam os nervos". A crença em feitiços como causadores de desrazão aparecia igualmente nos textos de Bernardo Pereira (op. cit., p.261), que pedia a união de "médicos e exorcistas" para tratar "fúrias e manias", além de recomendar doses nada desprezíveis de "narcóticos e opiados".

---

14 "Singular observação que confirma a simpatia do estômago com a cabeça", em *Memórias de matemática e física da Academia de Ciências de Lisboa,* tomo 11.

Havia, no entanto, um consenso de que a continência era o maior dos perigos a empurrar as mulheres para os achaques histéricos. Desde Aldebrandino de Siena, na alta Idade Média, denunciavam-se as religiosas, solteironas e viúvas como as maiores vítimas dessa enfermidade, numa trajetória discursiva produzida por médicos e doutores que buscavam laicizar a preocupação da Igreja com o matrimônio e a reprodução humana. Um manuscrito do século XVII[15] seguia afirmando que a "causa principal de tão grandes acidentes é a supressão dos meses nas donzelas e a mudança de estado nas viúvas". Ambos, Sousa e Pereira, teriam bebido seus conhecimentos no *Corpo hipocrático,* que recomendava a observação cuidadosa dos sintomas que pudessem denunciar a melancolia em mulheres privadas de relações sexuais: a perda da voz, o ranger de dentes, a tez escura, as palpitações e "quenturas". Na Colônia, sugeria-se beber água de uma tigela onde estivesse mergulhada uma "pedra candor pelo espaço de cem credos", pois a doente logo acharia "alívio no coração" pela sua grande virtude de expelir os maus humores.[16] Na farmacopeia do famoso sevilhano Bartolomeu Monardes (1574, p.41-63), indicava-se "a água de sassafrás" para "paixões e enfermidades", alegando que "cura qualquer dos achaques que procedem da madre", bem como uma *hoja* de tabaco quente aplicado no umbigo e debaixo dele. O notável médico brasileiro, Francisco de Melo Franco (1794, p.71-3), aventava um "eleutério de castidade" à base de sementes de urtiga e "emulsões refrigerantes", que se deviam fazer acompanhar por "banhos frios e dormir em tábua dura".

O tratamento dado à melancolia associado ao esquadrinhamento do corpo feminino prenunciava, no Antigo Regime, o interesse da medicina em dar caução aos ideais da Igreja. A nosologia dos males da "madre irrequieta" confundia-se com a nosologia da alma, em que sezões, males e feridas acusavam a incubação da "luxúria. Fruto do fulminante olhar agostiniano sobre a utilização do sexo de lazer, o discurso dos médicos da alma confundia-se com a fala dos médicos do corpo, fazendo da mulher uma prisioneira e vítima de sua própria sexualidade.

A "madre que pare", no dizer do adágio setecentista, era o paradigma das qualidades morais que se opunham às características da mulher infecunda e cujo destino era a exclusão do convívio social. Enclausurada num convento e longe do domínio do pai ou do marido, a doente de melancolia devia ainda assim dobrar-se aos desígnios do médico, cedendo ao que Aline Rousselle (1984, p.46) muito bem denominou de "ginecomania política". Impossibilitada de controlar seu próprio corpo, ou de tê-lo observado por algumas mulheres especialistas, a mulher tornava-se apenas um recipiente, um local de desenvolvimento do esperma masculino.

---

15 B. N. L., *Tratado de matéria médica,* Reservados, mss. 4070, p.298.
16 B. N. R. J., *Anotações sobre a medicina popular,* mss 1-47, 19,20, p.16.

Ao sul do corpo

A reflexão médica, por sua maior eficácia, comprovava essa análise, não restando à mulher que se tornar mãe ou a vítima dos achaques de um útero não fecundado. A inversão do bom uso que se devia fazer do altar sagrado da procriação – a madre – transformava a mulher num monstro doente ou numa criança irascível.

A noção do corpo histérico como semente de desordem moral certamente terá emigrado para a Colônia através de Curvo Semedo, que nela esteve em 1691 (apud Machado, 1980, p.122), aparecendo posteriormente nos textos médicos de Melo Franco. O que podemos sugerir é que a noção cultivada pela medicina lusitana, do corpo feminino como um continente de estranhamento e feitiçaria, vai acabar consolidando uma mentalidade que via na sexualidade da mulher melancólica a expressão do diabólico e do desconhecido.

"Ventos e sibilos horrendos e infernais" exsudavam do ventre desta que não procriava, e que era também presa fácil dos "bolos envenenados por negros no Brasil" e das pedras mágicas. A "mal-maridada", a solteirona, a freira acabavam excluídas dentro de uma sociedade colonial onde o pai, o médico e o marido queriam a economia produtiva de seus úteros, consolidando uma imagem caricata de enfeitiçadas, ninfômanas ou "embiocadas".

Dúvidas que possam surgir quanto à imigração desse discurso europocêntrico para a Colônia esclarecem-se quando examinados os desdobramentos do discurso médico-colonial no século XIX. Assim como a luxuriosa do Antigo Regime, a prostituta do século XIX foi identificada com a "mulher perdida, dissoluta, decaída" e "mensageira do vício". A meretriz descrita por um padre setecentista com "olhos de serpente, mãos de harpia, voz de sereia e coração de fúria" (Bluteau, op. cit., p.437) foi transformada pelo médico oitocentista em "víbora", "harpia", "hidra" e, como diz Magali Engel, num monstro que "difundia pavor ao se revelar um grande perigo para a instituição da família". Tal como ocorria com o discurso médico teológico no século XVIII, no XIX, registra Magali (op. cit., p.85), "as condutas sexuais, qualificadas como imorais, podiam ser reconhecidas no discurso médico através das associações e identidades entre prostituição e adultério, infidelidade, mancebia, união criminosa e poligamia".

Nesse período, a problemática religiosa e médica da sexualidade passava a ser encarada, segundo a mesma autora, "como outro estilo e novos fins"; mas eu complementaria que tal problemática dava apenas continuidade a uma linhagem de falas muito afinadas com o que se escreveu no período anterior sobre as mulheres que dispunham de seu corpo sem finalidade institucional.

Se antes o ser-esposa-piedosa-e-santa-mãezinha constituía regra para normatizar populações femininas na Colônia, depois o casamento modelo e a exaltação da sexualidade conjugal higienizavam a noção de sexualidade. A prostituta, no lugar da devassa, tornava-se o novo bode expiatório, agora não mais de um projeto de normatização, mas de um projeto de "higienização" da sociedade.

Diz Engel (ibidem p.87) que, no século XIX, o prazer condenado no discurso cristão foi absolvido e adquiriu legitimidade por intermédio de normas de regulação. Observamos que essas normas se gestaram no período colonial pelas reflexões sobre a importância da procriação. Daí, no século seguinte, "a realização do prazer através do excesso e da ausência da finalidade reprodutora" (ibidem) ser condenada pela medicina não só como "doença física, mas também como uma doença moral".

O horror às "ausências e excessos" havia nascido no período anterior, simbolizado na luxúria e na melancolia, ambas imagens de uma nosologia que excluía e estigmatizava mulheres cujo útero não fosse fecundo e não estivesse a serviço do Estado e da Igreja.

Liure second. 287

rer par les pieds, que de les faire sortir par le chef, prenant bien garde quand l'on viendra aux fesses de les conduire & tirer le plus dextrement que l'on pourroit, auquel accouchemēt ie ne me suis jamais trouué.

Le moyen de secourir la femme en trauail, quand il se presente deux Jumeaux auec les pieds les premiers.

Gêmeos: pesadelo ou sonho de duplos como Cosme e Damião? (Col. B. N. P., Fortunio Liceti, De la nature, des causes, des différences des monstres [Da natureza, das causas, das diferenças dos monstros], 1634. Figuras de Ambroise Pari e Lycosthènes).

Moléstia-vício, a luxúria permitia distinguir as mulheres entre sadias e malsãs, pecadoras e doentes. Sua imagem imigrou para a Colônia, ilustrando obras como a do pregador Perier (Col. B. N. R. J., Alexandre Perier, *Desengano dos pecadores, necessário a todo o gênero de pessoas, utilíssimo aos missionários e aos pregadores. Lisboa, M. Manescal da Costa,* 1765).

Agente de Satã, ser lascivo e destinado ao mal, a MULIER, tal como a descreveu Benedicti, inaugurando o antifeminismo moderno, estava destinada, por seus pecados sexuais, a arder no Inferno. Na boca do demoníaco monstro, uma mulher grávida se desespera... (Col. B. N. R. J., Gregor Reiseh, Margarita philosophica, 1512).

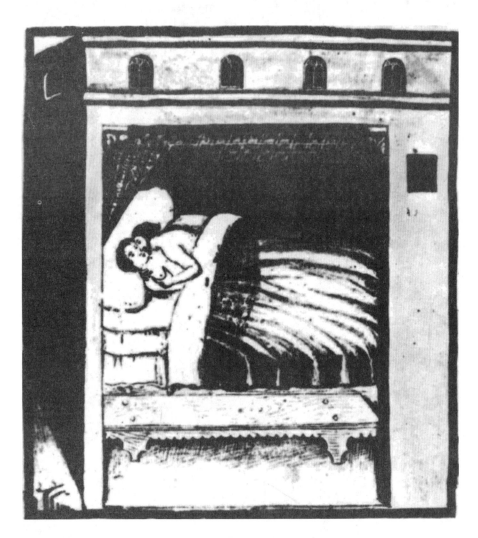

Antes da poderosa onda normativa abater-se sobre a moderna cristandade ocidental, o coito era considerado um "santo remédio" (Col. B. N. R. J., Ibñ Butlan, Theatrum sanitatis, *1068).*

O jardim e a horta: lugar de um saber oral e empírico no qual se abrigavam magias fertilizantes e práticas de fecundidade (Col. B. N. R. J., Ibñ Butlan, *Theatrum sanitatis*, 1068).

Testemunha da sensibilidade religiosa das camadas populares, o ex-voto é um espelho das preocupações que as mães tinham com seus filhos. Nele reproduzem-se cenas da vida cotidiana, em que o perigo, a doença e o acidente foram certamente ameaça constante. A falta de remédios ou do socorro era então substituída pela invocação dos protetores celestiais (Col. igreja matriz de Tiradentes. Foto: Maria Camila de Moraes).

Lugar de resistência das mentalidades, os ex-votos do século XVIII têm muito a dizer sobre a piedade doméstica de mulheres que, quando "gravemente enfermas" ou "em perigo de vida", faziam promessas aos santos de devoção (Col. Funarte. Pesquisa: Regina Clara Simões Lopes).

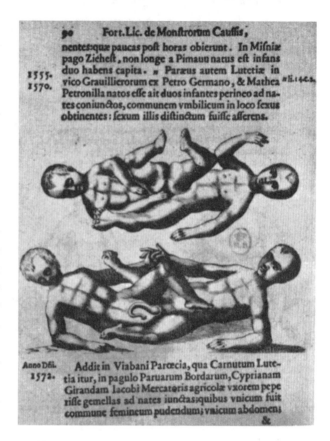

Gêmeos eram considerados monstros que haviam conquistado a normalidade. Mas o que dizer dos xifópagos? (Col. B. N. P., Fortunio Liceti, De la nature, des causes, des différences de monstres, 1634. Figuras de Ambroise Paré e Lycosthènes).

Ao conceber monstros, a mulher contrariava as leis da natureza. As "imperfeições", como eram chamadas, suscitavam fantasmas: seriam resultado de feitiçaria ou de coitos desordenados. O século XVIII conheceu um grande fascínio pela teratologia, onde o gosto pelo insólito somava-se ao medo da cólera de Deus (Col. B. N. P., Fortunio Liceti, De la nature, des causes, des différences de monstres, 1634).

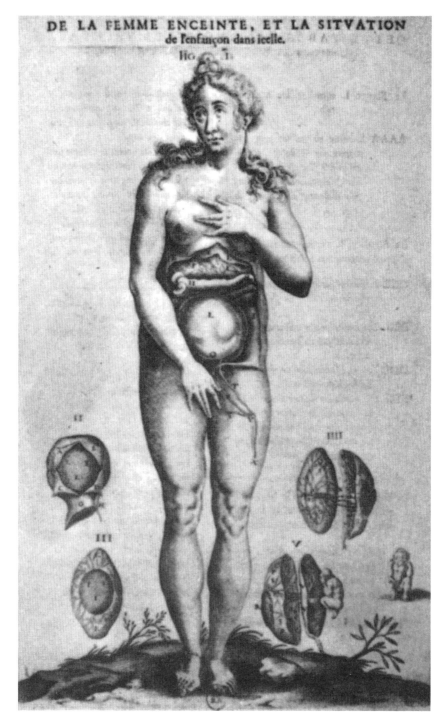

A apropriação da fertilidade feminina, vital para a sobrevivência de qualquer sociedade, tornou-se um projeto do Estado moderno e acabou por decretar o confinamento da mulher no papel de mãe (Col. B. N. P., Cabinet des Estampes [Gabinete de Estampas], série Médicine).

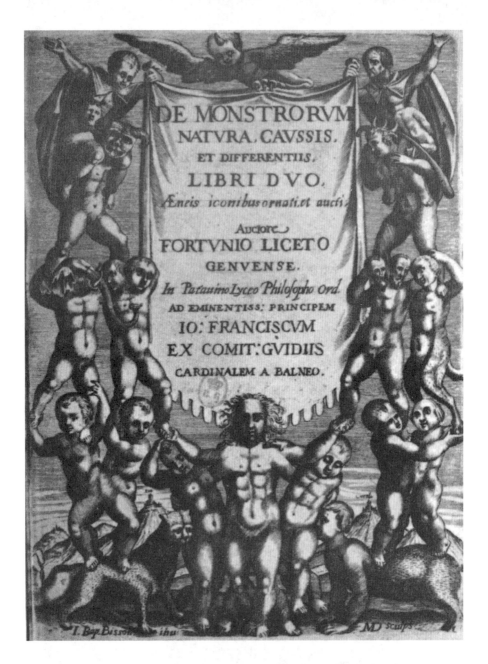

Capa do livro de Fortunio Liceti sobre a origem dos monstros. Esta obra foi uma tentativa de integrar os considerados "seres anormais" à obra de Deus e de refletir sobre a diferença, tema tão caro ao pensamento humanista (Col. B. N. P.).

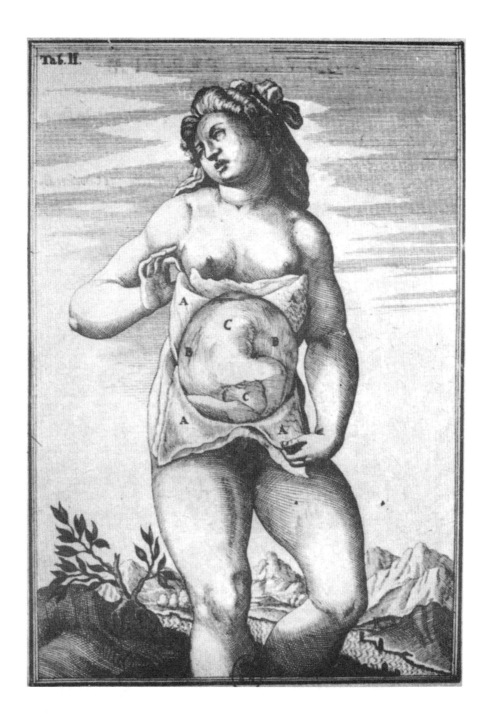

O corpo feminino devia abrir-se ao olhar do médico ou do anatomista como uma flor. Fecundo como a terra, ramificava-se em veias e sangue que o embebiam como o oceano irrigava a terra com infinitos veios d'água. Esta era uma ideia presente no tempo longo da história e cara a Leonardo da Vinci (Col. Viollet, B. N. P., Cabinet des Estampes, séc. XVII).

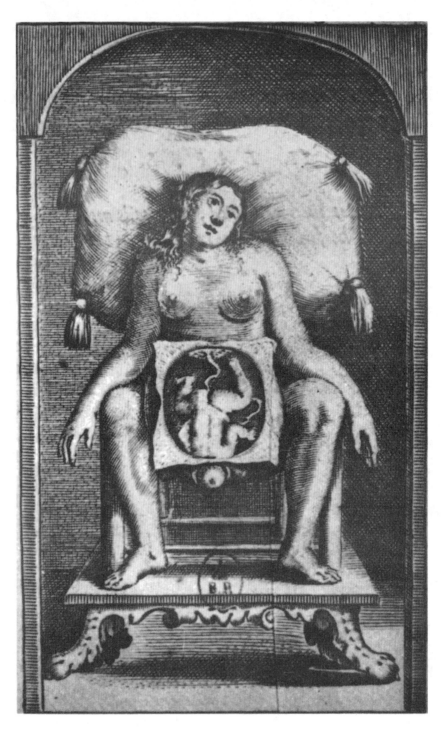

A boa coordenação entre os esforços da mãe e do filho era necessária para que o parto tivesse bom fim. A "falta de comida" ou de espaço incentivava a criança a mudar de posição no sétimo mês e a procurar a saída do ventre materno (Col. B. N. P., Cabinet des Estampes).

Temido por parteiras, comadres e doutores, o parto dos gêmeos era normalmente acompanhado pela eclampsia da mãe e prenunciava riscos e perigos ameaçadores para a integridade das crianças (Col. B. N. P., Cabinet des Estampes).

Cesariana em uma mulher morta ou embriotomia numa parturiente viva.
Em 1581, *Francis Rousset publicou* Le traité nouveau de l'hystérotomotokie ou Enfantement caesarien [O novo tratado da *l'hystérotomotokie* ou Nascimento cesariano]. *A obra preconizava a "extração da criança por incisão lateral no ventre e matriz da mulher prenha não podendo parir" (Col. B. N. P., Cabinet des Estampes).*

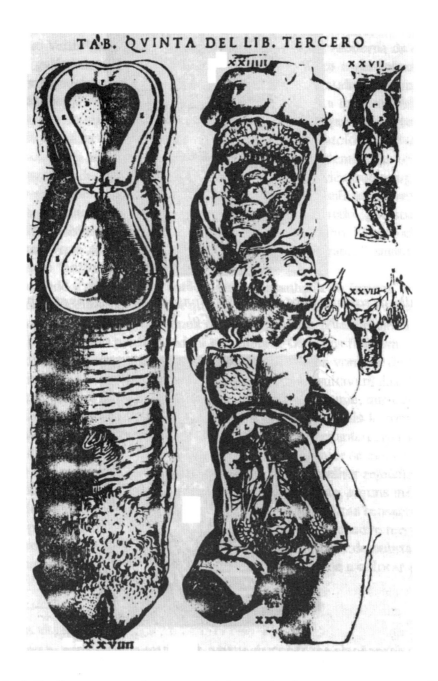

Desde Vesálio, a estrutura do corpo é mais bem conhecida, mas seus mecanismos de funcionamento permanecem obscuros. Sobre as condições de formação do embrião ou o espaço onde surgem os primeiros sinais de vida, não há certezas, apenas hipóteses de difícil verificação (Col. B. N. L., Ivan Valverde de Anselmo, História da composição do corpo humano, 1556).

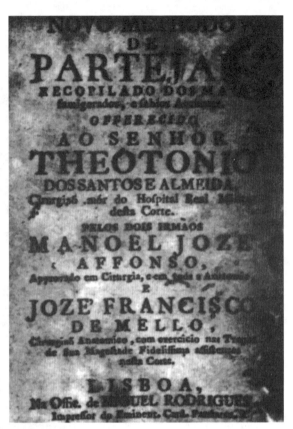

Folha de rosto da obra dos irmãos Afonso e Melo e alguns exemplos de problemas por eles estudados (Col. B. N. R. J.).

No coração da casa, na privacidade do quarto ou da alcova, o parto era ocasião de atividades realizadas pelo grupo doméstico de mulheres. Comadres, vizinhas e parentas preparavam a refeição da parturiente, banhavam a criança, aqueciam panos para envolver a ambos e solidarizavam-se rindo e conversando. Entre as classes subalternas certamente não se registrava o luxo das bacias, toalhas e lençóis, mas permaneciam os mesmos gestos de acolhimento ao recém-nascido (Col. B. N. P., Cabinet des Estampes).

QUARTA PARTE

O olhar da medicina

1

A madre e seus segredos

> ... a boca nervosa, aquela coisa em nome de bicho, de termo de história natural – concha caranguejo cona vulva –, fazendo pensar nesses organismos marinhos e carnívoros cegos mas dotados de lábios, de cílios [...]. (Simon, p.56)

Partes pudendas, partes peludas, partes animais

É certo que o Antigo Regime incentivou uma nosologia de almas e corpos femininos, na qual luxuriosas se confundiam com ninfômanas e em cujo diagnóstico os ditos "estados inflamatórios, a agitação dos humores e os furores" assinalavam o "mau" – ou o bom – funcionamento da madre.

Espécie de órgão vital da mulher, esta dupla boca a ser alimentada vaticinava sobre os destinos femininos, direcionando-os para a maternidade caso quisessem ser considerados sãos. Transfigurado em critério de avaliação dos comportamentos, o órgão da procriação serviu como instrumento da Igreja para cercear, nos limites do casamento e da maternidade, as populações femininas. A mulher transgressora estaria fadada à exclusão, com a pecha de doente, infecunda ou ninfômana.

A construção de um juízo moral sobre a procriação, cuidadosamente realizada pela Igreja, contribuiu, portanto, para submeter e domesticar as populações femininas. Além de limitar seus papéis no interior da vida conjugal, o juízo moral sobre a procriação prestava-se ao projeto de colonização e povoamento das terras brasileiras. Como santas-mãezinhas, as mulheres integravam o gênero feminino à tarefa de preencher ordenadamente os vazios demográficos da Colônia.

A exaltação conceptiva, a aclamação do útero fecundo, fazia-se contra um pano de fundo no qual o celibato se mostrava como uma escolha suspeita, num momento em que a população era incipiente e a ideia de rendimento econômico fazia sua entrada na Idade Moderna.

Mary Del Priore

Pouco a pouco a documentação deixa entrever o desconhecimento que se tinha nessa época sobre o corpo feminino. Desconhecimento que fazia da "madre" e da maternidade um território peculiar e secreto, no qual as mulheres se podiam enquistar, protegendo-se da violência de uma sociedade marcada pela dominação e por relações de gênero contaminadas pela desigualdade emanada do escravismo.

O esforço da medicina em mapear a "madre" e em fazer falar o corpo feminino era denotativo do mistério que simbolizava a mulher. Ao incentivar os 'doutores' a inquirirem sua sexualidade, a mulher, ao mesmo tempo em que se deixava apreender, vingava-se exibindo a força e o milagre que constituíam a procriação.

A Igreja, atenta ao poder de alavancagem do capital materno, invade-o rapidamente com inúmeras imagens de virgens grávidas. Junto com a imposição de normatização feminina na Colônia, a gravidez foi "colonizada", desde o século XVII, por representações de Nossas Senhoras do Ó, da Encarnação, da Concepção, da Expectação, a maioria com o ventre arredondado a lembrar a ambivalência entre o terreno e o celestial. As primitivas virgens pejadas ou as prenhas tornaram suas protuberâncias mais discretas no século XVIII, substituindo o ventre crescido, sobre o qual repousava a mão direita, por indicações simbólicas do seu estado. Demasiadamente humanas, elas cederam espaço às Nossas Senhoras do Bom Parto, com seus filhos risonhos nos braços.[1]

Enaltecidas pela gravidez, comparáveis às múltiplas Senhoras grávidas, as mulheres coloniais viviam a maternidade com recursos que pertenciam a um "saber--fazer" exclusivamente feminino, mas que era passado aos médicos que se apressavam em catalogá-lo.[2] Tal conhecimento, transmutado pela medicina em juízo, refletia o imaginário misógino característico desse período sobre a mulher. As semideusas da fecundidade precisavam ser normatizadas, e para tanto era necessário ir além de um mapeamento meramente anatômico ou patológico de seus corpos. A ciência buscava capturar a natureza feminina, isolar os fins aos quais ela poderia obedecer, revelando que o estatuto biológico da mulher estaria ligado a um outro, moral e metafísico.[3] Para os praticantes da ciência médica, a definição de uma natureza feminina tinha uma função normativa tanto no plano da patologia clínica quanto moral.

Sob tal perspectiva, a "madre" assumiu um papel de extrema importância para a definição dessa natureza, bem como tornou-se instrumento de normatização da mulher. O século XVIII, momento de consolidação desses pressupostos, gestou uma

---

1 Sobre a devoção e a imaginária de Nossa Senhora do Ó, ver Eduardo Etzel, 1985.

2 Algumas informações sobre a medicina na Colônia foram expostas pela autora em "A maternidade da mulher negra no período colonial brasileiro" (1989a).

3 Informações e interpretações extraídas de Paul Hoffmann [s.d.], p.41.

Ao sul do corpo

série de trabalhos nos quais semelhante mentalidade já aparece sedimentada. Para Jacques Louis Moreau (apud Hoffmann, op. cit., p.100) por exemplo, a mulher não se diferenciava do homem apenas por um conjunto de órgãos específicos, mas sua natureza e características morais espelhar-se-iam num complexo e completo sistema físico. A feminilidade, portanto, impregnaria o ser inteiro. Cabanis confirmava essa tese com um trabalho sobre "o caráter das ideias e das afecções morais", pois a anatomia, afirmava, permitia-lhe demonstrar a excepcional densidade de enervação dos órgãos da geração e sua estreita sintonia com o sistema nervoso.

Ao longo de digressões como essas, a "madre" vai se constituindo em *locus* de certezas e incertezas sobre a natureza feminina e ganhando um *status* inelutável. Sua valorização levava também a uma valorização da sexualidade feminina, não no sentido de sua realização e sim de seu adestramento, num caminhar bem coerente com a pretensão da ciência médica e da Igreja. Entendia-se que a madre era passível de incitar no organismo uma série de males, todos decorrentes do mau funcionamento dos órgãos de reprodução. Estes, contrariados, lançavam as mulheres, como já demonstrei, numa cadeia de enfermidades. A mulher sadia e "bem constituída" era comandada por um "espírito seminal", cuja força fecundante agiria sobre ela e seus órgãos, definindo-lhe sua feminilidade e gênero. Considerava-se então que a mulher não era mais que um instrumento a serviço da espécie, um ser cujas significações se resgatavam da necessidade biológica da renovação e transmissão da espécie. Na condição de fêmea, ela era ungida por uma vocação biológica, sendo a "madre" uma forma onde as espécies organizavam suas hereditariedades.

A valorização da madre como território de um saber e de um discurso científico ecoava na ciência médica lusitana, influenciada pela irradiação do centro de estudos que se tornara Montpellier, ao Sul da França, ou Alcalá na Espanha, mas também pelo aporte trazido por médicos estrangeiros contratados por dom João V, disposto a combater "idiotas e mezinheiros" que faziam as vezes de médicos em Portugal. Guardando suas especificidades culturais, os doutores portugueses mapeavam a madre com o pudor exigido pela Igreja e com certo desconcerto e mal-estar diante do que consideravam um animal voraz e feroz. "É parte em que se concebe e alimenta o fruto", resumia com pressa o jesuíta Rafael Bluteau (1712, p.240). "É uma entranha de substância membranosa, figurada como uma pera com algumas cavidades em seu centro, de forma que o seu fundo fica superior e o orifício inferior corresponde à vagina", ensaiavam Afonso e Melo em 1752 (Afonso & Melo, 1752, p.41). Ou, como explicava Antônio Ferreira,

é uma parte ordenada da natureza em as mulheres, principalmente para receber o sêmen, e dele se engendrar a criatura para conservação do gênero humano, e para ser caminho

Mary Del Priore

por onde se expurgue cada mês o sangue supérfluo que se cria demasiadamente na mulher, não só por fraqueza do calor natural que nelas há, como por defeito do exercício, tomando a natureza o que há mister para o nutrimento dos membros e lançando o mais como cousa supérflua ao útero para todos os meses expurgar. É a madre redonda no fundo, porém algum tanto comprida no colo e quase representa a forma de uma ventosa, de substância membranosa, de muitas membranas que constituem infinitos canos e longas vias veias, artérias, nervos e ligamentos. (Ferreira, 1757, p.25)

A madre, segundo Santos de Torres, é o lugar em cujo fundo "se acham aqueles corpos vesiculares [...] que os antigos chamavam testículos e os modernos chamam ovários" (Torres, 1756, p.101).

Herdeiros da tradição medieval, os doutores portugueses insistiam em sublinhar a função reprodutiva da madre, excluindo o que não tivesse finalidade procriativa. A entranha mal descrita e mal estudada acabava por reduzir a mulher à sua feminilidade ou à sua bestialidade. Acreditava-se, ainda, que a madre se alimentava de sangue e pneuma, e que o "espírito vital" encarregado da fecundação chegava-lhe através de uma grande artéria que desceria do coração ao longo da coluna vertebral, dividindo-se por ramificações ao nível dos rins e distribuindo-se finalmente aos 'testículos' (Franco, 1823, p.12). Seriam

dois testículos mais pequenos do que os dos homens, ainda que são mais longos, porém mais duros, onde se gera o sêmen, que é mais aquoso, delgado e frio; e cada um destes testículos tem o seu panículo próprio, nascido do peritônio, e cada um tem seu músculo pequeno e nele se inserem os vasos seminários ou preparantes que descem da veia cava. (Ferreira, op. cit., p.26)

Entendia-se que a madre tinha dois ofícios: um exterior, chamado de *collum matricis,* no qual o coito se realizava, outro interior, os *matricis.* Este, segundo Hipócrates, fechava-se na sétima hora seguida à concepção, e nem a ponta de uma agulha seria capaz de penetrá-lo. O primeiro, além de extrair grande prazer do contato com o membro viril, tinha a capacidade de distender-se para permitir a passagem do esperma masculino. Segundo essa mesma tradição incorporada pelos médicos ibéricos, a madre era fria e seca, provida de pilosidades no interior e dividida em sete distintos compartimentos. Três à direita onde se engendravam meninos, três à esquerda, onde cresciam meninas, e um no centro, reservado aos hermafroditas. (Jacqmart & Thomasset, 1985, p.43).

A madre, matrix, vulva ou natura da mulher não suscitava maior interesse do que aquele de explicar a geração, além de prestar-se a comparações poéticas: "Madre

Ao sul do corpo

antiga chamam a terra porque desde o princípio do mundo produz os frutos com que sustenta e alimenta os homens, os animais e depois os mortos", escrevinhava Bluteau (op. cit., p.240). A visão poética sobre o corpo feminino raramente se manifestava como a pintou o médico Antônio Ferreira (op. cit., p.285).

> Na composição e perfeição do corpo o sexo muliebre excede muito a mulher ao homem, o que bem mostra na excelência do nome. Adão quer dizer terra. Eva quer dizer vida; e quanto o que vive é mais excelente que o que não vive, tanto mais perfeita é a mulher que o homem, o que clara e manifestamente se vê na criação.

Como numa visão de Evas pintadas por Cranach ou Andrea de la Robbia, cujas oferendas eróticas têm forma de flor e se escondem por trás de encaracoladas folhas de vinha (Roger, 1987, p.32-56), a madre e a vulva não só se assemelhavam a flores ou terra fértil, mas também a um animal, segundo Pierre Darmon dotado de sentimentos apaixonados e de um instinto surpreendente (Darmon, 1981). Os médicos barrocos diziam que esta se comovia ao amar apaixonadamente alguma coisa, e que se aproximava do membro viril por um movimento precipitado, para dele extrair como o que se umectar e buscar prazer, Jean de Lieubault, por exemplo, narrava a obsessão da madre por esperma masculino: "ela é tão cúpida de semente viril, a deseja tanto e tem tão grande deleitação em atraí-la, sugá-la e retirá-la que não há jamais suficiente quantidade para o seu gosto".

Porém o aspecto mais tocante da personalidade da madre era certamente "um desejo inacreditável de conceber e procriar", afirmava o mesmo Lieubault, além de "um profundo instinto materno". Uma vez recolhida a semente, "a nobre e divina artesã começa o seu trabalho e se contrai em abrigo próprio para exercer suas funções". Se Lieubault escrevia em 1649 dando caução científica ao projeto da sociedade moderna para o corpo da mulher, encontramos, depois de 150 anos, médicos coloniais repercutindo suas asserções. Já tendo incorporado a visão mais recente sobre um sistema físico em que corpo e moral se integravam, escrevia Francisco de Melo Franco, em 1823, afirmando a importância da maternidade:

> É o sexo feminino dotado de uma entranha por extremo ativa, a qual, com singular energia, reage sobre todo o corpo, e principalmente sobre o peito e as entranhas abdominais. A observação mostra quão extraordinária perturbação ela pode excitar em toda a máquina, e quanto altera a sua forma exterior e modifica as afecções morais. Falamos do útero, o qual, desde a época da puberdade até que a menstruação cessa, se pode ter pelo árbitro de tudo quanto em geral se passa na sua organização. Pela sua influência vem a ternura e carinho materno. (Franco, 1823, p.12)

Sublinhando a dignidade da procriação, a excelência dos sentimentos maternos e a necessidade de equilíbrio para as "afecções morais", o discurso médico escamoteava outras percepções que circulavam na sociedade sobre a madre. Lembra Michele Laget (1982, p.28) que a totalidade do espaço sexual e genital da mulher era um domínio de vergonha. Lugar de desejo e fecundidade, mas tabu para as mulheres, para os homens e para os próprios médicos. Os órgãos femininos eram descritos como "partes pudendas", e esta expressão acompanhava recorrentemente os capítulos de anatomia nos livros de medicina, a ponto de François Mauriceau escusar-se, em obra sobre as doenças da madre, pela "postura indecente" representada pelo croqui de uma vulva.

A reforma católica acentuara o rigorismo feminino, afastando a mulher de seu próprio corpo, fazendo-a ignorar sua anatomia. Para a maioria das pessoas, dirigir o olhar ao sexo prenunciava um caráter debochado, bem representado nos poemas de Gregório de Matos, que ao despir a mulher para fazê-la companheira de uma sexualidade de lazer, encontrava seu "cono", "o cricalhão", a "fechadura", e "Vênus". Longe se estava, portanto, dos pregadores barrocos que se referiam à "porta do inferno e entrada do Diabo, pela qual os luxuriosos gulosos de seus mais ardentes e libidinosos desejos descem ao Inferno" (apud Darmon, op. cit., p.14).

Venerava-se, na mulher, a madre como órgão de reprodução, como espaço sagrado dos "tesouros da natureza", como foco de 'afecções morais' relativas à maternidade. Mas a geografia da "madre" se faria também em tempos modernos pela associação das partes genitais externas com o avesso da procriação: o prazer. Tanto se louvava esse abrigo da natureza em que se obravam os milagres da procriação quanto se perseguia a intimidade com a parte externa do órgão feminino. Segundo Pierre Darmon (ibidem, p.15) as pessoas consideradas "decentes", nos séculos XVI e XVII, costumavam depilar-se ou raspar as partes pudendas para destituí-las de qualquer valor estético. Frisar, pentear ou encachear os pelos púbicos eram apanágio das prostitutas, como bem demonstra Brantôme no segundo discurso das *Damas galantes*. Em colônias, um maior ou menor erotismo da madre era obtido por meio de abluções, embora houvesse aqueles, como o Boca do Inferno, que a preferissem recendendo a "olha" e sabendo a "sainete"; "Lavai-vos, minha Babu, cada vez que vós quiseres", cantava o poeta, "já que aqui são as mulheres lavandeiras do seu cú".[4]

Quanto à compreensão que se tinha das funções procriativas e, por conseguinte, do exercício da vocação biológica nas mulheres, os médicos em Metrópole eram

---

4 Décimas intituladas "Vendo-se finalmente em uma ocasião tão perseguida esta dama do poeta, assentiu no prêmio de suas finezas com condição porém que se queria primeiro lavar", em Gregório de Matos, 1975, p.284.

Ao sul do corpo

ovaristas. Afonso e Melo (op. cit. p.44) explicavam que os "princípios da geração no sexo feminino" estavam nos "ovos com que cada uma das mulheres concorre com sua parte para a fecundação", neles encontrando-se os "primeiros delineamentos do feto, como no ovo da galinha se observam os do pinto".

Herdeiros de Reiner de Oraaf (1641-1673), os doutores lusitanos endossavam a hipótese de que os "testículos" da mulher eram sem dúvida análogos aos ovários dos ovíparos. É deste autor uma audaciosa afirmação, publicada em 1672, numa obra que hidratava todos os conhecimentos de medicina do Antigo Regime português. Em seu *Nouveau traité des organes genitaux de la femme*, De Graaf esclarecia:

> Eu entendo que todos os animais, e mesmo o homem, têm sua origem de um ovo, não de um ovo formado dentro da madre pela semente, segundo Aristóteles, ou pela virtude seminal, segundo Harvey, mas de um ovo que existe antes do coito dentro dos testículos da mulher. (apud Darmon, op. cit., p.51)

Acrescentava ainda que os "testículos femininos ou ovários" continham a mesma albumina dos ovos de galinha, terminando por descrever os folículos que levam seu nome. Tais ovos, que transitavam pelas trompas de Falópio, seriam finalmente fecundados pela *aura seminalis,* espécie de vapor etéreo que se desprendia do esperma masculino.

O autor de *Farmacopeia dogmática,* comparando os "ovos" gerados nos testículos das mulheres àqueles das galinhas, explicava que os primeiros provinham do "sangue que pelas artérias preparantes chega aos testículos, em cuja membranosa substância fica certa porção dele para a geração" (Maria, 1772, p.5). Interessante observar o parecer do autor sobre a transmissão dos caracteres hereditários, pois sublinha em seu texto que "nestes ovos com que as mães concorrem para a propagação vão as semelhanças e ideias de suas partes levadas nos espíritos vitais, que divagos por todo o corpo se comunicam aos testículos aonde os preditos ovos se geram". Francisco da Fonseca Henriques (1731b, p.17) endossava tais asserções, mas as complementava com o seguinte adendo: "Não falta quem diga que os testículos do sexo feminino se devam chamar oveiros, não só porque geram ovos, mas porque não têm semelhança alguma com os testículos do masculino sexo".

Uma vez mapeada a utilização das "partes pudendas", uma vez prescrito o seu funcionamento por doutores portugueses, herdeiros de um saber médico sem fronteiras, a mulher passava a ser um instrumento a serviço da espécie. Em colônias, o olhar que se tinha sobre a madre era oblíquo e informal; foi Gregório de Matos quem mais nos aproximou dessas partes, que em sua poesia nada tinham de pudicas, mas estavam cheias de animalidade feminina.

Mary Del Priore

Para adentrar os segredos da madre, seus males e prazeres, foi necessário questionar esse funcionamento tão bem descrito pela medicina, investigando em que medida ele se fazia de forma prática. Úteros enfermos, úberes fecundos [...] como aproximar-se deste santuário onde se processava a revolução ovarista? Como se relacionavam as mulheres com seu próprio corpo? Haveria ecos, em suas práticas, da leitura realizada pela medicina clássica, ou vigiam os métodos caseiros e transmitidos oralmente entre mães e filhas? Como se situavam, finalmente, as mulheres diante de sua feminilidade representada nas "partes pudendas, partes peludas, partes animais" [...]?

Os males da madre

Situar-se diante da feminilidade da mulher colonial e conhecer o relacionamento que ela tinha com seu corpo significa, para o historiador, escrutar um campo histórico de informações bastante oblíquas.

Entre os processos eclesiásticos extraímos algumas mensagens de mulheres queixosas de suas dores, curvadas sobre seu ventre, "achacadas" de variados males. O grosso da matéria histórica vem de observadores homens, alheios, desconfiados ou curiosos sobre o funcionamento do corpo feminino e das relações que as mulheres teriam com sua sexualidade. A madre, que se erigia como altar de procriação e templo de fertilidade, era recorrentemente atacada por enfermidades mal diagnosticadas, transformando o corpo da mulher num campo de batalha entre o médico e a enfermidade desconhecida. Clísteres, sangramentos e purgativos raramente a aliviavam. Se ela tinha suas feridas mundificadas por receitas ancilares e se a botica doméstica à base de ervas e raízes era o seu paliativo, não há relatos exatos ou diretos dessa antropologia vegetal relacionada à intimidade feminina.

Seria interessante incorporar as observações de Edward Shorter (1984, p.240) sobre as doenças de caráter sexual que atingiam as mulheres do Antigo Regime europeu e cotejá-las com aquelas que acometiam as mulheres da Colônia. O renomado historiador inglês refere-se com especial atenção às enfermidades transmitidas pelo homem quando das relações sexuais ou às que afetavam diretamente a mulher em sua vida sexual. A vulnerabilidade e a inferioridade femininas ficavam explícitas quando a mulher era alvo de doenças venéreas, e sua humilhação tornava-se pública como vítima de distorções e disfunções que influíam na sua gestação ou nas suas taxas de fecundidade. Haveria similitudes com os achaques daquelas que "viviam em colônias"?

Tanto na mentalidade de médicos quanto na de mulheres, os costumeiros "males da madre" atraíam e inquietavam, pois o mesmo espaço que tinha o poder

Ao sul do corpo

de transformar sementes em seres vivos era, simultaneamente, cloaca para expelir e excretar o considerado 'imundo' sangue das purgações mensais. O homem nascia, portanto, de um esgoto úmido e escuro, e tal concepção reforçava uma ideia que surgira com Aristóteles e que se difundira com a Igreja: a madre era ao mesmo tempo território de utilidade e abjeção.

Se *tota mulher in utero*, como se repetia e se acreditava desde Agostinho, a madre doente poderia ferir de morte a mulher, transformando o território de abjeção ou utilidade em zona escura e desconhecida, contra cujas disfunções nada podia a medicina. As informações oblíquas sobre os males da madre no período colonial indicam que as hipóteses de Shorter são passíveis de verificação.

Luís Gomes Ferreira, ao escrever em 1753 o seu *Erário mineral*, obra valiosa sobre as realidades nosológicas das Minas setecentistas, confirma a facilidade com que as mulheres eram infectadas por doenças sexualmente transmissíveis. Seu Tratado VII versa sobre "os formigueiros e doenças comuns em Minas", e o capítulo IX sobre "as chagas do membro viril e genital que vulgarmente chamam cavalos"[5].

Hemorragias resultantes de blenorragias e peritonites ou abortos malfeitos também não deviam ser incomuns. Em 1781 a prostituta Ana Delgado de Almeida, presa na cadeia da cidade de São Paulo, solicitava um laudo médico para dar a caução ao seu pedido de "livramento, por apresentar-se enferma, [...] sendo incapaz por um continuado fluxo de sangue que lhe tem repetido por vezes".[6]

Tais hemorragias violentas, assim explicitadas, eram certamente sinônimo de "mal da madre", de doença ginecológica, pois as disfunções derivadas da menstruação significavam tabu para mulheres de diferentes raças e credos. O sangue catamenial, ao contrário do fluxo hemorrágico por doença, era, por suas virtudes mágicas, razão de silêncio e sacralidade. Não foi por acaso que Jean de Léry anotara, entre observador e curioso, que não percebera "nas mulheres selvagens" sinais de menstruação, embora tivesse permanecido "quase um ano neste país, [...] visitando-as amiúde em suas aldeias" (Léry, 1980, p.227). A tentativa de descrever ou mesmo compreender essa aparente irregularidade num assunto que inspirava temor e repulsa entre os homens, levava o viajante francês a levantar uma hipótese no mínimo insólita – o sangue fluiria por outra abertura que não a madre:

> Penso que as afastam ou impregnam modos de sangrar diferentes das europeias, pois
> vi meninas de 12 a 14 anos cujas mães ou parentas as punham de pés juntos sobre uma

---

5 *Erário mineral dividido em doze tratados.* Ver também as informações de Lycurgo Santos Filho (1977a), especialmente as p.195-7, sobre as doenças sexualmente transmissíveis no período colonial.

6 A. C. M. S. P., processo não catalogado de Ana Delgado de Almeida.

pedra e com um dente afiado de animal lhes faziam incisões no corpo, desde o sovaco até as coxas e os joelhos; e as raparigas sangravam assim por certo espaço e tempo.

Tanto os sangramentos, significativos da fraqueza da madre, quanto outros sinais mais discretos das enfermidades femininas eram fonte de reflexão para homens curiosos da maternidade e do funcionamento do corpo feminino. Em 1648 o médico holandês Guilherme Piso (1948, p.37), escrevendo em Pernambuco, associava a fragilidade de mães e filhos, debitando-as a uma certa "intempérie fria do útero". Espécie de resfriado que se apanhava como resultado das bruscas oscilações das temperaturas tropicais – dias quentes e noites frias –, o doutor holandês a ele tributava o enfraquecimento e posterior esterilidade da madre com visíveis consequências para os rebentos, no seu entender, "raramente longevos". A árvore e o fruto dela dependente deviam resguardar-se do mau tempo. Escrevia, crítico, que "as nossas mulheres do povo mais obesas e sedentárias apanham o ar frio despojadas de vestes e coberturas. Donde resulta que este frio nocivo e penetrante priva do calor devido e natural [o dito] fecundo campo da natureza".

Piso procurava associar, além das disposições climáticas, outras razões para a "intempérie do útero", e concluía que havia ainda o agravante de uma "frugalíssima bebida que preparam em casa com limões mui ácidos" e "ingestão de frutos de fácil estrago". O suposto resfriamento da madre geraria os "fluxos e hidropisia", que se manifestariam em "metade de nossas mulheres", em forma de "corrimentos" do útero. Perdas uterinas de coloração branca ou amarelo-esverdeadas, regularmente nauseabundas, podiam – e ainda hoje o fazem – tornar o relacionamento sexual doloroso (Piso, 1948, p.37). Daí Piso sublinhar que as mulheres, "esforçando-se em ocultar" tais corrimentos "por vergonha ou negligência, tornando-se pálidas, exangues, tristes e descontentes com o marido, veem multiplicar o mal em tão prolongado decurso de tempo".

O mesmo Piso é ainda esclarecedor quanto à mentalidade que se tinha no período, relativa à função da maternidade como reguladora de saúde do corpo feminino, e confirma a visão binária que ora via na madre o altar da reprodução, ora um depósito de imundícies: "E não é para admirar se a matriz, cujo fim é a geração privada, pela intempérie proveniente (o resfriado) de sua função natural se torne o receptáculo a modo de cloaca de tantos excrementos e cruezas e aflija as mulheres com grande sofrimento".

Maternidade e gravidez eram, sem dúvida, nesse quadro mental, o remédio eficaz e preventivo para evitar toda sorte de enfermidades que atacavam a mulher quando seu corpo funcionava apenas como cloaca.

As doenças invasoras da madre, origem de tais corrimentos e "fluxos", resultavam, no passado, como ainda hoje o são, de infecções bacterianas da vagina,

Ao sul do corpo

devido à presença de estreptococos e estafilococos, de inflamações no colo do útero e também da evolução de miomas e tumores. A higiene, pouco estudada para o período colonial e, portanto, nossa desconhecida, não permite avançar outros dados que pudessem influir no comportamento nosológico. O destino que se pode supor para as mulheres que não eram "lavandeiras do seu cu", como cantava Gregório de Matos, era o de tornar a sua madre um terreno ideal para a proliferação de germes patogênicos. O sangue menstrual seco, a sujeira e gordura depositadas nas dobras da vagina e das coxas deviam ser a regra.

Outra enfermidade ou mazela a atacar a sacrossanta madre era injustamente decorrente de seu bom funcionamento em período fecundo. As fístulas vesicovaginais resultantes de partos sucessivos e dificultosos obrigavam as vítimas a recender a urina, e a sua vulva, a parte interior das nádegas, coxas e joelhos mantinham-se permanentemente molhadas. Além do mal-estar provocado por este encharcamento contínuo, a pele destas mesmas partes do corpo cobria-se de vergões vermelhos e irritados que comumente resultavam numa erupção purulenta.[7]

Esse cortejo de sofrimentos foi pintado, não sem um certo tom moralista, por uma carta do padre Anchieta em 1560. Referia-se ele, com menosprezo, à "manceba de um português [de] quase quarenta anos" da qual nasceram "nove filhos", e que, "arrependida e conhecendo a maldade em que havia vivido", era visitada pelos irmãos jesuítas preocupados em consolar-lhe a alma.[8] Ela é descrita como "tendo corruptos os seus membros secretos, [...] exalando de si tanto fedor que os seus mesmos a desamparavam".

Seria necessário esperar os modestos avanços da medicina no final do século XVIII para debitar a outras razões, que não o clima ou a vida pecaminosa, os temidos males da madre. O escocês Guilherme Buchan, que teve traduzido em 1788 para o português o seu consagrado *Medicina doméstica*, anotava com pioneirismo que o tipo de trabalho desenvolvido por mulheres podia ser causa de enfermidades que atacavam o útero. Descrevendo "quase todas as mulheres" cuja atividade era sedentária, com destaque para "costureiras, bordadeiras e mercadoras de moda", Buchan debita à "postura contranatural", à "compressão que os intestinos padecem" e à "falta de transpiração" as "úlceras fétidas" e "pústulas de má qualidade" que as atingiam (Buchan, 1788, p.157-8 e 263).

Vítimas do trabalho excessivo e da disponibilidade sexual, as mulheres na Colônia certamente não se encontravam tão próximas do tipo de trabalho que o inglês chama de "ocioso", peculiar às recém-industrializadas sociedades europeias.

---

7 Prescrições médicas tiradas de Edward Shorter (ibidem).
8 Serafim Leite, *Cartas dos primeiros jesuítas do Brasil*, v.2, p.253.

Mary Del Priore

Aqui, suas mazelas eram mal conhecidas e pior diagnosticadas. Seu recurso era a medicina popular e doméstica, transmitida oralmente.

A fisiologia feminina vivenciada no dia a dia estava longe do saber escrito e erudito, e a pobreza terapêutica era reduzida pela sombra da Inquisição portuguesa, que via no saber científico fumos de heresia. Toda a medicina portuguesa, ocupada em mapear o corpo feminino, bem como a mínima medicina colonial estavam recheadas da herança greco-romana endossada pela Igreja, mas também impregnada com uma concepção dual, identificada ora com a vontade de ordem, ora com a exuberância da natureza. As teorias médicas clássicas amalgamavam-se a observações rudimentares, resultando em afirmações fortuitas e em noções onde a imaginação completava as lacunas do conhecimento. Para esse tipo de medicina, a mulher era um microcosmo no qual se repetiam as qualidades visíveis ou ocultas dos elementos que compunham a natureza. Seu corpo doente refletia crises, metástases, putrefações, tal como no mundo exterior apodreciam folhas ou murchavam flores.

Ao mesmo tempo que a Idade Moderna trazia em seu bojo a *praxis* científica, permanecia na mentalidade das comunidades a vontade de curar com purificações e encantamentos, respaldando o saber metafísico e uma concepção mágica do corpo e da doença. Reflexo dessa visão de mundo foi o caso ocorrido em Minas Gerais no século XVIII, em que doentes, e dentre eles sobretudo as mulheres, se reuniam e se banhavam numa "prodigiosa lagoa" que operava curas milagrosas. Um certo Antonio Cialli,

> graduado em medicina, [...] Logo conheceu que a água era prodigiosa feitas as experiências químicas que manda a Arte e recomendam os autores, e assentou que aquelas águas continham em si os dois mais utilíssimos minerais, [...] como eram vitríolo e aço.[9]

Transmutado pela mentalidade do período mágico, o parecer do médico facilitava outra transferência simbólica: a da água como signo da vida. No caso das mulheres que recorriam às águas mundificantes, vale lembrar as observações de Jacque Gélis (1984, p.65) sobre o papel do elemento líquido nos rituais de fecundidade. Na França do Antigo Regime, a água viva das correntes era considerada eficaz na luta contra a esterilidade; a água parada, como que morta nos lagos, só atraía quando comprovadas as suas capacidades milagrosas. Na romaria de mulheres que procuravam o socorro milagroso dessas águas, percebia-se além da crença no

---

9 *Prodigiosa lagoa descoberta nas Congonhas das Minas de Sabará, que tem curado a várias pessoas dos achaques que nesta relação se expõem*, p.9.

Ao sul do corpo

prodígio e na maravilha, a falta de assistência médica em que se encontravam as camadas subalternas da população.

Situada a seis léguas da Vila de Sabará, as águas da lagoa convidavam sobretudo mulatas e negras, escravas ou forras para quem os socorros nas suas doenças eram praticamente nulos. A maioria dessas mulheres sofria de dores e mazelas no ventre ou no baixo-ventre, e tinham nos 'males da madre' sua queixa maior:

> Luzia, escrava de Lourenço Ribeiro, de Santa Luzia, com um cancro nas partes pudendas, [...] com a continuação dos banhos se vê diminuta a queixa e está quase sã.[10]
>
> Ana, parda, [...] com dores no ventre, [...] com dois banhos restituiu a saúde. (Ibidem, p.14)
>
> Joana Gracia, preta, forra, na paragem do Ribeirão, padecia a uns anos a falta de seu costume, [...] tomou 15 dias de banhos e alcançou tantas melhoras que se retirou para casa com perfeita saúde. (Ibidem, p.18)
>
> Josefa, crioula, escrava de Bernarda Antônia de Melo, da Lapa, com dez dias de banho fez provida a natureza na falta que padecia de evacuação mensal. (Ibidem, p.45)
>
> Antônia, escrava do tenente Manuel Gomes da Mota, das Macaúbas, com uma grande dureza na barriga havia dias, com 15 dias de banhos se pôs o ventre natural e se retirou boa. (Ibidem, p.19)
>
> Luísa Cabral, preta forra, casada com José Feliz, da Vila de Sabará, há mais de dois anos que padecia insofríveis dores na conjunção, com poucos banhos arrojou a natureza sem dor alguma. (Ibidem, p.21)
>
> A mulher de Brás Pinto, do Pompeu, padecia a mesma falta havia dez anos com gravíssimas dores, quatro a cinco dias antes de suas descargas, a tempo todo que elas duravam, e outros cinco ou seis dias depois que acabavam, tomou várias curas sem utilidade; chegou à lagoa e achando-se no dia seguinte ocupada, não duvidou banhar-se e continuou sem dor alguma fluir o seu mênstruo por espaço de 15 dias. (Ibidem)

Maldição vivida por mulheres de forma diferente, a presença ou ausência da menstruação como fator de enfermidade uterina sublinhava a importância da saúde e conseguinte da mulher, localizado na madre. O funcionamento natural da madre marcava para todas as mulheres da Colônia os ritmos silenciosos e discretos de seu ciclo vital. As regras apontavam o momento de fecundidade, de maternidade, e depois de menopausa e esterilidade. Reflexo da Lua, o calendário menstrual inscrevia também a mulher no calendário da natureza. Para os homens, por outro lado, a menstruação era sinônimo de exclusão e até mesmo de maldição. Não eram

---

10 *Prodigiosa lagoa...*, p.13.

poucos os rituais de feitiçaria que envolviam o sangue catamenial, além de este ser considerado base da magia de transformações femininas, como o azedamento dos vinhos, leite e manteiga.[11]

A água prodigiosa da lagoa, por sua vez, curativa por ablução ou ingestão, evocava a obscuridade e a umidade vaginais, e, certamente, tal como na tradição europeia, fontes ferruginosas eram utilizadas nas Minas, por sua coloração similar à do sangue diluído. Em Portugal, no mesmo período, as águas de Caldas da Rainha, consideradas uma "cristalina farmácia" (Sarmento, s.d., p.308), incentivavam o médico Sarmento a escrever sobre o "grande benefício que se pode conseguir de as beber em muitas queixas". A crença de que Deus e seu poder milagroso estariam representados na natureza fazia um entusiástico autor do século XVIII referir-se a "fontes salutares" como uma das *Principales merveilles de la nature* (loc. cit., p.26) cuja finalidade seria trazer "alívio dos pobres que os médicos abandonam".

Origem de consolo para as classes empobrecidas, tais fontes consideradas milagrosas revelavam a mentalidade mágico-religiosa das populações femininas em relação ao seu corpo. Semelhante mentalidade era incorporada e retrabalhada pelo olhar masculino da medicina ou mesmo da Igreja, que traduzia essas práticas ancilares para um discurso espiritual e piedoso. Tal apropriação de práticas tradicionais e de crenças corriqueiras possibilitava a reelaboração do imaginário popular sobre o corpo e a doença, à luz dos preceitos da ciência ou da Igreja. Ao substituir a ação de mulheres curandeiras pela intercessão de Nossa Senhora, por exemplo, a Igreja ampliava seu poder de catequese, mas sobretudo imiscuía-se no universo feminino, esvaziando-o de tradições e preenchendo-o com novas versões adaptadas dessas mesmas tradições. Exemplo disto é o caso narrado por frei Agostinho de Santa Maria, e que teria ocorrido na Bahia do século XVIII:

> Uma mulher tinha um bicho no seu ventre, que muito atormentava com saltos e cruéis mordeduras sem haver remédio que a aliviasse. Sonhou esta uma noite que lhe dizia a Virgem Senhora das Brotas, de quem era muito devota, que se logo em amanhecendo tomasse em jejum uma porção de sumo de limão misturado com sal e pimenta sairia. Amanheceu e acordou a mulher e tratou logo de fazer esta medicina, e com tanta fé na Senhora que lhe aproveitou muito: porque assim que a bebeu lhe deu o bicho tais voltas, escandalizado da potagem, que a deixou trespassada e sem sentidos por um bom espaço de tempo, e tornando-se em si não teve mais opressão alguma nem moléstia no ventre. Passados porém oito dias, lhe deram dores de parir e lançou a caveira de um

---

11 Utilizamos aqui algumas considerações desenvolvidas por Jocelyne Bonnet, 1980, em seu belo *La terre des femmes et ses magies*.

Ao sul do corpo

lagarto com todos os seus ossos, que foi parindo pouco a pouco e um a um, os quais se levaram à igreja de Nossa Senhora das Brotas, quando a mulher lhe foi dar as graças, [e] tudo se pôs a vista de todos para memória de tão esperada maravilha. (Santa Maria, 1707-1723, p.124)

No entrecruzamento de informações que fornece o relato, observa-se a visão que se tinha nesse período sobre a madre como depósito de *mirabilias:* maravilhas e monstros. Mas portá-los exige um preço caro ao corpo feminino que, muitas vezes contaminado por um mau fruto, acabava por adoecer. A Igreja, por meio da fé e da piedade cristãs, emergia como doutor desse corpo, poderoso por suas gestações mas combalido por seu desgoverno, terminando por salvar a mulher adoentada ao substituir uma cura mágica provida por uma benzedeira, por outra milagrosa feita por Nossa Senhora.

Mais informações sobre os males da madre encontramos em alguns autores cujas explicações acentuam o caráter paradigmático que significava o bom ou mau funcionamento uterino. Num capítulo intitulado "Das doenças particulares das mulheres", Antônio Parreira (op. cit., p.285) afirmava que "assim como o sexo feminino é mais delicado e mais perfeito na formação do corpo, também é mais sujeito a enfermidades, por razão dos membros da geração". E advertia: "São os achaques das mulheres mais perigosos e mais dificultosos de curar, como afirma Hipócrates". Também no seu entender, o bom fluir do sangue catamenial seria de extraordinária importância, confirmando assim o assédio que faziam as mulheres à "prodigiosa lagoa", na intenção de recuperar o seu "costume". A falta, portanto, da "purgação dos meses" gerava o apodrecimento deste mesmo sangue, sendo causa de "febres malignas, acompanhadas de muitos e vários acidentes que embaraçam os médicos de mais experiência". Até as doenças que atacavam depois do parto atribuíam-se ao sangue menstrual, pois, dizia o mesmo doutor, "quando andam pejadas se nutrem do sangue feculento e excrementício" com que se sustentava "a criatura no ventre". Estar cheia de "humores excrementícios" era origem de "doenças graves e feros acidentes"; seu conselho era então o de "descarregar o sangue supérfluo e viciado", evitando assim "vertigens tenebricosas, falta de sono, imaginações contínuas, febres erráticas e outras variedades de sintomas que as acompanham" (ibidem, p.286).

A preocupação dos médicos com a madre doente fazia com que se derivasse dela toda e qualquer enfermidade, Em 1794, o nosso já conhecido dr. Perraz atribuía o diagnóstico de uma "tísica tuberculosa" a uma "concreção calcária achada no útero" da mesma paciente.[12] "Sendo o útero", explicava ele, "o emunctório para onde se

---

12 Manuel Joaquim de Sousa Ferraz (1799), "Observação de uma tísica tuberculosa e de uma concreção calcária achada no útero".

dirigem todos os humores supérfluos e grosseiros, como diz o célebre Rodrigo de Castro, é natural que ali se formem lentamente incrustações e concreções terrosas e lapídeas dos depósitos das ditas fluxões."

O útero-estuário era simultaneamente terreno de aluviões e sedimentos que adoeciam e fechavam o corpo da mulher como uma carola dobrada sobre suas obstruções e entupimentos. Curar significava sempre dar a esse corpo um estado natural de vacuidade que só poderia ser substituído pela gravidez; daí a obsessão por sangrias, vomitórios, lavagens, purgantes e sudoríferos, tudo enfim que ajudasse a liberar o organismo doente.

Além desses mecanismos de uso corrente pela medicina, encontramos no universo de mazelas femininas a utilização da botânica, aproximando a mulher sempre mais de uma concepção analógica com o universo. Plantas cujas formas se assemelhavam ao órgão feminino ou cujo emprego aparecia nas mezinhas e chás caseiros compunham uma farmacopeia doméstica, que terminava por solidarizar mulheres na preparação e transmissão de um saber oral sobre o corpo e seu funcionamento.

Aires de Casal, em 1817, refere-se a uma planta "a que o vulgo chama malícia--de-mulher", segundo ele "sarmentosa, espinhosa, de folha miudíssima" que se fechava quando tocada (Casal, 1817, p.113). Bem antes, em finais do século XVII, Bartolomeu Monardes observava que o goembeguaçu era uma erva que muito servia "aos fluxos de mulheres" (Monardes, 1572, p.119). O suco de sua casca aplicado, ou o defumadouro "em a parte, logo estanca". Um *Manual de símplices,* manuscrito do século XVIII, demonstrando imensa familiaridade com a Colônia por suas descrições, recomendava "raiz-de-queijo" para virem as regras às mulheres e para acidentes uterinos (apud Sequeira, 1754, p.301). Bernardo Pereira (s.d., p.336) recomendava verônica para aquelas que lançassem "sangue pela urina", como acontecera com uma sua paciente que recebera "muitos golpes com um pau que lhe dera seu marido".

Outro manuscrito encontrado na Biblioteca Nacional de Lisboa, redigido no século XVII,[13] dá melhor dimensão dessa botica achada facilmente na horta ou no quintal, típica do 'saber-fazer' feminino sobre o seu próprio corpo: "língua-de--vaca ou alface silvestre metida dentro da natura atrai a criatura do ventre, [e] [...] suas folhas bebidas com vinho restringem o ventre". O lírio amarelo, "sua raiz pisada, bebida ou aplicada à natura com mel e um pouco de lã, purga a aquo-sidade da madre". A manjerona "metida na natura provoca o mênstruo, enxuga corrimentos". A murta mostrava-se eficiente quando de fortes hemorragias, e o nardo servia para inflamações.

---

13 B.N.L., *Memorial e símplices,* ms., p.27, Reservados 2277 V.

Ao sul do corpo

Tal botica, que desde a Idade Média permitia a curandeiras e benzedeiras atenderam às necessidades de populações carentes de socorro médico, tinha tanto o poder de curar quanto o de adoecer pessoas; ervas testadas desde então, como a beladona, são ainda hoje utilizadas na farmacopeia contemporânea. A crença na eficácia dessa medicina natural era tão arraigada que em 1722 um certo João Lopes Correia curava "virgindade corrupta" com uma mistura de "pedra-ume, esquinanto, folhas de lírio, de acipreste, balaustrias, cascas de romã, raiz de bolotas", com as quais se fazia um "cozimento" no qual se molhava um pano que deveria repousar "na boca da madre" (Correia, 1722, p.74). Vale lembrar que a Igreja perseguia como bruxas as mulheres que receitavam curas para himens dilacerados, enquanto as fórmulas dos doutores se difundiam com caução científica.

Um manuscrito, na Colônia, recomendava desde chifre-de-veado em pó para "a madre saída do lugar" a avenca cozida, usada como emplastro, e a própria urina da doente, tomada por via oral. Mulheres e suas doenças movimentavam-se num território de saberes transmitidos oralmente, e o universo vegetal encontrava-se cheio de signos dessas relações femininas com as técnicas hortícolas e com o espaço do quintal. Era nele que, além de se colherem as ervas para as curas, jogavam-se as águas com que se lavavam as roupas sujas dos mênstruos, as mesmas que lavavam os mortos e os recém-nascidos. Além de constituir-se também "num espaço da economia familiar, o quintal era principalmente território do prestígio da cultura feminina. Cultura feita de empirismo, oralidade, memória visual e gestual que no Antigo Regime começa a ser descrita e escrita pelos médicos.

Tamanha relação com as ervas e as águas permitia que as mulheres exprimissem o seu conhecimento da vida, experimentassem os mistérios da geração vegetal e os relacionassem com os ciclos lunares. Junto a essa concepção morfológica da natureza, a presença das pedras e dos minerais também foi importante quando suas formas e estruturas permitiam metáforas com o corpo feminino.

O *Médico popular*,[14] redigido no Brasil, recomendava vivamente a ação da "pedra quadrada" com "bosta de boi fresca com mel de pau", em emplastro para a barriga de mulheres que sofressem com a retenção de urina. Monardes (op. cit., p.199) explicava que esta pedra, denominada quadrada ou candor, tinha ação protetora sobre os "achaques, afogamentos da madre", bem como sobre a melancolia, apresentando-se "escura, muito lisa, [...] prolongada ou redonda". Recomendava ainda a "pedra-ímã ou galbano" cuja função era manter a madre em seu respectivo lugar. As pedras podiam ter efeito fecundante quando se simulavam com elas o ato sexual mas serviam também para pacificar ou estacionar essa madre supostamente errante.

---

14 B. N. R. J., mss. 1-47-19-20, p.13.

Mary Del Priore

À medida que a intimidade com a natureza e com a botica do quintal se transmitia de mães para filhas resistindo à taxinomia que faziam os médicos, a Igreja procurava substituir esse relacionamento mágico por outro, piedoso. Santa Sabina, mártir, era indicada pelo pregador Angelo de Sequeira em 1640, como protetora para o "imoderado fluxo de sangue", e Nossa Senhora da Lapa constituía-se em exagerado "remédio para tudo".

Apoiadas na devoção piedosa ou na relação mágica com as águas as ervas e as pedras, as preocupações com os chamados 'males da madre' apenas acentuavam e sublinhavam o enorme prestígio que gozava a maternidade. A madre sã era aquela que, imune, defendida dos achaques, podia procriar. A cultura feminina, transmitida entre comadres, a medicina e a Igreja imbricavam-se num mesmo objetivo: fazer a terra germinar... Tornar o úbere fértil.

Ao afastar os riscos das doenças sexuais ou das infecções, ao exorcizar mazelas e achaques, as mulheres afinavam-se com os mercadores de tempo e, em última instância, de vida, que eram as 'purgações mensais'. Isso feito, preparavam seus corpos para serem fecundados, reiniciando a cada vez um ciclo em que a gestação e a maternidade eram a regra natural. Teriam elas tido a percepção do esforço que faziam a Igreja, a medicina e o Estado para transformar um ciclo natural em sistema físico e moral?

2

Sangrias, sangue secreto e sangue embranquecido

> A alma da carne está no sangue.
> *Levítico XVII, 11*

percepção que o saber médico tinha sobre o corpo feminino, no Antigo Regime, era uma percepção toda recortada e dirigida para a maternidade. Os documentos e textos da medicina resultavam, via de regra, de um exame sobre a "madre", cujo fim era a compreensão de seu funcionamento. Mesmo o mapeamento da anatomia do útero submetia-se a esse olhar funcionalista, pois se conhecia dele apenas o que operava para a procriação.

O trabalho da "madre" seria, no entender da medicina, sinônimo de gestação, e na falta desta estaria revelada uma enfermidade que, como já apontei, possuía um enorme peso moral e social. O bom funcionamento da "madre" passava por critérios vários, que auxiliam o historiador a melhor conhecer a representação que se tinha no período sobre o corpo da mulher. Observei, por exemplo, que o tempo da menstruação ou as primeiras regras possuíam importante conteúdo de rito de passagem,[1] mas que o olhar masculino sobre as etapas de transformação da mulher capturava apenas o que servisse para a domesticação da fertilidade, tendendo a interpretar de forma obscurantista os eventos relacionados ao sangue catamenial.

A documentação sobre os segredos da "madre" tem assim o estigma do olhar masculino seletivo, espelhando o interesse científico da época em compreender, adestrar e prevenir-se contra os assomos intempestivos do útero. Tanto o sangue secreto quanto as sangrias eram analisados nessa míope perspectiva.

---

1 Ver sobre este assunto os trabalhos de Edmonde Morin (1982) e de Robert Briffault (1927).

Grande parte do material médico dos séculos XVII e XVIII é unânime em apontar a sangria como instrumento de higiene interna, ou mesmo antídoto para vários males que atingiam o corpo feminino. Sendo a "madre" o critério de bom funcionamento desse corpo, ela era também a causa dos sangramentos que se efetuavam sob os pretextos mais diversos. Em 1741 Antônio Gomes Lourenço escrevia que

> dos remédios para socorro das enfermidades neste nosso reino de Portugal, o mais usual é a sangria, de forte frequentado que quase se pode chamar remédio universal, e permanecendo este fácil de se executar é às vezes tão difícil que todas as diligências não bastam para se fazer perfeitamente sem incômodos dos enfermos e sangradores, pelos prejuízos que muitas vezes sucedem, estes padecendo os danos, aqueles infamando-se. (Lourenço, 1751, prólogo)

Mezinha para todos os doentes, a sangria era uma prática sanitária cuja origem se perdia na noite dos tempos, tendo ocupado dezenas de páginas na *Coleção hipocrática*. Ensina Jean Heritier (1977, introdução) que, até meados do século XIX, a medicina entendia que as enfermidades decorriam da patologia humoral: o que os autores mais tardios chamavam de discrasia ou desequilíbrio dos humores. Isso significava que, pela ação mórbida de um fator interno (disposição patológica congenital), ou da influência de um fator estranho (atmosfera, meio, gênero de vida, alimentação) e algumas vezes de ambos, as veias se enchiam e os corpos entupiam. Quando desta obstrução, cada humor entrava em efervescência, a harmonia era atingida e perturbada, o apetite desaparecia, a febre subia e o estado geral se deteriorava. Além das quatro vias naturais de evacuação para expelir o que incomodava o sistema (nariz, boca, ânus, uretra), apenas a sangria parecia capaz de dar conta do mal-estar do enfermo.

As sangrias podiam efetuar-se localmente, por meio de ventosas, escarificações ou sanguessugas, ou eram realizadas por via arterial (arteriotomia) ou venal (flebotomia). Como escrevia o autor da *Arte flebotômica*,

> a terceira intenção porque mandavam fazer sangria era para atrair o sangue com os mais humores desta para aquela parte, assim como estando algum enfermo com algum grande defluxo em algum dos testículos ou em todas as partes obscenas, mandavam neste caso fazer a sangria no braço, para atrair o sangue para cima, e não mandavam fazer no pé, pelo receio de que fizesse atração para as partes inferiores e aumentasse o defluxo nas ditas partes; e estas sangrias chamavam revulsória. (Lourenço, op. cit., p.8)

Santo remédio no que tocava ao corpo da mulher, a sangria aparecia nos textos de medicina como socorro para "partos e meses", mas era sistematicamente utilizada

Ao sul do corpo

como paliativo para outras enfermidades. Um exemplo prosaico ocorrido na São Paulo colonial nos dá a medida do emprego vasto e farto da sangria: em 1747, Escolástica Pires de Sousa pedia ao Juízo Eclesiástico "para se curar em casa de seu tio Aleixo Garcez da Cunha, da enfermidade de sarampo que deu na grade da mesma cadeia, de cuja doença esteve em perigo de vida e tomou muitas sangrias e vários remédios para sobreviver".[2]

Reflexo porém da mentalidade causal que se tinha sobre os males femininos, a medicina recomendava que sangrassem as mulheres "nas suas enfermidades que são produzidas por falta de evacuação" sempre nos pés, pois neles se concentrava "o sangue mais infecto que é o que está pelos vasos inferiores". Ainda uma vez tributava-se ao bom funcionamento da 'madre', e em última instância à maternidade, a saúde da mulher:

> Fecunda-se a causa desta enfermidade no útero, do qual se comunica a massa sanguinária como está dito, e desta a que primeiro recebe é a que está pelas partes inferiores e se movem para as ditas, enfermidades feitas por falta de evacuação mensal. (Lourenço, op. cit., p.67)

Na ausência, pois, do sangue secreto, faziam-se sangrias sobretudo nos pés, fonte de um "sangue tão purpúreo que por inculpável deixavam de tirá-lo", explicava ainda Lourenço.

O preconceito contra o sangue proveniente do útero explicita-se na sua descrição. Tratava-se do sangue mais "infecto", rubro e nauseabundo que havia no corpo. Extraíam-no sobretudo de "paridas ou menstruadas".

Sangrava-se normalmente na via mais próxima do local enfermo, pouco sangrando-se *in situ*. Da mesma forma que os sangramentos no pé combatiam os "males da madre" e amenorreias, as veias da parte inferior do lábio correspondiam a úlceras na boca ou dores de dentes.

Grandes riscos corriam as parturientes, muitas delas vítimas das sangrias que se realizavam habitualmente durante o trabalho de parto. Como se não bastasse terem se submetido às três sangrias tradicionais durante a gestação, eram sangradas a fim de prevenir a febre e a perda de sangue que podiam ocorrer por seus esforços ao dar à luz.[3] Não era, portanto, vã a recomendação de João Curvo Semedo sobre a "ignorância das parteiras, dos barbeiros e dos médicos, faltos de experiência", que segundo ele cometiam o

---

2 A. C. M. S. P., processo não catalogado de Escolástica Pires de Sousa.
3 Informação encontrada em Pierre Darmon, 1981, p.202.

> introduzido erro de sangrar logo as paridas no dia em que parem sem mais causa porque purgam pouca; [...] devem contentar-se com o sangue que a natureza vai deitando, ainda que seja pouco, [...] e deixar que a natureza vá purgando, ainda que o faça lentamente. (Semedo, 1720, p.449)

Sangramentos somados às hemorragias uterinas do parto eram o risco mais imprevisível e brutal por que passavam as mulheres, levando-as à morte por esgotamento.

Marcada por síncopes, entrecortada por espasmos, convulsões e gritos de sofrimento, essa forma horrenda de morrer esvaindo-se em sangue lembrava uma espécie de rito sacrificial, em que a mãe dava a vida pelo rebento. A formulação do estado comatoso em que se encontravam as pacientes por excesso de sangramentos é frequente nas descrições dos médicos, que, chamados de urgência, encontravam as mulheres já inconscientes. Autênticas "pietàs" invertidas, elas desvaneciam-se nos braços de comadres, parteiras ou de seus familiares.

Retrato frio de tal situação está num relato deixado pelo dr. Francisco Nunes,[4] médico pela Universidade de Alcalá, que regressara a Pernambuco nos finais do século XVII. No mesmo manuscrito em que redigira um curiosíssimo *Tratado do parto humano*, Nunes menciona a "observação de uma preta que estando no mês de parir lhe deu um *pleuris*, e ao segundo dia pariu triço e ao terceiro lhe inchou tanto a barriga que quase lhe rebentava a pele". A conclusão deste diagnóstico enquadra-se nas histórias das mortes de parto, pois "depois de muitos remédios, morreu ao terceiro dia".

O médico descreve com distanciamento e objetividade a agonia desta escrava "robusta, de idade de 28 anos" aproximadamente, cujo trabalho de parto se sobrepõe ao que parece ser um surto virótico: "defluxo com alguma tosse" e pontadas do lado direito do corpo. Tendo-lhe sido aplicado o remédio milagroso da sangria "na mesma parte da dor", a jovem mulher "entrou nas de parir", segundo o mesmo Nunes. O parto desenrolou-se com sucesso, mas passadas algumas horas voltou-lhe a dor no corpo, ao que o médico sugeriu nova sangria local e outra no pé, de acordo com as fórmulas habituais.

O dia seguinte da parturiente transcorreu entre pontadas de dor, "cansaço", várias "sangrias no pé", "esfregações repetidas e ventosas até nas nádegas". Ao terceiro e último dia, a jovem mãe escrava teve a seu lado um outro médico além do dr. Nunes, que lhe prescreveu, por sua vez, sangrias alternadas entre o braço e o pé de "uma hora" cada. Também as ventosas deviam manter-se aplicadas às nádegas,

---

4 B. N. L., *Tratado do parto humano*, mss, Reservados 4070. Apud Mary Del Priore.1989a, p.45-6.

Ao sul do corpo

"assim por dentro como por fora". "E que no mesmo dia tomasse ajuda de caldo de galinha temperada de sal e fervido com macela e alfazema".

O tratamento nada mais fez senão esvaziar e esgotar a parturiente de todas as suas forças, concluído com uma anotação que localiza no próprio processo de cura a razão da sua ineficiência: "morreu ao terceiro dia com o ventre notavelmente retesado, sem poder estar senão encostada".

Diagnósticos mal elaborados somados a tratamentos inócuos, nos quais os médicos variavam apenas a quantidade de medicamentos a serem ministrados, deviam conduzir à morte certa tantas mulheres quanto a escrava anônima.

Via de regra, as sangrias repetidas eram o antídoto para hemorragias incontroláveis – o que não aparece naquele relato específico, mas devia ser comum entre parturientes – uma vez que o objetivo era canalizar o sangramento da região hemorrágica para a região flebotomilizada. Assim, pensava-se, seria mais fácil secá-lo na fonte e evacuar o humor alterado.

Interessante é saber que os médicos europeus que tanto influenciaram os lusos ou os brasileiros, como Nunes, privilegiavam, até o século XVII, as razões externas como causa de "agitações" no sangue que levavam às hemorragias: o grande calor, o frio, a umidade excessiva podiam dilatar ou restringir as veias ou os vasos.

Mais interessante, no entanto, é notar que a desconfiança que tinham em relação ao corpo da mulher os fazia diagnosticar moralizadoramente as hemorragias como resultado da infelicidade que sobrevinha aos pecados cometidos ou a uma má inserção do corpo feminino na ordem natural das coisas. As sangrias, como instrumento de cura física, acabavam por inscrever-se também na cruzada moral contra a mulher que usasse para mau fim – o prazer – seu próprio corpo.

Apenas nas observações médicas que marcam a segunda metade do século XVIII europeu, e que com atraso chegariam ao Brasil, teremos considerações menos ingênuas e mais pontuais sobre acidentes como ruptura do cordão umbilical, má alocação ou retenção da placenta etc.[5] Até então, as pequenas hemorragias podiam ser minimizadas em intervenções manuais com o fito de descolar restos de placenta, enquanto para as grandes não havia solução, mulheres morriam em minutos, em meio a terríveis convulsões diante de atoleimados médicos que não conheciam o fenômeno da eclampsia. Pensavam eles que este era mais um sintoma próprio da incontrolável natureza feminina; uma forma de histeria, fruto do excesso de dor ou do tempo excessivo investido no trabalho de parto.

Foi o que certamente observou o dr. Gregório Lopes, "médico espertíssimo", ao assistir "uma mulher mal repurgada de seu parto" (apud Abreu, 1726, p.393).

---

5 Observação extraída de Michelle Laget, 1982, p.232.

Conta ele que a dita parturiente "caiu de repente em um grave delírio que passou a frenesi legítimo"; ele a mandava sangrar, mas pela desordenada inquietação e movimentos da enferma comutou o remédio de sangrias em ventosas forjadas nas omoplatas, acompanhando este remédio com algumas esbarrações feitas à cabeça, de cozimento de ervas atemperantes e capitais, e logo mandou aplicar à mesma "algumas galinhas escaldadas e pulverizadas com pós de sândalos vermelhos". O quadro hediondo venceu-se afinal com interrupção do "frenesi", graças a "14 horas de sono" e "julepes atemperantes" para combater a febre.

Instrumento de higiene no combate a humores que alterassem a saúde dos enfermos, o uso da sangria no caso específico de mulheres estava relacionado à enorme tarefa da medicina em adestrar a "madre", este foco de todas as afecções. Purgar o corpo feminino de um sangue que, no entender dos médicos, era quase venenoso, significava sempre esvaziar o úbere que deveria encher-se com a semente da vida. Havia na intenção da medicina um desejo ético de curar; mas de curar para que as mulheres servissem a um projeto demográfico, para que seus úteros trabalhassem; para que a maternidade, enfim, se tornasse um projeto produtivo, à luz do qual os homens pudessem traçar uma representação idealizada e pacificadora das populações femininas.

Não apenas os sangramentos e sangrias decorrentes de problemas com a madre foram alvo do interesse da medicina, mas também o sangue secreto, aquele da menstruação, inspirou cuidados, teses e superstições. O empenho em adestrar a 'madre' na via da maternidade significava também esvaziá-la de qualquer significado mágico, diabólico e enfeitiçador. Pois, até então, acreditava-se que o útero vazio de semente, *locus* por excelência do prazer que não se procurava ter com mulheres pejadas, se tomava encantado e sedutor, capaz de criar com seus perigosos excretos todo tipo de feitiço.

Dos excretos da madre, o considerado mais perigoso era, sem dúvida alguma, o sangue catamenial. Num processo de divórcio julgado em São Paulo em 1780, Rita Antônia de Oliveira ameaçara tirar a vida de seu marido por artes diabólicas, e chegou a confessar que lhe dera a beber "o seu próprio sangue mênstruo para o enlouquecer, e da mesma sorte vidro moído a fim de o matar, de que se lhe originaram as gravíssimas moléstias que tem padecido".[6]

Incorporada à mentalidade popular, que lhe tinha o maior temor, a eficácia do sangue catamenial como veneno poderoso confirmava-se nos textos médicos. E seguia-se à sua definição uma longa lista de antídotos:

---

6 A. C. M. S. P., processo de divórcio, 15-3-38.

Ao sul do corpo

> O sangue mensal é o que mais das vezes costumam usar as mulheres depravadas para o benefício amatório e concilar amor e afeição; sucede que tão longe está de assim ser, antes gera gravíssimos acidentes, como de veneno, e faz as pessoas doidas e furiosas como tem demonstrado a experiência. (Pereira, s.d., p.27)

Bernardo Pereira, em 1734, apenas deixava refletir no saber científico o senso comum, temeroso deste sangue secreto, sinônimo de poder feminino e dominação sexual. Olhares imbricados sobre as funções mágicas dos excretos femininos aproximavam saberes populares e eruditos, fazendo o médico incorporar a visão tradicional sobre o sangue mensal. Ele recomendava a seguir o "uso de vomitórios e laxativos que encaminhem para fora este veneno", seguido de emulsões de "barba-de-bode" e um xarope feito com "bem-me-queres e açúcar", remédios cujo poder analógico é evidente.

A opinião do médico português incorporava-se à mentalidade europeia tradicional, dominada pela misoginia e totalmente impregnada de desconfiança do corpo feminino. O útero gerava, mais que desconfiança, medo e apreensão pela possibilidade de vinganças mágicas. Esse temor fez Alberto Magno afirmar que a mulher menstruada carregava consigo um veneno capaz de matar uma criança no berço, e apesar de ter emitido tal opinião no século XIII, ela repercutia ainda no século XVIII. A ojeriza à mulher, embutida na cultura cristã, ajudava a consolidar essas crenças cujo conteúdo se mantinha a despeito de algumas mudanças formais.

João Curvo Semedo (1707, p.568), que estivera em colônias, era um exemplo da longevidade dessa visão sobre o corpo feminino, porquanto advertia "às mulheres depravadas" que ao contrário de "granjear amor e afeição dos homens", a ingestão do dito sangue os fazia louco ou os matava:

> Porque é tal a maldade do dito sangue que até nos casos insensíveis faz efeitos e danos lamentáveis. Se chega a qualquer árvore, planta, erva ou flor a murcha e seca; se chega ao leite, o corrompe, se chega no vinho, o perde, se chega no ferro, o embota e enche de ferrugem; até a vista dos olhos das mulheres que estão no atual fluxo mensal é tão venenosa que embota a gala e resplendor dos espelhos das mulheres que neste tempo se enfeitam a eles; é tão notório este dano, que era proibido no Levítico que os homens tivessem ajuntamento com suas mulheres em dias de menstruação.

As asserções de Semedo vêm ao encontro dos fenômenos estudados por Edward Shorter (1984, p.268-9) e Jacques Gélis (1984, p.31-2) para as mulheres europeias do Antigo Regime, comprovando que estas certamente aceitavam a ideia de que suas regras eram de fato venenosas. A purificação de judias ortodoxas e as proposições de santa Hildegarda sobre a menstruação como um castigo decorrente do pecado original subscreviam o discurso masculino sobre sua imundície e seus riscos.

Se a exiguidade de nossas fontes não aponta para a introjeção desse sentimento de culpa encontrado pelos historiadores europeus entre suas mulheres, podemos, no entanto, confirmar os efeitos considerados mágicos provocados por esse sangue secreto. A medicina endossava o poder, "enlouquecedor" do sangue catamenial ao diagnosticar em suas vítimas "enfeitiçadas" ou "endemoninhadas" por sua ingestão "visagens" de "fantasmas ou figuras de cavalos, elefantes, perus ou serpentes, [...] fúrias, taciturnidades, medos, lágrimas" (Semedo, 1707, p.267).

Não apenas os diagnósticos, mas os processos de recuperação das vítimas sugeriam a aura de fantasia que envolvia o sangue menstrual. Semedo sugeria trazer aos pulsos e ao pescoço "alhambres brancos" (ibidem, p.268). Pereira, por sua vez, preferia poções à base de "pós de secundinas", placentas que envolviam recém-nascidos, misturadas a "águas de nastúrcios aquáticos", os prosaicos agriões (Pereira, op. cit., p.259-63). Sugeria ainda um "remédio" feito de "sementes e flores de sabugueiro ou de figueira-do-inferno bem cozidas e transformadas em óleo". Lembrava, no entanto, que para a eficácia da receita era preciso realizá-la à distância de qualquer mulher menstruada, caso contrário não se faria 'óleo'.

O tempo do sangue secreto era, pois, um tempo perigoso, um tempo de morte simbólica no qual a mulher deveria afastar-se de tudo que era produzido ou do que se reproduzia. Suas propriedades malfeitoras possuíam o poder degenerativo de arruinar, deteriorar e também de contaminar a sua portadora através de seus muitos eflúvios. Como bem demonstra Semedo, o olhar, o contato e o hálito feminino passam, nessa lógica, a ter poder mortal. Pelo excesso de odores a mulher se isolava. Seus cheiros e secreções rubras funcionavam como uma espécie de cortina invisível entre ela e a vida cotidiana, contendo-a de estragar o leite, o vinho, a colheita ou os metais. O corpo feminino parecia, assim, o lugar de uma dupla propriedade. Ele mostrava-se ameaçador, mas ameaçava também a si próprio ao tornar-se vulnerável a elementos do universo exterior.

A maneira como o ciclo menstrual era vivido pelas mulheres não deixou pistas na documentação utilizada. Capturou-se, sim, nessas alarmadas anotações médicas, apenas o mal-estar dos homens diante daquela que se revelava uma feiticeira com capacidade para adoecê-los, mas também para curá-los. Segundo Brás Luís de Abreu (op. cit., p.39) que escrevia em 1726, o sangue menstrual, quando "seco", recomendava-se aos males da "pedra" e à epilepsia. Misturado à manteiga de vaca, abrandava as dores da gota ou as pústulas do rosto. O sangue do puerpério, untado ao corpo, curava a sarna, e "embebido" tratava apóstemas, carbúnculos e erisipelas.

Ao sul do corpo

A rede de prescrições e costumes tecida sobre o sangue secreto estendia-se longe no tempo e no espaço, e certamente incorporou hábitos que até o presente ignoramos para o passado brasileiro. Tecido sólido de relações constituídas no mundo do imaginário, ele resistiu bravamente com todo seu material supersticioso às análises fisiológicas. Na segunda metade do século XVIII, porém, algumas mudanças se fazem, e os médicos substituem o temor pelo cuidado, o que é uma forma muito melhor de controle desse corpo peculiar e surpreendente.

Antônio Ferreira (1757, p.145), por exemplo, prescrevia um cauteloso "regimento para os tempos da conjunção". O ar que a mulher precisava respirar devia "inclinar-se ao quente, para abrir as partes obstruídas e atenuar o sangue". Ela devia ainda "tomar bafos de drogas cheirosas para provocar os meses". Os mantimentos ingeridos nesse período tinham que ser "pingues e doces", sendo especialmente recomendada a "manteiga sem sal, misturada a açúcar e mel". "Caldos de galinha", "gemas de ovos frescos" e carnes assadas eram consideradas mais nutritivas. Deviam evitar "coisas azedas como o vinagre e frutas verdes", que no seu entender comprimiam o útero e impediam a purgação. Vinho só como medicamento, nunca como alimento.

A busca do equilíbrio feminino parecia ser igualmente uma preocupação, na medida em que o médico português pedia que se evitassem os "afetos da alma" como o temor e a tristeza, mas também a demasiada alegria, que podia "divertir a natureza da purgação mensal".

Ao que parece, a ciência médica, respaldada no projeto da Igreja e do Estado de aprisionamento da mulher no interior da casa e do lar, utilizou com acuidade cada pequeno detalhe da fisiologia feminina para justificar um discurso sobre o físico, no qual se escamoteava a preocupação moral. Isolada para vivenciar adequadamente o "tempo da conjunção", a mulher submetia-se a um "regimento" que no mais das vezes a excluía de sua comunidade. Assim solitária, ela via decrescer o prestígio dessa "rubra diferença" que a distinguia dos homens e que, como bem diz Edmonde Morrin, era a "última cidadela das mulheres testemunhando o grande poder sobre a vida" (apud Bonnet, 1980, p.24). Não foi sem razão que o termo "regras" surgiu exatamente nesse período e, embora de origem erudita, foi rapidamente assimilado pelo uso corrente, pois implicava uma ideia de regularidade e equilíbrio. Um equilíbrio de "regras" que, segundo a medicina, levaria ao equilíbrio físico e moral. Equilíbrio de sangue secreto, de sangue menstrual que permitiria à mulher tornar-se verdadeiramente mulher pela da maternidade.

Nas sociedades tradicionais acreditava-se na existência de um círculo vicioso que submetia as mulheres à influência cósmica, ligando-as aos mistérios da natureza. Era preciso ser filha, mulher e mãe para completar o ciclo natural. A perturbação que afetava mensalmente a economia geral da mulher era também a sua condição de poder. Um corpo regulado significava sobretudo um corpo ativo. O cessar das regras indicava a morte dessas forças.[7] Eis por que o assédio de tantas e tão distintas mulheres achacadas à "prodigiosa lagoa". Todas queriam recuperar seu "costume", e com ele continuar seu poder de procriação.

É importante ressaltar que nesses rubros períodos a mulher estava a salvo do processo de normatização que se abateu sobre o seu corpo na Idade Moderna. Se ao viver as suas 'purgações mensais' ela parecia ameaçadora, quando grávida se tornava vulnerável. Daí, certamente, a presença profusa de tantos discursos a querer regular os fluxos catameniais, sugerindo que seu represamento, se não realizado em favor de uma nova vida, estaria condenando-a à enfermidade e à dor.

Sem dúvida era este mais um sutil argumento para valorizar a urgência de novas maternidades.

A madre enfeitiçadora

À revelia das análises de morfologia e funcionamento que eram redigidas por tratadistas e médicos, a "madre" ganhava vida própria e peculiar no cotidiano das populações coloniais, que liam nos seus encantamentos outra morfologia e outro funcionamento. "Não negamos que da corruptela dos humores dentro do corpo se possam gerar coisas monstruosas", avisava cauteloso Bernardo Pereira (op. cit., p.52), confirmando a ambiguidade de um órgão que não se deixava apreender.

Tudo indica que a possibilidade de se ter os órgãos procriativos enfeitiçados era encarada com naturalidade, e a documentação é rica justamente ao capturar o embate que houve entre médicos e mezinheiros no intuito de curar o corpo feminino enfeitiçado. Nesse sentido, o corpo da mulher ora aparece como fruto de um sortilégio que o debilitava, ora a própria mulher aparece como curandeira, a debelar doenças. Ora a "madre" era atacada de um mal estranho que fazia os médicos interrogarem-na, ora era uma benzedeira a disputar com os mesmos homens o privilégio de sanar as enfermidades que ela melhor conhecia, por ser também mulher. Olhares diversos perscrutavam o mesmo alvo com conclusões que se afinavam quando se tratava de acreditar numa madre enfeitiçadora.

Como escrevia Bernardo Pereira em 1734, "nesta consideração, é de ser verdade infalível e católica, recebida de todos os profetas literários, que há qualidades maléficas que vulgarmente chamam feitiços e estas podem produzir e excitar todo

---

7 Hipótese presente em Jacques Gélis, 1984, p.31.

Ao sul do corpo

o gênero de achaques a que vive sujeito o corpo humano". O médico português seguia perguntando se "seria lícito", uma vez que malefícios existiam, consultar mezinheiros e mezinheiras "que ordinariamente carecem de todo o gênero de livros, [...] são rudes e ignorantes". O pior, no entanto, era que "semelhantes pessoas" nada podiam fazer para minorar sofrimentos, senão recorrendo à "arte diabólica com pacto implícito ou explícito, maiormente sendo as medicinas que aplicam [...] mais para ofender do que para sarar do mesmo achaque".

O consenso de que seria possível ter o corpo enfeitiçado era incorporado pela medicina, que via no físico um palco de embates entre Deus e Diabo. Brás Luís de Abreu avisava que os feiticeiros seriam capazes de "vencer achaques e obrar coisas prodigiosas e transnaturais", utilizando "certas palavras, versos e cânticos" ensinados pelo Demônio, com o qual fariam "pacto, concerto de amizade ou escravidão" (op. cit., p.592).

No universo de curas informais pelas quais se venciam 'queixas insuperáveis', a recorrente presença da mulher curandeira prenunciava o estereótipo da bruxa, havia muito perseguido pela Inquisição. Mas explicitava também a importância que tinha a mulher como detentora do conhecimento, do qual já tratamos, sobre as ervas e medicamentos caseiros, tão capazes de curar como de enfeitiçar. No caso do corpo feminino, sendo a "madre" o critério de bom funcionamento da saúde da mulher, tornava-se alvo preferido de bruxedos que pudessem subverter a sua regularidade. Tendo seus corpos sujeitos a sortilégios e encantamentos, as mulheres preferiam tratar-se no interior de um universo feminino de saberes, onde a troca de solidariedades era corrente, o que instigava os doutores a caricaturar não só a sua necessidade de tratamentos como também a figura das mulheres-que-curavam:

> [...] entra uma beata ou uma feiticeira, e assim que vão subindo a escada já vão fazendo o sinal da cruz, melhor fora que o doente se benzera destes médicos. Deus seja nesta casa, as almas santas nos guiem, a Virgem Maria nos ajude, o anjo são Rafael nos encaminhe; que tem meu senhor (diz a beata) pegue-se muito com minha senhora Sant'Ana que logo terá saúde, [...] não se fie nos médicos humanos; confie somente nas orações das devotas, que só estas chegam ao céu. Aqui lhe trago uns pés de flores de minha senhora Sant'Ana. [...] Hão de matar a Vossa Mercê com purgas e xaropes; mande deitar esta botica na rua, não apareça aqui senão água benta e ervas-de-são-joão. As benditas almas do Purgatório, a bem-aventurada santa Quitéria, santa Catarina, são Damião e são Cosme assista nesta casa; [...] mal tenha quem tanto mal lhe fez; [...] está enfeitiçado até os olhos. [...] Tome umas ajudas de marcela e da flor de hipericão; dependure ao pescoço uma raiz de aipo cortada na noite de são João, faça uns lavatórios de erva-bicha, de arruda e de funcho; tudo cozido na água benta da pia de três freguesias. [...] Mande dizer uma

missa às almas. [...] Não tome medicina alguma que lhe receite o médico, porque ele vai a matá-lo e eu a sará-lo. [...] Que guardem suas medicinas para as maleitas, porque o mal que Vossa Mercê tem eu conheço. (Ibidem, p.683)

Embora apareçam sobrepostas na representação do autor-médico, na prática a imagem que se tinha das mulheres que curavam ou "rezavam" males físicos não devia ser muito diferente da descrição literária. O emprego de orações a santos de devoção popular e a utilização de ervas e mezinhas extraídas do quintal e do conhecimento feminino sobre a farmacopeia doméstica misturavam-se a gestos impregnados de magia e devoção, como as abluções com água benta.

O ataque a beatas e feiticeiras não era fortuito. Desde tempos imemoriais as mulheres foram curandeiras, e antes do aparecimento de doutores e anatomistas, praticavam enfermagem e abortos, davam conselhos sobre enfermidades, eram farmacêuticas, cultivavam ervas medicinais, trocavam fórmulas e faziam partos. Foram por séculos doutores sem título.[8]

A naturalidade e a intimidade com que essas tratavam a doença, a cura e a morte tornavam-nas perigosas e malditas. Na acusação de curandeirismo eram duplamente atacadas: por serem mulheres e por possuírem um saber que escapava ao controle da medicina e da Igreja. O Tribunal do Santo Ofício foi uma das manifestações do saber institucional na luta contra os saberes informais e populares. Seus processos geraram um imenso painel em que as práticas femininas de cura e também o corpo feminino como fonte de doenças ou palco de curas foram protagonistas importantes.

Em Pernambuco, por exemplo, no ano de 1762, em Vila Formosa de Serinhaém, dona Mariana Cavalcanti e Bezerra denunciava ao comissário do Santo Ofício, dom Antônio Teixeira de Lima, que Maria Cardoso, parda forra, "benzia madres" e que sua escrava Bárbara "curava madres". Em outra localidade da mesma freguesia, uma certa Joana Luzia benzia madres com as seguintes palavras: "Eu te esconjuro madre, pela bênção de Deus Padre e da espada de Santiago, pelas três missas do natal que te tires donde está e vá para o teu lugar, que deixes fulana sangrar".[9]

Incorporadas ao imaginário popular, encontramos nesta oração duas preocupações que emergem também dos tratados de medicina: a noção de uma madre voluntariosa, capaz de mover-se para cima e para baixo no interior do corpo feminino, e a preocupação com as 'regras' como mecanismo de controle da saúde. Mas, na ausência do saber médico, a cura era provida pelo "mágico", que disputava com o "milagroso" da "prodigiosa lagoa" o apanágio de curar os corpos doentes.

---

8 Sobre este assunto, ver B. Elremreich & D. English, 1973, p.4 ss.
9 A. N. T. T., *Cadernos do Promotor*, 126.

Ao sul do corpo

A presença de mulheres que curavam outras mulheres, como era o caso de Joana Luzia, Bárbara e Maria Cardoso, é denotativo do papel que exerceram tantas mulheres no universo colonial como curandeiras, mas fala-nos também de uma solidariedade feminina exercida dentro da cultura feminina e que se traduzia em momentos críticos, como os nascimentos, as doenças, o abandono e a morte.

A madre enfeitiçada que carecia de benzeduras era também capaz de gerar coisas monstruosas, sublinhando na mentalidade do período uma imagem deformada da mulher ora como feiticeira, ora como mantenedora de um úbere mágico.

Passando de enfeitiçada a feiticeira, a madre utilizava seu poder de conceber filhos para conceber monstros. Inspirado no livro de Ambroise Paré, *De monstro rum naturae, caussis et diferentiis* (Paré, 1987), o nosso dr. Nunes afirmava, no seu tratado escrito em Pernambuco setecentista, o nascimento de um "monstro que nasceu com cornos e dentes a cola", bem como o de um outro que nascera "como um lagarto que repentinamente fugiu", e ainda uma mulher que dera à luz um elefante e uma escrava que parira uma serpente (apud Del Priore, 1989a, p.11).

Eis por que não parece impossível a Bernardo Pereira (op. cit., p.36) que escrevia no início do século XVIII, narrar o caso de uma viúva capaz de lançar pela urina "semente de funcho" ou "um glóbulo de cabelos, que sendo queimados lançavam o mesmo odor que costumam exalar os verdadeiros". O douto médico que observava o fenômeno afirmava que este era resultado de uma "astúcia do Demônio".

As astúcias do Diabo se faziam presentes também nas madres de mulheres da Colônia, enchendo seus úberes de fascinação, bruxaria e encantamento. As intenções diabólicas revelavam-se em denúncias como a feita contra o preto José, escravo de Manuel de Sousa, no Grão-Pará no século XVIII. Nela, relatava-se o caso de cura que ele realizara numa escrava de nome Maria, estando esta "gravemente enferma, lançando pela via de madre vários bichos e sevandijas de cor de latão". Depois que este lhe misturou potagens e beberagens feitas com "ervas que levava escondidas" e de um ritual mágico que incluía o enterramento de uma espiga de milho no quintal da dita enferma, esta

> arrojou uma como bolsa ou saquinho por forma da pele de uma bexiga, no qual depois de rota se viam vivos três bichos: um do feitio de uma azorra, o outro do feitio de um jacarezinho e o outro do feitio de um lagarto com cabelos, e cada um dos ditos três bichos eram de diversa cor. (Apud Lapa, 1978, p.137-8)

Na Colônia como na Metrópole, excretavam-se cabelos, sementes ou sevendijas, fato, aliás, já confirmado no clássico estudo de Laura de Mello e Souza sobre a feitiçaria colonial. Todos os ingredientes, diz ela, presentes também nos estereótipos da bruxaria europeia (Souza, 1988, p.176).

Mary Del Priore

Ao desfazer o encantamento que se havia instalado na 'madre' da escrava Maria, o negro José revelava a mentalidade daqueles que acreditavam na imensidão dos úberes femininos como um espaço capaz de abrigar seres e coisas fantásticas. Revelava também que, apesar da abordagem diversa daquela empregada pelo médico português, ambos confirmavam outra crença igualmente arraigada no imaginário do período: a de que a "madre" enfeitiçada desregulava o precioso funcionamento do corpo feminino, exigindo medidas profiláticas imediatas. Assim desregulada, ela inundava-se de sujeira e enfermidade, tornando-se território de abjeção, quando devia sê-lo de utilidade.

De enfeitiçada, a "madre" passava a embruxadora quando emprestava seus líquidos, pelos e sucos para finalidades mágicas ou quando bastava o seu contato para inocular encantamentos. Aos finais do século XVI, Guiomar de Oliveira confessava ao visitador do Santo Ofício, Heitor Furtado de Mendonça, que teria aprendido "dos diabos", juntamente com Antônia Fernandes, "que semente do homem dada a beber fazia querer grande bem, sendo semente do próprio homem do qual se pretendia afeição depois de terem ajuntamento carnal e cair do vaso da mulher" (ibidem, p.78). O contato com essa 'madre' conferia poderes mágicos, e ora servia para fazer querer bem, ora para fazer mal ou sujeitar vontades; por isso a negra Josefa, em Minas setecentista, lavava as partes pudendas com a água que misturava à comida de seu marido e de seus senhores (apud Figueiredo, 1987, p.51).

Sendo a mulher naturalmente um "agente de Satã", toda sexualidade feminina podia prestar-se à feitiçaria como se seu corpo, ungido pelo mal, se tornasse o território de intenções malignas. Cada pequena parte seria representativa desse conjunto diabólico, noturno e obscuro. Além dos sucos femininos, também os pelos compõem esta ambígua farmacopeia que trata e cura os reflexos da astúcia do Demônio. A negra Tomásia, em 1736 na Bahia, foi tratada com defumadouros feitos com "cabelos das partes venéreas" de duas outras escravas e material seminal resultante da cópula de ambas com um padre exorcista. Este recomendara que "limpassem a matéria seminal das ditas cópulas com paninho e a passassem na barriga da enferma, e que todas lavassem em todas aquelas vezes as partes venéreas com água e a guardassem em uma panela para irem banhando a dita enferma". O tratamento nada ortodoxo de frei Luís de Nazaré, useiro e vezeiro em abusar de mulheres durante exorcismos e curas mágicas, acabou levando Tomásia à morte (Souza, 1988, p.209).

O entrelaçamento de concepções mágico-religiosas ou o cruzamento, de olhares como os que acompanhamos no caso dos médicos portugueses e das práticas de feitiçaria exemplificadas repetiam-se com outras práticas associadas a uma

Ao sul do corpo

concepção animista do corpo. Enquanto um *Memorial de vários símplices*[10] prescrevia as "virtudes da cobra cascavel" para preservar as mulheres de acidentes da 'madre', uma negra forra, por nome Luzia Pinto, moradora em Sabará, Minas Gerais, era processada pelo Santo Ofício por ser "calunduzeira" e "trazer cascavéis enroladas nas pernas e braços".[11] O que era remédio na literatura médica servia também para estigmatizar e excluir, dependendo do olhar que se tinha para os protagonistas: o saber médico assegurava caução à intimidade com cascavéis; já a negra calunduzeira era perseguida exatamente porque, entre outras acusações, "portava" as ditas cascavéis. Os detentores de saberes populares e tradicionais, como Luzia Pinto, eram marginalizados e perseguidos por possuírem um conhecimento que fora reelaborado pela ciência médica, tornando-se um seu apanágio.

Se a magia relacionada com a madre e seus excretos inspirava terror e respeito à sexualidade feminina, coube à medicina, pelo saber científico, esvaziar tal significação mágica, transformando-a em mera fisiologia controlada. Os feitiços realizados para curar madres ou achacá-las inscreviam-se no quadro, tão bem analisado por Laura de Mello e Souza, de ajuste das populações coloniais aos meios que as circundavam e à constituição de uma identidade cultural.

Mas essa ponte para o sobrenatural, composta por curas e achaques de "madres", foi também oportunidade para solidariedades de gênero, pois as mulheres se curavam entre si e trocavam saberes relativos aos seus próprios corpos. Foi oportunidade para entrelaçamentos culturais, quando negras, mulatas, índias e brancas se tratavam mutuamente com o auxílio de gestos e práticas ancilares característicos de cada cultura. Foi, igualmente, oportunidade para as mulheres preservarem sua intimidade e cultura feminina face aos avanços do saber médico, que prescrevia para seus males curas muito distantes daquelas com as quais elas já estavam familiarizadas: à base de orações de Sant'Ana ou Cosme e Damião e flores de hipericão e ervas.

Se a medicina, e, por trás dela, a Igreja e o Estado avançavam contra o que consideravam arcaísmos, eles não conseguiram, todavia, desfazê-los. A medicina e a mentalidade mágica sobre os poderes da "madre" caminharam, sim, por muito tempo, proporcionando um território de resistência para o saber-fazer feminino na obscuridade da própria anatomia da mulher.

---

10 *Memorial de vários símplices que da Índia, da América, de outras partes do mundo vêm ao nosso Reino para remédio de muitas doenças, no qual se acharão as virtudes de cada um e o modo com que se devem usar*, p.23.

11 Apud Souza, 1988, p.354. Destacamos neste capítulo a sensível análise que faz a autora sobre as histórias individuais de vida dos colonos perseguidos pela Inquisição.

Mary Del Priore

O leite e o aleitamento

No Ocidente cristão, leite e sangue sempre estiveram intimamente unidos, e sua capacidade de provocar doenças, enfermidades e melancolia prevalece ainda hoje no imaginário popular.

Ao leite aguado corresponde o sangue "aguado", ambos denotativos de compleições femininas fracas e enfermiças. A origem dessa doença ancilar data da Antiguidade, e o leite, segundo a teoria de Galeno, que inspirou tantos médicos do Antigo Regime, era, especificamente, "sangue embranquecido".

A lactação era o mecanismo que permitia a transformação do sangue que se encontrava na madre, durante a gravidez, em leite que fluísse para os seios. Leonardo da Vinci tem uma gravura que ilustra tal concepção: mostra as veias saindo da parte superior do útero, levando aos seios o sangue catamenial.[12] O leite, portanto, era, segundo o médico seiscentista Ambroise Paré, sangue cozido e branco. E esse leite, único e peculiar, além de confirmar a existência de um tempo de gestação e de parto, atestava a capacidade da mulher em ser mãe. Donde a acepção "mãe de leite".

Fecundas no tempo certo, as mães tinham o domínio sobre o aleitamento e tornavam-se nas suas comunidades figuras de grande força, associadas à alimentação e manutenção das pequenas vidas. A importância do bom leite tinha também forte conotação como valor simbólico. Aleitar trazia marcas culturais de segurança, de recompensa, de conservação da prole, presentes nas representações de Nossa Senhora do Leite estudadas por Eduardo Etzel (1985) para o período colonial brasileiro. O seio gordo e cheio junto ao rosto do menino traduz o espelhamento simbólico do gesto de aleitar na imaginária deste período. A necessidade satisfeita, somada ao prazer dividido e à contemplação profunda entre mãe e filho, configura o quadro do aleitamento tal como ele devia ser vivido ou idealizado nas comunidades do passado.

Ao amamentar, a mulher podia sair do papel passivo que se lhe impunha fora da gestação; ela modelava a criança à sua imagem e semelhança, e a intimidade nascida do aleitamento forjava laços entre ela e seu rebento. A importância da lactação, na concepção que então se construía sobre a maternidade, fora percebida tanto por doutores quanto pela Igreja como um dever moral desde o século XVI. Nesse período, louvava-se na amamentação o prazer de alimentar e acariciar a criança. No século seguinte, moveu-se um ataque cerrado às amas de leite por sua relação mercenária com o gesto

---

12 A gravura datada de 1492, aproximadamente, pertence à coleção Disegna Anatomici Della Biblioteca Reale de Windsor. Citada por Cristiane Klapish-Zuber, "La mise en nourrice à Florence (1300-1530)", [A colocação como ama de leite em Florença (1300-1530)], em *Annales de démographie historique* [Anais de demografia histórica], 1973, p.60.

Ao sul do corpo

duplo de alimentar-amar a criança. A amamentação passou a ser um meio de vida para mulheres pobres na Europa Ocidental, enquanto as mulheres de elite se revezavam em torno de fórmulas para conservar a beleza de seus seios. No século XVIII, médicos e confessores veem no aleitamento um "dever de Estado"; e assim, sucessivamente, o aleitamento no seio da mãe é uma constante na literatura de pensadores, moralistas e doutores que combatiam a crescente presença de amas de leite, bem como a difusão do aleitamento artificial à base de leite de vaca misturado à água.[13]

No Brasil, segundo os trabalhos pioneiros de Miriam Moreira Leite (1982, p.32--40, e 1984, p.91-5), a amamentação foi no século XIX assunto de viajantes estrangeiros na redação de seus diários de viagem. Nesses textos, fica clara a preocupação de observar e, indiretamente, comparar hábitos de seus países de origem com o Brasil. Sublinha-se nas amas de leite escravas e negras, pardas e mulatas desde o seu "luxo insolente" ao abandono a que são obrigadas a deixar seus próprios filhos.

Mas este já é o século XIX, pano de fundo para eloquentes registros sobre os usos e costumes brasileiros. No período colonial, é o silêncio que marca a maioria das fontes sobre os hábitos de aleitamento, salvo uma ou outra pincelada de informação como a que traz o Regimento das Missões em 1686. Na época das colheitas, era solicitada a ajuda de índias, chamadas de "farinheiras", para criarem os filhos dos colonos.

O leite, mais do que o aleitamento, constituía a preocupação dos médicos portugueses, que o interpretavam como mais um dos mistérios sobrenaturais do corpo feminino. Para eles, a leitura funcionalista que faziam da anatomia empurrava-os para uma concepção prática da existência dos próprios seios. Em 1757, Antônio Ferreira (op. cit., p.316), digredindo sobre "as tetas", qualificava-as como "membros carnosos e esponjosos, cheios de concavidades, veias, artérias e glândulas" situadas na parte dianteira do peito. A "vizinhança com o coração" explicava-se pela necessidade de "calor natural bastante para cozer tanta quantidade de sangue [...] para mantimento bastante da criatura". Retomando a ideia de Paré, de que o leite era sangue cozido, Ferreira complementava dizendo que o "sítio" de onde cresciam os seios era "o mais acomodado [...] para as crianças mamarem".

O bico do seio tinha a importante função de servir "para que a criança tenha em que pegar e o leite se possa mugir". Servia ainda para refletir a idade das mulheres: seria "pálido nas donzelas", "em prenhas e mulheres que criam, fusco" e nas velhas mostrava-se tristemente "denegrido".

No entender de Ferreira, "ramos de veias corriam dos músculos do ventre às tetas", tal como no desenho de Da Vinci, e tão logo a mulher emprenhasse, o sangue da "conjunção" a ia enchendo. Este precioso excreto, todavia, não servia apenas para

---

13 Sobre este assunto, ver Y. Kniebler & C. Fouquet (1977): 'D'abord allaiter', p.83-91.

alimentar crianças, mas se mostrava igualmente milagroso para mundificar mazelas; o leite valorizava por suas qualidades intrínsecas as suas portadoras: "é refrigerante, leniente e maturente", anotava Brás Luís de Abreu (op. cit., p.320) em 1726, "e acode insignemente ao rubor dos olhos". Além de saciar os distúrbios oftálmicos "produzia cabelos", curava "chagas corrosivas e fístulas", desfazia "sinais e cicatrizes". Seu alcance não era só externo. Ingerido, "acudia a epilepsia e hidropisia", expulsava pedras dos rins e da bexiga, socorria a mordedura de cão raivoso. Seu "óleo" tinha a capacidade de sanar a "erisipela ulcerada, a tinha", mortificava o "cancro" e curava icterícia.

Sua eficiência ultrapassava os males físicos e atendia a demandas mágicas e psicológicas, pois que Bernardo Pereira em 1734 o empregava em "exorcismos contra maníacos enfeitiçados" (op. cit., p.262), enquanto várias orações supersticiosas para reconciliar amantes invocavam o "leite da Virgem", sendo por isso perseguidas pela Inquisição. Diz Luís Mott que o leite de Nossa Senhora era considerado como antídoto contra as ciladas do Demônio, e que esta crença estava tão disseminada na piedade popular da Colônia que, em Minas setecentista, um religioso vendia "como preciosa relíquia" o verdadeiro "leite em pó da Virgem Maria".[14]

O bom leite podia ser reconhecido, segundo os doutores, por sua cor, cheiro, sabor e substância. A cor, obviamente, devia ser branca "que tira alguma coisa a cor do céu" (Ferreira, op. cit., p.316). Nosso já conhecido Paré dizia ser uma bênção que não saísse sua cor original, vermelho, pois assustaria mães e filhos. O sabor devia ser adocicado, inodoro, e "nem muito grosso nem muito delgado". Para se ter a exata medida do leite de qualidade, bastava uma gota tomada "na unha... ou colher de prata", e fazendo-a escorrer numa superfície lisa, observar se ficava "pegado como mel ou grude"; neste caso, o leite seria do tipo "fleumático", mas em se mostrando "tênue e de pouco proveito", seria então "soroso". O ideal é que não "caísse" nem "pegasse" muito.

Os cuidados com o leite e com a lactação eram inúmeros, sugerindo o valioso peso nele investido pelas lactantes. É também muito provável que as receitas recomendadas pelos médicos, no sentido de manter o seu bom nível, fossem todas resgatadas da vivência cotidiana das mulheres em relação ao aleitamento. Grande parte dos ingredientes era caseiro, o que tomava a preservação da lactação hábito fácil para mães que tivessem problemas com o seu leite.

A ingestão de alfaces cozidas, chicórias e espinafres era recomendada para "atemperá-lo" (Henriques, 1731a, p.102). Caldos de farinha misturados a azeite e açúcar, tisanas de cevada feitas com cozimento de funcho, papas de farinhas de favas com açúcar, leite e ovos também eram recomendadas. "A cinza de unha de vaca bebida"

---

14 Ver Luís Mott, 1988b, p.159: 'Maria, virgem ou não? Quatro séculos de contestação no Brasil'

Ao sul do corpo

também fazia parte do cardápio das lactantes e até pós de "minhocas da terra, lavadas em vinho branco" tomadas em água de funcho (Ferreira, op. cit., p.141-2).

Dormir com a cabeça baixa e costas cobertas com um pano vermelho combatia o arrefecimento do leite, que podia ser causado por "intemperança do fígado, contínuo uso de mantimentos secos, fastio grande, demasiado trabalho, imoderados exercícios, vigias, pesares e febres contínuas" (ibidem). Na receita de Ferreira prevalecia o gesto mágico e analógico do pano vermelho com o sangue menstrual, que devia cozer-se no peito, antes de alimentar, já "embranquecido", a criança.

As anotações médico-populares encontradas na Biblioteca Nacional do Rio de Janeiro permitem captar as repercussões que tinham as admoestações dos doutores metropolitanos.[15] Aqui também os "peitos inchados e faltosos de leite" eram tratados com "papas de farinhas de fava cozida em alcaçuz e por emplastro"; ou "molhar panos e pôr nos peitos. [...] o cozimento de malva posto nos peitos e as folhas delas; gemas de ovos com farinhas e favas em emplastros". Seguem-se emplastros de hortelã, bem como o famigerado suco de unha de vaca. A tradição popular, por sua vez, recomendava untar o peito com água açucarada para a criança "pegar", rezar a são Romão e sentar-se num banco furado, sob as defumações de folhas de mamona, árvore cujos frutos têm óbvia analogia com os seios. Seus talos serviam para fazer um rosário, comumente utilizado como amuleto (Carneiro, 1945, p.141).

Embora houvesse silêncio entre os nossos doutores sobre a interferência do coito na qualidade do leite materno, os médicos europeus recomendavam normalmente a abstenção como forma de preservar a qualidade desse leite, que no seu entender era gerado na madre. Havia, por trás dessa recomendação, a crença de que o esperma misturado ao leite influenciava o caráter da criança amamentada, levando-lhe através da lactação o caráter da mãe e do pai.

O leite era considerado alimento natural, mas também significava o depósito de qualidades físicas e espirituais. O jesuíta Claude Maillard, em 1643, para exemplificar a importância do aleitamento materno, narrava o caso exemplar de um religioso que fora alimentado com leite de cabra, e que a despeito de seu comportamento modesto e reflexivo tinha que retirar-se de tempos em tempos, para saltitar e fazer cabriolas, como qualquer quadrúpede (apud Knieber & Fouquet, op. cit., p.84).

O aleitamento, ao que pudemos ver, era vivido como um quase mistério, e cabia às lactantes prevenirem-se para não empaná-lo. O ditado popular que diz "o que no leite se mama, na mortalha se derrama" (Mota, 1987, p.154) confirma a longa duração dessa mentalidade moderna que acreditava ser o leite o repositório de todas as influências morais que se pudesse receber.

---

15   B. N. R. J., mss, 1-47-12-20.

Os cuidados com a lactação incluíam, além de uma dieta para incrementar o leite, cuidado com os seios e o mapeamento dos males que costumavam alcançar as lactantes. "Gretas nos bicos" eram tratadas com um creme morno feito à base de "gemas de ovos muito bem batidas com óleo rosado", mel e açafrão. "Peitos duros" se desinflamavam mediante a "ingestão de quatro bichos chamados milepedes, feitos em pó, misturados em vinho branco". Se rachados, recomendavam-se massagens com tutano de carneiro (Ferreira, op. cit., p.145).

Apostemas causados por abundância de leite, chamados popularmente de 'vícios do leite', eram diagnosticados por sua "inchação, quentura, vermelhidão e dor que sempre acompanha febre" (Semedo, 1720, p.517). Recomendava-se sangria no braço próximo ao seio "apostemado". Para o "leite coalhado nas tetas" indicava-se "farelos muito cozidos em vinagre e sumo de arruda, ou urtiga bem pisada com manteiga de vacas ou cabras" (Ferreira, op. cit., p.139).

É interessante observar que este seio que alimenta e mantém é, por sua vez, tratado por uma culinária específica à base de produtos hortícolas e, via de regra, manteiga. Vale lembrar que a manteiga, derivada do leite, era batida tradicionalmente por mulheres como uma das tarefas domésticas. O corpo feminino inseria-se, malgrado o olhar masculino da medicina, num sistema de tratamento que incorporava permanentemente a cultura feminina doméstica.

Outro problema comum entre as lactantes deve ter sido o tamanho reduzido de seus bicos de seios ou a existência de bicos quase embutidos. Na França do Antigo Regime, contam Kniebler e Fouquet (op. cit., p.150), o uso de espartilhos, desde a mais tenra idade entre as jovens de elite, comprimia e prejudicava os bicos dos seios. O recurso para não transtornar a amamentação variava entre a utilização de ventosas, uma famosa *"pompe du docteur Stein"*, sugadores de barro, vidro ou prata, ou ainda cachorros pequenos e camponesas especializadas em modelá-los com a boca (apud Gélis, 1981, p.35). Uma vez modelados os bicos, os médicos recomendavam que fossem envolvidos em pequenos estojos de marfim, chumbo, madeira ou cera virgem para que se conservassem bem torneados.

Na Colônia, a falta de referências sobre o assunto indica que devia deixar-se às crianças modelarem os bicos de suas mães, fazendo-as sugar desde o primeiro momento. A única referência para os hábitos franceses é dada por João Curvo Semedo, que aconselhava um tratamento similar:

> Tomareis uma garrafa holandesa que tenha a boca estreita e a enchereis de água tão quente que a mão não possa sofrer a quentura. Vazai depressa toda a água e logo poreis a dita garrafa no lugar do bico que está sumido tão apertado com o peito que lhe não possa entrar ar, logo o bico sairá fora e a criança poderá mamar. (Semedo, 1720, p.518)

Ao sul do corpo

Os cuidados com os bicos, os linimentos que preparavam o seio e seus tecidos para o aleitamento sublinhavam os cuidados com as funções da maternidade; mas ainda assim observava-se um discreto cuidado com a estética do corpo da mulher. Na França era comum o uso de bandagens de tecidos e faixas, feitas de couro de cachorro, para impedir a queda do ventre da parturiente (Kniebler & Fouquet, op. cit., p.150).

Santos de Torres, em 1756, recomendava um avançado instrumento de sustentação; tal como "suspensório" deveria ser untado com um emplastro à base de óleo de golfões e cera, passados sobre panos. Tais *panos* "cortavam-se redondos e do tamanho dos globos dos peitos, furados no meio para dar lugar a que pelos furos se metam os bicos, e se unirão todo o mais emplastro à roda dos peitos e que lhes apertarão brandamente" (Torres, 1756, p.149). A finalidade deste *soutien avant la lettre* untado de emplastros seria "secar o leite e a parida".

Ao tempo que o saber médico se entrecruzava com o cotidiano popular no que dissesse respeito ao funcionamento dos seios e do leite, vigorava um consenso de que o aleitamento devia ser uma prática materna. Difundia-se também, à medida que os séculos avançavam, a noção do aleitamento como um dever. Os seios não podiam ser vistos como um adorno erótico, e por tal pretensão eram acidamente perseguidos por padres, confessores e pregadores. Eles seriam, sim, um instrumento de trabalho de um sexo que devia recolher-se ao pudor e à castidade.

Resistir ao aleitamento, tal como fizeram milhares de burguesas e aristocratas do Antigo Regime europeu, era, aos olhos dos moralistas e médicos e até do consenso popular, ceder à incontinência. Em colônias, Guilherme Piso foi um dos que criticou "as grávidas" que oportunamente soltavam as rédeas do apetite, levando um "regime de vida desregrado" a ponto de abortar. A "força do leite" dessas mulheres extinguia-se "por causa do sobredito gênero de vida", obrigando seus filhinhos, quando sobreviviam, a serem alimentados pelo "salubérrimo leite de índias e pretas" (Piso, 1948, p.37).

A necessidade de sexo durante a amamentação, já o sabemos, era condenada e deixava a mãe sob a pecha de desnaturada. Sobre esta abatiam-se todos os castigos da natureza: febre do leite, inflamações e abscessos, "cancros", tumores maléficos. Essa mesma mãe desnaturada tornava-se também mais vulnerável a outras gestações, o que não era exatamente um prêmio, como mostraremos adiante.

Na campanha em favor da lactação, martelada desde o século XVI e dos trabalhos de Paré, a Igreja veio unir-se através de manuais de confissões e sermões moralistas. Essa prédica sistemática irradiava a noção do aleitamento como uma tarefa de amor que mães deviam executar em relação a seus filhos. Nessa linha, uma epístola exortatória (Azevedo, 1736, p.493), datada de 1736, referia-se ao fato de Sara ter amamentado Isaac "para que ninguém duvidasse de que ela era sua mãe". De que

Nossa Senhora tivesse emprestado seus "sacratíssimos peitos" para amamentar o menino Jesus, concluindo solenemente com as palavras de santo Ambrósio: "Que se costumam amar mais a seus filhos aquelas mais que os criam a seus peitos".

Casos milagrosos e exemplares exaltavam a importância do aleitamento apontando suas benesses, mas deixando sobretudo entrever que se tratava de um gesto de amor. As recomendações nesse sentido resgatam a importância de um discurso sobre o amor materno ou o amor aos filhos, que tem se mostrado bem discreto no mais das fontes, mas que valoriza as teses de Philippe Ariès sobre o aparecimento de uma relação mais estreita com os filhos a partir do Renascimento (Ariès, 1978). A valorização do indivíduo, e através dele da família e do casamento, levava igualmente a uma relação sentimental cada vez mais estreita e sensível com as crianças. O aleitamento materno decerto beneficiou-se com o crescimento dessa mentalidade, ao mesmo tempo que valorizava o papel das mães e a importância da criança pequena, até então minimizada pelas altas taxas de mortalidade infantil. A mortalidade infantil continuou fazendo vítimas ao longo do Antigo Regime, mas o aleitamento foi, sem dúvida, uma forma mais sentimental de convívio com a criança fadada a desaparecer precocemente.

A Igreja mostrou-se muito sensível não só à questão do aleitamento – e lembramos que os séculos XVII e XVIII são pródigos na execução de imagens de Nossa Senhora do Leite –, mas difundiu-se também nesse período a devoção ao Menino Jesus e outras crianças santificadas,[16] incentivando a ternura com que se devia olhar os pequenos num momento em que eles começam a ganhar importância tanto na vida privada quanto na comunitária.

Na esteira desse surto de religiosidades milagrosas, de valorização da infância e da maternidade é que se encontram relatos fantásticos como o do "cafre cristão [...] que, falecendo-lhe a mulher depois de parir uma filha, chegara a menina a seus peitos e a sustentou um ano com leite, e que morrendo-lhe a criança com lombrigas, nunca mais tivera leite" (Padilha, 1759, p.56). O leite, sangue embranquecido e cozido pelo calor do coração, era um testemunho físico do amor das genitoras pelos seus filhos. Até um "cafre", denominação pejorativa para designar negro rude e bárbaro, podia ser ungido com o sentimento materno, a ponto de ter leite para uma criança faminta.

Para aquelas que não fossem suscetíveis aos contos exemplares e milagrosos, a Igreja reservava a munição dos manuais dos confessores. Num destes, o de Manuel Arceniaga (1724, p.309), advertia-se "não só às cristãs, mas também às gentias [...]

---

16 Ver o lindíssimo artigo de Jacques Gélis (1979, p.309-25) e também Mary Del Priore, "O papel branco, a infância e os jesuítas na Colônia", em idem (org.), *História da criança no Brasil*, p.10-27.

Ao sul do corpo

de que estavam obrigadas as mães a alimentar seus filhos a seus próprios peitos". Seriam consideradas pecadoras aquelas que não o fizessem sem "outra causa que a nobreza de sua própria comodidade". Embora não se atrevesse a julgar tal falta como pecado "grave" ou "leve", Arceniaga insistia que não perdoaria as que não o fizessem "para conservar-se mais galhardas". Destas, os filhos tornar-se-iam dissolutos, pois não deviam dar "cordeiros" para serem criados por "cabras". Aquelas que "por justa causa" tinham que dar os seus filhos "a criar", no mínimo deveriam "empregar toda a diligência" em achar uma boa ama de leite.

Vemos na fala de Arceniaga alguns elementos que, sem dúvida, representaram as realidades do aleitamento nesse período: a valorização de uma estética dos seios parece estar presente nas preocupações do confessor. Essa valorização crescente nos séculos XVII e XVIII opunha-se, porém, ao discurso sobre a maternidade, que pretendia transformá-los de objeto de prazer em objeto de trabalho. Havia também a crença de que o leite era condutor de qualidades morais à criança. Os "cordeiros" podiam ser facilmente contaminados pela lascívia das "cabras", que representariam as más amas de leite. A "justa causa" a que se refere o confessor é outro espelhamento desses tempos em que a imposição do grupo familiar se faz importante. Ele refere-se certamente à saúde moral do marido que procura sexualmente a mulher e se vê recusado em detrimento da amamentação da criança. Neste caso, Arceniaga insinua que é mais importante a consolidação dos fins do casamento no interior da família do que a salvaguarda dos filhos. Em seu entender, a sexualidade útil do matrimônio, para evitar as "queimaduras do desejo", sobrepunha-se às necessidades físicas da prole, provando que a teologia moral de esclarecidos como Tomás Sanchez fazia escola.

O pregador Antônio das Chagas, em 1683, ainda vituperava contra aquelas que para desmamar os filhos "untavam os seios com fel e coisas amargosas" (Chagas, 1687, p.392), revelando que devia existir também um grupo de mães que simplesmente se negavam à amamentação. Mas achamos difícil imaginar para o Brasil colonial as hipóteses levantadas para a França oitocentista por Antoinette Fauve-Chamoux.[17] Esta pesquisadora refere-se à ojeriza que o cheiro azedo, os transbordamentos do leite e a falta de vestimentas para serem trocadas provocariam

---

17 Fauve-Chamoux, (1973, p.7-21) discute que existiam razões desculpabilizantes para a não lactação: as mulheres não teriam roupas suficientes para trocar em função dos transbordamentos do leite e suportariam mal os cheiros e secreções decorrentes da lactação. Georges Vigarello (1985) mostra, no entanto, que os cânones de higiene no Antigo Regime afetavam apenas a roupa do corpo, o *linge*. Tudo indica que a sensibilidade para a sujeira que discute Fauve-Chamoux só teria se tornado palpável para as classes subalternas em meados do século XIX, graças ao processo de "moralização e higienização" por que passou a sociedade europeia.

nas mulheres, incentivando-as a procurar amas de leite para fazer o "trabalho sujo" que as incomodava.

Não existem, como já afirmado, registros claros sobre o comportamento higiênico das populações femininas no período colonial. Tudo indica que o aleitamento se fazia com seus odores e sabores, constituindo mais uma etapa da cultura feminina em colônias, cultura esta que ignorava o cheiro como critério de distinção social.

Penso ainda que o aleitamento deve ter sido de fundamental importância para a revanche das mulheres num período no qual proliferavam infinitas e sinuosas regras para a normatização de seus corpos. Lugar de prazer físico, de bem-estar psíquico e sensual que não parece ter existido no comum das relações conjugais, o aleitamento testemunhava que o corpo feminino era um corpo incrivelmente ativo. Cada parte sexuada manifestava o poder feminino de proteção, subsistência e estabilidade, e reafirmava o potencial de feminilidade materna. O aleitamento era também o signo da rejeição ou de aceitação da criança, fazendo da genitora a responsável pela saúde dos seus filhos, numa costura de laços de sangue ou de "sangue embranquecido".

O processo de adestramento dos prazeres femininos dentro do casamento católico incentivou, finalmente, um combate entre o seio erótico e o seio-reservatório. O seio não podia mais corresponder a qualquer tentação ou desejo. A sua função sexual fora substituída pela função alimentar, e de objeto voluptuoso, perseguido pelos confessores e moralistas, ele passava exclusivamente a instrumento de nutrição, descrito pelos doutores.

3

Mentalidades e práticas em torno do parto

São Gonçalo tem rasgado
sola dura de sapato
somente por visitar
mulheres q'estão de parto

O sol travessô na vidraça
sem tocá, nem batê nela
assim a Virgem Maria pariu
e ficou donzela

Quadras populares no Nordeste do Brasil

"Parir com dor"

O uso dos corpos no interior do casamento possuía, como já foi dito, uma perspectiva escatológica, pois apenas nas dificuldades da vida conjugal e no sofrimento das dores do parto encontrava-se a redenção dos pecados. A preocupação em elaborar uma imagem regular da feminilidade adequava-se ao projeto cristão, em cujo enfoque sacramental e místico a sexualidade só encontrava justificativa por meio da procriação. Ela era o dever absoluto das esposas, e sua legitimidade residia na multiplicação das criaturas prometidas à beatitude eterna. Assim, atendiam-se tanto às demandas do campo teológico quanto àquelas do projeto colonizador, cujos objetivos eram preencher os vazios demográficos e tomar posse da nova terra.

Nesse quadro, o discurso sobre a importância da maternidade e o esforço empreendido pela Igreja e o Estado em adestrar as mulheres no papel de mães ideais tinham seu momento de verdade na hora do parto. As supostas agentes de ambas as instituições, entronizadas como "santas-mãezinhas", deveriam dar à luz entre dores, redimindo o gênero por ter cometido o pecado original. "Devem sofrer com paciência as incomodidades da prenhez e as dores do parto, como pena do pecado", sublinhava o pregador Arceniaga (1724, p.204). A madre, exclusivamente enaltecida como o *locus* por excelência da progenitura, mostrava-se domesticada, adestrada para a maternidade, distante, portanto, dos calores luxuriosos ou dos achaques melancólicos tão perseguidos. As mães afirmavam-se assim numa espécie de fisiologia conceptiva, promovendo consequentemente a sua fisiologia moral.

O momento do parto não era só o leque de movimentos físicos aprendidos e descritos pela ciência médica. A dor e a angústia que envolviam a parturiente eram, sim, interpretadas por gestos e práticas de uma cultura feminina que de certa forma caminhava paralela ao olhar da medicina. Através dessa cultura feminina sobre o parto, as mulheres resgatavam sua individualidade e exercitavam suas alianças de gênero. Adestrada a madre, cuidada e sanada no sentido de tornar-se permanentemente procriativa, cabia às mulheres conceber e aos médicos historicizar esse momento que foi, até a obstetrícia firmar-se como ciência, um momento de exclusiva vivência feminina.

Dar à luz se compreendia, como bem diz Michelle Laget (1982, p.119), em termos individuais, mas também em termos coletivos. A atenção da parturiente com o que ocorria com seu corpo reverberava numa participação comunitária cuja carga era tão mais coletiva quanto o ato era dramático. Um parto difícil, como veremos adiante, mobilizava mulheres de raças e condições sociais diferentes em torno do sofrimento, que enchia com a expressão de gritos de dor toda a comunidade. Os reclamos aflitos advindos do parto dificultoso acionavam a vizinhança, os laços de familismo e comadrio. Jean de Léry (1980, p.225) acordara uma noite com os berros de uma mulher em trabalho de parto, que o fez pensar que ela estivesse sendo "atacada por um jaguar".

Nenhuma significação era neutra no momento do parto. A participação de outras mulheres, a crença e a devoção religiosa, a exclusão de elementos supersticiosos e os recursos domésticos ou médicos revezavam-se para salvar mães e filhos.

O cerne do problema antropológico no que diz respeito ao nascimento, segundo a mesma historiadora, era este: o momento do parto constituía-se numa enorme tarefa feita de dor, de violência e assim vivida pelas mulheres no passado. A incerteza e o medo empurravam-nas para a utilização de expedientes múltiplos, efêmeros paliativos, práticas materiais ou apelos ao sagrado.

O que interessa neste capítulo não é acompanhar o processo médico e suas sucessivas transformações no que toca ao momento do parto, mas mostrar as atitudes

Ao sul do corpo

e comportamentos femininos durante essa importante etapa de vida, mesmo que eles tenham sido registrados pelo olhar dos médicos. Embora pareçam protagonistas silenciosas, as mulheres deixaram marcas nas falas dos doutores que um dia se debruçaram sobre os mecanismos do parto, e a despeito do testemunho indireto que significa o saber médico, ele apoiava-se em realidades femininas. Nessas fontes é possível, portanto, capturar os comportamentos individuais e aqueles do grupo, as estruturas mentais, o imaginário e as práticas sobre o nascimento.

Momento de angústia e pânico para as mulheres, o parto antecedia-se de cuidados que tinham por objetivo torná-lo mais fácil e menos penoso. Antônio Ferreira, por exemplo, dedicava-lhes um capítulo em sua obra (o oitavo), com o título "Do regimento que devem guardar as mulheres pejadas para não enfermar" (Ferreira, 1757, p.303). As recomendações, certamente extraídas de textos tradicionais de medicina, mas também do imaginário coletivo dão ideia da fragilidade com que era visto o feto. Espécie de homúnculo agarrado às paredes do ventre, ele devia ser protegido para que os tênues ligamentos que o mantinham preso à cavidade do útero não se desprendessem. "O primeiro mês de prenhidão é necessário quietação e não se deve fazer exercício, como aconselha Galeno, por estarem panículos e ligamentos muito tenros em que se sustenta a criatura e quebram em qualquer movimento"; nos segundo e terceiro meses, que a mulher fizesse exercícios moderados e passeios lentos, e nos próximos quarto, quinto e sexto,

> não subindo nem descendo, pode andar livremente, não saltando nem correndo e principalmente não saltando para trás ou andando para trás sobre um só pé. Importa não tomar peso sobre o ventre, nem gritar e falar alto e evitar espirros e tosse; não pôr a cavalo, nem andar em coche, nem embarcar, porque estes motivos perturbam o corpo.

Veremos adiante como tais cuidados estavam longe de ser vividos pela grande maioria das mulheres, ignorantes da concepção fragilizadora dessa liliputiana criatura que habitava seus ventres.

Apenas no nono mês era recomendado exercício para "facilitar o parto" e, embora não apareça explicitamente nos manuais de medicina portugueses, o senso comum indicava também a atividade sexual para lubrificar a passagem e desprender o feto tido por maduro (ibidem, p.304). Ademais, a alimentação inspirava cuidados, devendo-se evitar "mantimentos acres e mordazes" como o alho, a cebola, a pimenta e o gengibre, e todo "azedo" era considerado "inflamatório"; o amargo tinha o risco de influenciar o "mantimento da criatura", exigindo que a mãe ingerisse coisas "doces e suaves". O "vinho moderado" não era eliminado, pois confortava o estômago. Somavam-se a tais recomendações práticas outras de ordem psicológica:

consideravam-se nocivos "a solidão, as novas tristes, os trovões e terremotos, os estrondos das bombardas, o vestir apertado comprimindo o ventre, os gostos demasiados e repentinos e todas as más paixões do ânimo" (Franco, 1790, p.6).

Intermediária entre a "estreita caverna do ventre", de que fala o padre Manuel Bernardes, e o mundo exterior, a mãe precisava cuidar-se para que seu fruto e filho pudessem medrar. Incentivava-se uma relação de proteção tanto mais porque se acreditava num corpo permeável a influxos externos. Toda influência perniciosa que emanasse de fora do abrigo de seu corpo a mãe devia evitar; a imprudência no trato com esse físico-estufa podia levar à concepção de um fruto mal formado, de uma criança defeituosa que a encheria de culpabilidade.

Tal como na natureza, a passagem da semente ao fruto verde e depois maduro carecia de necessidades alimentícias proporcionais ao que se entendia que fosse o seu tamanho: "porque o feto nos primeiros dois ou três meses, pela sua pequenez precisa de pouca nutrição, crescendo porém a prenhez, deve crescer também a comida, porque assim requer a nutrição do feto", explicava o brasileiro Francisco de Melo Franco em 1790 (ibidem, p.1).

O mesmo doutor, num capítulo intitulado "Por que modo se deve reger uma mulher pejada", lembrava que esta não se devia expor "à intempérie dos tempos, [...] o ar muito frio, ventoso e úmido", pois os males decorrentes podiam dar em "mau sucesso". Incorporava assim o critério que tinham para a medicina dos séculos XVII e XVIII os ventos e o ar; tal como na natureza, o vento seco produzia danos a árvores e frutos, também podendo atacar a mães com filhos no ventre. Essa preocupação com o ar que se respirava estendia-se aos cheiros: "O bom cheiro reconforta, o mau cheiro mortifica", avisava Antônio Ferreira (op. cit., p.304). Responsabilizar maus ares e fedores pela perda do fruto era uma ideia muito antiga que ainda vigorava no período iluminista associada a abortos. O que nos cabe perguntar é se o universo olfativo das mulheres coloniais seria o mesmo dos médicos, para quem tais prescrições vigoravam.

Por fim, Francisco de Melo Franco (1790, p.9) batia com vigor numa tecla conhecida por outros médicos: a vaidade feminina. "Partos desgraçados", dizia ele, "e não menos de aleijões" deviam-se ao uso contumaz de espartilhos cuja terrível finalidade era a de "ocultar aos olhos do mundo" o estado de fecundidade. E uma última nota sobre o conforto das mães: "como as mulheres em tal estado caem mais pela mudança de seu centro de gravidade, melhor trazer saltos baixos e largos para melhor se firmarem nos pés".

Já aos finais do século XVIII, os textos de medicina na Europa mencionavam a importância da vida sexual durante a gravidez, pois o que se valorizava era a ética conjugal. Até então, tudo indica que o calendário religioso, prescrevendo "um tempo

Ao sul do corpo

para amar",[1] vigorasse nem que fosse no discurso de moralistas e pregadores. Com a afirmação do casamento como instituição, o bem-estar dos cônjuges passou a ser colocado em relevo, fazendo prosperar opiniões como a emitida por Francisco de Melo Franco que pedia cuidado "no início e no fim das prenhezes", mas que sabia que se "fosse precisa inteira continência não vingaria uma só criança".[2]

Vista como doença, a gravidez devia ser vivida por mulheres numa aura de cuidados. Toda a ansiedade, engordada pelas inúmeras prescrições médicas, era dividida com a alegria de engendrar e ter uma criança. Mas o medo de perder seu fruto ou o medo do sofrimento físico davam uma peculiaridade às mães. Independentemente de sua posição social, credo ou cor, todas esperavam ansiosas o momento limiar de um tempo desconhecido: o momento do parto.

> Chegado o nono mês, entra o útero a contrair-se; seguem-se as dores e por uma força mecânica a criança, rompendo as membranas em que estava encerrada, é expelida do ventre materno. Querer indagar a causa porque só no fim deste tempo a natureza promove o parto é perder tempo em coisas de nenhuma utilidade, na certeza de que no fim estaremos mais longe da verdade do que no começo (ibidem, p.13).

Com essa explicação sumária, em que, mais uma vez, apenas os aspectos mecânicos da fisiologia feminina eram levados em conta, Melo Franco definia o parto. O esforço e a presença da parturiente parecem completamente apagados. Para a grande maioria de seus contemporâneos o parto tinha a mesma significação. Tratava-se de "uma ação pela qual o gerado procura sair da clausura materna à luz do dia" (Afonso & Melo, 1752, p.3), deixando para trás a escuridão da noite do ventre feminino. Francisco Nunes somava a esta outra explicação, herdeira da noção hipocrática de que para o feto desenvolvido não basta o alimento recebido através do sangue materno; por isso ele abandonava o ventre, para buscar "alimento mais sólido e copioso".[3]

A retirada desse guloso hóspede do corpo feminino, ditada por razões inutilmente perceptíveis para os doutores de então, tanto podia ser bem-sucedida quanto realizar-se com dificuldades.

A apresentação cefálica do feto era bem-vinda em comparação com as apresentações transversais e outros problemas que Francisco Nunes chamava-se de "partos

---

1 Referência à feliz expressão utilizada por Jean-Louis Flandrin (1983) para intitular seu livro *Un temps pour embrasser: aux origines de la morale sexuelle occidentale*. [Um tempo de abraçar: as origens da moral sexual ocidental].

2 Franco, 1790, p.12. Ver também a situação da França na Idade Moderna em Y. Kniebler & C. Fouquet, (1977), especialmente o capítulo 'L'entrée en grossese', [A entrada na gravidez], p.43.

3 B. N. L., Francisco Nunes, *Tratado de matéria médica*, mss., Reservados 4070, p.67.

não naturais". Estes podiam existir quando, por exemplo, "a criatura nasce no tempo que não deve nascer, como se nascesse em oitavo mês, ou no sexto mês, ou dali para baixo". O oitavo mês era particularmente crítico para o feto, pois a mudança de posição (*culbute*) no interior do útero tinha para ele consequências desfavoráveis, e os sofrimentos intrauterinos, consequentes do trabalho de parto, podiam enfraquecê-lo até a morte. As chances para os nascidos de sete meses eram maiores. Acreditava-se, de acordo com a tradição hipocrática, que nos primeiros tempos de gravidez a criança se desenvolvia da mesma forma que uma planta, isto é, de cabeça para cima. Sob a ação da gravidez, operava-se, no sétimo mês, uma "queda" do feto. As membranas ou ligamentos inseridos no umbigo e que mantinham a criança nessa posição desprendiam-se, e o feto pendia de cabeça para baixo.[4]

A noção de perigo inerente ao sétimo mês de gravidez estava, por outro lado, matizada pelo amplo simbolismo numérico dos pitagóricos. A criança seria viável no sétimo mês porque já se encontrava no útero sete vezes trinta dias; daí Nunes omitir o parto da criança setemesinha como "parto não natural".

Afonso e Melo (op. cit., p.5) acrescentavam aos partos complicados aqueles decorrentes de aborto, cuja ação, segundo eles, se facilitava antes do quinto mês da prenhez ou antes do feto "estar em estado de poder criar-se depois de nascido". Depois, tornavam-se partos patológicos com poucas chances para a sobrevivência da mãe.

Havia ainda o "parto de embrulho", no qual o feto surgia "são ou enfermo, perfeito ou monstruoso" mas revestido das "membranas que dentro do mesmo útero o continham", além da terrível ilusão do "parto falso ou de falsos engendros", prenunciador de mal maior. Deste não emergia "criatura racionalmente animada", mas um "concreto de sangue ou linfa", de cujas "diferentes molduras e consistências lhe resultam diferentes formas", às quais chamavam então "molas ou bichos".

Pode imaginar-se o impacto desses nascimentos extraordinários para o período, cujas explicações tinham respaldo na mais arraigada superstição. O fato de ser capaz de parir um "bicho" ressaltava a animalidade do corpo feminino e condenava a mãe ao desagrado e espanto de sua família e da coletividade.

Manuel Barreto (1797, p.94) lembrava, contudo, que maus partos eram, via de regra, precedidos de "convulsões", reconhecíveis por uma "dor aguda na cabeça, vágados, [...] falta de vista, vacilação do juízo ou ligeiro delírio". O corpo feminino reagia, assim, ao que não era natural, acusando irregularidades; sofria a mãe duplamente uma gestação assustadora e o pânico do parto de um possível "bicho".

---

4 Informações extraídas de H. Buess, 1950, p.381-2.

Ao sul do corpo

O mau parto, para Francisco Nunes (op. cit., p.27) não se anunciava, mas evidenciava-se quando, durante o trabalho, a parturiente apresentava "suores frios", pulso acelerado e "pressurosos desmaios [...] que são indício de presta morte". O mau parto, para o insigne médico pernambucano, era então sinônimo de morte. Maus ou difíceis, tais partos dão a medida de confrontação entre a vida e a morte em que viviam as parturientes de nosso passado. Mães e filhos viviam o momento do nascimento imersos em expressiva insegurança material e afetiva, sem prevenção nem proteção para as dificuldades que porventura marcassem o aliviamento.

Os partos normais, por outro lado, reconheciam-se por alvissareiros sinais, que segundo o dr. Nunes "prometiam saúde"; eram o "desassossego, movimento ebulição da criatura em o ventre, e as dores sempre presentes abaixo do umbigo buscando adiante a via". Para "bem parir", Ferreira sugeria às prenhadas "caldos de galinha gorda, deitando no cozimento grãos pretos e uma lasca de canela". Que se sentassem com o corpo ereto e os pés estendidos, só deitassem de costas, e ao subir e descer escadas tivessem cuidado, pois "assim tomava a criatura melhor queda para nascer" (Ferreira, op. cit., p.286). Devidamente alimentada e repousada, a mulher devia esperar com calma "lançar umidades". O roteiro previamente desenhado demonstra o interesse da medicina pela vida da mãe, mas também o proveito em organizar o parto. Determinando o que seria mais adequado à parturiente, o médico esvaziava conselhos caseiros, saberes domésticos e práticas eminentemente femininas sobre o "saber-fazer" o parto. Se não os esvaziava, tentava o mínimo sobrepô-los ou reorganizá-los com uma nova linguagem.

> Primeiramente há de vir adiante a cabeça e sucessivamente o colo e os ombros e as mãos aplicadas aos lados e escondidos [ilegível] os pés. Porque, como refere Alberto Magno, a criatura se acha desta maneira em a madre antes que se avizinhe o tempo de parir, está assentada no interior da madre, cabeça arriba e o peito virado para o espinhaço da mãe, porém quando o quer sair para a luz, logo se vira com o rosto em forma que inclinada a cabeça à terra e ao alto os pés já não mira mais o espinhaço da mãe senão o lugar donde há de sair, como é sentença de Aristóteles e Hipócrates. (Nunes, op. cit., p.30)

Nessa hora, a mulher deve estar de "pé com as pernas afastadas e algum tanto curvas, encostando-se com os braços ou corpo da cintura para cima a algum leito ou mesa de boa altura". Outra posição para o parto seria "de joelhos, ficando um do outro afastados na distância necessária". Para algumas parturientes, o parto se fazia mais à vontade assentadas entre duas cadeiras; outras sentadas na ponta de uma só, [...] outras se faz preciso situá-las na borda do leito ou no dito lugar suspendê-las pelos braços e pernas, ficando estas afastadas e curvadas; e outras finalmente na mesma cama se lhes dá a situação necessária. (Afonso & Melo, op. cit., p.68)

Quando a cabeça do feto se encaixa na bacia e ocorre a progressiva dilatação do colo do útero, o trabalho de parto está na sua fase final; as parturientes procuram então a melhor posição para que o parto se faça de forma rápida e com o menor sofrimento possível. As posições não são meramente fisiológicas, e possuem nítido conteúdo sociocultural. O agachamento seria a posição mais natural para aquelas que se encontrassem sozinhas no momento do parto; quantas delas, trabalhando no campo, percorrendo caminhos, se acharam nessa situação instintiva na qual podiam simultaneamente controlar seu períneo e receber seus filhos ajudando a puxá-los para fora, evitando-lhes uma queda do alto e contornando, habilidosas, qualquer possibilidade de reversão uterina.

Sentadas ou deitadas, exaustas por causa do esforço, podiam ser socorridas por comadres e parteiras. A posição horizontal, portanto, significava a ajuda mútua e a solidariedade com que era recebida a mulher que não estava sozinha.

Malgrado o pitoresco ou o ridículo de certas posições, estas estavam cheias de sacralidade que exprimia um corpo que se preparava para dar a vida, a luz... A imagem da mulher virtuosa e caseira, alimentada durante a gravidez, tinha que dar lugar a outra, bem pedestre, de mulheres aflitas com seus medos e dores. Mesmo quando o parto era normal, banal, natural, a mulher tinha que incorporar um outro papel associado ao sentido mesmo do parto: um papel de sofredora, cujos gritos, muitas vezes além ou aquém da dor, anunciavam a vitória contra a morte e o poder de procriar.

O parto, momento por excelência do processo de maternidade, marcava-se com a imagem do sofrimento da mãe. Era preciso sofrer para trazer à luz o fruto. Inaugurava-se, quem sabe assim, o começo de um processo de crédito do qual o filho seria o eterno devedor, fadado a pagar com seu trabalho e carinho o nascimento entre dores. A Igreja encontrava nessas imagens a justificativa mesma do pecado original e da condenação à vida terrena. Todas as mulheres personificadas em Eva necessitavam das regras eclesiásticas para serem adestradas, e, assim, pagarem o pecado ancestral. Nesses tempos, sim, a anatomia impunha um destino.

Preparada para o "bem-parir", agachada ou sentada, sentindo no corpo os sinais que acionavam o parto, a mulher podia contar com o trabalho da parteira. Esta 'coisa de mulher' em que se constituía dar à luz requeria ritos e saberes próprios, em que os homens só interfeririam em casos de emergência e, sobretudo, nos centros urbanos.

Além dos médicos mostrarem-se em seus relatos absolutamente insensíveis à dor das parturientes, as mulheres pareciam também atingidas pelo tabu de mostrar seus genitais, preferindo, por razões psicológicas e humanitárias, a companhia das parteiras. Com práticas tomadas de empréstimo à medicina antiga, os recursos fitoterápicos extraídos do quintal e gestos transmitidos pela família, as mulheres se desincumbiam dos partos não tanto pelo saber, mas pelo "saber-fazer".

Familiarizadas com as manobras externas para facilitar o parto, as parteiras ou comadres encarregavam-se da lubrificação das partes genitais, e tudo indica que eram eficazes na ajuda mecânica da prensa abdominal, fricções e pressões exercidas no baixo-ventre com a finalidade de favorecer a expulsão do feto. Gozando de enorme prestígio nas sociedades tradicionais, eram mulheres que pela sua idade já não podiam conceber, mas que conheciam a gravidez e o puerpério por experiência própria[5] e constituíam-se em zeladoras dos costumes femininos que se agrupavam em torno da ideia de proteção da mãe e da criança.

Na comunidade feminina, detentora de ritos quase imóveis, parteiras, mais além do "aparar crianças" nos partos que realizavam, eram benzedeiras e recitavam palavras mágicas para auxiliar a mãe, faziam abortos, eram cúmplices de infanticídios, facilitavam o abandono de crianças ou as encaminhavam para famílias que as absorviam, vivendo portanto na fronteira ambígua entre a vida e a morte.[6]

Na Europa, segundo Jacques Gélis (1981, p.23-29) essa prestigiosa posição vai lhes fazer passar de assistentes da comunidade feminina a controladoras sociais, a partir do século XVII, junto com as autoridades. Querendo ou não, foram mobilizadas para um combate que, em nome da proteção à vida, desembocava num controle mais minucioso das populações do Antigo Regime.

Nos livros de medicina do período colonial, a parteira está sempre presente. Independente (ao contrário da França, onde tinha vinculações com o Estado), não se pode perceber sua origem, cor ou condição, mas sua presença é valiosa no sentido de preservar a cultura feminina em torno do parto. Afonso e Melo descrevem-nas como tendo que ser

> de boa vida e consciência, de muito segredo, paciente, alegre, bem civilizada e muito
> segura no operar e prognosticar; deve ter bom desembaraço e grande cuidado em não
> molestar a parturiente sem grande necessidade, e do contrário que fizer não só padecerá

---

5 Lima Carneiro (1945, p.290-2) informa sobre as parteiras em Portugal: "Esta é em geral uma vizinha mais ou menos próxima que pelo fato de já ter dado à luz várias vezes, adquiriu a prática precisa para assistir parturientes".

6 Alceu Maynard Araújo (1959, p.214) confirma esse papel para o Brasil colonial e contemporâneo.

o seu cuidado, que é o menos, mas padecerá a seguir a morte da dita parturiente e do feto. (Afonso & Melo, op. cit., p.24)

Em seu entender deveriam conhecer "anatomicamente a estrutura do útero" e das "partes vizinhas" que pudessem influenciar nas dificuldades do parto. "Também o modo como o feto se liga pelas secundinas ao útero" parecia-lhes uma questão importante, bem como o uso de instrumentos e remédios. "Ter bom exercício de ver obrar pessoas doutas" era uma de suas últimas recomendações (ibidem, p.23) além de lamentar que "em outros reinos" as parteiras eram educadas "por magistrados [...] médicos ou cirurgiões mais vizinhos", faltando em Portugal esta eficiente medida.

Depois de se "adereçar" em uma cadeira ou assento em que ficasse apenas recostada ("nem de todo deitada, nem de todo em pé"), a parturiente deixava a parteira preparar-lhe um "assento ou encosto" com "panos e colchas de algodão", de tal sorte que ficasse "todo brando e mole" para que pudesse "ser maneado". É Francisco Nunes, nosso doutor pernambucano, quem descreve sobre a parteira: "estará sentada diante da parturiente; [ao apontar a criança deve] tratar os membros e a madre da que pare com as mãos empapadas em azeite de amêndoas e macelas ou açucenas, que e muito melhor, e desta maneira irá regendo e governando a criatura pelas partes que mais a cômodo puder fazer" (op. cit., p.45). A comodidade, como já sublinhamos, figurando como uma das condições do bom parto.

Aos cuidados físicos somam-se os psicológicos, pois a parteira está também encarregada de "confortar e admoestar a parturiente" com "alimentos e certas bebidas, mas também com palavras agradáveis, prometendo boas esperanças de feliz e venturoso parto de varão, pois, com tal parto, quase sempre folgam as mulheres". A parturiente, por sua vez (numa leitura bem machista), devia mostrar-se "rija e varonil" para enfrentar as dores do parto.

Ferreira referia-se aos "puxos" ou contrações como o indício para que as parturientes "acostumadas a parir com facilidade" se "acomodassem bem "Para as demais, o melhor era "estar em pé, estando pegada nos ombros de outra pessoa forçosa".

> A mulher que for grossa, que tenha banhas, é melhor tomar os puxos debruçada pondo a cabeça sobre uma almofada, sustentando-se sobre as curvas, porque assim ficam bem as partes inferiores mais laxas e não fazem impedimento as banhas. (Ferreira, op. cit., p.309-10)

Ele nos apresenta a parteira como alguém que deve trabalhar "bem desembaraçada dos vestidos" e com as mãos untadas dos mesmos óleos sugeridos por Nunes,

Ao sul do corpo

ou então "com enxúndias de galinha". Os "braços arregaçados e panos quentes nas mãos palpando levemente o útero para saber a forma em que a criatura está situada, para inclinar ao melhor modo branda e suavemente, acomodando-lhe a cabeça ao nascedouro".

Ambos recomendam a parteiras e parturientes que não desperdicem forças, andando ou gesticulando, antes do momento do parto, e que a primeira "ande com diligência" e não deixe passar um instante de tempo "sem ungir ou abrandar a natura".

Era de se esperar que no penoso processo de nascimento o clima de solidariedade feminina que se estabelecia fosse de quando em quando quebrado pelas dificuldades surgidas do próprio parto. Períneos rasgados pela excessiva manipulação empreendida pela parteira, excesso de óleos, uma posição fetal mais complicada podiam alterar o ambiente. Cabia então ao carisma da parteira e à maneira como ela contornava os problemas que se apresentavam o restabelecimento das condições de trabalho de parto. Momentos complicados tornavam-se ideais para práticas supersticiosas e mágicas, bem como devocionais: a parteira recitava ou lia orações a Nossa Senhora do Bom Parto, lançava ao pescoço da parturiente bentinhos com orações para apressar a expulsão, jaculatórias, ladainhas eram "cantadas", retalhos bentos e cordões de santos eram passados sobre o ventre; tudo, enfim, que colaborasse para "lançar fora" filhos vivos ou mortos era bem-aceito pela parturiente e bem usado pela parteira.[7]

Das dificuldades a serem enfrentadas, as que mais aparecem nos tratados médicos que analisamos dizem respeito aos cuidados e temores com relação à retenção da placenta no interior do útero. Ferreira (op. cit., p.311) responsabiliza diretamente a parteira que, segundo ele, deve ser "destra" o bastante para com "arte e brandura" ajudar a natureza a expelir "as páreas". "Quebrando-se a vide [...] pela violência do parto" ou "pela força que a comadre fizer", a parturiente passa a correr grande perigo de vida, pois a placenta "retida no útero apodrece e é causa de muitos e graves acidentes".

Nos casos em que se apresentavam obstáculos sérios ao curso do parto, observava-se uma intensificação de medidas medicamentosas, como veremos adiante, mas também de intervenções mecânicas, a exemplo da introdução da mão para a versão interna do feto ou a trágica embriotomia.

Francisco Nunes recomendava às parteiras que, se a criança nascesse com "os pés adiante", ela devia ser empurrada "para dentro e subir ao umbigo, declinando-

---

7 Lycurgo dos Santos Filho (1977a, p.230-3) confirma a mesma descrição para parteiras e "aparadeiras".

-lhe a cabeça ao espinhaço da mãe, e que de novo tornasse a vir com a cabeça para adiante e o rosto para fora" (op. cit., p.34). A preocupação era sempre rearranjar a criança dentro do útero. "Se a criança viver com os pés adiante e os braços levantados para riba, [...] atar os pés com algum fio de lã [e assim] [...] a criança poderá sair pouco a pouco". Ferreira, menos paciente do que Nunes, cujo vocabulário está marcado por expressões como "mansamente, brandamente", recomendava *tout court* que, para "apresentações mal figuradas", a parteira deveria "picar o pé ou a mão da criatura com um alfinete" para que com a dor recolhesse o membro instintivamente. Um dos pés ou braços dobrados para o interior do útero exigia que a "prenhada se revolvesse a uma e outra parte", como se o balanço do ventre fosse capaz de realocar a criança.

Herdeiros da obstetrícia hipocrática, os doutores lusitanos e brasileiros partiam do princípio que a posição considerada normal para o feto era apenas aquela onde se apresentava em primeiro lugar a cabeça. Qualquer outra posição devia, portanto, ser nesta transformada. Somente para a apresentação podálica completa não se formulava tal exigência, embora se considerassem esses partos difíceis e perigosos.

Ainda que as parteiras conseguissem reproduzir esse padrão, em contrapartida deviam encontrar limites em realizar o considerado ponto culminante do virtuosismo cirúrgico-obstétrico: a embriotomia, Tais operações mutiladoras e faltosas de diagnóstico preciso eram recorrentemente realizadas por médicos. Bernardo Pereira (op. cit., p.398) refere-se com explícita insensibilidade a uma destas: "Uma dama de idade de 42 anos, no último da vida por causa de um parto de tal sorte laborioso e difícil, que foi necessário tirar a criança aos pedaços".

Francisco Nunes (op. cit., p.30) meticulosamente descreve essa operação que hoje se nos assemelha a uma barbaridade. A raridade do documento obriga-nos a reproduzir a informação por inteiro: "Primeiramente deita-se a prenhada de costas, boca a riba de tal sorte que as pernas e os pés e toda a meia parte do corpo se alce em alto e a cabeça baixa". Mãos e pernas fortemente amarrados impedem que, ao puxar a criança, "não se maneie a mão nem se vá atrás dela. Com a mão esquerda untada com óleo de susenas ou outro moleficante e os dedos bem estendidos, abra a natura e meta a mão", tateando para saber

> de que maneira e em que sítio está posta a criatura na madre, para que com mais facilidade e comodamente possa meter as tenazes ou o ancinho, que é instrumento de cirurgia em forma de garfo e atrai; e se a criança morta vier de cabeça deve meter-se o instrumento por um dos olhos ou pelo paladar, ou debaixo da barba, ou nas pás, ou em outra parte do corpo onde melhor puder agarrar, e assim se tirará pouco a pouco e mansamente até que se tire todo.

Ao sul do corpo

Porém se a criatura cai de pés, se deve pegar com instrumento curvado sobre os ossos do peito ou das costas, e deve meter outro instrumento também curvado da parte contrária, para que com um em cada mão vá tirando a criatura para fora, [...] e ao mesmo tempo se meterá o dedo untado para que se a criatura se detiver ou por estar apegada em alguma parte a desapegue [...] e indo sempre tramando os instrumentos ou garfos mais profundamente. Porém se pelo contrário não mostrar mais que uma mão, se irá puxando até que todo o braço venha fora, então se corte pela raiz do ombro; o mesmo se deve fazer quando aparecerem ambas as mãos, ou ambos os pés, ou um só, advertindo que deve ser cortado pelo músculo arriba, para que os cirurgiões têm aparelhados instrumentos convenientes como tenazes, navalhas e garfos delicados; o canivete com que se há de cortar deve ser curvado e não direito. [...] Se a cabeça da criatura estiver inchada ou de ventosidades ou de humores, ou de algum apostema que não possa passar pelo cano, em tal caso se abra com lanceta ou canivete de escrivaninha para que evacuadas tais ventosidades ou humor a cabeça diminua e possa caber pelo cano da madre; e se a cabeça por grande não puder caber, se quebrará como for possível e se tirarão os ossos do crânio em pedaços com o mesmo gatilho com que os barbeiros tiram os dentes. Se contudo não puder sair o corpo pela estreitura do cano, se tirarão com o mesmo gatilho os ossos do peito, fazendo-os primeiro em pedaços; depois endereçar o corpo à saída...

Hipócrates recomendava que se tapassem os olhos às parturientes que fossem obrigadas a sofrer esse ritual monstruoso. Pensamos que a simples menção do risco de uma operação semelhante e essa, com um arsenal de instrumentos médicos que mais parecem de tortura, devia angustiar tremendamente as gestantes no passado. Textos médicos com a descrição de partos felizes ou dificultosos permitem entrar na realidade das práticas que envolviam o nascimento. A presença das parteiras, as diversas posições para "bem-parir", as dificuldades que se enunciavam mais correntemente, bem como as soluções encontradas são aí descritas com detalhes. Os comportamentos diante da realidade fisiológica do parto podem então ser bem rastreados pelo historiador. Se os procedimentos não fossem exatamente esses descritos, não havia como serem muito diferentes. Procedimentos de parto são resultantes da respiração longa da história, e sua duração foi bastante dilatada.

O historiador pode ainda, por intermédio de fontes oblíquas, captar um pouco do *environment* do parto. Cenários, espaços, situações não passavam totalmente despercebidos no registro de outros documentos.

Sérgio Buarque de Holanda, por exemplo, refere-se a um episódio de resgate de índios paiaguás, em que entre os reféns encontra-se uma mulher de 18 a vinte anos, casada há apenas 11 meses, cujo marido morrera: "estava dele pejada, de sorte que foi milagre não nascer no meio daqueles bárbaros", diz o documento examinado pelo célebre historiador, datado de 1730 (Holanda, 1986, p.81). Jovens mulheres recém-casadas, acompanhando seus maridos quando das tantas deambulações na Colônia, podiam parir em situações insólitas, sem maiores recursos médicos. Jaboatão faz suas as palavras de frei Cosme de São Damião, do convento de são Francisco da Bahia, ao contar que na campanha contra os holandeses não foi pouco o desamparo e desespero em que se encontraram mães e donzelas "a fugir descalças por caminhos ásperos, [...] dormindo sem agasalho por matas e bosques, donde viam sepultar uns e nascer outros" (Jaboatão, 1858-1862, p.176).

A despeito das dificuldades materiais que se impunham sobretudo às mulheres de classes subalternas na Colônia, não faltava quem quisesse o conforto humano de conhecidos, de pessoas em quem confiar. Exemplo dessa necessidade do conforto que trazia o "saber-fazer" feminino nas coisas do corpo e do parto é a petição de Rita Correia da Luz, presa em São Paulo em 1773. Dizia ela estar "gravemente doente e prenhe em vésperas de parir, e por causa da prenhidão padecia muitas dores e necessitava de remédios para se curar com mulheres inteligentes, e na cadeia o não podia fazer".[8]

Não deviam faltar aquelas que, como as indígenas descritas por Gandavo, Cardim e outros pariam "no chão" e davam "de mamar ano e meio sem lhe darem de comer outra coisa" (Cardim, 1980, p.91). Não interrompiam o trabalho cotidiano, (Léry, op. cit., p.225) e uma vez dado à luz lavavam-se no rio, iam buscar alimentos e ficavam "tão bem-dispostas como se não pariram" (Gandavo, 1980, p.135).

Havia, finalmente, aquelas cuja técnica de parto tanto impressionou Saint-Hilaire que este escreveu ter-lhe contado o doutor Francisco de Melo Franco, então médico do regimento em São Paulo, que eram as parturientes sacudidas "sobre uma medida denominada meio alqueire", a fim de facilitar a operação, enquanto a parteira se colocava embaixo para aparar a criança (Saint-Hilaire, 1974, p.135).

Se, malgrado tanto sofrimento e tanta incerteza quanto ao encaminhamento do parto, as mulheres não paravam de reproduzir, não seria porque esta era especificamente a sua função na sociedade colonial? A capacidade de enfrentar a dor para dar à luz não seria um estigma da fisiologia feminina condenando *tota mulier in utero*? Não seria esta a melhor maneira de redimir-se o pecado original, segundo a Igreja?

Acreditamos que tais questões deviam pertencer à mentalidade do período no que dizia respeito à fisiologia feminina e à maternidade. Essa longa trajetória de sofrimento físico ajudou certamente na construção da *devotio* mariológica em colônias

---

8 A. C. M. S. P., processo não catalogado de Rita Correia da Luz. Luís Mott (1989b) encontrou o mesmo tipo de petição para Sergipe no século XIX.

Ao sul do corpo

e na eleição desse papel – o de mãe – para as populações femininas. Sobreviver a um parto ou a mais de um elevava as mulheres ao *status* de santas, restituindo--lhes uma identidade que o mais da vida social lhes negava. No parto, as mulheres encontravam-se consigo mesmas e com o seu gênero. Razão de sobra, portanto, nesta Colônia em que elas eram sós e destituídas de valor, para continuar parindo.

Para diminuir a dor

Ausente dos textos médicos, o grande silêncio sobre o sofrimento das parturientes nos faz pensar numa capacidade de resistência das mulheres de outrora diferente da nossa. Personagens de um tempo marcado pela violência, pelo trabalho brutal e por formas rudes de sobrevivência, é provável que tivessem desenvolvido sensibilidades e comportamentos específicos para lidar com a dor. Mas é certo, todavia, que os males enfrentados por uma mulher que pare constituíram-se, em todos os tempos, num problema geral.

A dor despertava entre médicos, parteiras e dentro da própria comunidade da parturiente um instinto de assistência que minorava os tormentos que acompanhavam a maternidade. E nessa perspectiva os conhecimentos anatômicos diminuíam de importância se comparados com a assistência prática. Esse tipo de auxílio baseava-se na larga utilização da fitoterapia, somada a noções animísticas e superstições que melhor iluminam o cenário no passado em torno do nascimento.

Na maioria dos remédios escolhidos para ajudar a mulher que dá à luz, verifica-se a mistura entre a fantástica superstição popular e a verdadeira ação terapêutica confirmada pela experiência. Usa-se todo gênero de medicamentos, em suas mais diferentes formas, desde bebidas alcoólicas até as mais heterogêneas infusões vegetais.

Esta concepção de cura cabe perfeitamente dentro do conceito elaborado por Alceu Maynard Araújo (op. cit., p.57) para a medicina rústica, esta sendo considerada o conjunto de técnicas, de fórmulas, de remédios, de práticas, de gestos de que o morador da região estudada lança mão para o restabelecimento de sua saúde ou prevenção de doenças. Resultado de uma série de aculturações da medicina popular de Portugal, indígena e negra, e incluindo desta última o legado da influência dos mouros, a medicina rústica forjava-se nesse momento que estudamos. Já no início do século XIX, Martius refere-se às espécies trazidas da Índia para as chácaras dos portugueses e empregadas como remédios, apontando alguns resultados então visíveis da aculturação inerente à medicina rústica (Spix & Martius, 1980, p.260). A prática da defumação ou a cura pela sucção de feridas, também citadas por Léry,

Thevet e outros, e presentes nos processos do Santo Ofício, dão igualmente conta da aculturação entre práticas brancas e indígenas. Sérgio Buarque de Holanda esclarece que os aspectos surgidos dessa medicina caseira, realizada com as plantas do quintal, hidrataram-se nas próprias circunstâncias que presidiram ao amálgama dos hábitos e tradições indígenas e europeus.

Foi, portanto, com o socorro dessa medicina rústica que as parturientes tiveram minoradas as suas dores. Para facilitar o parto, um manuscrito colonial recomendava "maçãs que se achar no bucho das vacas", "esterco de cobras, bebendo-se com alguma coisa de cheiro para o mês das mulheres", atar no braço "pedras de veadas prenhes", "frango aberto vivo pelas costas e posto vivo no estômago", "untar as plantas das mãos e solas dos pés com cebolas".[9] O mineiro autor de *Erário mineral* indicava que se devia amarrar na coxa direita "um fígado de galinha, assim logo que se tirar estando viva a galinha", ou meter na madre "cozimento de folhas de alhos e seus grelos", ou uma massa de "percevejos pisados" e ainda "mastigar fortemente uma cebola" (Ferreira, 1735, p.210-5).

Aconselhava-se vestir as ceroulas do marido ou sua camisa de trás para a frente, maneira de inseri-lo simbolicamente no trabalho de parto.[10] Os cheiros do parceiro, entranhados nas peças de roupa, ajudariam a expulsar o feto.[11] Soprar uma garrafa e exclamar: "Minha santa Margarida, não estou prenhe nem parida" unia um corriqueiro mecanismo de expulsão – a força de dirigir o sopro e a devoção à protetora das parturientes. Ingerir chá de barba lavada também tinha analogia com a presença do pai da criança. Ainda sobre o simbolismo sexual do pai no parto, Lima Carneiro dá conta de um pitoresco hábito que visava à rápida expulsão da placenta: raspava-se o cós da ceroula do marido e o farrapo obtido metia-se na caveira de um cachorro, que era, por sua vez, pendurada ao pescoço da parturiente. Certamente a crença na atuação de forças sobrenaturais e demoníacas desempenhava importante papel na constituição de artifícios protetores, como este último citado.

Uma moça ainda virgem, atendendo pelo nome de Maria, era solicitada a bater com força nos quadris da mulher. Tal prática parece-nos claramente associada ao culto marial em colônias.

"Leite de cadela do primeiro parto, bebido, fazia lançar" a criança.[12] "Semente de mostarda botada no fogo", com a qual se fazia um defumadouro aplicado "por baixo", também expulsava o feto. Na esteira dessa fitoterapia caseira, sugeriam-se

---

9 B. N. R. J., *Anotações médico populares,* mss. I-47-19-20, p.28.
10 Jacques Gélis (1984, p.226) encontra práticas semelhantes para a França do Antigo Regime.
11 Informações recolhidas por A. Lima Carneiro, 1945, p.3.
12 B. N. R, J., *Anotações médico populares,* p.27.

Ao sul do corpo

também "salsa verde pisada", "salsa do reino" dos "poejos" "pisados e metidos na madre", pois faziam "lançar as páreas". A eliminação dos lóquios ou páreas representava um processo depurativo, cujo curso normal era decisivo para a saúde e a vida da parturiente. "Duas frutas de ibicuíba pisadas com açúcar, comendo faz sair a criança morta". A comumente usada "pele de cobra" devia ser atada ao lombo da mulher em trabalho de parto, numa espécie de cordão de algum santo às avessas. "Deitando-se no fogo um pedaço dela", fazia vir a purgação, e cheirando-a "a madre voltava ao seu lugar" caso se tivesse deslocado durante o parto. A raiz de parreira brava, "dada de beber a água em que foi cozida", faz deitar molas. E o *Memorial de vários símplices...* (1727, p.13-8) sugeria para antes, durante e depois do parto um considerado universal remédio para as dores e os achaques: a "triaga brasílica do colégio dos religiosos da Companhia de Jesus na Bahia, [...] composta de várias plantas, raízes, ervas, frutas que nascem no Brasil". Outra "engenhosa triaga" de que temos notícia foi criada por Bernardo Pereira (op. cit., p.207), à base de "peras assadas", constituindo-se um vomitório muito útil para "grávidas enfeitiçadas".

Outros tópicos pertencentes ao reino mineral pareciam favorecer o parto. Alguns desses objetos considerados mágicos são de origem local, outros vêm de longe e sua antiguidade confirma na mentalidade da época a sua eficácia. As *Anotações médico populares* da Biblioteca Nacional do Rio de Janeiro referem-se à "pedra quadrada ou candor"; ao que escreve o anônimo doutor, "estando para parir, a mulher se amarra a dita pedra na perna esquerda, por meio do joelho, e logo parirá com muita quietação, advertindo para que assim que a criança sair, se tire a pedra, [...] se não atirará as tripas da mulher" (op. cit., p.16).

O poder da pedra, que em Minas Gerais era chamada por Luís Gomes Ferreira de "pedra de Mombaça" (*Memorial de vários Símplices...*, 1727, p.110), parecia tão forte nesse universo mágico-religioso do período que um médico revelava ter visto "uma mulher, muito apertada sem poder parir; se aplicou a dita pedra e porque se descuidaram de a tirar tanto que pariu, saiu a madre fora do lugar e foi necessário aplicá-la em cima para que a madre se recolhesse".

O célebre doutor Sarmento, dileto de dom João V, descrevia-a: "quadrada, da figura de um dado, de cor e substância ferruginosa, [...] acham-se nas Índias, nas Minas Gerais do Brasil e no reino de Portugal". Segundo ele, sua virtude química seria fabulosa, contrariando "razões, leis e observações da anatomia" (Sarmento, 1758, p.133).

Em Pernambuco, aos finais do século XVII, o dr. Nunes refere-se ligeiramente ao fato de, "se as dores apertarem muito", oferecer à parturiente algumas soluções de medicina mística: tomar o leite de outra mulher ou usar "mechas de lã do comprimento e da grossura de um dedo", molhadas em "sumo de arruda,

[...] aristoláquia, sabina e mastruços metida na madre". "Pírolas" feitas à base de "fel de vaca, castório e apopanax" deviam ser introduzidas, "pondo-lhe um funil em riba, metida a ponta na natura". As partes pudendas deviam ser ungidas com "óleos relaxantes e enxúndias", e as virilhas banhadas em "cozimento de malvas e alporcas" (Nunes, op. cit., p.47).

Gemas de ovos metidas por baixo limpavam a madre."[13] "Fumos de solas de sapato pelos narizes" faziam descer a madre ao seu lugar. O mesmo efeito obtinha--se com "cornos de veado queimado, incenso e artemísia". "Avenca cozida e posta quente na parte" diminuía a "opilação".

Curvo Semedo, que em 1664 assiste sua mulher num parto difícil de filhos gêmeos, ignora seus sofrimentos físicos, mas reconhece no "fedor horrível cada-veroso" de sua boca o anúncio de que uma das placentas estava "reteúda" e podre no interior do ventre. Sem titubear, lança mão de tópicas dignas de figurar num processo de bruxaria: "pós de testículos de cavalos que não morressem de doença, pele de cobra aplicada sobre o pentém, água de infusão de pedra candor [...] e a mesma amarrada à perna".[14]

Seriam a doença, a dor e o sofrimento relacionados com a quebra do código de conduta durante a gestação, ou haveria na mentalidade dessas mulheres a sensação de que algo estranho, imaterial e enfeitiçado lhes fora posto no corpo? E os gritos de dor acompanhariam tão-somente o trabalho de parto, ou também essas mazelas se constituíam num pano de fundo para os nascimentos?

Outras pontuais intervenções sobre a dor que padeciam as mulheres encontrei em mais três autores. Todos utilizando-se de medicina empírica ou rústica para solucionar os problemas femininos, mas sem demonstrar maior compaixão. Tudo indica, em semelhantes atitudes, um estranhamento dessa dor materna; uma compreensão de que ela fazia parte do parto; que ela era, junto com outras práticas femininas, uma "coisa de mulher".

Brás Luís de Abreu (1726, p.173) referia-se às dores de cabeça, consideradas perigosas pois significavam a retenção do "sangue menstrual" nela sofreado. Recomendava sangrias nos braços ou nos pés, "ovos batidos nas fontes" e a aplicação, atrás da orelha, de "nabos assados com todo o calor sofrível".

Duarte Madeira Arrais (1715, p.320) menciona as "dores terríveis" de que padeciam as mulheres prenhes atingidas pelo "morbo-gálico". Cheias de "chagas

---

13 *Anotações médico populares*, p.11.
14 João Curvo Semedo, 1707, p.209. Para que não haja dúvidas sobre a imigração de ideias médicas lusitanas para a Colônia, compare-se este caso descrito por Semedo com o mesmo descrito por Luís Gomes Ferreira, op. cit., p.191.

Ao sul do corpo

muito corrosivas de garganta e partes baixas", podiam melhorar com sangrias e purgas ou suco de salsaparrilha "que se tomará andando de pé".

Afonso e Melo, por fim, descrevem um meio de diminuir o sofrimento da parturiente cuja placenta se demorasse:

> Meter a mulher em cama quente e quarto abrigado, e situada de forma que fique de costas com a cabeça alta, as pernas curvadas e afastadas uma da outra; o cordão umbilical se atará à curva da perna da sobredita, por cima de um pano ou atadura que para o dito efeito se tiver aplicado, a fim de que o dito cordão se não recolha e à roda deste se enrolarão panos molhados em cozimento de alecrim, manjerona e poejos, com o cuidado, porém, de não deixar esfriar os ditos panos, continuando com estes e com mais diligência até que por si a dita placenta se extrairá. (Afonso & Melo, op. cit., p.79)

É ainda provável que a aparente insensibilidade dos médicos fosse provocada também pelas dúvidas que teriam quanto à eficácia de certos tratamentos.

Os tópicos vegetais, animais ou minerais foram largamente utilizados em colônias, na assistência que se prestava a mulheres em trabalho de parto. Seu conteúdo simbólico, mágico, médico e eficaz garantia que a ordem das coisas não fosse perturbada por injunções que, então, se acreditavam maléficas. Para diminuir a dor da parturiente, a medicina erudita, se é que ela existia isolada, amalgamava-se à medicina rústica transformava-se num instrumento de ordem contra a desordem e as arapucas do mal que acometiam o corpo feminino. Instrumentos tranquilizadores emergiam das sucessivas aculturações que no Brasil tiveram as medicinas negra, branca e índia, para assegurar às mulheres que pariam um pouco menos de sofrimento.

Devoções e crenças

Enquanto num mesmo processo – o do parto – a vida proliferava, e simultaneamente a morte fazia-se presente, as mulheres elaboravam formas específicas de viver o momento do nascimento de seus filhos. Testemunha da angústia e dificuldades pelas quais elas passavam, a devoção amalgamava crenças e gestos simbólicos, tipicamente coloniais porque herdeiros das várias culturas que então se imbricavam.

As fontes da Igreja ressaltam o empenho em espiritualizar o nascimento, vampirizando crenças pagânicas e nivelando convicções tradicionais a partir de critérios devocionais cristãos. A substituição de gestos considerados heréticos por uma piedade regrada caminhava, assim, com o esforço moderno de salvar a alma; mas havia o cuidado de fazê-lo preservando o corpo. A eficácia, portanto, da devoção religiosa da parturiente por tal e qual santo milagroso se tornava proporcional às dificuldades ultrapassadas no trabalho de parto.[15]

O crescimento de devoções em torno do parto, durante o Antigo Regime, teve certamente a ver com a invasão que fez a Igreja em áreas que lhe eram fechadas. A cultura feminina sobre o corpo passava a sofrer gradual esvaziamento quando, além do olhar do médico, ela era assediada pelo olhar do padre, que prescrevia panaceias para a sua salvação, tanto física quanto espiritual. Relações complexas feitas de amor e respeito, mas também de familiaridade e esperança, baseadas em obrigações recíprocas estabelecidas entre a devota e o santo, faziam da devoção um sistema de trocas.

Essa concepção mercantil da religião, ensina Georges Duby (1973, p.62-9), decorria de toda uma estrutura mental que veio integrar o culto pós-tridentino dos santos e cultos em que, na maior parte das vezes, estavam presentes os elementos mais arcaicos do cristianismo. Acredito que a redescoberta de antigas analogias da cultura feminina em torno do parto incentivou a Igreja a usar a devoção também como um instrumento de normatização das mulheres. A importância da virgindade ou dos modelos maternos como santa Ana ou Nossa Senhora funcionavam como polos de atração de papéis femininos que deviam impor-se.

Santa Margarida é um exemplo típico. Com a invocação de seu nome, seguida de sopro em garrafas para acelerar o parto, tem-se renascido o episódio de sua vida que suscitava a confiança da parturiente; era a padroeira das grávidas, pois antes de sofrer o martírio por negar-se a perder a virgindade teria pedido que rezassem por ela e seus persecutores, acrescentando que toda mulher em trabalho de parto que a invocasse pariria sem perigo.[16] Uma das particularidades recorrentes destas devoções é que os santos possuíam, em sua hagiografia, episódios de libertação de prisões e cárceres, dos quais tinham sido vítimas; seus aprisionamentos constituíam direta analogia com a situação do feto no interior do corpo da mãe.

Ângelo Sequeira (1754, p.119, 263, 274 e 278) incorporaria a essa lista o nome de santo Alberto, de quem ensinava uma oração "para os partos das mulheres no maior perigo", recomendando ainda outras preces sob os títulos de "remédio do cordão de são Francisco", "remédio para partos perigosos" de santo Inácio de Loyola ou "remédio para ter leite" de são Mamede.

Era comum, ainda, o hábito de portar saquinhos ao pescoço, repositórios de orações que a parturiente devia conservar até a total expulsão da placenta (Carneiro,

---

15 Utilizamos aqui algumas ideias de Pierre-André Sigal (1985).
16 Para saber mais sobre santa Margarida, ver Jacques Gélis, op. cit., p.139.

Ao sul do corpo

op. cit., p.6) e ainda bentinhos, filatérios, relíquias e cordões coloridos que faziam do seu leito um cenário peculiar. O médico francês J. M. Imbert pintava, em 1839, um retrato crítico deste momento que, no seu entender, mais tinha de supersticioso que de científico:

> A mulher que com dores de parto tiver a desgraça de estar cercada por três ou quatro parteiras deve necessariamente suportar mil diversas posições, a tomar toda a espécie de beberagens e a fazer movimentos, contrações e esforços mal calculados; há de mais a mais sujeitar-se a beijar as tingidas relíquias e os sujos cordões deste ou daquele santo; é obrigada a rezar ao santo de seu nome e a pôr no peito e ao pescoço rosários donde podem lhe provir sarnas ou ainda qualquer moléstia; enfim, é vítima de quantos prejuízos e superstições há, e tudo se sujeita sem a menor oposição. (Imbert, 1839, p.249)

O hábito de enrolar-se em peles de cobra, incentivado pelo saber-fazer tradicional ou pela medicina rústica, ia assim sendo substituído por hábitos cristianizados, rapidamente incorporados pelas mulheres. Se elas os trocavam é porque o sistema analógico entre um e outro era muito forte, perpetuando-os a ambos. A pele de cobra que Semedo enrolara à perna de sua mulher fora substituída por um 'cordão de parto', que podia ser o do já mencionado são Francisco, mas ambos anunciavam a ruptura da criança com a mãe e retratavam o círculo simbólico, a saída, que a primeira teria que procurar.

Na esfera de sistemas comuns de pensamento que se adotavam ao longo dos tempos é que a devoção a Nossa Senhora do Parto ganhava, na Colônia, sabor especial. Substituta de quantas deusas da fertilidade houve, de Ísis a Lucina, Nossa Senhora em suas várias invocações é a mãe do Salvador, e por isso mesmo modelo de maternidade. Seu 'parto sem dor' inspirava a todas as gestantes.

A devoção a Nossa Senhora do Ó – outra analogia com o cordão do parto – registrava a fundação de dois santuários na Colônia já no século XVIII, período em que a devoção marial atingia seu auge na Europa. Um erigiu-se em Olinda, em 1631, e o outro, anterior e datado de 1615, elevou-se em São Paulo. De origem portuguesa, a sua lenda tinha como palco a cidade de Tomar, onde uma devota sonhava que debaixo da pia de água benta da igreja de Sobral estava enterrada uma imagem de pedra de Nossa Senhora do Ó. Sua estátua media quatro palmos e apresentava-se com o ventre crescido, a mão direita sobre ele e a esquerda sobre um livro aberto. Em Portugal, a imagem era denominada Senhora Pejada ou Senhora das Prenhas e figurava com um vertedouro onde a fiel molhava o dedo e depois tocava o próprio ventre.[17]

---

17 Informações obtidas de Eduardo Etzel, 1985, p.35-42.

Tudo indica, porém, que a imaginária de Nossa Senhora do Ó teria acompanhado a evolução de sensibilidade e comportamentos em relação à maternidade. Eduardo Etzel mostra que a representação da virgem grávida, com o ventre crescido às vésperas do parto, considerada por demais profana, acabou dando lugar a outra. O século XVIII inaugurava uma nova representação da Nossa Senhora do Bom Parto; esta, uma imagem de mulher feliz, com o filho nos braços, figurava não mais a dor do parto, mas a glorificação da maternidade realizada.

Acreditamos que à aversão da Igreja à profanação do corpo da mãe de Deus, reproduzido com excessivo realismo e *pour cause,* à necessidade de idealizar-se a partogênese de Nossa Senhora, somou-se também o silencioso trabalho de semeadura das representações femininas num solo onde era preciso normatizar a vida cotidiana das mulheres. A Virgem com a rosada criança ao colo oferecia-se como a imagem da maternidade que todas as mulheres deviam copiar. A remissão dos pecados terrenos atenuava-se diante dos encargos assumidos pelas boas mães que copiavam a Nossa Senhora.

Essa prole retratada no tenro e rechonchudo Menino-Deus deveria obviamente ter sido engendrada dentro do matrimônio; o matrimônio deveria, por sua vez, corresponder ao modelo proposto pela Igreja – ser um espaço de obediência e retidão moral. Dentro dele, a mulher seria naturalmente gestora de valores cristãos, e seu trabalho materno era fazer seus filhos os absorverem em profundidade. O mecanismo de transmissão do modelo da "sagrada família" faria, assim, o seu processo no interior da sociedade colonial, amoldando-a segundo as regras familiares da tradição europeia. A imagem da Senhora com a criança ao colo tornava-se, pois, uma "mídia" eficaz, no sentido de retransmitir a todas as mulheres uma atribuição de natureza moral. Seu papel era o de ser mãe, entendido como uma tarefa que ultrapassava o biológico. A maternidade teria como padrão o comportamento da Mãe de Deus.

A interferência de Nossa Senhora fez-se presente em vários níveis de milagres ocorridos na vida diária. Essa dinâmica milagrosa trazia a imagem de Nossa Senhora para dentro do fogo doméstico, fazendo-a partícipe do dia a dia de seus devotos. O reconhecimento da eficácia de sua proteção tinha que passar pela *vox populi,* daí a importância das fontes eclesiásticas capazes de transmitir-nos a intensidade da piedade popular.

Se todos os hagiógrafos não hesitam em indicar vários santos como protetores de nascimentos ou de curas de esterilidade, o elenco de milagres relativos ao parto é modesto. Daí se depreender que havia enorme e permanente preocupação com o nascimento, mas havia também um efetivo constrangimento em acompanhar milagres ocorridos durante o parto. Os relatos hagiográficos,

Ao sul do corpo

embora apoucados, permitem-nos observar não apenas o sentimento de piedade e devoção das parturientes, mas, um tanto, além, as situações em que a fé religiosa se explicitava.

Frei Agostinho de Santa Maria, no seu *Santuário mariano...* (1707-1723, v.9, p.20-31), referindo-se ao culto de Nossa Senhora do Parto em São Paulo, explica que este nasceu "pela diligência dos casados [...] por terem à sua vista uma tão singular protetora em seus partos e afetos". Pela grande devoção que lhe teriam, frequentavam "muitas vezes a sua capela, principalmente quando estão prenhadas, e então lhe fazem as suas novenas e rogativas". O manto da imagem era aplicado sobre o ventre de mulheres em partos difíceis, confirmando a mentalidade taumatúrgica em torno de relíquias. No Rio de Janeiro, sua capela ficava próxima à "fonte da Carioca" e era procurada tanto por pejadas, "para que lhes conceda em seus partos muitos felizes sucessos", quanto por "homens que são bem-casados, [...] para que às suas mulheres dê bom sucesso e para que os conserve em uma grande paz". A ênfase na piedade do casal sublinhava o objetivo dessa devoção em associar maternidade e casamento com "bom sucesso e paz".

Em 1629, Diogo Gomes de Loureiro narrava um milagre ocorrido com Nossa Senhora do Parto, época em que se generalizava sua devoção (Loureiro, 1629, p.90). O extraordinário fato passara-se em Portugal com uma mãe "tão aflita sem poder lançar a criança", que durante 18 dias se vira "entregue à morte, inchando disformemente" sem descanso. "Como nova luz lhe veio à memória a Virgem da Lapa, a quem logo se encomendou". O sistema de trocas embutido no milagre continha a expressão mais nítida de devolver a Nossa Senhora o que se esperava dela, e, por isso, concluía o autor: "Nasce a criança e fica livre a mãe, por justiça obrigada a ser toda e para sempre escrava da Mãe de Deus".

Ângelo Sequeira (1754, p.2), defendia, por sua vez, a condição de Nossa Senhora da Lapa como milagreira, contando um caso ocorrido na cidade do Porto. Depois de seis dias em trabalho de parto, uma parturiente invocou "naquela aflição" a imagem que, numa prodigiosa coincidência, passava à frente de sua casa em procissão. "E nasceu a criança com bom sucesso."

Dias extenuantes, entre dores e sofrimento, mais as vicissitudes da vida cotidiana no passado levavam as mulheres a confiarem-se no apelo dirigido aos protetores celestes. As invocações subordinavam-se, assim, às contingências da vida humana, enquanto a Igreja burilava essas contingências vestindo-as com a sua linguagem de intenções.

Em colônias, o *tour de force* mariológico acabou por duplicar-se em várias devoções. Das que dizem respeito ao parto, vale destacar um outro milagre compilado, mais uma vez, por Ângelo Sequeira:

Mary Del Priore

Estando uma mulher de parto e não podendo parir, veio logo o cirurgião para com ferros lhe abrir a barriga, lembrou-se dos oratórios do Rio de Janeiro e de Nossa Senhora dos Remédios, [...] e clamando por seu patrocínio logo pariu com felicidade, e o marido mandou para a tal Senhora dos Remédios a mortalha e cera que tinha para sepultar a sua companheira. (Ibidem, p.16)

Sob o pano de fundo da vida material, veem-se os ferros do cirurgião serem trocados pela invocação e o milagre, que foram pagos com a cera e a mortalha. A parturiente, antes semimorta e ora recuperada, e a presença do ex-voto (que, como o nome indica, retribui um voto) caracterizam o milagre e testemunham um fato sobrenatural.

Frei Agostinho de Santa Maria (op. cit., loc. cit., p.211) foi outro anunciador de exemplos em que o socorro marial resgatava mulheres de situações difíceis. Além de vulgarizar a devoção de "causos" milagrosos divulgavam a maternidade e o papel da mulher piedosa. Na Bahia,

uma preta escrava do padroeiro [da imagem de Nossa Senhora da Piedade] estava de parto, e julgando as parteiras tinha morta a criança no ventre porque estava atravessada e viam o grande risco e dificuldade para a criança poder sair naturalmente. Neste grande conflito, temendo a preta o grande risco de vida em que se achava, pediu com muita instância e muitas lágrimas de devoção lhe trouxessem a santíssima imagem da Senhora da Piedade; e pela consolarem foram buscar e tanto lhe puseram sobre o ventre, no mesmo instante lançou logo não uma, mas duas que estavam atravessadas no ventre.

A presença da devoção na vida cotidiana acabava por revelar pequenos detalhes da vida social do período. A gravidez e o parto da escrava foram acompanhados por seus senhores, que lhe socorreram mandando buscar a miraculosa imagem e com ela dividiram a angústia e dor do trabalho de parto.

No mês de dezembro do ano de 1712, estando prenhe Luzia Pereira, mulher de Domingos Lourenço, moradores em São Pedro da Cachoeira, e vindo com seu marido para aquela da Madre de Deus, [...] sucedeu com o abalo do caminho ou com alguma pancada morrer-lhe no ventre a criança, e padecendo com este sucesso gravíssimas dores por espaço de 24 horas, sem ter parteira, tendo a criança não só morta no ventre, mas atravessada, daqui julgaram todos os que assistiam morreria também a mãe como o filho. (Ibidem)

História de vida comum, a da mulher grávida que acompanhava seu companheiro Luzia Pereira, vítima de um aborto natural, lembrava-se em meio às suas

miamt *Ao sul do corpo*

misérias que fora juíza da festa anterior de Nossa Senhora do Rosário, e pediu que se lhe trouxessem o manto que vestia a imagem. Pousado sobre o ventre "o manto da Senhora, sem dor alguma e sem padecer a menor violência, lançou a criança". Mãe piedosa e ligada às comemorações religiosas de sua paróquia, a ponto de ter sido juíza na festa do ano anterior, Luzia salvara-se pela fé. Depreende-se, pela narrativa de frei Agostinho de Santa Maria, que tantas Luzias houvesse, tanto mais haveria piedade, devoção, vida religiosa e obediência aos princípios da Igreja entre as populações femininas.

No avesso das descrições hagiográficas, proliferavam fórmulas de cultura popular envolvendo piedade religiosa com a finalidade de escapar aos problemas do parto. Pequenas rezas contidas em saquinhos de algodão ou proferidas pela parteira, secundada pela gestante, eram capazes também de operar milagres. "Minha santa Margarida, não estou prenha, nem parida. Tirai esta carne podre de dentro de minha barriga (Carneiro, op. cit., p.6). Ou ainda: "São Cosme, são Damião, dei sangue, deste cristão".

A crença de que se casar em dia de Sant'Ana fadava a morrer de parto pertencia também ao imaginário popular sobre a maternidade. Além de devoções, existiam igualmente convicções que difundiam a sensibilidade das classes subalternas em relação ao parto e ao nascimento. A mulher possuidora de uma boca grande, nessa lógica, teria parto feliz. As crianças que chorassem no ventre materno seriam adivinhas e eram chamadas de "bentas". A gestante que trouxesse chave à cinta tinha filhos com lábio rachado. Trazer à cinta feijão ou medalha fazia com que a criança nascesse com *noevus*.

Se os relatos hagiográficos descrevem a devoção e a atitude piedosa das parturientes, os processos do Santo Ofício deixam entrever uma teia de gestos e crenças mágicas e profanas sobre o parto, também embutidos nas práticas em torno da maternidade.

Beatriz de Lemos, em 1591, denunciava ao Santo Ofício que "uma mulher, tendo uma filha parida, enxotava pela casa a Nossa Senhora, dizendo-lhe cabeluda fora".[18] Embora difícil compreender o sentido deste gesto, não há dúvida de que se tratava de um esconjuro. Ao saber que uma mulher da comunidade tivera parto dificultoso, Mécia Rodrigues esconjurava-se também lambendo "com a boca as unhas dos dedos de entre ambas as mãos" (ibidem, p.552-3).

Brás Luis de Abreu (op. cit., p.617) queixava-se de mezinheiros que, para apressar o parto, diziam ao ouvido das parturientes palavras que ele considerava parte de um pacto diabólico: "Su, cimy due".

---

18 *Primeira visitação do Santo Ofício às partes do Brasil... Denunciações da Bahia*, 1591-1593, p.476.

241

Crente na possibilidade de bruxaria durante e depois do parto, Francisca Rodrigues, que perdera o filhinho recém-nascido, atribui sua morte a um embruxamento feito por Joana Ribeiro, a qual teria salgado a pelica com que o menino nascera, untando-a com "o sal que veio da Igreja que sobejou no batismo". Perdia assim a Colônia um profeta, pois as crianças que nasciam empelicadas eram consideradas filhas de padre ou oráculos (Cordeiro, op. cit., p.292). Já a meretriz Arcângela Pereira, moradora no arraial do Tejuco, em 1774 dizia ter "feito pacto com o Demônio para lhe dar os filhos que parisse, para por este meio ter fortuna" (apud Souza, 1982, p.254).

As crenças populares em torno do parto revelam a importância dos gestos que cercavam a parturiente e a criança. A necessidade de proteção da saúde materna, a preocupação em exorcizar possíveis danos ao feto, os cuidados com os excretos do parto que tornassem mãe e filho vulneráveis ao assédio diabólico exigiam medidas preventivas que se mantinham pela repetição.

A devoção religiosa, por outro lado, tanto revela situações extremas em que os partos se resolviam (inúmeros dias em trabalho de parto, crianças atravessadas, médicos com ferros), quanto possuía também seu valor didático. A imagem de Nossa Senhora de qualquer orago, bem como seus milagres, evocavam de maneira direta e não alegórica uma ação tangível e possível de acontecer com qualquer fiel.[19]

A devoção a Nossa Senhora em seus vários oragos ou a outros santos que protegessem a mulher no momento do parto integrava as populações femininas na Colônia ao movimento reformista da Igreja que se iniciara na Europa. A prática devocional articulava a mulher aos tempos da Reforma e a transformava no fio condutor do projeto moralizador tridentino por intermédio da piedade espiritual. Reclinada em suas orações, diante do altar doméstico ou da imagem em procissão, ela provia a transferência do espírito tridentino para o interior da vida cotidiana e, junto com ele, as bases para o projeto de normatização do seu próprio gênero.

A devoção diante do parto ou da doença significava o crescimento de práticas individualistas, que ao lado de práticas coletivas, com as festas religiosas ou as missas, enraizavam uma maneira mais pessoal e, portanto, mais moderna de viver a fé. As representações de Nossas Senhoras tão variadas e tão presentes refletiam a semeadura da Igreja em torno da privatização do 'eu' feminino, privatização esta que trazia embutida uma nova ética moral e sexual e uma nova sensibilidade afetiva.

Prescindindo da mediação da teologia, numa colônia de mulheres praticamente analfabetas, a devoção pessoal enriquecia-se pelo acúmulo de relíquias, bentinhos, cordões e, sobretudo, ex-votos cujo poder consistia na invocação imagética de um

---

19 Ver, sobre o aspecto didático das imagens religiosas, Michel Mus, p.41-59.

acidente que acometera o corpo feminino. A descrição desses percalços, em tábuas de madeira pintada, acabava por reforçar a ideia de um sistema de trocas, no qual a doente, ou a parturiente, ou a mãe se tornava, como disse um cronista, "obrigada a ser toda e para sempre escrava da Mãe de Deus".

O mesmo sistema analógico utilizado para substituir práticas tradicionais (a pele de cobra) por gestos cristianizados (o cordão de são Francisco) servia para inspirar as mulheres a portarem-se tal como Nossa Senhora do Leite, do Parto ou da Expectação: sorridentes, serenas, maternais. Ou ainda as inspirava a repetir a piedade e devoção daquelas outras mulheres descritas nos "causos" milagrosos:

E mais: o mesmo sistema analógico devia lembrar àquelas que tivessem dificuldades, quando chegasse o momento de dar à luz, que o parto sem dor representava o parto sem pecado. Sem dúvida, uma lembrança eficiente para todas as que, não sendo ainda "santas-mãezinhas", pariam sem qualquer anestésico.

Pesadelos do útero

Partos naturais ou dificultosos com as técnicas, crenças e superstições que o cercam são reveladores do caráter de uma sociedade ou de uma cultura. A mulher em trabalho de parto, como bem lembra Michelle Laget (op. cit., p.231), é dependente não apenas de regras biológicas que determinam a evolução do ato de dar à luz, mas também da pressão representada pela família, a vizinhança, a intervenção médica, o poder civil e o religioso. Instâncias estas que condicionam seus gestos, suas palavras e mesmo os sentimentos que comandam o modo de inserção da criança que nasce no cotidiano de sua comunidade.

Nessa perspectiva, o nascimento do filho monstruoso, do fruto imperfeito, do ser "mudado", como dizia Manuel Bernardes, manifesta um sentido secreto que nos escapa. Ele exprime simultaneamente o admirável e o horrível; manifesta o espanto diante do prodigioso, mas também o pavor que nasce da constatação do ser disforme, medonho.

Seriam os monstros percebidos como acidentes da natureza, ou fariam parte do projeto divino? A pergunta é antiga, e Aristóteles já os explicava como realizações incompletas da Mãe Natureza. O sêmen masculino ou o feminino não teriam sido suficientes para o acabamento da progenitura em questão. Santo Agostinho redarguia, por sua vez, afirmando que, ao contrário de peças estragadas da Criação, monstros eram maravilhas que concorriam para a beleza do mundo,[20] desejadas por

---

20 Ver Jacques Gélis, op. cit., p.362.

Deus. O teólogo referia-se certamente às raças monstruosas, às colônias de seres percebidas por suas características peculiares, e que Laura de Mello e Souza garimpou na chamada "literatura escapista" dos séculos XV e XVI. Homens com um pé só, gigantes com enormes orelhas ou o rosto no peito, mulheres com rabo de peixe e animais com cor e formas exóticas. Mas a esses monstros, entre quais se incluía o nosso colonial Ipupiara, descrito por Gandavo e Gabriel Soares de Sousa como um homem marinho comedor de gente, sobrepõem-se outros textos que recortam melhor a opinião de Agostinho sobre o conceito de monstruosidade.

Reporta-se ele ao monstro individual, descamado de tradições ou lendas fantásticas, monstro que é a chaga viva e memória gritante da terrena humanidade. O pecado original teria contaminado a natureza, e o defeito, anomalia corporal, não teria outro motivo que manifestar a lembrança candente da condição humana. Foi, segundo Jacques Gélis (ibid, p.363-7), na Idade Média que, apoiada no terror ordinário das populações diante do produto monstruoso – fosse ele animal ou humano –, a versão agostiniana encontrou maior ressonância. O monstro era o símbolo da conduta imoral dos pais. Um comportamento ilícito seria capaz de engendrar um feto contra a natureza. Por haver transgredido os interditos religiosos no que dizia respeito ao uso dos corpos, qualquer casal procriava uma criança disforme.

Jean-Louis Flandrin diz que toda malformação de uma criança quando do seu nascimento denunciava um pecado de seus pais e, mais especificamente, um pecado contra a castidade, pois um filho era o resumo físico do comércio carnal de ambos. O monstro nascia, portanto, de coitos tidos durante os dias santos, períodos menstruais ou domingos. Denotativo de perversão moral, caos e desregramentos, o nascimento da coisa insólita assim tornava-se nas mãos da Igreja um instrumento de normatização dos usos da sexualidade, além de reforçar a visão maniqueísta que se tinha sobre a condução dos corpos.

Pouco a pouco, a Idade Moderna acrescentou a essa compreensão dos fatos uma outra variante. Resultado da misoginia crescente desde o século XVII e do desejo de domesticar a mulher prescrevendo-lhe comportamentos e pensamentos, o monstro passava a ser assunto de sua exclusiva responsabilidade. Debitava-se à selvagem e incontrolável imaginação feminina a fabricação de monstros. Era a mulher a fonte única e exclusiva de poluição da espécie.

A culpabilização sobre a mulher aumentava quando supunha-se que o filho monstro podia decorrer do coito com animais. Real ou suposta, a bestialidade alimentou enorme literatura e sustentou condenações eloquentes da Igreja. As viagens exóticas dos tempos modernos inspiravam a noção de que, alhures, as mulheres copulavam com macacos, gerando nas terras tropicais seres híbridos.

Ao sul do corpo

As estruturas mentais que caucionavam a existência de monstros não passaram ilesas pelo Renascimento. A descoberta do Novo Mundo, com suas espécies de animais e vegetais até então desconhecidas, trazia à tona gêneros híbridos e intermediários: o peixe-voador (nadava e voava); o avestruz (corria e não voava); o coral (uma espécie de planta-pedra) (Flandrin, 1988, p.163).

Ambroise Paré (1987, p.243) é quem começa a separar a *mirabilia,* o prodígio, redefinindo, como no seu tempo outros o fizeram, a ideia de natureza e a relação dos homens com esta que era considerada a "antecâmara de Deus".

Onde começa o homem, pergunta Gélis, e onde termina a besta nesse quadro mental? Como podia Deus tolerar tais aberrações? O monstro colocava problemas de fundamental importância para a sociedade: como batizá-lo? Onde enterrá-lo? Seria um homem ou um animal? Um manual de parto francês, datado de 1776, sugeria a seguinte fórmula: "Se tu és homem, eu te batizo em nome do Pai, do Filho e do Espírito Santo..." (apud Jacques Gélis, op. cit., p.367). Enquanto na Colônia as *Constituições* alertavam:

> Se nascer alguma criança monstruosa e não tiver forma humana, não será batizada sem nos consultarem. E tendo forma de homem ou mulher, ainda que grandes defeitos no corpo, a deve batizar, estando em perigo como ordinariamente estão as que nascem deste modo. Porém se representar duas pessoas com duas cabeças ou dois peitos distintos, cada uma será batizada de per si, salvo se o prejuízo da morte não der a isto lugar.[21]

O monstro vai deixando de ser um mero anunciador de calamidades e guerras, um prenúncio do fim dos tempos; ele sai da órbita da teologia e invade aquela da medicina. Dentro de uma nova consciência sobre o corpo e seus usos, ele passa a explicitar uma falta de respeito do homem à sua fisiologia e ao seu físico.

Em Portugal, 1726, Brás Luís de Abreu (op. cit., p.442-526) definia o que seria então uma das interpretações da palavra "monstruo", e explicava que desta derivara de "monstrando" porque, "ordinariamente, os corpos monstruosos em qualquer espécie derivam de mostrar acontecimentos futuros". Filia-se o autor à concepção do monstro-signo, anunciador do caos social, da perversão moral e do fim dos tempos: "Por isso, temendo os antigos a incerteza dos ânimos que podiam prognosticar, [...] os abandonavam ou os mandavam levar às terras estrangeiras ou os lançar em alguma ilha deserta".

---

21 *Constituições primeiras do arcebispado da Bahia,* título XIII, § 46.

Evita-se matá-lo para não ser importunado por seu fantasma, bem como enterrá-lo para não conspurcar a terra; o monstro, segundo os antigos gregos e romanos, devia ser apenas abandonado. Se, no entanto, a sua existência era apagada pelo abandono, ela deixava como herança, no imaginário da época, o medo de catástrofes ou de grandes agitações.

Referindo-se a um número excedente de monstros que teriam nascido "com duas cabeças, quatro braços e outras tantas pernas", Brás Luís de Abreu menciona dois casos que considera da maior importância: um ocorrido em 1628 no "lugar de Chans, uma légua da cidade de Lima", outro passado em 1716 na "Vila de Castelo Branco". O médico lusitano associava o nascimento de monstros à "curiosa influência" dos segredos da natureza e à passagem de "meteoros portentosos", que se faziam acompanhar por "visões, vozes e prodígios admiráveis" (ibidem, p.442-6). Mas a origem era sem dúvida de natureza moral, e para comprová-lo citava o exemplo de "filhos monstruosos de Roberto, rei da França; e de uma parenta sua muito chegada, que tinha pescoço e cabeça de ganso em castigo do matrimônio que invalidamente contraiu".

Pedro Padilha, por sua vez, em 1759, já apontava as mulheres como únicas responsáveis pelo nascimento de proles monstruosas, pois que estas "atendiam aos defeitos de sua natureza" (Padilha, 1759, p.121-8). Em 1716 ele fora testemunha de um desses desastres na figura de um homem "que tinha nos peitos pegada uma criança, na cabeça da qual só se via um olho, tinha cinco dentes e os cabelos de meia vara de comprimento". Contara-lhe seu contemporâneo dom Dinis de Almeida que na Alemanha havia "uma moça muito bem-parecida e habilidosa porque fazia belas rendas, a qual andava vestida com um roupão de veludo aberto para mais comodamente mostrar [...] uma perna como de urso e a outra semelhante a de um cavalo". Afirmava também costumar dar esmolas a uma pedinte, muito conhecida em Lisboa nos idos de 1740 por ter um "só olho no meio da testa", e saber de uma florentina que nascera com "quatro pernas e duas naturezas de mulher" (ibidem, p.133 e 143). Não lhe faltavam os exemplos em que as mulheres, praticando a bestialidade, eram reputadas como mães de monstros: "um meio cão com orelhas e mãos do animal e rosto humano" fora o resultado do coito de uma mulher com um cachorro. Em Goa, uma mulher dera à luz

um corpo esguio à maneira de bugio com pouco cabelo nele, mas nas mãos e pés o tinha copioso; o rosto era do modo de uma boal com duas pontas e orelhas como de cabra com um olho só. Tanto que nasceu, nas mãos das parteiras deu um grito e se pôs de pé, e pouco tempo depois se lançou à mãe que estava deitada e lhe ferrou os dentes em seu peito, maltratando-a juntamente com as unhas.

Ao sul do corpo

As coleções de memórias das academias de ciências europeias bem ilustram o interesse quase mórbido em descrever exemplos de crianças cujas anomalias eram imediatamente confundidas com monstruosidades. Muito se descrevia e pouco se explicava, cabendo à mulher a responsabilidade pela qualidade da prole.

Um bom exemplo desse interesse descritivo é o relatório enviado à Academia de Ciências de Lisboa pelo dr. Bento D'Horta, posteriormente publicado em 1799. Médico residente em São Paulo, na segunda metade do século XVIII dizia em seu relatório sentir-se lisonjeado com sua descoberta, pois o monstro que residia nesta cidade tinha "alguma coisa de raro e extraordinário que em outra parte não se encontrava".[22] Apelando ao sistema que dividia os monstros da espécie humana em três classes (a primeira por excesso ou aumento de membros, a segunda por diminuição e a terceira por mudanças nos membros), D'Horta incluiu seu caso na segunda categoria, e ensinava tratar-se de "uma rapariga de idade de 14 anos", chamada Ana Maria, que nascera

> sem nenhum dos braços e a perna e o pé direito torcidos para a parte de fora e algum tanto mais grossa do que a esquerda e muito mais curta, o que faz que manqueje quando anda.

> Esta rapariga é filha de pais incógnitos, porém sabe-se que é filha de índia doméstica, pois nascendo em uma aldeia de índios que aqui temos na distância de cinco léguas, foi achada exposta num campo por uma índia que a levou a batizar; sendo talvez abandonada por seus pais pela verem falta de membros, praticando ainda os seus antigos, cruéis e bárbaros costumes de matarem ou abandonarem os filhos quando nascem com defeitos em seus membros.

O fenômeno "raro e extraordinário" a que se referia D'Horta na vida do chamado "monstro da espécie humana" é que Ana Maria fazia "renda de linhas com os dedos dos pés e anda a cavalo quando vai fora da cidade".

A descrição do médico sobre o que considerava um "apartamento das leis da natureza" parece ter sido compreendida e introjetada como fruto da coisa obscura que era a fisiologia feminina. O corpo desconhecido, o desejo irrefreável e as paixões alucinadas faziam do monstro o castigo por excelência de uma sexualidade que, para ter bom fim, tinha de ser usada com regras e dentro do casamento.

---

22 "Descrição de um monstro da espécie humana existente na cidade de São Paulo na América Meridional", em *Memórias de matemática e física da Academia de Ciências de Lisboa*, Tomo 11, 1799, p.187-9.

O úbere que engendrava monstros por desgoverno tornava-se sensível a injunções do maléfico, e se o castigo não era o ser medonho, era um ser diabólico. Bernardo Pereira (op.cit., p.9) afirmava que se concebiam monstros por bruxaria, e que tais gestações se faziam acompanhar por "dores vagas e flatos furiosos". Conhecera uma grávida enfeitiçada cuja gestação durara 25 anos "sempre prenhada sem parir"; depois de "morta e aberta" descobriu-se-lhe um filho "convertido em pedra no ventre" por obra de "achaques maléficos".

Tais interpretações cumulavam as mães de responsabilidade e faziam da gravidez uma tarefa a ser realizada de forma irrepreensível. Essas regras aparentemente impostas durante a gestação abriam uma brecha para outras explicações dos nascimentos de monstros. Eles decorreriam da quebra das regras e não mais de coitos suspeitos ou contra a natureza. O filho imperfeito não precisava ser apenas o resultado do sexo em dias proibidos ou com animais, mas ele era também resultado da "imaginação feminina".

Essa terrível imaginação podia transformar fantasias e pesadelos em realidade, e, portanto, necessário se fazia adestrar as mulheres também em pensamento. Já Diogo de Paiva Andrade (1630, p.393) admoestava, no seu célebre *Casamento perfeito*, as mulheres que "no decurso dos nove meses tomam veementemente imaginação em alguma coisa". Da excessiva imaginação, da força de pensamento, as mulheres tinham filhos que pareciam ironicamente "com um inimigo do marido", "com um morto que se tinha visto enterrar", com um "bugio que carregara ao colo" ou até com um urso pintado na parede.

A transferência dessa ideia para a Colônia, junto com a crença de que as mulheres tinham capacidade para transformar o fenótipo de seus filhos, já se encontrava expressa em Guilherme Piso (1948, p.38). Foi ele quem anotou um caso também observado por Maregrave e ocorrido em Pernambuco no ano de 1638: "De uma preta com um português nasceram dois gêmeos do sexo masculino, robustíssimos; um com pele branca, outro com pele preta, de cabelos encarapinhados e olhos esverdeados". O fenômeno foi considerado resultado da "força da imaginação e superfetação". O Alviano do *Diálogo das grandezas do Brasil* também afirmava ter visto "por seus próprios olhos neste Brasil, na vila de Olinda, no ano de 1600, uma menina, filha de pai e mãe naturais da própria terra, que são de cor baça, tão alva e branca quanto a natureza a podia fazer" (Brandão, 1938, p.327). Essas ideias foram particularmente longevas, e ainda em pleno Iluminismo havia quem como M. Le Cat (1765, p.21) afirmasse que *"en partant de ce principe, une femme blanche eincente frappé d'un chien noir ou de tout autre objet de cette couleur peut faire un enfant nègre au moins par la couleur"*.

Graças aos desvarios imaginativos femininos, uma mulher, que tivera relações sexuais com o marido "vestido de diabo com que tinha ido a uma festa", dera à luz uma criança "em forma de diabo". O desejo de comer morangos em uma mãe fizera-lhe nascer uma filha com cinco morangos na mão. Um rapaz viera ao mundo com um mostrador de relógio nos olhos, "em que se contavam bem proporcionadas as letras romanas das 12 horas": desejo de sua mãe de ter um relógio.

Exageros à parte, ainda hoje a mentalidade em relação à gravidez, sobretudo nas áreas rurais, previne as mães que "não devem pegar em bichos ou encostar a si qualquer cabeça de animal para que o filho não saia feio ou tenha qualquer paressura com o animal". Olhar para o aleijado: "se o olhar o filho sai defeituoso" (Carneiro, op. cit., p.44-5).

A propalada imaginação feminina servia à medicina para dar caução ao princípio de que a mãe era a sementeira onde os bons ou os maus frutos medravam de acordo com a qualidade da terra. A perspectiva de um sistema físico e simultaneamente moral que governava o corpo feminino vai assim conquistando as estruturas mentais, para atender à necessidade de manterem-se as mulheres prolíficas e ordenadas em torno das demandas da Igreja e do Estado. Assim, não é surpreendente que Francisco da Fonseca Henriques escrevesse, enfático, em 1731, que "a imaginação das mulheres é grande causa destas monstruosidades" (Henriques, 1731a, p.58). A razão era simples:

> Por força da imaginação se fornece os conceitos com semelhanças de outra espécie e tragam semelhanças com as causas com que a imaginação das mães veementissimamente se ocupou na formação e na concepção do feto e ainda depois de formado os três primeiros meses, que por ser o feto tenro se pode alterar da imaginação.

Por ser essa imaginação infinda e as mulheres tão vulneráveis a suas fantasias, a concepção de monstros devia parecer bastante comum para que Afonso e Melo (op. cit., p.110) incluíssem no seu *Nova arte de partejar* um capítulo dedicado a explicar como fazer-lhes o parto. Segundo o médico, "este podia ser algumas vezes fácil, outras difícil e outras impossível", e se deveria praticar debaixo dos mesmos preceitos do parto normal.

Outra opinião corrente sobre tais nascimentos era escoada por Francisco da Fonseca Henriques (1731a, p.59) As anomalias surgidas por deficiência e falta de sêmen eram falta de pés, mãos e os vários defeitos. O excesso gerava o contrário: muitos membros. Sobre o tamanho das proles, ele devia-se ao tamanho dos "ovos" (ovários) femininos. Os grandes permitiam muitos filhos e os pequenos poucos. O vazamento de matéria seminal de um ovo para outro geraria o que De Arcourt e Padilha (op. cit., p.149) chama de "figuras pegadas".

Talvez valesse a pena sublinhar que o primeiro relato que se conhece sobre a teratopagia na Colônia, datado de 1793, não menciona em nenhum momento

Mary Del Priore

a existência de monstros. Duas irmãs nascidas em um quartel da fronteira do rio Pardo, em Rio Grande de São Pedro do Sul, são descritas apenas como "duas crianças unidas". O caso relatado e analisado pelo cirurgião prático Antônio de Freitas Santos não deixa transparecer em qualquer momento nenhuma analogia com outros textos em que a exibição do insólito é qualificada como monstruosidade.[23]

> As crianças viveram meia hora depois de dada a luz. Foram batizadas com o nome de Maria e outra com o nome de Ana. Diz a parteira Maria da Conceição que uma vinha com a cabeça debaixo da barba da outra. Tinham de comprimento palmo e meio.

Eram filhas de uma jovem mãe, Ana Maria da Silveira, 17 anos, "casada com Antônio de Castro Monteiro", português, de 33 anos. Por que será que Freitas Santos não as denominou "monstros", como alguns anos antes fizera Bento D'Horta? Teriam mudado as categorias mentais? Teria feito a medicina tantos avanços que justificassem uma mudança de linguagem? Como bem explica Rodolfo Vilhena, a época de Freitas Santos é a do fim do século XVIII, época em que se exaltam os progressos realizados nessa matéria por grandes vultos que ligaram seus nomes a averiguações concretas e precisas como descobridores: Monro, Douglas, Meckel entre outros. Mas é difícil imaginar que tais conhecimentos tivessem rompido os limites do desconhecimento da língua em que a maior parte dos trabalhos eram escritos e os do ensino coimbrão de medicina, que vigorava então para a Metrópole e as colônias.

Serviria o nome de monstro apenas como estigma daqueles sobreviventes das peripécias do útero materno, tendo sua etiologia marcada pelo comportamento sexual de suas mães?

O monstro, figura de horror fugaz entre o tempo de nascer e aquele de morrer, parece ter discretamente desaparecido quando a dissociação entre monstruosidade e mau uso do corpo feminino já andava bem encaminhada.

---

23 Rodolfo Vilhena, 1953, 91-102, 1953. Agradeço ao querido amigo e incansável companheiro de pesquisas Renato Pinto Venâncio a indicação deste raro artigo.

4

Do aborto

Meu Deus, eu desejo morrer como as
criancinhas misteriosas,
cuja lembrança nem sequer
marcou os corações maternos (Schimidt, 1956, p.89).

As representações sobre o aborto

No projeto de construção da maternidade ideal, o aborto aparecia como uma mancha capaz de oxidar o belo retrato que se queria fazer das mães. Se o enfoque era o da multiplicação das "gentes", se o esforço era o de tornar útil a sexualidade dentro do casamento, o aborto mostrava-se como uma forma de controle malthusiano, desaprovado tanto pela Igreja quanto pelo Estado.

Via de regra praticado por mulheres em estado desesperador diante de uma gravidez indesejada, de um fruto que representava mais dificuldade ou miséria, o aborto voluntário significou nos tempos modernos – como também na Antiguidade e Idade Média – a arma de controle dos casais legítimos. Diz Jean-Louis Flandrin (1982, p.172) que, tal como o infanticídio e a contracepção, ele era utilizado sobretudo no quadro das relações extraconjugais.

Incorporando essa hipótese, podemos pensar que a pregação sistemática da Igreja em colônias contra o aborto teria uma especificidade: mais do que perseguir o homicídio terrível que privava uma inocente alma do batismo e da salvação eterna, a verborragia eclesiástica representava a caça aos desdobramento condenáveis nas ligações fora do matrimônio. E tais ligações, em forma de concubina e mancebias, espaço, portanto, para filhos ilegítimos e abortos, eram correntes, como já demonstrado, e provocavam indizível horror frente aos esforços do projeto tridentino.

Mary Del Priore

À medida que o papel da mulher como santa-mãezinha começava a ser mais bem delineado, acirravam-se os ataques à prole ilegítima e ao aborto, entendido como mau fim de uma ligação irregular. Por trás, portanto, das reprimendas ao aborto divulgadas por párocos, visitadores, sermões e manuais de confissão, tornavam--se audíveis tanto a repressão contra a prática desse tipo de controle malthusiano quanto o elogio à mãe ideal que nunca abortara, pois que seu fruto crescia à sombra de uma ligação legítima.

Embora não tenhamos dados sobre a frequência com que se abortava, ao contrário da França do Antigo Regime, na qual as declarações de gravidez feitas à justiça do Estado permitem calcular aproximadamente um número de abortos, este crime já se comentava nas primeiras cartas jesuíticas como um hábito corrente entre as mulheres indígenas. Uma carta do padre José de Anchieta datada de 1560 diz claramente:

> Entre estas casas acontece que se baptizam y mandam ao cielo algunos ninõss que nacem medio muertos y otros movidos lo qual acontece muchas vezes mas por la humana malicia que por desastre, porque estas mulheres brasiles muy facilmente muovem, o iradas contra sus maridos o, las que no los tienem, por miedo o por otra qualquier ocasion muy leviana, matam los hijos o beviendo para eso algumas brevages, o apretando la barriga o tomando carga grande y com otras muchas maneras que la crueldade inumana hace inventar. (Apud Serafim Leite, 1940, p.254)

Maria Beatriz Nizza da Silva (1984) com a sensibilidade peculiar de suas pesquisas, foi quem primeiro apontou para a questão do aborto na Colônia, perguntando-se se sua prática teria sido incrementada pelos hábitos indígenas ou se haveria essa tradição igualmente forte na Metrópole. Pensamos que, por razões diferentes, mas com o emprego de métodos similares, o aborto já fazia parte do universo da maternidade e da feminilidade, tanto no Brasil quanto em Portugal.

O choque dos jesuítas e a sua aflição epistolar eram decorrentes das teses debatidas em concílios, sermões e cânones que não perdiam uma única oportunidade de denunciar o aborto. Condenação inelutável a uma existência no limbo, o aborto era um pecado contra o corpo, mas sobretudo contra Deus, que depois da queda dos anjos rebeldes precisava repovoar o paraíso com almas batizadas. Lembra bem Maria Beatriz Nizza da Silva que a luta contra o aborto estendeu-se ao século XIX, e somavam-se a ela perplexidade e rejeição. Debret (1978, v.2, p.184), ao retratar uma vendedora de arruda, anotava: "A acreditar-se na credulidade generalizada, esta planta tomada como infusão asseguraria a esterilidade

Ao sul do corpo

e provocaria o aborto, triste reputação que aumenta sua procura. A arruda e o enxofre dos castigos que se seguiram ao aborto eram a moldura para as críticas eclesiásticas desses tempos.

Igreja e Estado afinavam na perseguição ao ato que significava a antítese da maternidade. As leis do Reino condenavam o aborto voluntário, exigindo-se proceder sumário no caso de haver "mulheres infamadas de fazer mover outras" ou "médicos, cirurgiões ou boticários que dão remédio para este efeito com dolo mau" (apud Silva, 1984, p.165). Inclusive, uma provisão de dom Sebastião, datada de 12 de março de 1603, acionava o regimento de quadrilheiros, espécie de polícia de costumes, recomendando que tais mulheres acusadas de fazer mover "com beberagens" fossem denunciadas a corregedores e juízes (*Coleção cronológica de leis extravagantes...*, p.4).

Os quadros da Igreja eram também inquiridos sobre a familiaridade que teriam com esse crime. Os processos de admissão aos seminários, intitulados de *Gênere, vita et moribus,* perguntavam diretamente se o noviço teria sido causa "de algum aborto, fazendo mover alguma mulher".[1] Prontuários de teologia moral, como o de Francisco Larraga (1740, p.146), condenavam violentamente a "agência, auxílio ou conselho para fazer aborto depois de animado o feto".

Nessa documentação encontra-se presente a crença herdada da Antiguidade de que o feto não estaria animado senão depois de passados quarenta dias, o que deixava amplas margens para medidas abortivas levadas a termo por mulheres que não estavam de todo desarmadas diante de uma gravidez indesejada, Larraga é sensível a essa realidade e admoesta os que procuram medicamentos e remédios "para o dito fim depois de estar animado o feto". Mas ressalva que não incorrem em tal censura "quando o feto ainda não está animado, nem quando os remédios só se dão para que a mulher *fiat sterilis, vel non concipiat*" (ibidem, p.105).

Não deixava a Igreja, diz Maria Beatriz Nizza da Silva, de examinar os casos em que a mulher grávida, estando enferma, tomava remédios dos quais se seguia indiretamente o aborto:

> Que estando a mulher com enfermidade perigosa e não havendo outro remédio para a curar, se lhe poderá dar remédio de sangria, purga ou outro semelhante ordenado directe a saúde da enferma, ainda que per acidens se siga o aborto de feto animado ou não animado. E a razão é porque a mãe tem direito de conservar a sua vida. (Ibidem, p.135)

---

1 Apud Ida Lewcowicz, "A fragilidade do celibato", in: Lima, 1987, p.61.

Mary Del Priore

Este direito, como mostrarei adiante, foi sem dúvida várias vezes invocado através de meios corriqueiros para abortar.

As teses de moralistas e canonistas tornavam-se perceptíveis às camadas populares e aos fiéis, sobretudo pelos manuais de confessores. Eles traziam recomendações precisas para condenar sistematicamente o aborto, controlar suas formas e puni-lo com penitências que variavam de três a cinco anos de duração.[2]

O visitador Mateus Soares instava os párocos das capelanias que percorria para que indagassem às suas penitentes se tomavam "alguma beberagem ou mezinha para mover, ou moveram alguma pessoa, homem ou mulher que lhas desse e nisso consentisse e de que meses eram prenhas quando moveram e se moveram macho ou fêmea" (Soares, 1602, p.17). O olhar mais penetrante do visitador eclesiástico varria a intimidade das mães, arrancando-lhes até informações sobre a identidade do fruto recusado. E entre as indígenas, era Bernardo de Nantes (1636, p.141) quem de forma didática perguntava: "Bebeste alguma coisa para vos causar aborto? Movestes porventura? Apertastes a barriga com as mãos para mover? Matastes vossa criança no ventre?". E o jesuíta inventariava os gestos tradicionais do aborto, os mecanismos que derivavam da atrição ou farmacológicos, que se utilizavam sobretudo da fitoterapia, e nela, por excelência, a arruda.

Cabia também ao confessor convencer a mulher da importância de conservar seu fruto, relevando o seu papel no compromisso de conservação da espécie. Da mesma forma com que deviam "sofrer com paciência as incomodidades da prenhez e as dores do parto como pena do pecado". Arceniaga (op. cit., p.204) recomendava que, antes do parto, lhes cabia "cuidar para que por sua culpa não suceda algum aborto ou parto intempestivo".

A reflexão do confessor bem expressava a convicção da Igreja de que na maternidade residia o poder feminino de dirimir pecados. E dentre eles, o maior de todos: o original. Causa central da expulsão do paraíso terreal, a mulher podia resgatar o gênero humano do vale de lágrimas que bracejava, chamando a si a permanente tarefa da maternidade. Nessa perspectiva, o aborto corporificava maior monstruosidade. Além de privar o céu de anjinhos, ao privar-se das "incomodidades da prenhez" a mulher estava fugindo às responsabilidades de salvar, no seu papel de boa mãe, o mundo inteiro.

Junto com o horror ao aborto, a Igreja convivia ainda com o fantasma do infanticídio, o dito "afogamento dos filhos" no leito conjugal. O hábito das mães

---

2 Ver-se, por exemplo, Manuel de Arceniaga (1724, p.149) ou *Conduite des confesseurs dans le tribunal de la pénitence selon les instructions de S. Charles Barromé et la doctrine de S. François de Salles* [Conduta dos confessores no tribunal de penitência de acordo com as instruções de S. Carlos Borromeu e a doutrina de S. Francisco de Salles], 1768, p.241.

Ao sul do corpo

deitarem-se com seus bebês e os esmagarem durante o sono estava tão disseminado no Antigo Regime,[3] que as *Constituições* dos bispados "deste Reino de Portugal e suas conquistas" previam uma punição de penitência a "pão e água por quarenta dias" e uma ração de "hortaliças e legumes" para este crime. A penitência devia estender-se "nos dias de costume" por três anos, se a criança não fosse batizada, e por cinco, se o fosse (Aguirre, 1681, p.149 e 339).

Os dados que são capturados através do discurso da Igreja sobre o aborto não permitem ao historiador saber quem abortava. Seriam as mães solteiras, as viúvas, as adúlteras? Delas não há um retrato nítido. Por que abortavam? O desespero diante do filho indesejado, o pânico diante do estigma do meio social, da morte social ou da exclusão familiar nos parecem respostas razoáveis. Mas que tipo de estigmatização poderia sofrer a mulher que abortava num período em que o matrimônio era regra teórica, e no qual viveram tantas concubinas, amásias e abandonadas, mulheres para quem a maternidade psicológica se sobrepunha à função biológica, fazendo-as criar indistintamente filhos legítimos e ilegítimos?

O pior crime não parece ter sido o de ter filhos fora do matrimônio, como desejava estigmatizar a Igreja, mas aquele de ter matado o próprio fruto. Não que uma nova sensibilidade para a criança já se houvesse instalado na Colônia, tal como ela se espraiava na Europa,[4] e a proteção à tenra infância fosse regra. Mas parece-nos inegável que a valorização da maternidade, a eleição do corpo feminino como pagador de pecados e o culto mariológico solidificaram uma mentalidade de proteção e exaltação da gravidez e da fecundidade da mulher, na qual o aborto aparecia como uma mácula.

O preconceito contra a mulher que abortava foi utilizado pela Igreja na sua campanha por um adestramento feminino; mas ele já existia disseminado no dia a dia das comunidades. O rompimento com as leis da natureza e o esvaziamento do poder de conceber já deviam ser suficientes para que as populações femininas, que não viviam em idealizada convivência, se entrechocassem. É interessante observar que a dramatização desse assunto já era comum entre os pregadores medievais que descreviam as crianças mortas sem batismo, acorrendo a hordas do dia do Juízo Final para acusar suas mães. O fantasma da mãe que se negava a deixar amadurecer seu fruto acabava sendo incorporado pela

---

3 Ver artigo de Jean-Louis Flandrin (1982, p.151-211) sobre o infanticídio no Antigo Regime francês, "L'attitude à l'égard du petit enfant et les conduites sexuelles" [A atitude com respeito à criança e as condutas sexuais].

4 Ver *Annales de démographie historique* [Anais de demografia histórica] sobre crianças e sociedade, 1973, ou os trabalhos que discutem as teses de Ariès, como Françoise Loux (1978), ou ainda Doris Desclais-Berkvam (1981), ou Alan MacFarlane (1990).

mentalidade popular em várias formas de expressão, todas acusatórias à mulher que interrompia a gravidez. Numa das denunciações do Grão-Pará, no século XVIII, Giraldo Pedro Rodrigues, por exemplo, foi acusado por declarar ouvir as vozes das "almas das crianças mortas nos ventres maternos [que] lhe vêm falar do outro mundo" (apud Lapa, 1978, p.224-5) como comprovando que, para a cultura popular, o infanticídio não tinha sombra de perdão. A criança a quem não fora dado o direito de escolha sobre a vida retornava para vingar-se da mãe desnaturada.

O retorno do filho a queixar-se do abandono da mãe fica patente também num ancilar mito brasileiro: o da "porca dos sete leitões", estudado por Luís da Câmara Cascudo (1983). Mito europeu e ibérico, ativo desde a Idade Média, a porca representava os apetites baixos da suja carnalidade sexual, bem expressa na pecha com a qual as esposas criticavam as atividades clandestinas dos maridos, sublinhando que esse tipo de controle malthusiano era característico das ligações extraconjugais: "trata-se sempre da alma de uma mulher que pecou com o filho nascituro. Quantos forem os abortos, tantos serão os leitões", diz Cascudo. A Igreja e o Estado, portanto, encontravam respaldo para combater o aborto na rejeição à mulher que rompia o acordo com a natureza. Ao que tudo indica, a Igreja passou a reforçar a imagem da mulher-que-aborta com aquela mulher-que-vive-a-ligação-ilegítima. Ela distinguia a mulher-que-aborta por não ter um casamento protetor no seio do qual criar cristãmente a prole, daquela "outra" que educa os filhos à sombra das normas tridentinas e do sagrado matrimônio.

Ao combater o aborto, estavam combatendo-se os chamados "mores dissolutos", cujo desdobramento – a prole – podia levar a mulher a desejar a interrupção da gravidez. A Igreja matava, assim, dois coelhos com uma só cajadada, além, é claro, de afirmar-se como juíza dos comportamentos femininos e de vincar o seu poder de instituição moralizadora sobre as novas terras coloniais. O aborto passava a ser visto, sobretudo depois dessa longa campanha da Igreja, como uma atitude que "emporcalhava" a imagem ideal que se desejava para a mulher. A "porca dos sete leitões" tornava-se, na mentalidade popular, a antítese da santa mãezinha.

As práticas abortivas

No desespero diante da gravidez indesejada e do fruto que não se queria, as mulheres de todas as épocas sempre contaram em interromper a gravidez por meio de drogas abortivas. Algumas delas tão perigosas, que sua ingestão requeria vontade férrea. Por conseguinte, as mortes duplas, de mãe e filho, não eram inusuais.

Ao sul do corpo

Ao tentar livrar-se do fruto indesejado, as mães acabavam por matar-se. O consumo de chás e poções abortivas acabava por envenená-las.

Além dos procedimentos farmacológicos para arrancar o fruto ainda verde de sua vide, existiam também aqueles mecânicos, de mais fácil emprego. Golpes aplicados no próprio ventre, pulos de alturas variadas, o hábito de carregar fardos pesados ou de arrastar-se de barriga pelo chão; relações sexuais violentas, vômitos e diarreias instigadas propositadamente, abstinência. Todos os gestos que pudessem matar multiplicavam-se, até que a criança abdicasse.

Se aos médicos do período colonial repugnava falar ou escrever diretamente sobre o aborto voluntário, eles não cessavam de escrutar o corpo feminino para checar suas dissonâncias. Espécie de ruído incômodo no que devia ser o concerto afinadíssimo da procriação natural, o aborto natural era captado pelo olhar dos médicos como algo que devia ser mapeado para ser controlado e, consequentemente, evitado.

"Movito", explicava com economia João Curvo Semedo (1761, p.507), "é um arrojo que a madre deita fora de si (com dores e ânsias) à criança antes de estar sazonada e perfeita, umas vezes morta, outras vezes viva. "Excrescência imatura, fruto incompleto e fora de estação como quer o douto médico, o 'movito' era expelido para não comprometer a obra perfeita da natureza. "Algumas mulheres são sujeitas a movitos nos primeiros meses, o que acontece de ordinário por sobejidão do sangue, como diz Avicena, para o que o principal remédio é a sangria para impedir não se sufoque a criatura", explicava cauteloso Francisco Morato Roma (1753, p.365).

E o que depreendemos de sua digressão é que a medicina tinha um peso e duas medidas para o aborto. Quando voluntário, ele era coisa de parteiras e mezinheiras, identificadas com a cultura feminina e rústicas de conhecimentos científicos. Em seus conchavos para eliminar frutos indesejados, arriscavam a vida das mães e filhos, distanciando-se por suas práticas e técnicas dos esforços que a medicina fazia para construir-se como um saber de exclusividade masculina.

Mas o aborto involuntário, institucionalizado e tolerado pela Igreja, este merecia a atenção dos doutores e da sua ciência. Para este, deviam procurar-se remédios, soluções e compreensão. O que escapava, ou parecia escapar, à medicina e seus estudiosos é que toda a farmacopeia constituída para sanar certos males da madre acabava sendo utilizada para provocar abortos voluntários. As múltiplas receitas com o fim de induzir a menstruação, expulsar a placenta, o feto morto ou as "molas" serviam sob medida para tentar-se o aborto. As recomendações para a utilização e a dosagem dos laxativos, vomitivos e diuréticos eram postas de cabeça para baixo e multiplicadas com a finalidade de desalojar o feto malvindo.

Avisos como o do "Hipócrates Lusitano" (apud São Paulo, 1936, v.2, p.122), alardeando que "está em perigo a mulher pejada que tiver diarreia" eram um convite aos eficientes laxativos fitoterápicos para aquelas que sofressem de gravidez indesejada. Mais sensível à dupla utilização que se fazia dessas recomendações, João Lopes Correia se apressava em eximir das implicações em publicar tais receitas:

> que dos remédios que proíbem o não conceber a mulher e a fazer estéril, e dos remédios que fazem mover, neste livro nada digo deles. [...] Não quero que haja alguém de tão pouca consciência e pouco temente à lei de Deus e Cristo Nosso Senhor, que se atreva a fazê-lo ou ensiná-los a quem se valer deles, e por esta causa não ponho aqui vários remédios para os tais achaques. (Ibidem, v.2, p.121)

Alinhada ao lado da Igreja, a ciência médica tratava do que, aos olhos de "Cristo Nosso Senhor", fosse suscetível de cura, e o aborto involuntário enquadrava-se nessa lógica. Do outro lado desse limite quase geográfico, proliferavam os abortos voluntários, perpetrados por comadres e parteiras em mulheres cuja ética não se enquadrava nos pressupostos da mesma Igreja. A disputa entre o saber e o saber-fazer acabava por caricaturar e enxovalhar tanto a mulher vítima do aborto voluntário quanto a parteira que o realizava.

A vantagem de empregar-se o receituário da ciência médica para abortar era a de dar uma característica ambígua ao aborto. O retorno da menstruação interrompida, tratada com fórmulas para "opilação da madre", por exemplo, acabava, "por acidente", em expelir o feto. Outro exemplo encontramos no cuidado com que se recomendava a flebotomia às "mulheres pejadas". Manuel Barreto (1797, p.68) instava para que evitassem "repetidas sangrias em pequenas gravidezes", o que era uma forma de dizer: várias sangrias causam aborto.

Outra noção equívoca, esta herdada de Avicena, de que a mulher enferma dada a rompantes de cólera ou melancolia estaria fadada ao aborto, aumentava as possibilidades de justificativa para aquelas que queriam abortar. Acreditar, como o fazia Manuel Barreto, que "as mulheres fracas são mais sujeitas a abortos por serem suscetíveis de impressões violentas pelas mais ligeiras causas externas", era convidá-las a invocar 'causas externas' para justificar seus abortos.

Procedimentos que utilizavam a magia simpática com pedras como a "quadrada", "da águia" ou "candor", cuja força fazia expulsar a criança e a madre juntas, também eram muito utilizados. Se Semedo recomendava que "a pedra da águia atada nos sovacos ou atada nos braços tem a virtude de conservar a criança no ventre", melhor, então, amarrá-la nas coxas ou nos pés. A admoestação para guardar a pejada de beber água em que estivesse mergulhada a pedra quadrada com azeite, antes

Ao sul do corpo

do momento do parto, pois a mistura a faria "lançar a criança a qualquer tempo", também era utilizada às avessas.[5]

Alguns medicamentos explicitavam que havia um momento certo para sua utilização, justamente para evitar a dubiedade de sua aplicação:

> Botar um pequeno de azeite de gergelim na palma da mão e esfregar esta pedra [candor] no dito azeite por espaço de cinco ou seis credos, e untar com este azeite o umbigo para a parte de cima fazendo um círculo como de meia-lua faz o mesmo efeito de lançar a criança e as páreas, e advirta-se que quando se der qualquer destes medicamentos apontados, seja a tempo que a mulher tenha lançado ou botado o sinal ou apertado as dores, e não antes. (Ibidem)

No Brasil colonial temos uma anotação de Luís Gomes Ferreira (1735, p.111), médico mineiro setecentista, muito semelhante à anterior, acompanhada de uma solene observação: "para não mover". Sua receita inclui também azeite, acrescenta almécega e sugere as massagens sobre o ventre crescido "três ou quatro vezes cada semana".

O moralismo da medicina fica, no entanto, transparente quando os doutores fazem as suas "observações médicas de casos de aborto". Se as descrições do aborto guardam ainda certa objetividade, as explicações de sua origem vêm recheadas de preconceito contra a mulher que o sofria. Eram as consequências da compreensão do corpo feminino como um sistema físico-moral. Veja-se João Curvo Semedo, por exemplo:

> Vi uma mulher tão abrasada no amor lascivo de certo homem, que pondo de parte a vergonha [...] chegou a ter com ele ilícitos contratos de que sentiu-se prenhada, e porque o crescimento e a grossura do ventre não descobrisse o seu filho quis mover e deitar de si a criança; [...] consultou uma velha embusteira, que para conseguir o que desejava não via remédio mais eficaz que beber um copo de água-forte: dentro de dois instantes a assaltaram dores crudelíssimas de estômago, ânsias do coração, tão grandes apertos e sufocações na garganta. (Semedo, 1707, p.278)

O médico é bastante habilidoso em responsabilizar a comadre, "uma velha embusteira", pelo quase envenenamento que se segue, e não deixa de caracterizar a necessidade do aborto como decorrente de amores lascivos e "ilícitos contratos". Ainda no final do século XVIII a opinião dos doutores portugueses batia na mesma

---

5 B. N. L., *Livro de receita médica para diversos males,* mss., Reservados 10826, século XVII.

Mary Del Priore

tecla e, como já afirmado anteriormente, tais concepções ultramarinas fertilizavam toda a prática da medicina na Colônia. Manuel Joaquim de Sousa Ferraz (1799a) descrevia em 1794 o aborto que acompanhara de uma "mulher de temperamento bilioso [...] acometida por violenta paixão". "Saíram alguns ossos por esforços naturais, [...] e a doente não podia dormir e tinha suores frios pela cabeça e agudas dores no ventre". Dois dias mais tarde "saíram mais ossos e apareceram sintomas mortais. Extinguiu-se a fala, a língua ficou negra e da mesma sorte os dentes e olhos se fixaram, perderam o lustro natural". A descrição fria dos padecimentos desta mulher 'biliosa' que abortara deixava transparecer a repugnância pelas causas do aborto: sua 'paixão' e luxúria, este descaminho fisiológico que transformava a mulher numa paciente moralmente enferma.

Dentre os gestos que matavam o fruto verde e o arrancavam da vida, repertoriados pelos médicos ou por eles intuídos, não encontrei menção à introdução de instrumentos para a curetagem. Mas não devia ser incomum que as mulheres tentassem introduzir elementos cortantes ou pontiagudos para interromper a gravidez. Fusos de roca ou broches de ferro, colheres ou canivetes seriam instrumentos eficientes para provocar o aborto, mas também para provocar infecções mortais.

Não havia de faltar as que abortavam por violências cometidas por companheiros, engrossando as listas de atrocidades cujas vítimas eram, nesse período, mulheres. Os processos-crime da justiça eclesiástica, aqueles decorrentes de visitações e visitas e os processos de divórcio estão cheios de menções a esses corpos sofridos e machucados de mulheres impotentes diante da violência masculina. A escrava Maria do Egito, na Bahia, em 1856, abortara devido aos espancamentos que sofria do seu senhor e amante enciumado, estando grávida de um mês (apud Mott, 1988c, p.66). Em Cantiguiba, na Sergipe de 1807, era a vez da viúva Luísa Antônia abortar, depois de agredida por sacos de areia pelos escravos do padre Antônio Alves de Miranda por não lhes ter cedido os seus encantos.[6]

Na Curitiba de 1749, a tia de uma grávida maltratada pelo marido contava, queixosa, ao Tribunal Eclesiástico que vindo "na companhia do dito seu marido da roça para sua casa, estando nela já com dores de parto lhe deu o dito seu marido uns empurrões com a mão" e "no dia seguinte pariria a dita [...] uma filha, e esta trazia do ventre de sua mãe um olho coberto de sangue" (apud Costa, 1986, p.212). Em São Paulo de 1796, um oficial de ourives preferia espancar sua esposa quando estivesse grávida, na esperança de ver "se periga a vida da suplicante com aborto" (ibidem). Num processo de divórcio também paulista, do século XVII, Rita Pais de Barros alegava ao juiz ter recebido tantas pancadas antes da "Semana Santa", que

---

6 A. N. T. T., Ordens de Cristo, maço 3, Bahia, 1807.

Ao sul do corpo

tivera um aborto, cujo feto nem foi batizado, e em outro tempo teve um outro, que foi batizado e logo morreu (apud Campos, 1986, p.226).

O aborto aceito pela medicina, aquele natural, fazia-se anunciar por sinais insuspeitos tanto para o médico quanto para a gestante. O nosso Francisco Nunes, na Pernambuco seicentista, enumerava os "sinais de movito", apontando-os nas dores da madre, no estremecimento dos membros, calafrios como os de sezão e as dores nas "raízes dos olhos".[7] O "Hipócrates Lusitano" explicitava que se "um dos seios afrouxar, a mulher pejada que traz dois fetos abortará um deles. Se afrouxar o peito direito, é sinal de aborto de feto masculino e se lhe afrouxar o esquerdo é feminino" (apud São Paulo, op. cit. p.121). Nunes também reconhecia o "enrugamento dos peitos" como sintoma, acrescentando que a criança não se movia "para onde a mãe se vira". E diagnosticava com precisão: "para lá cai como uma pedra". O ventre que deveria ser um poço de vida e calor tornava-se "frio", os "olhos encovados", o "olfato da boca malcheiroso" e a gestante era perseguida por "sonhos molestos, tristes, como coisas de mortos e lugares imundos". O corpo, no entendimento dos médicos, devia transpirar, exsudar, a tristeza e o horror do aborto. Tal como o feto que morria, a mulher devia aparentar um corpo morto, destituído da vivificante presença que a animava. A imagem da árvore seca, desfolhada e sem frutos, personificava a mãe do filho morto.

O vago conhecimento de anatomia do útero que, quer na sociedade tradicional, quer entre médicos, fertilizava esse campo de impressões sobre o diagnóstico moral do aborto, ajudando a sedimentar na mentalidade do período um enorme preconceito. A mãe que rompia seu acordo com a natureza passava a ser vista, então, como uma transgressora porque lasciva, cheia de paixões libidinosas, incapaz de ater-se à sexualidade saudável e produtiva do casamento, dentro do qual o "crescei e multiplicai-vos" seria a regra.

A Igreja estigmatizava o aborto porque ele impedia o incremento de almas cristãs no céu, mas também porque era principalmente denotativo de ligações extraconjugais, enquanto a medicina passava a responsabilizar a mulher diretamente pelo aborto e, em última instância, pela existência de suas femininas "paixões". Apenas no casamento a mulher estaria a salvo de tantos preconceitos, fugindo às consequências do sistema binário católico-cristão, dentro do qual concepção e aborto se opunham. Ao resistir ao aborto, as mulheres estariam reforçando uma demografia pródiga em filhos, estariam incorporando a noção de que 'os filhos são a riqueza' da família e, finalmente, estariam contrabalançando a mortalidade infantil, provendo-se de arrimo para o futuro.

---

7 B. N. L., Francisco Nunes, *Tratado de matéria médica*, mss., Reservados 4070, p.83.

QUINTA PARTE

Atitudes maternas

1

Um convívio feito de piedade e devoção

> Já os filhos temos visto que o muito mimo com que os tratam os pais têm sido a causa de os deitarem a perder e verem deles lastimosos sucessos acontecidos, por não os repreenderem nem lhes darem boa doutrina enquanto pequenos, como se conta daquele que cortou os narizes com os dentes à mãe, [...] pelo deixar enquanto pequeno furtar e obrar mal sem repreensão nem castigo. (Pereira, 1752, p.56)

Como temos procurado demonstrar, a construção da maternidade idealizada foi um projeto desenvolvido pela Igreja e o Estado como um dos instrumentos de adequação da mulher à vida matrimonial. A complexa elaboração de uma fisiologia moral para o corpo feminino serviu, fundamentalmente, para que a ciência desse caução às demandas do poder institucional. Da melancolia ao aborto, o que se pode ler é a condenação sistemática da mulher que não tem filhos no interior do casamento. Essa interpretação das realidades femininas, somada à constituição de um papel delineado com minúcias para a mulher, fertilizou todas as instâncias mentais da sociedade no ultramar, e depois em colônias.

Adaptada e incorporada inicialmente pela elite, cujo contato com os moralistas e teólogos era mais estreito, essa concepção de um papel para a mulher no interior do fogo doméstico – o de santa-mãezinha – espraiou-se aos demais segmentos sociais, entre os quais o mesmo modelo sofreu por vezes certa reelaboração.

A vida conjugal idealizada pela Reforma tridentina devia ser marcada por limites bem claros; dentro destes, o papel da mulher circunscrevia-se à maternidade. Mas para ser esta mãe ideal era preciso cumprir regras e leis. A adequação ou não das mulheres ao quadro normativo acabava por distingui-las, por separá-las entre aquelas modelares e as inadequadas. Tal processo taxionômico permitia, assim, que se instaurassem relações de poder e desigualdades, entre as populações femininas, que se afirmasse toda uma escala de gestos e comportamentos cujo paradigma era o modelo da santa-mãezinha. Nesse cenário, o relacionamento entre mães e filhos também se constituía chão para a semeadura de práticas pedagógicas, quer para adestrar a mulher, quer para fazê-la adestrar seus filhos. A mãe modelar tinha, pois, que ser abnegada, devota, obediente ao pai e ao marido, obrigada às leis de Deus e da Igreja e em tudo dedicada à doutrinação da sua prole.

Espécie de agente institucional da Igreja e do Estado, as mães interferiam diretamente nas mentalidades, uma vez que eram as responsáveis pela reprodução e pela transmissão de valores graças às gerações seguintes. Elas podiam agir no interior de visões de mundo coletivas, afirmando-as ou negando-lhes o sentido tradicional.

Ao administrar as funções da instituição familiar, as mães estendiam – ou não – aos seus a possibilidade de se adaptarem à evolução da sociedade em que estavam inscritos. A elas cabia também operar as relações com os demais corpos sociais, estivessem eles definidos ou incertos, encaminhando seus filhos para territórios singularmente distintos. Os filhos adolescentes eram afastados do quadro doméstico e preparavam-se para sobreviver independentes, assessorando seus pais ou parentes em suas atividades econômicas. As filhas ligavam-se ao lar e adquiriam um caráter fechado, circunspecto como a privacidade e a casa onde estavam encerradas, preparando-se para servir, no futuro, aos seus maridos e filhos.

Esboçado a partir de moralistas e médicos, o modelo das relações entre mães e filhos era pois recalcado e constrangedor, normatizado e coercitivo, e em tudo devia mostrar-se à sombra da autoridade masculina. Sombra que se atenuava quando da ausência ou inexistência do homem e que, como diz Alzira Campos, transformava a mulher em depositária da autoridade da família, estabelecendo um matriarcado integrado à sociedade androcêntrica.[1]

A solidariedade entre Estado e Igreja para incentivar a pedagogia normativa de mães e filhos explicitava-se já nas *Constituições primeiras do arcebispado da Bahia,* que rezavam: "Porque não só importa muito que a doutrina cristã e bons costumes se plantem na primeira idade e puerícia dos pequenos, mas também se conserve na mais crescida dos adultos".[2]

O sentido da doutrinação cristã dos filhos como uma tarefa de vida para os genitores era insistentemente repetido também pelos nossos conhecidos manuais de confissão, instrumentos divulgadores das normas determinadas pela Igreja. Mas vale ressaltar que, ao exigir que os pais prestassem aos filhos uma relação feita

---

1 Campos (1986, p.336-42). Endossamos sua opinião sobre o relacionamento parental e o destino dos filhos na sociedade paulista do século XVIII.

2 Título II, § 3.

Ao sul do corpo

de "entretenimento honesto, educação e bom exemplo",[3] a Igreja inscrevia essas mesmas demandas, quando não cumpridas, na rubrica "pecados de pais e mães de família". Ao exigir uma educação cristã para a prole, a Igreja habilmente alvejava tanto a catequese dos pequenos quanto a normatização dos adultos. Em 1634 o padre João Filipe Battendorf escrevia que "pecam também gravemente os nossos pais e mães, senhores, padrinhos e madrinhas não ensinando ou não fazendo ensinar os seus filhos, seus escravos e seus afilhados. [...] Pecam gravemente por não tratarem dos meios de sua salvação, para qual os criou Deus Nosso Senhor". E os ameaçava: "Não se salvarão.".[4]

As repetidas intervenções dos manuais permitiam à Igreja a difusão de um ensinamento do qual um dos maiores objetivos era destacar as excelências da vida familiar e doméstica. Ecoando os humanistas, seus textos valorizavam a importância da família como cenário para a boa formação cristã, além de ver na infância o ponto de partida para a domesticação da alma. A disciplina de toda uma vida, que deveria ser estrita e severa, gestava-se em casa desde a mais tenra idade. Malgrado as admoestações generalizadas aos pais de família sobre o fardo de seus deveres em relação aos filhos, concentrava-se, todavia, nas mulheres a tarefa da educação cristã:

> As mães ou amas empenham-se em fazer com os mínimos que criam a pronunciarem primeiro que tudo os Santíssimos nomes de Jesus e Maria. Ensinem os mínimos a dizer: Padre-Nosso e Ave-Maria. Depois de levantados, quando tiverem algum conhecimento, os mandem beijar o chão, e que prostados (sic) por terra se lembrem do Inferno onde vão parar as criaturas que fazem obras más, e lhes expliquem o horror do fogo do Inferno e também a glória do Céu que Deus dá aos bons. De manhã e à noite lhes mandem fazer atos de contrição, de fé, esperança e caridade e os obriguem a rezar um Padre-Nosso e uma Ave-Maria em louvor da Santíssima Trindade, outro com um Salve-Rainha em louvor de Jesus, Maria e José, e outro em louvor do anjo de seu nome. Depois dos sete anos os façam rezar, ou sós ou a coros, um terço do Rosário pela manhã, outro de tarde e outro à noite, e não lhes deem de comer, nem de beber, nem façam favor algum sem que primeiro rezem uma Ave-Maria em louvor à Mãe do Senhor. (Sequeira, 1758, p.561)

O cardápio de orações a ser servido na pequena infância atendia a uma pastoral difundida em larga escala na Europa e nas colônias, que se fazia acompanhar,

---

3 *Conduite des confesseurs dans le tribunal de la pénitence selon les instructions de S. Charles Borromé et la doctrine de S. François de Salles* [Conduta dos confessores no tribunal de penitência de acordo com as instruções de S. Carlos Borromeu e a doutrina de S. Francisco de Salles], p.90.

4 *Compêndio da doutrina cristã na língua portuguesa e brasílica*, p.103.

tanto para mães quanto para filhos, da elaboração de novos modelos ideológicos. O século XVI, como já destacamos, incentivou o pietismo infantil decalcado no culto ao Menino Jesus e a outras crianças cujas qualidades excepcionais as transformaram em santos. Além desse fenômeno, três séculos da época clássica, ensina François Lebrun (1986, p.109), corresponderam em toda a Europa a um controle mais estreito da família pela Igreja e pelo Estado. As duas reformas – a protestante e a católica – tinham um papel capital no desenvolvimento de uma piedade mais e mais interiorizada, e incentivavam a emergência de valores ligados à vida privada. As reformas estimularam também, e não sem um paradoxo, a difusão da piedade coletiva, notadamente no âmbito da família.

O espelhamento, pois, deste novo pietismo se faz no Brasil pela divulgação do catecismo doméstico como o desejado por Ângelo de Sequeira, e igualmente pelo incremento de oratórios particulares para os quais se executou toda uma produção específica de imagens religiosas. O hábito de dar o nome do santo de proteção que presidisse o dia do nascimento ou do batismo aos filhos também se difundiu, bem como o de ter Nossa Senhora ou santos de devoção por padrinhos e madrinhas de batismo.[5]

A propósito, os manuais de confissão são unânimes em apontar que "o primeiro ofício dos casados para com seus filhos" era o recebimento do batismo "sem dilatação", como enfatizava Manuel de Arceniaga (1724, p.204). Generalizado no século XVI, graças às reformas administrativas do sistema paroquial realizadas pelo concílio de Trento, o batizado era ministrado por párocos ou capelães. Sob o fogo de admoestações que criticavam a habitual demora dos pais em levar a criança à pia batismal, a Igreja dava-lhes um período de oito dias de tolerância, pois era "certo e de fé definido no concílio tridentino que os mínimos inocentes que morrem logo depois do batismo sem terem uso da razão vão logo diretos para o Céu sem passarem pelo Purgatório".[6]

No casos em que, depois de nascidas as crianças, os pais tinham dificuldade em chegar a uma paróquia, as *Constituições* sugeriam que fossem batizadas em casa, que se lhes fizesse "exorcismo" e se lhes pusessem os "santos óleos".[7]

A preocupação em não permitir que a negligência dos pais se transformasse em desperdício de almas fazia a Igreja pensar até nos "partos perigosos", para os quais

---

5 Ver Renato Pinto Venâncio, 1986b.

6 *Constituições primeiras do arcebispado da Bahia,* livro primeiro, título XX, § 70. Sobre o batismo no período colonial, veja-se, de Renato Venâncio (1988, p.22-7), "Registro de batismo: uma fonte para o estudo da população infantil".

7 *Constituições primeiras...,* livro primeiro, título XXI.

Ao sul do corpo

se esclarecia que "aparecendo a cabeça ou outra alguma parte da criança, posto que seja mão ou pé, deve por honestidade batizar a parteira ou outra mulher que bem o saiba fazer". No caso de encontrar-se a mãe morta e a criança viva, com autoridade da Justiça "se abra a mãe com muito resguardo para que não matem a criança, e tendo achado vivo batizem logo por efusão ou aspersão" (idem, título XXIII, § 45). Battendorf (op. cit., p.116) fazia coro às admoestações das *Constituições* ao reclamar contra a inconveniência de "morrer alguma criança sem batismo, quando o poderia receber e ir ao céu".

Mas a pedagogia pietista não se fazia exclusivamente pelo batismo, e, pouco a pouco, a Igreja encontrava entre os seus pares os arautos modernos da responsabilidade materna na educação cristã da prole. O bispo Azeredo Coutinho era um deles, e ao fundar um recolhimento para mulheres em Pernambuco, aos finais do século XVIII, ele lhes instruía em sermão:

> Persuadidos nós também que a educação dos mestres pouco ou nada aproveita aos filhos, quando ela não é fomentada pelas mães ou é por elas contrariada, pois que enfim por isso que elas são mães, são as primeiras mestras e os primeiros modelos para a imitação dos filhos, não seriam completos os nossos desejos se as nossas vistas não se estendessem também à boa educação das filhas, destas filhas que a Providência desde o berço destinou para ser mães, mestras religiosas ou diretoras dos primeiros passos daqueles que um dia hão de formar o corpo da sociedade humana. (Coutinho, 1798, p.1)

A noção de que a maternidade funcionava como uma correia de transmissão de valores morais sedimentava-se de forma cada vez mais clara.

Um livreto encontrado na Biblioteca Nacional de Lisboa, editado em 1783, escrito por um anônimo,[8] sublinha a dimensão que se dava às mulheres na questão da educação, reforçando a mentalidade que via na mãe "o primeiro modelo para a imitação dos filhos". Ressalvava-se, no entanto, que a educação feminina seria uma forma de remissão pelo pecado original. Uma vez tendo servido de "instrumento ao Demônio para introduzir o pecado no mundo e enredar todo o gênero humano", devia a mulher ser disciplinada para não continuar assombrando o homem como um "laço perigosíssimo e um grande motivo de tentação".

"Regras particulares para a boa educação das donzelas" deviam, portanto, ser difundidas, pois graças a "uma instrução sólida" elas teriam condições de resistir à "sua inclinação natural às leviandades e divertimentos do século, e a certos

---

8 B. N. L., *Regras para a cristã educação dos meninos,* especialmente capítulo intitulado "Regras particulares para a boa educação das donzelas", p.189-280.

pecados ocultos". Comparadas às "filhas de Sodoma", é recomendado às suas mães que as façam amar "o retiro de sua casa e a ocupação", lenitivos para o seu temperamento desregrado. Cabe às mães instruí-las "mais com seus exemplos que com suas palavras". Deveriam conservá-las na sua companhia "e não consentir que vejam outras meninas, que lhes ensinem o que nunca devem saber sobre os meninos cristãos; [...] as mães ensinarão com tempo a suas filhas a falar pouco, falar com discrição e a não falar senão coisas necessárias, úteis e honestas". Nunca falar de "donzelas levianas" nem de "belezas afetadas", para não inspirar-se em maus exemplos. As filhas só podiam confiar em pessoas "seguríssimas e de uma sabedoria experimentada"; não podiam vestir-se para agradar a rapazes nem ler "romances nem comédias, nem poesias perigosas onde se pintam as paixões com as mais vivas cores, nem ver quadros e as representações imodestas, infames e desonestas". Importante seria mostrar-lhes "as representações dos diferentes martírios que fizeram sofrer aos santos nas antigas perseguições; mas nunca os retratos de mulheres mundanas nuas, penteadas e vãmente adornadas". Dançar seria considerado "indigníssimo", pois a dança é um "laço do Demônio" e era raro que dela se saísse "tão casto como entrou".

A mãe que levasse sua filha aos "espetáculos e assembleias de divertimentos", quais fossem a ópera e o teatro, a estaria conduzindo a "um precipício".

> Logo que tiverem uso da razão, lhes farão compreender que o luxo e a suntuosidade dos vestidos, a vaidade, enfeites, nudez de peito, garganta, ombros e braços, os penteados e guarnições imodestas, as cambraias ou estofos transparentes que deixam ver a pele; os lenços que só encobrem metade do peito; as posturas e cores artificiais que disfarçam e desfiguram a obra de Deus,

tudo isso, enfim, devia ser rechaçado. "É de suma importância que nunca se encontre em particular e rosto a rosto com homem algum e sem necessidade"; "é um defeito essencial [em uma menina donzela] olhar fixamente para um homem".

O código de boa conduta filial era rigoroso e tinha a habilidade de adestrar simultaneamente mães e filhas. As segundas, dependendo do bom exemplo dado pelas primeiras, acabavam por forçar as mães para o interior dessas regras, que uma vez rompidas maculavam ambas as suas honras. A admoestação final das *Regras* sublinhava que era

> inútil referir muitas vezes a meninas a pintura que o Espírito Santo nos faz no Apocalipse da mulher prostituída, que é a figura da Babilônia do mundo; [...] as mães farão notar às filhas que todas as que se enfeitam como esta prostituída, que é o seu modelo, que a

Ao sul do corpo

imitam na sua soberba, vaidade e delícias, serão indubitavelmente tratadas como esta prostituída pela mão vigorosa de Deus e lançadas no tanque do fogo de enxofre, se como ela perseverarem em seu pecado.

O conselho derradeiro inseria-se na visão de mundo binário que hidratou toda a Idade Moderna cristã, na qual Maria e Eva, santas e prostituídas se opunham com a finalidade de classificar os comportamentos femininos.

O longo inventário de gestos, atitudes, leituras, lazer e vestimenta em que se constituíam as *Regras* dividiam finalmente as mães e filhas modelares, daquelas inadequadas. A força maior desse tipo de leitura residia no seu poder de convencimento como estereótipo ideológico. Tais modelos, habilidosamente costurados pela Igreja e os moralistas, procuravam empurrar as mulheres para dentro de casa, para a vida em família e o privatismo. Aquelas que por razões outras estavam nas ruas trabalhando ou ganhando sua subsistência terminavam por ser confundidas, via de regra, como inadequadas. Por certo havia as que transitavam entre a casa e a rua, mas parecer-pertencer-à-casa era um dos valores morais que se esperava que as mães transmitissem às filhas. Por isso mesmo, o ser-sem-parecer salvou as mães e filhas aparentemente prostituídas das punições do Tribunal Eclesiástico, no capítulo sobre as "filhas da mãe".

Na Colônia, é Nuno Marques Pereira (op. cit., p.171-2) quem nos fornece a medida do resguardo que se propunha para as filhas, ao perguntar: "Pode haver maior descuido do que deixar uma mãe sair uma filha só em companhia de uma escrava desonesta?" O olhar especular do Peregrino em direção à Metrópole revelava em colônias a mesma preocupação que sé tinha além-mar. Os descaminhos da Terra de Santa Cruz eram, segundo o nosso moralista, "os rios, fonte e roças". E aqui como lá as más companhias eram o pesadelo da boa mãe.

Tantas preocupações com os passos e as amizades estavam também diretamente relacionadas com o proporcional casamento que se queria dar às filhas. Recordamos aqui algumas imagens do primeiro capítulo deste trabalho. "Dar estado" às filhas foi preocupação constante de mães assombradas pelo momento da morte. O enquadramento nessas regras podia significar para os pais a garantia de casamento e segurança, e para as filhas a garantia de perpetuar um modelo para o qual tinham sido "educadas". Não à toa, o Peregrino, ao narrar uma parábola sobre uma jovem que fugira com seu professor de música, admoestava o seu velho pai, dizendo: "tendo chegado à idade, a mulher tem necessidade de guarda, casa e casamento". Em outras palavras, se os pais não lhes providenciavam casamento, as filhas procuravam alternativas nem sempre à altura do que pretendiam seus genitores.

Em Portugal, as renomadas "histórias proveitosas" do sapateiro Gonçalo Trancoso, cujo sucesso entre as classes subalternas as transportavam para as colônias, atestavam a divulgação dos princípios que regiam a vida de uma jovem bem-educada; e vale sublinhar que tais princípios sempre aparecem vinculados ao papel que a mãe exercera para que o processo educativo tivesse bom fim. Uma "boa e virtuosa mãe" tinha uma filha "de tão má inclinação", "preguiçosa, gulosa, endeja, muito faladeira" e francamente imune aos "seus nobres conselhos", que não pôde ter outro fim que "uma morte desastrosa".[9] O que podemos depreender desses contos sumamente conhecidos é que o modelo de resguardo e piedade difundido entre as elites para a educação de suas filhas tinha também a sua contrapartida popular.

Risos, palmadas e lágrimas

Mas o convívio entre mães e filhos apresentava também facetas mais práticas e menos teóricas. Para combater o que o Peregrino chamava com azedume de "mimos maternos", únicos responsáveis, no seu entender, por "deitar a perder os filhos" (Pereira, op. cit., p.18) o melhor seria o castigo quando "obrassem mal". E tudo indica que tais castigos eram as tradicionais palmadas. Num outro manuscrito encontrado também na Biblioteca Nacional de Lisboa, intitulado *Zelos de uma mãezinha*,[10] o "mau filho" arrependido solicita umas "disciplinas":

Para que enda com carrancas
satisfaça a sua ira
dê nessas mãos, nessas costas
dê, que assim só me ensina.

Os tradicionais bolos, os beliscões e as palmadas revezavam-se no cotidiano das mães com o chamado "folgar com os filhos". Mas tudo indica que esta última fosse uma tarefa exclusivamente feminina. "Contar graças, histórias, acalentá-los" ou "estremecer sobre eles", como dizia Francisco Manuel de Melo, era coisa de mulher. "Não é coisa pertinente a um homem ser ama nem berço de seus filhos", resmungava o mesmo autor (Melo, 1651, p.94).

---

9 Gonçalo Trancoso (1982, p.2), "Que as filhas devem tomar o conselho de uma boa mãe e fazer seus mandamentos. Trata de uma que o não fez e a morte desastrada que houve".
10 B. N. L., em *Miscelânea poética*, p.87.

Ao sul do corpo

Risos, palmadas, mimos, mas também lágrimas e apreensão faziam o convívio de mães e de sua prole, e tanto o ideal quanto a realidade da maternidade eram constituídos por preocupações permanentes em torno da saúde, dos males e achaques que podiam atingir a pequena infância. João de Barros (1540, p.34) já afirmava, no século XVI, que os "trabalhos e fortunas que se leva com filhos pequenos em suas doenças, e as mezinhas e romarias que lhes buscam suas mães não o podem crer senão quem os passa".

O consenso tradicional sobre os laços que uniam mães e filhos já estava tão estabelecido que não se podia visualizar a maternidade sem uma dose robusta de dor, sofrimento e altruísmo. Altruísmo que, por vezes, beirava o dramático ou o patético. Genebra, segundo o Peregrino (Pereira, op. cit, p.162), morrera de repente quando soube que seus filhos haviam perecido numa batalha. "De outra mulher se conta que, vendo um seu filho cair em uma lagoa, considerando que se afogava, caiu morta e o filho saiu depois salvo."

Exageros à parte, o desespero de mães diante do inelutável ou das situações de emergência em que viam seus filhos ficou registrado nos inúmeros ex-votos pintados nos séculos XVII e XVIII, que se guardam em coleções particulares ou museus de arte sacra, O sofrimento da mãe diante do sofrimento do filho encontrava na piedade, na devoção e nas romarias de que fala João de Barros uma saída viável. O retrato da mãe em lágrimas pela agonia do filho inundou o texto de pregadores e moralistas, acentuando a valorização da criança pequena, o "mínimo", mas também a exaltação da maternidade e dos cuidados que se devia ter com a prole,

Angelo de Sequeira (1754, p.12), por exemplo, refere-se a uma mulher que "falecendo o seu filhinho" chorava pedindo a Nossa Senhora da Lapa que o fizesse ressuscitar, que "por distância de duas horas esteve morto e ressuscitara". Suas lágrimas o salvaram. A dor das mães explicitava-se também nas romarias, tal como ocorreu com dona Benta de Barros, da freguesia de São Pedro da Bahia, que levou a filha adoentada até o convento de São Bento, em Salvador. Lá, depositou a "mínima" no altar de Nossa Senhora das Angústias, onde depois de uma missa "se viu a menina livre de febre, tomou o peito e logo começou a melhorar" (Santa Maria, 1707-1723, v.9, p.86). O milagre e a intervenção divina ficavam sendo o pano de fundo para os problemas da pequena infância no período colonial.

O adocicado universo em que se moviam mães e filhos, segundo a Igreja e seus porta-vozes, devia ser resultado do casamento e de uma vida privada em que houvesse lugar para as práticas cristãs. Apenas nesse ambiente as mães teriam asseguradas para sua prole a saúde necessária, a proteção das falanges celestiais e a educação que lhes facultaria "ter um estado".

Fora desse território aparentemente protegido encontravam-se os "pais pobres", sobre os quais escreve Vilhena em 1802. Entre estes, a herança deixada "às suas filhas é de inveterada ociosidade. [...] a liberdade em que se deixaram viver de crianças, e por isto é que depois de adultas se valem delas para poder subsistir, pelo que são perniciosíssimas à sociedade" (Vilhena, 1921, p.170). Além dessas filhas a quem faltaram certamente as "boas regras" encomendadas pelo anônimo autor português, havia aqueles que eram perseguidos e estigmatizados por terem pais concubinados:

> São os filhos destes tais semelhantes aos filhos das tartarugas, as quais costumam lançar ovos nas praias; porque depois de as gerarem e terem forças para romperem a areia dos vícios, se vão meter no golfo do mar dos pecados, onde encontrando-se com os vorazes tubarões, estes os comem por não terem pais que os livrem do perigo. (Pereira, op. cit., p.170)

Comparados a "imperfeições da cristandade" e a "aleijados da natureza", os filhos concebidos fora do matrimônio pareciam excluídos da relação ideal que a Igreja preconizava para mães e filhos. Eles eram a corporificação dos pecados paternos, e por isso mesmo tornavam-se uma lembrança em carne viva da procriação que havia rompido com as leis do Estado e da Igreja, procriação que, como demonstrado, só cabia nos limites do casamento legítimo. Daí a importância do exemplo materno na educação da prole; cabia à mãe estigmatizar os comportamentos transgressivos, impedindo que seus filhos os reproduzissem. Cabia às mães, por seu comportamento devotado, regrado e piedoso valorizar tanto a vida familiar através de sua relação com seus filhos que as demais possibilidades de convivialidade parecessem vazias de valor.

A mulher casada, possuidora de uma boa fisiologia moral, mãe e, por fim, transmissora das demandas da Igreja à sua prole corporificava finalmente o agente funcional e eficiente para tornar realidade o projeto de adestramento proposto pela Reforma católica, projeto este que se propunha à normatização de seu próprio gênero na Colônia.

2
Filhos, espelho do corpo materno

> *Et bientôt ce ne sera plus assez pour la mère de garder l'enfant auprès d'elle, de le voir grandir surses genoux, d'entendre son rire mettre une gaité dans son bonheur: elle va vouloir lui donner les soins qui forment l'homme ou la femme, en ébauchant dans un petit être l'intélligence et la conscience.* (Goncourt, 1972, p.274)

Ao mesmo tempo que a Igreja fazia das mães agentes eficazes da doutrina católica, exemplos de comportamento e guardiãs de valores morais, a medicina esforçava-se por tornar os laços entre mães e filhos naturalmente indissolúveis. Da observação dos médicos sobre o corpo feminino nesse período, nasceu uma definição antropológica sobre a natureza da mulher, que acabou por condicionar estreitamente esta à maternidade.

Se, por um lado, os médicos do Antigo Regime interessavam-se cada vez mais pela saúde da mulher e da sua prole, por outro suas descobertas serviam de fundamento para uma ideologia ameaçadora ao ser feminino. Eles descobriram, depois de profundas indagações, o que há muito já se sabia: que o corpo feminino estava apto para a maternidade e a procriação. Da conclusão brilhante de que toda a mulher poderia ser mãe, a medicina concluiu, com enorme funcionalismo, que a mulher não poderia ser outra coisa que mãe.

Daí os textos da época irradiarem uma fala sobre a interdependência entre mães e filhos, como se a individualidade de umas dependesse da osmose com os outros. Ao valorizar no plano da saúde física e mental o fato de que cabia exclusivamente à mãe a criação dos filhos, a medicina caucionava o objetivo tridentino de difusão da família cristã. O cuidar-dos-filhos transmutava-se, assim, em fermento para comportamentos considerados sãos: amamentar, vestir, trocar, embalar... Quão mais identificada com essa tarefa, mais salutar e robusta mostrava-se a fisiologia feminina. Tais demandas da medicina escoravam-se, por certo, nas realidades de grande parte das populações femininas, entre as quais a criança, que desde o primeiro momento era acolhida num mundo de mulheres. Ao passar aí os primeiros anos, essa desenvolvia com sua mãe toda uma teia de relações físicas e afetivas, privilegiadas no momento da amamentação, do sono e dos cuidados com o corpo.

A criança emergia nesse quadro associada, portanto, a toda uma sensibilidade que resultava do projeto de consolidação da família cristã para a expansão da fé católica. Sua valorização vinculava-se à valorização do matrimônio e de seus objetivos, bem como ao enaltecimento da maternidade.

Não à toa, inúmeros manuais de puericultura surgem nesse período para auxiliar as mães a normatizarem suas relações e suas práticas em relação aos filhos. Endereçados inicialmente a mulheres de elite que faziam uso de amas de leite, afastando-se consequentemente de seus filhos, esses manuais invocavam uma outra postura para a mulher. Ser mãe era criar os filhos dentro da piedade cristã, mas era também modelar-lhes, além da alma, o corpo.

> Nenhuma cousa há tão contrária à ordem da natureza como persuadir-se uma mãe que é superior às suas forças a criação de seu próprio filho ou que seja tão ignorante que não sabe o que deve fazer com ele. Todos os animais amamentam e criam seus filhos, e se os brutos fizessem criá-los por estranhos, experimentariam sem dúvida igual sorte que os filhos da espécie humana,

escrevia Guilherme Buchan (1788, p.3), num clássico que teve várias reedições entre os séculos XVII e XVIII.

Alexandre de Gusmão, jesuíta, autor de outro clássico do período sobre puericultura (1685, p.77) sublinhava estas características que deveriam ter as mães para a melhor das criações:

> Que enquanto os filhos são mínimos de mais proveito lhes é a doutrina das mães, porque assim como o leite da mãe é mais proveitoso ao mínimo do que outro qualquer leite para a criação da natureza, assim a doutrina da mãe é mais útil aos mínimos para a criação dos costumes.

O aleitamento era, então, percebido como um estreito laço entre mães e filhos, saudável na medida em que comunicava, além do sentimento amoroso, o caráter que a mãe desejava imprimir ao seu rebento. Era um elo representativo da fisiologia regrada, considerando que aquelas que não amamentavam excluíam-se da corte das boas mães, pois indicavam "compleição delicada, [ser] sujeitas a ataques histéricos, nervosos e outras moléstias do mesmo toque, são péssimas amas de leite [...]" Numa

Ao sul do corpo

afirmação radical digna do período, Buchan (op. cit., p.3) dizia ainda que o leite de uma mulher desse tipo causaria "a ruína do filho".

Asserções tão fortes indicam a presença de um modelo de maternidade divulgado na medicina e a consequente necessidade de colocar a teoria na prática, oferecendo àquelas ineptas mecanismos de ajuste. Até as adoentadas

> seriam capazes de criar seus filhos se vivessem conforme a natureza; [...] as que não comem suficiente quantidade de alimento sólido nem gozam do benefício do ar livre e do exercício, nunca podem ter bons humores nem fornecer a seus filhos o correspondente nutrimento. (Ibidem, p.4-6).

A adequação das mulheres a esse modelo fazia-se inclusive pela pressão e a culpabilização das que não podiam aleitar. Estas responsabilizavam-se pela sobrevivência comprometida do filho, que assim desnutrido podia "morrer na infância" ou ficar débil ou doentio "toda a vida".

Uma pedagogia da maternidade desenvolvia-se nos textos de puericultura, com a finalidade de adequar as mulheres a essa maternidade responsável e devotada que se construía então. O vestir, o amamentar, o banhar e o embalar a criança começavam a revestir-se de um caráter de educação para as mulheres. O texto de Buchan, por exemplo, é explícito ao dizer:

> Se o tempo que geralmente gastam as mulheres em coisas frívolas o empregarem em aprender o necessário para educar seus filhos, e como deve ser vesti-los para executar os movimentos com liberdade e sem violência; se se ocupassem em dar-lhes alimentos saudáveis e nutritivos; em exercitar seus ternos corpos de modo mais convincente para nutri-los e fortalecê-los, seriam estes os verdadeiros objetos de instrução das mulheres e o gênero humano haveria delas maior vantagem. (Ibidem, p.7).

Os "verdadeiros objetos de instrução" seriam portanto aqueles que, ao aproximar mães e filhos, os faziam educar-se reciprocamente. Esse vaivém pedagógico traria benesses não exclusivamente à dupla em questão, mas a todo o "gênero humano". Ao transformar-se numa mãe dentro dos padrões, a mulher inseria-se numa escala mundial de adestramento, colaborando para a afirmação da família e da vida doméstica.

Mary Del Priore

Gestos maternos do dia a dia

Os manuais de puericultura são também muito ricos em informações sobre o inventário de gestos que uniam mães e filhos numa relação modelar. Esse novo inventário que se impõe através do discurso médico pretendia esvaziar uma rede antiga de tradições entre as mães e as crianças pequenas. Os médicos atacavam sistematicamente o hábito de as mães modelarem a cabeça de seus filhos. A "má configuração" e a forma desproporcionada de seus membros eram por eles atribuídos ao hábito ancilar de enfaixá-los, uma tradição que, sob o ponto de vista materno, tinha a função de proteção e modelagem do corpo da pequena criança. Buchan (ibidem, p.29) insistia para que as mães apenas os envolvessem em "mantilhas suaves que lhes figurem folgadas". Imbert (1839, p.252), além de atacar o mesmo hábito de "amassar a cabeça a fim de dar a esta uma forma mais agradável", pedia que as mães não pusessem "pimenta" com óleo de rícino no umbigo de seus bebês para cauterizá-los.

Francisco de Melo Franco (1790, p.20) sugeria que se substituísse o primeiro banho, dado normalmente com "manteiga ou outras substâncias oleosas" ou "líquidos espirituosos", por "água pura com um bocado de sabão que facilitará a limpeza". Investia também contra outro hábito, este das comadres que acompanhavam o parto: "uma cataplasma a que chamam estopada, que é a mistura de um ovo com vinho na qual se ensopa uma estriga de linho e com ela se cobre a cabeça da criança, atando-a por um lencinho. A razão que costumam dar que isto compõe e fortifica a cabeça". A estopada, que deveria servir também para consertar orelhas de abano, Melo Franco propunha que fosse substituída por "um barretinho ou touca de pano branco" (ibidem).

O barretinho branco devia acompanhar o mais do "vestuário do mínimo", reduzido por Buchan (op. cit., p.43) a muito pouca coisa: "uma camisinha, um roupãozinho de lã ou fustão, uma touquinha de seda branca e macia sem ser atada mormente com cordões ou tiras, enquanto o mínimo não anda, escusa calçado".

Grande ênfase é dada pelos médicos ao asseio corporal, numa época em que a geografia dos odores e da gordura era bem outra. As mães, por seu turno, cuidavam para que a função simbólica da sujeira do corpo infantil fosse preservada, pois ela fazia parte do corpo frágil e informe da criança, protegendo-o. As mães tinham ainda grande preocupação em como se verem livres de partes, como o umbigo ou as unhas, que pudessem ser utilizadas para malefícios,[1] aos quais os seus filhinhos estariam vulneráveis.

---

1 Ver sobre este assunto o saboroso artigo de Luís Mott, "Dedo de anjo e osso de defunto: os restos mortais na feitiçaria afro-brasileira", em *Leitura*, 8(90), nov. 1989.

Ao sul do corpo

Os médicos, além de incentivarem contra a tradicional rede de gestos que uniam mães e filhos, detinham-se de forma crítica no cardápio servido normalmente à pequena infância. A ênfase no leite era total não só por "ser mais saudável", mas porque "para qualquer doença é extremado remédio a mama da própria mãe" (Gusmão, op. cit., p.178). Tudo indica que o hábito indígena de aleitamento tenha incentivado a amamentação na Colônia, pois Jean de Léry (1980, p.226) já notara que as mulheres americanas amamentavam diferentemente das europeias, que "embora nada as impeça de amamentar os filhos [...] cometem a desumanidade de entregá-los a pessoas estranhas, mandando-as para longe, onde muitas vezes morrem sem que o saibam as mães".

Além do leite, era comum alimentarem-se as crianças com "alimentos engrossados com farinha", o que segundo Melo Franco causava

azedumes, lombrigas, obstruções de mesentério, opilação do estômago, opressões do peito, tumores do ventre duros e tensos, cólicas contínuas, câmaras viscosas, pardas, amarelas, verdes, negras, inchações do ventre inferior, ventosidades, numa palavra, todos os sintomas convulsivos. (Franco, 1790, p.58)

A lista aterradora devia bastar para que se desencorajasse essa dieta considerada inadequada para as crianças.

Imbert (op. cit., p.253) também atacava o hábito introduzido por mães africanas que, "sem atender à fraqueza dos órgãos digestivos dos recém-nascidos", lhes davam "alimentos grosseiros tirados de sua própria comida". E admoestava: "Semelhante maneira de alimentar, em vez de ser proveitosa faz muito mal às crianças".

Bom mesmo eram as "sopinhas de leite e caldo claro com pão migado", como sugeria Buchan, fazendo eco às sugestões de seus colegas. O que os médicos pareciam esquecer é que a valorização da superalimentação, sobretudo entre mães de classes subalternas, era uma revanche simbólica sobre tantos períodos passados entre a fome e a doença.

Ao final do século XVIII, Melo Franco já recomendava o uso da mamadeira como sucedâneo do leite materno. Debitando a sua descoberta a Baldini, o médico paulista a descrevia sem disfarçar um sentimento de superioridade pelo avanço da puericultura:

O instrumento que imaginou Baldini é mais aperfeiçoado, é um vidro à maneira de uma bexiga, com seu bojo que vai estreitando até acabar em uma espécie de gargalo, em cuja extremidade se encaixa um glóbulo de metal dourado para se não atacar de zinabre ou ferrugem. [...] Enche-se a capacidade deste glóbulo de uma esponja muito fina e limpa, que deve sair fora por um buraco; [...] o bocado da esponja que sai é que faz as vezes do bico do peito. Os pobres, em vez deste instrumento poderão servir-se de uma pequena garrafa que leva quase quartilho. Cobrir-se-á a boca da garrafa com a pele de camurça ou de qualquer outra maneira que acomode uma esponja, que há de entrar pelo gargalo abaixo; a pele deve ter um buraco por onde saia um bocado de esponja, a qual serve de bico de peito. É bom fazer-lhe com uma agulha ou alfinete grande alguns pequenos buracos para que o leite possa sair mais facilmente. (Franco, 1790)

A mamadeira certamente difundiu o aleitamento artificial e ajudou a passagem entre a alimentação líquida e aquela mais pastosa. É fato que se misturava ao leite animal com que se enchiam as mamadeiras algum tipo de farináceo para engrossá--lo, ou Melo Franco não se queixaria da utilização de farinhas feitas de raízes, cujo suco "cru e viscoso" fazia mal aos pequenos.

Não sabemos é como o aparecimento da mamadeira terá refletido na mentali-dade de mulheres e de médicos, que até bem pouco tempo acreditavam que o leite transmitia o caráter e os 'humores' de quem aleitava. Mas, certamente, imaginava--se a presença da bestialidade de certos animais no leite comumente utilizado para o aleitamento artificial, o que teria retardado a difusão do uso da mamadeira. A presença mais fácil de amas ou de mães de leite devia colaborar para a resistência ao emprego da mesma. Vale ainda lembrar que o "instrumento aperfeiçoado" a que se referia Melo Franco era terrivelmente difícil de limpar, e a má higiene do vidro devia causar diarreias até mortais nos pequenos.

Entre Buchan e Melo Franco há, no entanto, dois médicos do meado do século XVIII que nos parecem inteiramente identificados com o mundo feminino que envolvia a pequena criança no seu cotidiano. Atentos aos seus ritmos corporais, os drs. Afonso e Melo faziam a ponte entre o recém-nascido e os domínios do quintal, da horta e da cozinha, território em que se moviam as mulheres (Afonso & Melo, 1752, p.91). As suas receitas recorriam à fitoterapia e aos unguentos e mezinhas com os quais as mulheres estavam já familiarizadas. Ao nascer, a criança devia ser lavada em "água morna simples ou cozida com alguns aromas ou com vinho". Depois tomava uma colher de "mel ou de xarope de chicória com ruibarbo para fazer executar o mecônio". Nos primeiros dias, o umbigo tratava-se com "uns paninhos de linho fino ou planchetas de fios secos ou de algodão". Mais tarde, os mesmos paninhos eram substituídos por "óleo de amêndoas doces ou azeite" e, ao cair, pulverizavam-no com "pó de murta ou casca de romã" ou "alecrim" até "fazer uma cicatriz perfeita".

Se parte da literatura médica insistia em modelar o filho de acordo com a mãe e investia em formar mães numa relação física ideal com os filhos, varrendo da cultura

Ao sul do corpo

feminina gestos e hábitos solidamente arraigados, parte da literatura médica ainda se encontrava cheia da mentalidade que se tinha antes dessas reformas. A narrativa de Afonso e Melo bem representa práticas ancilares dos primeiros cuidados com as crianças, enquanto os textos de Bernardo Pereira expõem a mentalidade que cercava o recém-nascido no mesmo período. O medo da perda, a crença em feitiços realizados com seus excretos, o perigo das doenças reais ou imaginárias alimentava uma série de conselhos que se inscreviam no horizonte mental das mães de alguns médicos sobre o corpo da criança.

Bernardo Pereira, por exemplo, prevenia sobre o poder que tinham as bruxas de atrofiar os recém-nascidos por malefícios, pois "elas chupam o sangue dos mínimos" (Pereira, s.d., p.282). Relevante, portanto, não deixá-los a sós à noite, mas antes acompanhá-los. Para protegê-los, era preciso defumar a casa e a cama, "e entre os lençóis se espalhem arruda e hipericão". Deviam regar-se os aposentos com cozimento de verbena e borrifar com o mesmo "os mínimos"; o médico ainda recomendava: "armem-se com os antídotos da Igreja, a saber, relíquias, orações etc., [...] que estas são mais certas e seguras que outras que trazem os autores para afugentar os bruxos". O doutor setecentista insistia para que se "pendurasse à cama [...] cabeça ou língua de cobras [e] [...] sangue de fel da mesma posto pelas paredes da casa em que dormirem os mínimos".

Pereira não estava sozinho nesses cuidados, pois Alexandre de Gusmão (op. cit., p.282-3) também prevenia sobre as "bruxas que dão às crianças chupar tetas infeccionadas com veneno". Os remédios são os de praxe, *agnus dei,* água benta, relíquias e imagens dos santos "para que os inimigos infernais temam combater os soldadinhos de Cristo".

As mães deviam proteger os filhos do assédio de bruxas e demônios e controlar o corpo de seus filhos para que este não fosse atingido por malefícios. Sendo alvo fácil, a fragilidade do corpo infantil incentivava o sentido de proteção das mães. Estas mantinham-se alertas e reconheciam o enfeitiçamento de seus pequeninos por sintomas claramente detectáveis: "medos e tremores a miúdo, choros repetidos, tristeza de aspecto, mudança de cor instável, terrível repugnância em mamar, vergões ou nódoas em algumas partes". Na dúvida, existiam algumas maneiras de reconhecer se havia 'quebranto'. Bastava tomar "um vaso cheio de água e posto debaixo dos cueiros ou faixas dos mínimos ou dos berços, e metendo-lhe dentro um ovo, e se este andar nadando é certo haver quebranto, e se for ao fundo [...] está livre".

O papel da mãe em fazer de seu filho o espelho do seu corpo foi gradativamente ganhando espaço na literatura médica dos séculos XVII e XVIII. Os cuidados físicos com a criança deveriam refletir a boa constituição fisiológica materna, transformando o corpo da mãe num imenso, metódico e regulado espaço, no qual o corpo do filho funcionava como um apêndice. Quanto mais regrada a mãe, mais perfeita física e espiritualmente a criança.

Esse procedimento especular, base para as relações entre mães e filhos propostas no projeto de normatização social do seu gênero, mostrava-se fundamental para repassar os ideais tridentinos para o interior da família. A feminilidade, percebida por moralistas e médicos da Idade Moderna como uma maneira funcionalista de ser do corpo feminino, assumia, então, um compromisso exclusivo com a maternidade. Na gestação, mães e filhos viviam uma vida comum, cada um reverberando as reações do outro. No aleitamento, modelando-lhes os corpos, cuidando-os com receitas domésticas e tradicionais ou adaptando-se aos manuais de puericultura, as mães reconheciam-se nos seus filhos, confundindo-se com eles. Ao defendê-los de feitiços e bruxas, ao recorrer a peregrinações e promessas, elas protegiam a si mesmas, protegendo sua prole.

Cercar, portanto, o relacionamento materno com os filhos e colocá-lo a serviço do adestramento das populações na Colônia foi delegar à mulher o trabalho de estabelecer as bases para o edifício familiar e nele a reprodução da cristianização das Índias; foi reconhecer também que a maternidade inseria a mulher na continuidade de gerações, prever-lhe um destino cuja significação, como bem diz Paul Hoffmann (s.d., p.164) ultrapassava os acontecimentos e os acidentes de uma vida individual.

Ao debitar à fisiologia feminina uma definição normativa do caráter moral da mãe, e por consequência dos filhos, a Igreja e a medicina finalizavam o cercamento necessário para adestrar o gênero feminino. O exemplo materno e a pedagogia pietista foram a base de uma educação que valorizou o casamento e a propagação legítima com fins de povoamento e de organização de um novo mundo nos trópicos. Fins, porém, que sem a participação desta que deveria mostrar-se piedosa, obediente ao marido e devotada aos filhos certamente não se teriam consolidado.

Conclusão

*Le corps de la femme n'est que métaphore des générations féminines qui l'ont precédé.**

 história da condição feminina, da maternidade e das mentalidades sobre a mulher na Colônia passa pela história do corpo da mulher. Atravessa, sobretudo, aquela história que se refere ao "sul" do corpo feminino, levando a concluir que desde há muito, na sociedade brasileira, as mulheres não foram e não são mais do que seus próprios corpos, corpos que são terras desconhecidas, territórios impenetráveis e que foram durante séculos auscultados, mapeados, interrogados e decodificados pela imaginação masculina.

Na fala de confessores, teólogos, médicos e moralistas fabricou-se um limite e uma função para esses corpos. Seu objetivo era demarcar um papel social para a mulher, normatizar sua sexualidade e sua alma, domesticá-la no interior da família exclusivamente para servir aos fundamentos da colonização portuguesa na América.

Esse discurso, por sua vez, gestou-se no interior de uma sociedade – a metropolitana – persuadida da necessidade de dominar a mulher, convencida de sua filiação diabólica e da ideia de que era preciso adestrá-la para salvar-lhe a alma. Tais suspeitas confirmavam-se diante do procedimento dos segmentos femininos no cotidiano colonial, pois ele era fruto de específicas condições socioeconômicas, de vivências de uma cultura popular que se sincretizara a partir de diferentes raças, de infinitos percalços da colonização, num Novo Mundo sem tradições cristalizadas nem populações homogêneas. As angústias do poder metropolitano ganhavam musculatura face às práticas de mulheres que lhe pareciam apenas um úbere fadado a gerar

---

* Antoinette Gordwosky, *Hiéroglyphes du corps* [Hieroglifos do corpo], p.14.

bastardos, mestiços, desclassificados e marginais. Seu olhar sobre tais mulheres só lhe permitia identificar o caráter maléfico resultante da inferioridade física e moral que acreditava que elas portassem. A Igreja endossava tal impressão produzindo não só um discurso sobre a satanização da fêmea, mas dispondo-se também a assegurar a preponderância do homem sobre a mulher, do marido sobre a esposa.

Essas ideias circulavam de alto a baixo na sociedade tanto metropolitana, quanto colonial, pois as elites letradas associadas à Igreja só as conseguiram impor porque elas tinham correspondência com o que pensavam as classes subalternas. A sociedade erudita nos tempos modernos sonegava à mulher qualquer tipo de função que implicasse poder, e o saber popular, por sua vez, guardião das mentalidades misóginas, mantinha-se fiel à noção da diferença de papéis sexuais que queria preservar.

Atrelada a práticas gelatinosas aos olhos da Metrópole, a condição feminina na Colônia exigia medidas que a integrassem ao processo de civilização de mores que ocorria no Velho Mundo. Daí a necessidade de um processo normativo às mulheres coloniais. Elas deviam tornar-se esposas e mães, complemento do homem, ventre fecundo que assegurasse perenidade dentro do quadro do sagrado matrimônio. Como mães, tinham que se erguer como paladinas da difusão do catolicismo e do povoamento ordenado da Colônia. Ao contrário de gerar desclassificados fora das normas institucionais, que se concentrassem em parir súditos fiéis aos bandos dos governadores e às pastorais diocesanas.

Inscrita dentro da concepção quase mecânica, no século das Luzes, de que a riqueza de uma nação residia na população numerosa dentro de suas fronteiras, a preocupação com o ordenamento demográfico deu grande impulso às ciências e nelas à medicina, donde a fecundidade do discurso médico descobrindo nos corpos femininos uma fisiologia moral que justificasse a maternidade e que suprisse as demandas de um Estado que relacionava aumento de produção com aumento de braços.

A análise desse projeto normatizador metropolitano para as populações femininas na Colônia inscreve com clareza a mulher na história do poder. Ele ultrapassa o quadro redutor de uma história biológica da condição feminina e a retira da dialética circular que vê em todo homem um dominador, e em toda mulher uma submissa.

Essa análise esclareceu que a maternidade foi o elemento definidor das diversas vivências que as mais diferentes mulheres tiveram na Colônia. A maternidade constituiu-se no universal feminino do período colonial. A identidade feminina fazia-se a partir da maternidade, independentemente de a mulher pertencer à casa-grande, à senzala ou à palhoça bandeirista.

Ao sul do corpo

Sem dúvida houve resistências e tensões no interior dos segmentos femininos a esse modelo que não foram analisadas neste trabalho. Pesquisas em gestação, como as que vêm fazendo Leila M. Algranti e Luís Mott, poderão sublinhar a falta de unanimidade em certas crenças e condutas, revelando como a vida nos conventos, o lesbianismo ou o infanticídio traduziram uma recusa da maternidade tal como ela era idealizada nesse período.

Este estudo apenas tentou abrir uma janela para a história social da mulher. Nele, procurei desvendar os mais salientes papéis da mulher na Colônia, para descobrir que sentido elas lhe davam. Ou ainda, avaliar como os tais papéis funcionavam para endossar a ordem social proposta pelas instâncias de poder, ou, no plano oposto, para promover mudanças nesse sistema, além de incentivar rupturas e resistências.

Baseada em textos normativos, tivemos uma vista literária da condição feminina, que cotejamos com processos-crime e testamentos. A documentação variada sobre a família, a relação entre os sexos e as desviantes e infratoras iluminou melhor o cotidiano das mulheres no interior de suas comunidades, mas mostrou também como é difícil afastar-se de um estudo sobre a natureza feminina o corpo, a sexualidade e a maternidade.

Percebi que, no período estudado, a maternidade era vivida como uma fatalidade, uma tentativa de regeneração do pecado original ou uma espécie de vocação única. Qualquer desordem inerente à fisiologia feminina só poderia ser pacificada pela maternidade. A "santa-mãezinha" era a chave de um sistema mental articulado com o universo social, cuja função consistia em transmitir e reproduzir estruturas por intermédio de valores, ritos e comportamentos cotidianos. Como esposa, como mãe e como filha, ela assegurava esta continuidade.

Importante foi ainda detectar como a mãe tornou-se o canal condutor dos propósitos metropolitanos de adestramento da mal-ossificada sociedade colonial: ao passar os valores institucionais para seus filhos, a mulher se autonormatizava. Mas crucial, mesmo, foi compreender que se as mulheres interiorizavam os preconceitos e estereótipos de uma sociedade machista e androcêntrica, o fizeram porque nesse projeto encontraram benefícios e compensações. Sua revanche traduziu-se numa forte rede de micropoderes em relação aos filhos e num arsenal de saberes e fazeres sobre o corpo, o parto, a sexualidade e a maternidade.

A comunhão entre o desejo institucional de adestramento da mulher (que a transformou em prisioneira da vida doméstica e senhora de uma sexualidade reprimida) e o uso que as populações femininas fizeram desse projeto (aliança com os filhos, autoridade no interior do fogo doméstico etc.) deram grande longevidade ao estereótipo da santa-mãezinha. No entanto, as marcas desse jogo, no qual se abria mão de alguma coisa para se auferir outra, permaneceram junto com o estereótipo, A ambiguidade dessa situação faz com que a tradição e a sabedoria popular até os dias de hoje se pronunciem sobre a maternidade com imagens entre o riso e as lágrimas.

Finalmente – diz-se – "ser mãe é padecer no paraíso...".

Referências bibliográficas

ABREU, A. de. *Tratado de las siete enfermadades*. Lisboa: Pedro Craasbeck,1629.

ABREU, B. L. de. *Portugal médico ou Monarquia médico lusitana prática, simbólica, ética e política*. Lisboa: João Antunes, 1726.

AFONSO, M. J.; MELO, J. F. *Novo método de partejar, recopilado dos mais famigerados sábios e doutores*. Lisboa: Miguel Rodrigues, 1752.

AGUIRRE, C. *Definições morais mui úteis e proveitosas para curas, confessores e penitentes*. Lisboa: João Galvão, 1681.

ALMEIDA, C. M. de. *Código filipino ou Ordenações e leis do Reino de Portugal recopiladas por mandado dei-rei dom Filipe I*. 14ed., sendo a primeira de 1603, e a nona de Coimbra, de 1824. Rio de Janeiro: Instituto Filomático, 1870.

ANDRADE, D. de P. *Casamento perfeito em que se contém advertências muito importantes para viverem os casados em quietação e contentamento e muitas histórias*. Lisboa: H. Garnier, 1630.

ANDRADE, G. O. *Morão, Rosa e Pimenta*: notícia dos três primeiros livros em vernáculo sobre a medicina no Brasil. Recife: Arquivo Público Estadual, 1956.

ANJOS, Frei L. dos. *Jardim de Portugal em que se dá notícia de algumas santas e outras mulheres ilustres em suas virtudes*. Coimbra, 1626.

ARCENIAGA, M. de. *Método práctico de hacer fructuosamente confesión general*. Madrid: Ramon Ruiz, 1724.

ARRAIS, D. M. *Madeira ilustrado*: método de conhecer e curar o morbo-gálico. Lisboa: Antonio Pedroso Galvão, 1715.

AZEVEDO, J. da S. *Exposição délfica apologética crítica*. Lisboa: Pedro Galvão, 1736.

BARRETO, M. A. da C. *Aforismas sobre hemorragias uterinas e convulsões puerperais por Thomas Dennan, traduzidas em vulgar por Manuel A. Costa Barreto*. Lisboa: Simão Tadeu Ferreira, 1797.

Mary Del Priore

BARROS, J. de. *Espelho de casados*. Reservados 264 V, 1540.

BATTENDORF, Padre J. F. *Compêndio da doutrina cristã na língua portuguesa e brasílica*. Lisboa: Simão Ferreira, 1634.

BERNARDES, M. *Armas da castidade: tratado espiritual*. Lisboa: Miguel Deslandes, 1699.

————. *Exercícios espirituais e meditações da via purgativa sobre a malícia do pecado, verdade do mundo, miséria da vida humana e quatro novíssimos do homem*. Lisboa: Bernardo da Costa, 1731.

BLUTEAU, R. *Vocabulário português e latino*. Lisboa, Coimbra: Colégio da Companhia de Jesus, 1712.

BRANDÃO, A. F. *Diálogos das grandezas do Brasil* (1618). Rio de Janeiro: Academia Brasileira de Letras, 1938.

BUCHAN, G. *Medicina doméstica ou tratado completo dos meios de conservar a saúde transladas em vulgar para utilidade da nação*. Lisboa: Tipografia Rolandiana, 1788.

CÂMARA CASCUDO, L. da. *Geografia dos mitos brasileiros*. Belo Horizonte, São Paulo: Itatiaia, Edusp, 1983.

————. A princesa adivinhona. In: *Contos tradicionais do Brasil*. Belo Horizonte, São Paulo: Itatiaia, Edusp, 1986, p.290-1.

CARDIM, F. *Tratados da terra e gente do Brasil*. Belo Horizonte, São Paulo: Itatiaia, Edusp, 1980.

CASAL, M. A. de. *Corografia brasílica ou Relação histórico-geográfica do Reino do Brasil*. Rio de Janeiro: Imprensa Régia, 1817.

CHAGAS, A. das. *Cartas espirituais ao venerável padre*. Lisboa: Miguel Rodrigues, 1736.

————. *Escola de penitência e flagelo de viciosos costumes*. Lisboa: Miguel Deslandes, 1687.

Coleção cronológica de leis extravagantes, posteriores à nova compilação das Ordenações do Reino publicadas em 1603, desde este ano até o de 1761, conforme as coleções que daquelas se fizeram e inseriram na edição vicentina destas no ano de 1747, e seu Apêndice do de 1760. As quais acresceram nesta edição as compiladas por F. da G. França em suas Adições e Apêndice. Recenseadas todas, acuradamente revistas e frequentemente emendadas de muitos erros e faltas daquelas e outras edições. 6v. Coimbra: Universidade, 1819-1833.

Conduite des confesseurs dans le tribunal de la pénitence selon les instructions de S. Charles Borromée et la doctrine de S. François de Salles. 3e édition, Paris: Gabriel-Charles Breton, 1768.

Constituições primeiras do Arcebispado da Bahia, feitas e ordenadas pelo Ilustríssimo e Reverendíssimo Senhor dom Sebastião Monteiro da Vide, arcebispo do dito arcebispado e do Conselho de Sua Majestade: propostas e aceitas em o sínodo diocesano que o dito senhor celebrou em 12 de junho do ano de 1707. Coimbra: Real Colégio das Artes da Companhia de Jesus, 1720.

CORREIA, J. L. *Castelo forte contra todo gênero de feridas, chagas, deslocações e fraturas*. Lisboa, 1722.

COUTINHO, J. J. da C. A. *Estatutos do Recolhimento de N. Sra. da Glória do lugar de Boa Vista de Pernambuco*. Lisboa: Academia Real das Ciências, 1798.

DEBRET, J.-B. *Viagem pitoresca e histórica ao Brasil*. 2v. Belo Horizonte, São Paulo: Itatiaia, Edusp, 1978.

Ao sul do corpo

DELICADO, A. *Adágios portugueses reduzidos a lugares-comuns.* Lisboa, 1651.

Devoção das mulheres da moda na Igreja e o modo com que nunca ouviam missa. Coleção 22, Reservados 1351, fins do século XVIII.

DEUS, Frei M. de. Católico no templo, exemplar e devoto.

F. R. I. L. E. I. *Adágios e provérbios, rifões e anexins da língua portuguesa.* Lisboa: Tipografia Rolandiana, 1780.

FERRAND, M. *Traité de la maladie d'amour ou de la mélancolie érotique avec remèdes.* Paris, 1623.

FERRAZ, M. J. de S. Observação de uma tísica tuberculosa e de uma concepção calcária achada no útero. In: *Memórias de Matemática e Física da Academia de Ciências de Lisboa.* Lisboa, 1799a, tomo 2.

_____. Singular observação que confirma a simpatia do estômago com a cabeça. In: *Memórias de Matemática e Física da Academia de Ciências de Lisboa.* Lisboa, 1799b, tomo 2.

FERREIRA, A. *Luz verdadeira e recopilado exame de toda a cirurgia.* Lisboa: José Filipe, 1757.

FERREIRA, L. G. *Erário mineral dividido em doze tratados.* Lisboa: Miguel Rodrigues, 1735.

FONSECA, J. *Trata de uma confissão bem feita a que trata de reformar sua vida.* Évora: Universidade, 1687.

FRANCO, F. de M. *Tratado de educação física dos meninos para uso da nação portuguesa.* Lisboa: Academia Real das Ciências, 1790.

_____. *Medicina teológica ou Súplica humilde a todos os senhores confessores e doutores sobre o modo de proceder com seus penitentes na emenda dos pecados, principalmente da lascívia, cólera e bebedice.* Lisboa: Antônio Galhardo, 1794. Reservados 6118.

_____. *Elementos de higiene ou Ditames teoréticos e práticos para conservar a saúde e prolongar a vida.* 31ed., Lisboa: Academia Real das Ciências, 1823.

GAMA, dona J. da. *Ditos da freira.* Conforme edição quinhentista de 1555. Porto Braga, Livraria Internacional, 1872.

GANDAVO, P. de M. *Tratado da terra do Brasil: história da província de Santa Cruz.* Belo Horizonte, São Paulo: Itatiaia, Edusp, 1980.

GONÇALVES, R. *Dos privilégios e prerrogativas que o gênero feminino tem por direito comum e ordenação do Reino mais do que o gênero masculino.* Reservados 283 V, 1557.

GRANADA, Frei L. de. *Compêndio de doutrina cristã recopilado de diversos autores que desta matéria escreveram.* Coimbra: Universidade, 1789.

GUSMÃO, A. de. *A arte de criar bem os filhos na idade de puerícia.* Lisboa: Miguel Deslandes, 1685.

HENRIQUES, F. da F. *Âncora medicinal para conservar a vida com saúde.* Lisboa: Miguel Rodrigues, 1731a.

_____. *Medicina lusitana: socorro délfico aos clamores da natureza para total profligação de seus males.* Amsterdã, 1731b.

HOLANDA, S. B. de. *Antologia de poetas coloniais.* São Paulo: Perspectiva, 1979.

HORTA, B. D. Descrição de um monstro da espécie humana existente na cidade de São Paulo na América Meridional. In: *Memórias de Matemática e Física da Academia de Ciências de Lisboa*. Lisboa, 1799, tomo 2.

IMBERT, J. B. A. *Manual do fazendeiro ou tratado doméstico sobre as enfermidades dos negros*. Rio de Janeiro: Tipografia Nacional, 1839.

Instruções às senhoras casadas para viverem em paz e quietação com seus maridos. MDCCLXXXII, Reservados 4290 P.

Inventários e testamentos. Volumes 6, 10, 15, 25, 37, 40, 43.

JABOATÃO, frei A. de S. M. *Novo orbe seráfico brasílico ou Crônica dos frades menores da província do Brasil*. 5v. Rio de Janeiro: Maximiano Gomes Ribeiro, 1858-1862.

LAPA, J. R. A. *Livro da visitação do Santo Ofício da Inquisição ao Estado do Grão-Pará (1763-1769)*. Petrópolis: Vozes, 1978.

LARRAGA, F. *Prontuário de teologia moral mui útil e necessário para todos os que se quiserem expor para confessores*. Coimbra, 1740.

LE CAT, M. *Traité de la couleur de la peau humaine en générale, de celle de nègres en particulier, et de la metamorphose de ces couleurs en l'autre*. Amsterdã, 1765.

LEITE, S. *Novas cartas jesuíticas*. São Paulo: Nacional, 1940.

———. *Cartas dos primeiros jesuítas do Brasil*. 3v. São Paulo, Comissão do IV Centenário da Cidade de São Paulo, 1956-1958.

LÉRY, J. de. *Viagem à terra do Brasil*. Belo Horizonte, São Paulo: Itatiaia, Edusp, 1980.

LISBOENSE, C. F. *História da donzela Teodora em que trata da sua grande formosura e sabedoria*. Lisboa: Fernando José dos Santos, 1783.

Livro de receita médica para diversos males. Reservados 10826, século XVII.

LOUREIRO, D. G. de. *História da aparição e milagres da Virgem da Lapa*. Coimbra, 1629.

LOURENÇO, A. G. *Arte flebotômica, anatômica, médica, cirúrgica para sangradores e demais professores*. Lisboa: Pedro Ferreira, 1751.

MACEDO, A. de S. *Flores de España, excelencia de Portugal*. Impressas por Jorge Rodrigues, 1631. Reservados 3071 V.

MACHADO, A. *Vida e morte do bandeirante*. Belo Horizonte, São Paulo: Itatiaia, Edusp, 1980.

Malícia dos homens contra a bondade das mulheres. Embargos que os homens põem à primeira parte. Mostra-se: as modas que se usa. Lisboa, Francisco Borges de Sousa, 1759.

MARIA, padre frei J. de J. *Farmacopeia dogmática médico-química e teórico-prática*. Porto: Antônio Alves Ribeiro Guimarães, 1772.

MATOS, G. de. *Poemas escolhidos*. Seleção, introdução e notas de José Miguel Wisnick. São Paulo: Cultrix, 1975.

MELO, F. M. de. *Carta de guia de casados para que pelo caminho da prudência se acerta com a casa do descanso*. Lisboa: Oficina Craesberiana, 1651.

———. *Tratado da ciência cabala ou Notícia da arte cabalística*. Lisboa: Bernardo Costa Carvalho, 1724.

Memorial de vários símplices que da Índia Oriental, da América, de outras partes do mundo vêm ao nosso Reino para remédio de muitas doenças, no qual se acharão as virtudes de cada um e o modo com que se devem usar. Lisboa: Antônio Pedro Galvão, 1727.

Ao sul do corpo

MENDONÇA, A. M. de M. C. e. Memória econômica e política da capitania de São Paulo em 1800. In: *Anais do Museu Paulista*, 15 (1961), p.81-247.

MONARDES, B. *Primera, segunda y tercera partes de la historia medicinal de las cosas que se traen de nuestras Indias Occidentales que sirven en medicina.* Sevilha: Alonso Escrivano, 1574.

MOTA, L. *Adagiário brasileiro.* Belo Horizonte, São Paulo: Itatiaia, Edusp, 1987.

MOURA, J. F. Sintagma cirúrgico 1713. In: FERNANDO S. P. *Linguagem médica popular no Brasil.* Rio de Janeiro: Barreto, 1936.

NANTES, B. de. *Catecismo índico da língua cariri aumentado de várias práticas doutrinais e morais adaptadas ao gênio e capacidade dos índios do Brasil.* Lisboa: Valentim da Costa Deslandes, 1636.

NAVARRO, M. A. *Manual de confesores y penitentes que contiene todas las dudas que en las confesiones suelem ocurrir de los períodos, absolviciones, restituciones, censuras, irregulari-dades.* Valadolid, 1570.

_____.Tratado de murmuration e alabança. Reservados 4787, século XVI.

ORTA, G. da. *Colóquio dos simples e drogas da Índia.* Lisboa: Imprensa Nacional, 1895.

PADILHA, P. N. de A. e. *Raridades da natureza e da arte divididas pelos quatro elementos.* Lisboa: Francisco Luís Aveiro, 1759.

PÁDUA, A. de. *A arte de viver em paz com os homens.* Lisboa: Régia Oficina Tipográfica, 1783.

PARÉ, A. *Monstruos y prodigioso* Madri: Siruela, 1987.

PEREIRA, B. *Anacefaleose médico, teológica, mágica, jurídica, moral e política.* Coimbra: Francisco Oliveira, s. d.

PEREIRA, N. M. *Compêndio narrativo do Peregrino da América.* Lisboa: Miguel Manescal da Costa, 1752.

PÉRIER, A. *Desengano dos pecadores, necessário a todo o gênero de pessoas, utilíssimo aos missionários e aos pregadores que só desejam a salvação das almas.* Lisboa: Miguel Manescal da Costa, 1765.

PISO, G. *História natural do Brasil ilustrada.* São Paulo: Nacional, 1948 [1ed. 1648].

Primeira visitação do Santo Ofício às partes do Brasil pelo licenciado Heitor Furtado de Mendonça, capelão fidalgo del-rei nosso senhor e do seu Desembargo, deputado do Santo Ofício. Denunciações da Bahia, 1591-1593. Introdução de Capistrano de Abreu. São Paulo: Paulo Prado, 1925.

Principales merveilles de la nature. Amsterdã: Paul Moret, 1723.

Prodigiosa lagoa descoberta nas Congonhas das Minas de Sabará, que tem curado a várias pessoas dos achaques que nesta relação se expõem. Lisboa: Miguel Manescal da Costa, 1749.

Regras para a cristã educação dos meninos. Lisboa: Régia Oficina Tipográfica, 1783.

ROMA, F. M. *Luz na medicina prática, racional e metódica*: guia de enfermeiros, diretório de principiantes e sumário de remédios para poder acudir e remediar. Coimbra: Francisco de Oliveira, 1753.

SABUGO, O. D. de N. B. *Nova filosofia da natureza do homem, não conhecida nem alcançada dos grandes filósofos antigos, a qual melhora a saúde e a vida humana.* Lisboa: Manuel Fernandes da Costa, 1734.

Mary Del Priore

SAINT-HILAIRE, A. de. *Viagem da província de São Paulo*. Belo Horizonte, São Paulo: Itatiaia, Edusp, 1974.

SANTA MARIA, A. de. *Santuário mariano e história das imagens milagrosas de Nossa Senhora e das milagrosamente aparecidas em graça dos pecadores e dos devotos da mesma Senhora.* 10v. Lisboa: Oficina de Antonio Pedroso Galvão, 1707-1723.

SARMENTO, J. de C. *Matéria médica, físico, histórico, mecânico a que se ajuntam os principais remédios do presente estado da matéria médica.* Londres: Guilherme Stahan, 1758.

SÃO PAULO, F. *Linguagem médica popular no Brasil.* Rio de Janeiro: Barreto, 1936.

SEMEDO, J. C. *Observações médico-doutrinais de cem gravíssimos casos.* Lisboa: Antônio Pedroso Galvão, 1707.

_____. *Atalaia da vida contra hostilidades da morte.* Lisboa: Oficina Ferreiriana, 1720.

_____. *Polianteia medicinal, notícias galênicas e químicas.* Lisboa: Antônio Pedroso Galvão, 1761.

SEQUEIRA, padre Â. de. *Botica preciosa e tesouro precioso da Lapa.* Lisboa: Miguel Rodrigues, 1754.

_____. *Livro do vinde e vede e do sermão do dia do juízo universal.* Lisboa: Antônio Vicente da Silva, 1758.

SILVA, A. da. *Sermões das tardes de domingos da Quaresma pregados na matriz do Arrecife de Pernambuco no ano de 1673.* Lisboa: João da Costa, 1675.

SILVA, J. J. A. e. *Coleção cronológica da legislação portuguesa.* 10v. Lisboa: J. J. A. Silva, 1854-1859.

SIMON, C. *A estrada de Flandres.* Rio de Janeiro: Nova Fronteira, 1986.

SOARES, M. *Prática para os visitadores dos bispados com licença da Santa Inquisição.* Lisboa, 1602.

SPIX, J. B. von e MARTIUS, C. F. P. von. *Viagem pelo Brasil.* Belo Horizonte, São Paulo: Itatiaia, Edusp, 1980.

TORRES, S. de. *Prontuário fármaco e cirúrgico dedicado à N. Sra. do Cabo.* Lisboa: Manuel Soares, 1756.

TRANCOSO, G. *Contos e histórias de proveito e exemplo.* Lisboa, edição fac-similada da B. N. L., 1982.

Tratado de matéria médica. Res. 4070.

VICENTE, G. *A farsa de Inês Pereira.* Introdução e estabelecimento do texto de Sigismundo Spina. 22ed. São Paulo: Brasiliense, 1982.

VILHENA, L. dos S. *Recopilação de notícias soteropolitanas e brasílicas contidas em XX cartas que da cidade de Salvador Bahia de Todos os Santos escreve um a outro amigo em Lisboa.* Bahia: Imprensa Oficial do Estado, 1921.

VILHENA, R. Primeiro caso de teratopagia registrado no Brasil à luz de um documento do Arquivo Nacional. In: *Revista brasileira de história de medicina*, IV(1): 91-102, 1953.

Ao sul do corpo

Livros e artigos

AIZPURU, P. G. *Las mujeres en la Nueva España:* educación y vida cotidiana. México: El Colégio de México, A. C., 1987.

ALLENDE, I. *A casa dos espíritos.* Rio de Janeiro: Bertrand, 1988.

ALMEIDA, A. M. de. Casamento, sexualidade e pecados: os manuais portugueses de casamento, séculos XVI-XVIII. In: *Família e grupos de convívio. Revista brasileira de história,* 9(17): 191-207, 1989.

AMUSSEN, S. D. Féminin/masculin: le genre dans l'Angleterre de l'époque moderne. In: *Annales economies, societés et civilisations,* 30(2): 269-87, [s.d].

ANDRADE, A. A. de. A mulher na legislação afonsina: o Fuero Real. In: *Actas:* a mulher na sociedade portuguesa, visão histórica e perspectivas atuais. Coimbra: Instituto de História Econômica e Social, 1(1985): 243-57.

ARAÚJO, A. M. *Medicina rústica.* São Paulo: Nacional, 1959.

ARIÈS, P. *História social da família e da criança.* Rio de Janeiro: Zahar, 1978.

_____; DUBY, G. *Histoire de la vie privée.* 3v. Paris: Seuil, 1985.

BACELLAR, C. de A. P. *Os senhores da terra:* família e sistema sucessório entre os senhores de engenho do oeste paulista (1765-1858). Dissertação (Mestrado). Faculdade de Filosofia, Letras e Ciências Humanas, Universidade de São Paulo. 1987 (mimeo.).

BELLINI, L. *A coisa obscura:* mulher; sodomia e inquisição no Brasil colonial. São Paulo: Brasiliense, 1988.

BENABOU, E.M. *La prostituition et la police des moeurs au XVIIIᵉ siècle.* Paris: Perrin, 1987.

BENANTE, M. A. As mancebias nas cidades medievais portuguesas. In: *Actas: A mulher na sociedade portuguesa:* visão histórica e perspectivas atuais. Coimbra: Instituto de História Econômica e Social, 1(1985): 221-41.

BEOZZO, J. O. A mulher indígena e a Igreja na situação escravista do Brasil colonial. In: MARCÍLIO, M. L. (org.). *A mulher pobre na história da Igreja.* São Paulo: Paulinas, 1984, p.70-93.

BERNOS, M. De l'influence salutaire ou pernicieuse de la femme dans la famille et la societé. In: *Revue d'histoire moderne et contemporaine,* 1982, p.453-61.

BIDON, D. A.; CLOSSON, M. *L'enfant à l'ombre des cathédrales.* Lyon: Presses Universitaires de Lyon, 1985.

BOLOGNE, J.-C. *Histoire de la pudeur.* Paris: Olivier Orban, 1986.

_____. *La naissance interdite:* stérilité, contraconception et avortement au Moyen Âge. Paris: Olivier Orban, 1988.

BONNET, J. *La terre des femmes et ses magies.* Paris: Robert Laffont, 1980.

BOXER, C. *A Idade de Ouro no Brasil,* São Paulo: Nacional, 1963.

_____. *A mulher na expansão ultramarina ibérica,* Portugal: Horizonte, 1977.

BRIFFAULT, R. *The mothers.* Nova York: MacMillan, 1927.

BRUNDAGE, J. A. *Law, sex and christian society in Medieval Europe.* Chicago: The University of Chicago Press, 1987.

Mary Del Priore

BUESS, H. A obstetrícia dos médicos hipocráticos. In: *Actas Ciba*. XVIII(10), 362-82. 1950.

BURGUIÈRE, A. L'anthropologie historique. In : LE GOFF, J. (org.). *La nouvelle histoire*. Paris: Complexe, 1978.

_____. (ed.). *Histoire de la famille*. Paris: Armand Collin, 1986.

CAMPOS, A. A. L. *O casamento e a família em São Paulo colonial: caminhos e descaminhos*. Tese (Doutorado). Faculdade de Filosofia, Letras e Ciências Humanas, Universidade de São Paulo. 1986.

_____. Corte amorosa e sedução no passado colonial. In: *Nota bibliográfica e histórica*. Campinas, 20(129): 1-84, jan.-mar., 1988.

CANTEL, R. La femme dans la pensée de Vieira. In: *Caravelle – Cahiers du monde hispanique et luso-brésilien*, n.4, Toulouse, 1965.

CARNEIRO, A. L. Notas etnográficas sobre a amamentação materna. In: *Jornal médico*. Lisboa, separata, V(109): 396-8, fev., 1945.

CARNEIRO, M. L. T. *Preconceito racial no Brasil colônia*. São Paulo: Brasiliense, 1983.

CORBIN, A. *Les filles de noce*. Paris: Flammarion, 1982.

COSTA, I. D. N. da. *Vila Rica: população* (1719-1826). São Paulo: Instituto de Pesquisas Econômicas (USP), 1979.

COSTA, R. R. *Divórcio e anulação de matrimônio em São Paulo colonial*. Dissertação (Mestrado). Faculdade de Filosofia, Letras e Ciências Humanas, Universidade de São Paulo. 1986.

D'INCAO, M. A. (org.). *Amor e família no Brasil*. São Paulo: Contexto, 1988.

DARMON, P. *Le mythe de la procréation à l'âge baroque*. Paris: Seuil, 1981.

_____. *Mythologye de la femme dans l'ancienne France*. Paris: Seuil, 1983.

_____. *O tribunal da impotência*: virilidade e fracassos conjugais na antiga França. Rio de Janeiro: Paz e Terra, 1988.

DAUPHIN, C. et al. Cultures et pouvoir des femmes: essai d'historiographie. *Annales économies, societés et civilisations*. 32 (1986): 271-93.

DAVIS, N. Z. *Les cultures du peuple*: rituels, savoirs et résistences au 16e siècle. Paris: Aubeir, 1979.

DEL PRIORE, M. Mulheres de trato ilícito: a prostituição na São Paulo do século XVIII. In: *Anais* do Museu Paulista, v.XXXV, 1986-1987, separata, p.167-200.

_____. *A mulher na história do Brasil*. São Paulo: Contexto, 1988.

_____. A maternidade da mulher escrava. In: *Estudos CEDHAL*. São Paulo: Cedhal/USP, n.4, 1989a.

_____. O corpo feminino e o amor. In: D'INCAO, M. A. *Amor e família no Brasil*. São Paulo: Contexto, 1989b, p.31-56.

_____. Os jesuítas e a infância. In: _____(org.). *A criança na História do Brasil*. São Paulo: Contexto, 1991.

_____. *História da criança no Brasil*. São Paulo: Contexto, 1996.

DELUMEAU, J. *El catolicismo de Lutero a Voltaire*. Barcelona: Labor, 1973.

_____. *La peur en Occident*. Paris: Fayard, 1978.

Ao sul do corpo

————. *Le péché et la peur:* la culpabilisation en Occident (XIIIe-XVIIIe siècles). Paris: Fayard, 1983.

————.; LEQUIN, Y. (orgs.). *Les malheurs des temps, histoire des fléaux et calamités en France.* Paris: Larousse, 1987.

————. *L' aveau et le pardon:* les difficultés de la conféssion (XIIIe-XVIIIe siecles). Paris: Fayard, 1990.

DEROUET-BESSON, M.-C. Inter-Dous Scopulus: hipothése sur la place de la sexualité dans les modèles de la réprésentation du monde au XIe siècle. In: *Annales économies, societés et civilisations,* sept.-oct. 1981: p.922-43.

DESAIVE, J. P. Délits sexuels et archives judiciaires (1690-1750). In: *Communications:* parure, pudeur; étiquette. Paris: Seuil,1987, p.119-25.

DESCLAIS-BERKVAM, D. *L'enfance et la maternité dans la littérature française des XIIe et XIIIe siècles.* Paris: Honoré Champion, 1981.

DIAS, M. O. L. S. *Quotidiano e poder em São Paulo no século XIX.* São Paulo: Brasiliense, 1984.

DUBY, G. *Guerriers et paysans.* Paris: Gallimard, 1973.

ELIAS, N. *La civilisation des moeurs.* Paris: Calmann-Lévy, 1973.

ELREMREICH, B.; ENGLISH, D. *Witches, midwifes and nurses in history of woman healers.* New York: The Feminist Press, 1973.

ENGEL, M. *Meretrizes e doutores:* saber médico e prostituição no Rio de Janeiro (1840-1890). São Paulo: Brasiliense, 1980.

ETZEL, E. *Nossa Senhora da Expectação do Ó.* São Paulo: Bovespa, 1985.

FARGE, A. Pratique et effets de l'histoire des femmes. In: PERROT, M. (dir.). *Une histoire des femmes est-elle possible?* Paris: Rivage, 1984.

————. *Violences, pouvoirs et solidarités à Paris au XVIIIe siècle.* Paris: Hachette, 1986.

————.; KLAPISC-ZUBER, C. *Madame ou mademoiselle? Itinéraires de la solitude féminine: 18e-20e siècles.* Paris: Arthaud Montalba, 1984.

FAUVE-CHAMOUX, A. La femme devant l'allaitement. In: *Annales de démographie historique,* 1973, p.251-63.

FEBVRE, L. Pour l'histoire d'un sentiment. In: CHARTIER, R. et al. *La sensibilité dans l'histoire.* Brionne: Gerard Monfort, 1987, p.113-6.

FIGUEIREDO, L. R. A. Quitutes e quitandas. In: *Cadernos de pesquisa,* 54, 1985, p.50-71.

————. Segredos de Mariana: pesquisando a Inquisição mineira. In: *Acervo-Revista do Arquivo Nacional,* 2(2): 11-34, 1987.

————. *Barrocas famílias:* vida familiar em Minas Gerais no século XVIII. São Paulo: Hucitec, 1997.

————.; MAGALDI, A.M. Negras de tabuleiros e vendeiras: a presença feminina na desordem mineira. In: *Ciências sociais, hoje.* São Paulo: Cortez, 1984, p.179-214.

————. *O avesso da memória:* estudo do papel, participação e condição social da mulher no século XVIII mineiro. São Paulo: Fundação Carlos Chagas, 1984 (datil.).

FLANDRIN, J. L. L'attitude à l'égard du petit enfant et les conduites sexuelles dans la civilisation occidentale. In: *Annales de démographie historique,* 1973, p.143-210.

Mary Del Priore

_____. *Les amours paysannes*. Paris: Gallimard, 1975.

_____. La vie sexuelle des gens mariés dans l'ancienne société. In: ARIES, P.; BEJIN, A. *Sexualités occidentales*. Paris: Seuil, 1982, p.143-210.

_____. *Un temps pour embrasser* : aux origines de la morale sexuelle occidentale. *VIᵉ-XIᵉ siècles*. Paris: Seuil, 1983.

_____. *O sexo e o Ocidente:* evolução das atitudes e dos comportamentos. São Paulo: Brasiliense, 1988.

FREYRE, G. *Casa-grande & senzala:* formação da família brasileira sob regime de economia patriarcal. 20ed. Rio de Janeiro, Brasília; José Olympio, INL-MEC, 1980.

GAETA, M. A. *O bispado de São Paulo:* d. Matheus de Abreu Pereira, a oração e a política. Dissertação (Mestrado). Faculdade de Filosofia, Letras e Ciências Humanas, Universidade de São Paulo, 1983.

GAUTIER, A. *Les soeurs de solitude:* la condition féminine dans l'esclavage aux Antilles du XVIIᵉ au XIXᵉ siècle. Paris: Editions Caribéens, 1985.

GAY, P. *A educação dos sentidos:* a experiência burguesa da rainha Vitória a Freud. São Paulo: Companhia das Letras, 1988.

GÉLIS, J. *La sage femme ou Le médecin: une nouvelle conception de la vie*. Paris: Fayard, 1981.

_____. *L'arbre et le fruit:* la naissance dans l'Occident moderne. Paris: Fayard, 1984.

_____. The child: from anonymity to individuality. In: ARIES, P.; DUBY, G. *A history of private life: Passions of the Renaissance*. 4v. Londres: The Belknap Press of Harvard University Press, 1989, p.309-25.

GOLDSCHMITH, E. R. *Casamentos mistos de escravos em São Paulo colonial*. Dissertação (Mestrado). Faculdade de Filosofia, Letras e Ciências Humanas, Universidade de São Paulo, 1987 (mimeo.).

GONCOURT, E. J. *La femme au dix-huitième siècle*. Paris: Flammarion, 1972.

GOODY, J. *L'évolution de la famille et du mariage en Europe*. Paris: Armand Collin.

GORDWOSKY, A. *Hiéroglyphes du corps*.

GREILSAMMER, M. *L'envers du tableau-mariage et maternité en Flandre médievale*. Paris: Armand Colin, 1990.

GRIMMER, C. *La femme et le bâtard:* amours illégitimes et sécrets dans l'ancienne France. Paris: Renaissance, 1983.

GUILHEM, C. L'inquisition et la dévaluation des discours féminins. In: BENASSAR, B. *L'Inquisition espagnole, XVᵉ XIXᵉ siècles*. Paris: Hachette, 1979, p.193-236.

HAHNER, J. E. *A mulher no Brasil*. Rio de Janeiro: Civilização Brasileira, 1978.

HÉRITIER, J. *La sève de l'homme:* de l'âge d'or de la saignée aux débuts de l'hématologie. Paris: Denõel, 1977.

HOEST, B. L'amour enfermé. In: *Amour et sexualité dans la France du XVIᵉ siècle*. Paris: Olivier Orban, 1990.

HOFFMAN, P. *La femme dans la pensée des Lumières*. Paris: Ophrys, s. d.

HOLANDA, S. B. de. *O extremo Oeste*. São Paulo: Brasiliense, Secretaria do Estado da Cultura, 1986.

Ao sul do corpo

HOORNAERT, E. et al. *História da Igreja no Brasil*. 3ed. Petrópolis: Vozes, 1983.

HUYSMANS, J. K. *Às avessas*. São Paulo: Companhia das Letras, 1987.

JACQMART, D.; THOMASSET, C. *Sexualité et savoir médical au Moyen Age*. Paris: PUF, 1985.

JOAQUIM, T. *Dar à luz*: ensaio sobre as práticas e crenças da gravidez, parto e pós-parto em Portugal. Lisboa: Dom Quixote, 1983.

KLAPISH-ZUBER, C. La mise en nourrice à Florence: 1300-1530. In: *Annales de démographie historique*. 1973, p.271-93.

KNIEBLER, Y. ; FOUQUET, C. *Histoire des mères*. Paris: Montalba, 1977.

LACOMBE, A. J. A Igreja no Brasil colonial. In: HOLANDA, S. B. de (dir.). *História geral da civilização brasileira*. São Paulo: Difel, 1977, tomo 1, v.2, p.51-75.

LAGET, M. *Naissances*: l'accouchement avant l'âge de la clinique. Paris: Seuil, 1982.

LE GOFF, J. Le refus du plaisir. In: *L'histoire*, n.3, jan. 1964, p.52-9.

LEBRUN, F. *La vie conjugale sous l'Ancien Régime*. Paris: Armand Collin, 1975.

————. Le prêtre, le prince et la famille. In: BURGUIÈRE, A. *Histoire de la famille*. Paris: Armand Collin, 1986.

LEITE, M. L. M. et al. *A mulher no Rio de Janeiro no século XIX*. São Paulo: Fundação Carlos Chagas, 1982.

————. *A condição feminina no Rio de Janeiro do século XIX. Antologia de textos de viajantes estrangeiros*. São Paulo, Brasília: Hucitec, INL, 1984.

————. A família no século XIX. *Anais do VII Encontro da ANPOCS*. Rio de Janeiro, 1988 (mimeo.).

LIMA, L. L. da G. (org.). *Mulheres, adúlteros e padres*: história e moral na sociedade brasileira. Rio de Janeiro: Dois Pontos, 1987.

————. Aprisionando o desejo: confissão e sexualidade. In: VAINFAS, R. (org.). História e sexualidade no Brasil. Rio de Janeiro: Graal, 1986, p.79.

LONDOÑO, F. T. EI concubinato y la iglesia en el Brasil colonial. *Estudos CEDHAL*. São Paulo: Cedhal/USP, n.2, 1988.

————. O crime do amor. In: D'INCAO, M. A. (org.). *Amor e família no Brasil*. São Paulo: Contexto, 1989.

————. *A outra família*: São Paulo: Loyola, 1999.

LORIN, M. T. Les corps a ses raisons dans la fablieux. In: *Le Moyen Âge – Revue d'histoire et philosophie,* n.34,1984, p.433-55.

LOUX, F. *Le jeune enfant et son corps dans la médicine traditionelle*. Paris: Flammarion, 1978.

MACFARLANE, A. *História do casamento e do amor*: São Paulo: Companhia das Letras, 1990.

MAGALHÃES, F. *A obstetrícia no Brasil*. São Paulo: Leite Ribeiro, 1922.

MARCÍLIO, M. L. *A cidade de São Paulo: povoamento e população (1750-1850)*. São Paulo: Pioneira, Edusp, 1974.

————. *Caiçara: terra e população*. São Paulo: Cedhal, Paulinas, 1986.

MARQUES, A. H. O. *História de Portugal*. Lisboa: Palas, 1974.

MATHEWS-GRIECO, S. F. La conception de la femme dans l'estampe française du XVIe siècle. In: SEGALEN, M. *Mari et femme dans la société paysanne*. Paris: Flammarion, 1980.

MATTA, R. da. *A casa e a rua*: espaço, cidadania, mulher e morte no Brasil. São Paulo: Brasiliense, 1985.

McCLENDON, C. C. Do's and dont's: a set of rules for the eighteenth century female. In: *Estudos ibero-americanos*, 1(1980): 53-60.

MORIN, E. *La rouge différence ou Les rythmes de la femme*. Paris: Seuil, 1982.

MOTT, L. *Escravidão, homossexualidade e demonologia*. São Paulo: Ícone, 1988a.

———. *O sexo proibido: virgens, gays e escravos nas garras da Inquisição*. São Paulo: Papiros, 1988b.

———. Os pecados da família na Bahia de Todos os Santos (1813). In: *Escravidão, homossexualidade e demonologia*. São Paulo: Ícone, 1988c, p.49-85.

———. Dedo de anjo e osso de defunto: os restos mortais na feitiçaria afro-brasileira. In: D.O. *Leitura*. 8(90), novo 1989a.

———. *A Inquisição em Sergipe*. Aracaju: Sercore, 1989b.

MOTT, M. L. de B. *Submissão e resistência*: a mulher na luta contra a escravidão. São Paulo: Contexto, 1988.

MUCHEMBLED, R. *L'invention de l'homme moderne:* sensibilités, moeurs et comportements collectifs sous l'Ancien Régime. Paris: Fayard, 1988.

MUS, M. L'imaginaire populaire avignonnaise, un témoin de la sensibilité religieuse des couches populaires à l'époque moderne et au XIXe. In: *Annales du Midi*. 94(156): 41-59.

NORTON, M. B. *Major problems in American women's History*. D. C., Heath 1989.

NOVAIS, F. A. *Portugal e Brasil na crise do antigo sistema colonial (1777-1808)*. São Paulo: Hucitec, 1981.

PERROT, M. (org.). *Une histoire des femmes est-elle possible?* Paris: Rivages, 1984.

PERRY, M. Deviant insiders: legalized prostitutes and cancioness of woman in early modern Sevilla. In: *Comparative studies in society and History*, 0010/4175/85, p.138-58.

PETRONE, M. T. S. *A lavoura canavieira em São Paulo*. São Paulo: Difel, 1968.

PRADO JÚNIOR, C. *Formação do Brasil contemporâneo. Colônia*. 15ed. São Paulo: Brasiliense, 1977.

PRADO, P. *Retrato do Brasil. Ensaio sobre a tristeza brasileira*. 2ed. São Paulo: Ibrasa, INL, 1981.

RAMOS, D. Marriage and the family in colonial Vila Rica. In: *Hispanic America historical review,* 55(2): 200-25, 1975.

RANUM, O. The refuges of intimacy. In: ARIES, P.; DUBY, G. *A history of privare life*. 4v. Londres: The Belknap Press of Harvard University Press, 1989.

ROGER, A. Vulva, vultus, phalus. In: *Communications*. Paris: Seuil, n.46, 1987, p.181-98.

ROSS, E.; RAPP, R. Sex and society: a research note from Social History and Antropology. In: *Past and present,* 23(1): 51-72, jan. 1981.

ROSSIAUD, J. *La prostituition en el Medievo*. Barcelona: Ariel, 1986.

Ao sul do corpo

ROUSSELLE, A. *Porneia*: sexualidade e amor no mundo antigo. São Paulo: Brasiliense, 1984.

RUSSEL-WOOD, A. J. R. Women and society in colonial Brazil. *Journal of Latin American studies,* 9(1): 1-34, [s.d.].

SAINT-AMAND, P. *Séduire ou la passion des Lumières.* Paris: Méridiens Klincksieck, 1987.

SAMARA, E. de M. *A família na sociedade paulista do século XIX.* Tese (Doutorado). Faculdade de Filosofia, Letras e Ciências Humanas, Universidade de São Paulo, 1980.

————. *As mulheres, o poder e a família. São Paulo, século XIX.* São Paulo: Marco Zero, SECSP, 1989.

SANTOS FILHO, L. *História geral da medicina brasileira.* São Paulo: Hucitec, Edusp, 1977a.

————. Medicina colonial. In: HOLANDA, S. B. de. *História geral da civilização brasileira.* São Paulo: Difel, 1977b, tomo 1, v.2, p.145-60.

SCAVONE, L. As múltiplas faces da maternidade. *Cadernos de pesquisa,* 54(1985): 37-49.

SCHIMIDT. A. F. *Poesia completa:* Rio de Janeiro: José Olympio, 1956.

SCHWARTZ, S. *Segredos internos*: engenhos e escravos na sociedade colonial. São Paulo: Companhia das Letras, CNPq, 1988.

SCOTT, A. S. V. *Dinâmica familiar da elite paulista.* Dissertação (Mestrado). Faculdade de Filosofia, Letras e Ciências Humanas, Universidade de São Paulo, 1987 (mimeo.).

SEGALEN, M. *Mari et femme dans la société paysanne.* Paris: Flammarion, 1980.

SHORTER, E. Différences de classe et sentiments depuis 1750. In: *Annales économies, sociétés et civilisations,* juil.-août. 1974, p.1.034-57.

————. *La naissance de la famille moderne.* Paris: Seuil, 1977.

————. *Les corps des femmes.* Paris: Seuil, 1984.

SIGAL, P.-A. *L'homme et le miracle dans la France médievale.* Paris: Cerf, 1985.

SILVA, M. B. N. da. *Sistema de casamento no Brasil colonial.* São Paulo: T. A. Queiroz, Edusp, 1984.

————. A imagem da concubina no Brasil colonial: ilegitimidade e herança. In: COSTA, A. de O.; BRUSCHINI, C. (eds.). *Rebeldia e submissão*: estudos sobre a condição feminina. São Paulo: Vértice, Fundação Carlos Chagas, 1989, p.17-59.

SIQUEIRA, S. A. *A Inquisição portuguesa e a sociedade colonial.* São Paulo: Ática, 1978.

SMITH, B. G. The contribution of women to modern historiography in Great Britain, France and the United States (1750-1940). In: *American historical review,* 89(3): 709-32, 1984.

SOIHET, R. *Condição feminina e formas de violência.* Rio de Janeiro: Forense, 1989.

SOLÉ, J. *L'amour en Occident à l'époque moderne.* Paris: Albin Michel, 1976.

SOUZA, A. C. de M. A família brasileira. In: *Brazil, a portrait of half a continent.* Nova York: Dryden, 1951, p.291-311.

SOUZA, L. de M. e. *Desclassificados do ouro:* a pobreza mineira no século XVIII. Rio de Janeiro: Graal, 1982.

————. *O diabo e a Terra de Santa Cruz.* São Paulo: Companhia das Letras, 1988.

STERNE, L. *A vida e as opiniões do cavaleiro Tristan Shandy.* Rio de Janeiro: Nova Fronteira, 1984.

VAINFAS, R. (org.). *História e sexualidade no Brasil.* Rio de Janeiro: Graal, 1986.

Mary Del Priore

———. *Trópico dos pecados:* moral, sexualidade e Inquisição no Brasil colonial. Rio de Janeiro: Campus, 1988.

VENÂNCIO, R. P. Nos limites da Sagrada Família: ilegitimidade e casamento no Brasil colonial. In: VAINFAS, R. (org.). *História e sexualidade no Brasil.* Rio de Janeiro: Graal, 1986a.

———. A madrinha ausente: condição feminina no Rio de Janeiro (1750-1800). In: COSTA, I. del N. (org.). *Brasil:* história econômica e demográfica. São Paulo: Instituto de Pesquisas Econômicas, 1986b, p.95-102.

———. *Infância sem destino:* o abandono de crianças no Rio de Janeiro no século XVIII. Dissertação (Mestrado). Faculdade de Filosofia, Letras e Ciências Humanas, Universidade de São Paulo, 1988 (mimeo.).

VIGARELLO, G. *La propre et le sale:* l'higiene du corps depuis le Moyen Age. Paris: Seuil, 1985.

VISIERES, I. *Proccès des femmes aux temps des philosophes.* Paris: Des Femmes, 1985.

VOVELLE, M. L'histoire et la longue durée. In: LE GOFF, J. *La nouvelle histoire.* Paris: Complexe, 1978, p.77-108.

WERNET, A. *A Igreja paulista no século XIX.* São Paulo: Ática, 1987.

Fontes manuscritas
Arquivo da Cúria Metropolitana de São Paulo

A. Processos não catalogados

Francisco Rocha Abreu, São Paulo, 1749.

Testamento de Maria de Oliveira, São Paulo, 1749.

Separação matrimonial de Paulo Ferreira e Vitoriana Monteiro, São Paulo, 1789.

Desunião conjugal de João Francisco Chaves e Gertrudes Manuela de Assunção, São Paulo, 1788.

Crime, Apolônia, filha de Maria Rodrigues Machado, São Paulo, 1747.

Crime, Joana Ribeiro, Atibaia, 1756.

Crime, Damaso O. Pereira e Maria de Porciúncula, São Sebastião, 1755.

Teresa Leme, Araçariguama, 1755.

Francisca Carijó, Itu, 1755.

Joana Pedrosa, Mogi das Cruzes, 1754.

Crime, Guilherme Borges e Vitorina, 1751.

Ana Delgado de Almeida, 1781.

Escolástica Pires de Sousa, São Paulo, 1747.

Rita Correia da Luz, São Paulo, 1733.

B. Processos de divórcios e nulidades de matrimônios

Processo 1.15.16

Ao sul do corpo

Processo 2.15.28
Processo 54.15.682
Processo 35.25.458
Processo 2.15.33
Processo 15.2.36
Processo 3.15.45
Processo 35.15.458
Processo 3.15.40
Processo 3.15.50
Processo 53.15.678
Processo 3.15.42
Processo 3.15.47
Processo 3.15.41
Processo 4.15.56
Processo 15.3.38

C. Pastorais
   2.2.27
   2.3.26
   10.2.18

D. Livro de Compromisso da Irmandade de Nossa Senhora do Rosário dos Homens Pretos, 1778.
   Série 1.3.8

Arquivo Nacional

Caixa 124, Pacote 3

Arquivo do Estado de São Paulo

Documentos Interessantes para a História e Costumes de São Paulo. *Correspondência do capitão-general Luís Antônio S. B. Mourão,* 1766-1768.
Inventários e Testamentos, Ordem 602, caixa 4.
Mapa geral dos habitantes que existem no distrito da 1ª Companhia de Ordenanças desta cidade de São Paulo, 1798, Ordem 443.
Ordem 570, caixa 13.
Ordem 604, caixa 6.
Requerimentos

Mary Del Priore

n. 92.3 – 45 A.
n. 92.3 – 45 C.
n. 92.3.14
n. 92.3.34

Biblioteca Nacional do Rio de Janeiro

Anotações médico-populares. Mss., I 47.19.20.
Mss. I 47.12.20
SARMENTO, J.de C. *Relação feita por Jacó de Castro Sarmento como testemunha ocular de ter havido cópula de um coelho com uma galinha.* Mss. cod. 13.12.10.

Biblioteca Nacional de Lisboa

"Zelos de uma mãezinha". In: *Miscelânea poética.* Coleção Pombalina. Reservados 686.
Nova pragmática ópia. Reservados 1351 cat. 27 (século XVIII).
Reservados, 2291.
Reservados, 4919/8 LDCCM (século XVIII).

Arquivo Nacional da Torre do Tombo

Cadernos do Promotor. Cód. 126.
Ordens de Cristo, maço 3 BA 1807.

SOBRE O LIVRO

Formato: 16 x 23
Mancha: 27,7 x 44,6 paicas
Tipologia: Berkeley Medium 10/14
Papel: Off-set 75 g/m^2 (miolo)
Cartão Supremo 250 g/m^2 (capa)
1ª *edição*: 2009
3ª *reimpressão*: 2019

EQUIPE DE REALIZAÇÃO

Edição de Texto
Lúcia Ferreira (Preparação de original)
Ana Luiza Couto e Rinaldo Milesi (Revisão)

Editoração Eletrônica
Sergio Gzeschnik